21 世纪
全球历史教育的
发展与挑战

DEVELOPMENTS AND CHALLENGES:
HISTORY EDUCATION IN
THE 21ST CENTURY

李 帆 马卫东 郑 林 主编

社会科学文献出版社
SOCIAL SCIENCES ACADEMIC PRESS (CHINA)

前　言

　　历史教育对于培养合格公民有着重要作用。自二战后，不同国家、不同民族依据各自的社会历史发展和民族文化传统在历史教育思想、课程理念、课程建设、教学改革、教科书、教育评价等方面进行了探索，积累了丰富的经验。进入 21 世纪以后，全球发展面临着诸如全球化与本土化、现代化与后现代化、一元化与多元化等多重复杂关系带来的各种问题。历史教育能否为解决这些问题提供有益的启示和思路，是未来历史教育能否持续保持旺盛生命力的重要前提。

　　为了交流各国各地区历史教育的经验、促进历史教育理论与实践的对话与反思，北京师范大学历史学院于 2015 年 10 月举办了首届"21 世纪全球历史教育的发展与挑战"国际学术研讨会。来自德国、法国、俄罗斯、澳大利亚、美国、中国大陆与中国港台等国际、国内相关领域的知名学者、专家和中学历史教师共叙一堂，就历史教育相关议题展开交流。本次学术会议分三个分会场——"历史教育的功能、目标与课程内容的建构""历史教科书的过去、现在与未来""历史教学改革与实践"，涉及历史意识、历史教育的价值、历史教育目标、历史课程内容、历史教科书编写、历史教学方法、历史教育评价，涵盖了历史教育的各个领域。报告人的演讲内容精彩纷呈，研讨气氛宽松而活跃。会议体现出很强的前瞻性和学术性，受到与会者的一致好评，达到预期效果。本文集是这次国际学术会议成果的汇编。既有侧重历史教育理论探讨的论文，也有侧重历史教学实践经验总结的文章。编者尊重每位作者的学术观点、写作方式，以期如实呈现当前历史教育领域的研究现状，供同行们参考。

　　北京师范大学历史学院侯桂红老师和李凯老师参与了本书的审稿和编辑工作，2014级研究生华莉、王婷和李欣樾参与了书稿的编辑整理工作。

目录

历史教学基本理论

目录

历史教科书

历史教学实践

目录

目录

历史教师的专业发展

历史教学基本理论

全球历史教学法的发展趋势

苏珊·波普撰 邢 宽译[*]

一 绪论

我演讲的主题不是与学校中世界历史的教学问题有关，而是概述全球历史教学法领域中授课方法的发展趋势。在开始之前，我想简单地提一下"历史教学法"这一术语。

在很多国家，"历史教学法"仍旧未被列为一个单独的学科。这个词语通常局限于指代课堂中为了以更有效的方式教授历史而采用的实际策略和方法。这一概念源于实践的经验而非理论上的研究与反思。

在本次演讲中，我所使用的"历史教学法"的概念与（上面提到的）那个前学科概念有着天壤之别。（我所使用的"历史教学法"）这一概念首先是在德国发展起来的，因为德国有着反思学校历史教学法的传统，这一传统可以追溯到18世纪。根据这层含义，"历史教学法"这一学科取决于这样一种想法，即历史不仅仅是专业历史学家生产并在学校中传授的具体知识。恰恰相反，这一思想的核心观点认为"历史"就在我们身边，在我们的日常生活之中。因此，学校里的学生不仅仅在历史课上接触历史，其形式也不仅仅限于科学知识。他们以多种方式面对历史：（包括）家庭

---

[*] 苏珊·波普（Susanne Popp），德国奥格斯堡大学教授，国际历史教育学会主席；邢宽，北京师范大学历史学院2013级研究生。

中的回忆；公共领域中也有许多历史性客体，比如纪念碑、周年庆典活动、博物馆还有公共话语；他们也会在故事、书籍、杂志、电视、电影甚至是电脑游戏中发现历史话题。鉴于这一原因，课堂中的历史教学不仅要传授课程中所描述的官方历史，也要培养学生自身进行历史性思考的一般技巧和能力。其目的是让学生评估他们周围历史文化的质量以及所传达的信息，这些历史文化是他们在日常生活中所面对的。

作为一门学科，历史教学法围绕着两个主要范畴展开。

范畴一，"历史认知（意识）"：这一范畴与个人对于历史的理解能力相关，即历史不仅是日期与事实的结合，而且是现实和未来的重要基础，为了理解他们当下的生活，他们要谨记这一点。

范畴二，"历史文化"：涵盖某一社会和其公共生活中应用（甚至是滥用）历史的一切形式。

一般来讲，作为一门学科，历史教学法包含三个维度。

维度一，不同领域中的实证研究（例如课本、课程、历史思维）。

维度二，有关教学实践的实用性建议，这些建议是基于理论和研究的基础之上的。

维度三，规范性的维度。这意味着发展出具有科学依据的标准，用来判断历史教学、历史文化现象的质量。

总结一下这段介绍性话语：（即）历史教学这一学科研究的主要范畴是社会中的历史意识和历史文化，学校中的历史教学与历史学习这一领域是主要范畴之下的一个子范畴。要理解学校（以及其他机构）中的历史教学，就不能把它与历史文化和社会中的大众历史分割开来，而是要把它作为整体之中的一部分进行理解。因为大众历史包含学术领域之外某一社会利用历史的所有形式，故而大众历史的研究也是历史教学法研究所感兴趣的领域。

二　全球历史教学法领域中的大趋势

在这段稍显冗长却又必不可少的介绍性文字之后，我将步入正题——全球历史教学法领域中的大趋势。

　　我想要在此提及的第一个全球性大趋势，是科学历史教学法自身的国际化。这一点值得关注，因为从传统上讲，这门学科与国民教育、国家历史叙述和国家历史文化关系密切。当然，这一发展是全球化的结果。全球化令世界的不同地区建立了比以往任何时代都更为密切的交流，地区之间的相互关系也比以往任何时代都更为深刻。因此，（全球化的发展）使得（人们）对其他国家的历史文化兴趣与日俱增，特别是其他国家的历史认识、自我认知以及自我与他者的意象。这些内容会在学校和其他的机构之中教授给年青一代。

　　当然，历史教学法专家协会已经存在很长时间了，比如国际历史教学法协会，该组织促进研究课题的国际交流，但这仅仅是个案。现在，国际交流的范围显著扩展。因此，我们不应该仅仅关注传统领域中的多层次的国际交流与合作，比如有关教材与课程体系的比较研究。事实上，（国际交流与合作）已经超越这些（范畴），国际上对于其他国家的"记忆策略与历史文化"越来越感兴趣。不论是从学界的关注度方面还是从媒体所代表的公共观点来看，这一点都是真实的。

　　在此，我特别想举两个例子。

　　一个例子是（现在）已经有了"两国、三国或者多国的历史教材"，这种教材通常的目的是支持国际和解的政策。在欧洲（德国—法国史教材）、以色列和巴勒斯坦、亚洲以及中国都有实例。即使这些联合教材并非都在教室中使用，它们也激发了对于编写跨国教材或是两国（通用）教材的思考。这些教材旨在促进相互之间的了解而不是强化由于历史原因而造成的敌意。

　　另外一个例子是国际上对于一国之内或是两国之间教材争论的关注。日本历史教材对于日本在二战中角色的介绍，就是一个持续引起国际关注的案例。这些描写在日本国内引起争论，在国际层面上遭到猛烈的批判。但是，有关国家历史教科书和历史课程的全球性辩论绝对不止日本一例。

　　除了上面我们已经提到的，在全球范围内对历史课程和历史教材的关注，比较研究的数量也在不断上升。这些研究关注不同国家的历史文化、纪念仪式的策略、记忆仪式，还包括博物馆政策。例如布鲁塞尔的"欧洲历史之家"博物馆，尽管还没有开放，这一概念却已在国际层面上探讨多年。这种对于历史文化和大众历史的关注也把要求不高的流行历史文化现象囊括其中。这种现象在流行书籍、杂志和媒体中得到了展现。当然，不仅是历史教学法领域的专家，历史学家、社会学家和媒体的专家也在进行此类研究。

最后需要提及的是另一个领域，这一领域与学校的历史教学很接近。它是国际层面上对于历史思维和历史意识的发展，特别是对于历史资料、历史叙事、角度转换以及历史认同所开展的实证研究。研究还关注促进这一发展所需的教学方法上的支持。在这一研究领域，历史教学法的专家不仅经常和其他国家的专家会面，也会与其他学科的专家交流，比如教育心理学家。很多能力，诸如语言技能、逻辑思维或是叙述能力等，在很多其他的脑力活动中都起着作用，历史思维是不是这些能力的组合，抑或是应该被理解为一种单独的能力，这个问题是研究中尚未获得解答的诸多问题之一。

我想要指出的第二个全球性大趋势，是个理论上的趋势。它正在由历史科学内部的争论转入历史教学法之中。这一思想的核心是，认为历史表象或历史叙事应当被视为一种建构，这种建构视阐释者即历史学家所处的时间和角度而定。该理论强调以下几点。

1. 历史叙述需要回归原始资料的发现，但是对于原始资料的解读则视阐释者的假设、问题和角度而定。这种对于个别观点的重要性的强调在一定程度上反映了同时代全球化的动态。

2. 当然，个别观点也包括历史课本中和老师们的陈述，除去个别观点之外，历史叙事总是遵从一些特定的描述范式，比如一个成功故事的模式（就像对于学校历史的叙述一样）。海登·怀特谈论"元史学"。这种元结构让过去以一种特殊的样子呈现出来。但是问题在于，大多数情况下历史学家既没有明确地展现出这些叙事范式的影响，也没有向使用者做出解释。同样的问题也发生在他们所使用的语言上。词汇中经常暗示着一些解释性信息，这些信息在大多数情况下也没有得到充足的反映；以学生为例，必须教他们如何分析暗含的内容。

3. 除了这些因素，我不得不提到解构主义者的看法，这些人否认过去与科学知识之间存在着任何联系。尽管这种看法被一些教学法的专家讨论过，但是除了理论上的争辩，在别处我并没有发现这种观点得到了重视。

在这一理论探讨之中，国际历史教学法特别重视这样一个事实，即要让学生以一种适当的方式学习如何解构历史叙事。在对待学校里传授的历史、学术性历史，特别是大众历史和流行历史时，学生应该能够依据叙事范式、语言的影响和叙述中的其他要素对给出的叙事进行分析和批判性的检验。他们自己应该能够给出具有批判性思维的叙事。

但是容我再提出一个很重要的观点：即对历史教学和历史学习的建构性理解必须对原始资料、历史事实和阐释之间的相互关系做出准确的论述。否则建构主义者的教学法概念可能会导致学生相信他们所遇到的任何对于历史的叙述，不论是在电视上还是在网络上，这些（历史叙事）都和其他的一样合理，因为不同的观点太多了。当然，不让学生天真地将原始资料误认作是有关过去的直接而真实的信息这一点很重要。但是，在另一方面，他们必须理解，对于原始资料的阐释可以是具有争议的，但绝对不是随意的。历史科学想要通过科学手段和主题有效性要求重建一种与历史事实相类似的东西。

我想要指出的第三个国际性趋势与之前的一个关系密切。在此，历史教学法不得不应对国际历史科学中的一个争论，这一争论批判官方的"宏大叙事"，因为其自身忽略了特殊的社会群体，而学校中传授的是这些宏大叙事。现阶段的状态产生于 20 世纪 60 年代前后的美国，伴随着女权运动、非洲裔美国人的民权运动和"自下而上的历史"而兴起。很多社会团体追随了这条道路，比如南、北美洲的土著居民。他们中的所有人都相信他们在主流叙事中没有发言权，不论是在学术性历史、大众历史还是在学校中教授的历史中都是如此。具有同样指向性的还有"后殖民时代"的历史，目前这也是一股强大的国际趋势。它已经成功地挑战了许多国家的历史教学法。在我看来，帝国主义、殖民主义、种族主义以及它们对前殖民地国家的影响，还有后来殖民者与被殖民者之间持续到今日的互动也会成为历史教学法中重要的议题之一。西方世界的历史教学法正在面临着挑战，它要在课程中阐述"西方现代性的黑暗一面"。

在我看来，尽管让公立学校用个别亚群体的特殊叙事代替或多或少具有全面性的国家叙事是不可能的，但是，历史教学法已经准备好了应对那些对于传统的、以国家为中心的宏大叙事的批判。教学法上需要采取的最重要的手段就是培养对于"宏大叙事"进行批判性分析的能力，转变观察视角，以便探索那些在叙事中没有描绘或是描绘不多的群体，探索他们的历史经历，最后就是偏题主题，专注于那些亚群体的历史。当然，后两种策略中有着自相矛盾的成分，因为通过在个别领域添加他者的历史，它们间接地巩固了"宏大叙事"的统治地位。可这个问题在历史教学法上是无法解决的。然而，另一方面，上述策略包含重大优势，可以支持历史教育中的跨文化学习，而跨文化的历史学习也可以被视作一个重要的国际性趋势。跨文化历史不仅指世界日趋深化的相互依存，也指由于全球范围内的移民而在很多国家造就的多文化的历史教学课堂。

我想要指出的第四个全球性趋势与之前那一点紧密相连：它是处理过去时所采用的身份话语。现阶段国际科学和政治公众对历史教育和历史教学法的问题给予颇多关注，在我看来，历史教学法与身份认同之间的关系是引发这种关注的主要原因之一。然而，纵使身份认同这一话题提高了历史教学法对于公众的意义，对于作为历史教学法的专家的我们来说，永远不能忘记身份认同就像一枚硬币一样，有正反两面：它同时具有规定和否定的效果，为了涵盖某一群体，它就排除了所有其他群体。因此，对于历史教学法的专家来说，保持相互联系并且寻找彼此互相理解与合作的方式显得特别重要。这一切的目的都在于通过适当的教学方法上的策略和措施，克服身份认同政策所带来的负面影响。

三　历史课程的主要国际发展趋势

探讨过这四个延伸至学校历史教学这个具体世界之外的全球性趋势，我现在打算探讨一下具体涉及历史课程的主要国际发展趋势。

第一个趋势肯定是历史教学的目标日益集中于对于历史技能和历史素养的传授，其目的在于促进历史思维和历史意识的发展。当然，历史知识仍然很重要，但尽管如此，对于这种陈述性知识，学生们不仅要用心学习，而且要巧妙地应用到对于联系和相互关系的认识之中，应用到反思延续性和变化的过程之中，应用到完成任务和解决问题的过程之中，应用到连接过去、现在乃至未来的过程之中。对于这种以技巧与素养为主导的历史教学，最重要的部分之一便是学生学习对历史学的原始资料、历史陈述和历史叙事进行分析、阐释和批判性的评估。历史思维的训练使用诸如文本、图片、实物和博物馆文物之类的历史学原始资料，也把科学的或是通俗的历史著作、政治演说词、纪念碑以及它们周边的历史文化媒体囊括其中。

不论是在课堂上还是在测试与考试中，这种类型的历史教学必须与留给学生的恰当类型的任务相结合。这些任务不仅要对陈述性知识进行检查，也要对比较能力、迁移能力、独立推理以及基于原始资料做出理由充分而均衡的判断作出要求。因此课程一定要整合探索导向式、研究导向式和问题导向式历史学习的不同阶段。

总的来说，对历史思维技能的训练，需要在学习过程中激发学生，因为被动的重复与记忆远远不够。因此，诸如专题研习、小组合作、辩论、圆桌会议甚至是角色扮演之类的复杂任务显得十分重要。

此外，国际的讨论认为课堂中观察角度的转变极为重要，同此还强调了这一领域的两个重要方面。第一个方面是多角度原则：这一原则与历史学原始资料的层次相关，它直接针对学生中广泛传播的一个假设，即所有历史学原始资料中所包含的信息都是客观真实的。为了让学生明白历史学原始资料与过去的一些特定观点相关，有必要提供额外的原始资料，表现另外一种观点。以德国的课堂为例，在对十字军东征的内容进行教学时，我们将基督徒和穆斯林有关的 1099 年攻占耶路撒冷的原始资料结合起来，而这两者之间存在天壤之别。在这个案例中，没有站在其他角度研究的相关史料，因此有必要与学生进行讨论，在这种历史情境之下，可以给出哪些其他的观点。

第二个方面是所谓的争论性原则。它与科学历史编纂学领域和历史文化领域中的历史阐释这一层面相关。该原则针对学生不愿意区分他们的历史事实和历史阐释的倾向。他们必须明白，一则同样的史料可以用在彼此争论的历史解释之中。这样他们就会明白需要建立理由充分的自我判断。

我想特别提出来的另一个国际性趋势是国际上希望在实证研究的基

础之上建立并定义历史教学的（成果）标准和历史学习标准的尝试。在这一领域，历史教学法的专家和课程专家与测试设计者们共同努力。这些成果标准可以在不同的方面应用：比如记录课堂中的学习进度或是在国家的层面上比较学生的学习成果，或是评判教师的质量和他们的教学实践质量。这些目标能否在实践中得到成功运用尚未可知。但是，在任何一种情况下，建立成果标准的努力都有效地激励着教师利用学生的技能素质等类别，描述他们所向往的教学成果。这一点有利于纠正一种历史教学的方式，那就是将历史教学当作在一方指挥之下对于陈述性知识的学习。

在此，我要提到学校历史教学领域的最后一个主要趋势，但是最后并不意味着它不重要。这个趋势与历史教学课程的内容相关。全球化进程和全球移民的流动将很多历史教学法专家的注意力导向那些超越国家和帝国这种地区实体的历史现象。这种跨区域的抑或是全球性的现象对于当下历史发展的深刻影响似乎总是被低估。不仅是在传统的国家历史课程之中，就是在现在那些世界历史课程中也如此，这些课程将世界历史展现为一系列地区史。这样，历史叙事就会倾向于忽视那些跨地区、跨文化的结构与那些不局限于某一地区的过程的重要性，这些进程以一种更为间接的方式对当今历史的发展产生了影响。这一点不仅仅适用于通过贸易、移民、传教活动或是战争所产生的跨文化接触、交流、改变和适应，对于历史中的环境因素同样适用。环境因素深刻影响着营养和人类生活的基本需求。传统的世界史甚至是国家史领域都有对于空间性概念的研究，比如作为历史空间的海洋或是丝绸之路等。但是还需要做更多的工作，而且这项工作不仅需要来自世界不同地区的历史教学法专家之间的国际合作，也需要研究这一领域的史学家的通力合作。

四　结论

现在是时候结束了。在最后，我想要强调在全世界范围内历史教学法所面临的三大挑战。

第一，通过加强国际讨论，将国家历史教学法的论述上升到一个相对科学的层次，我们已经在这一方面做出了相当大的努力。但是仍有国家连最基本的有关历史教学法的现代科学概念都不存在。

第二，全球范围内的历史教学法的讨论仍旧需要扩展，需要更多地参与。

第三，对于我们这门学科而言，国际对话十分重要，这种对话必须具有多元建设性，不能被某一种文化或是某一个组织主导。

总之，历史教学法的专家们需要永远牢记他们对于和平教育以及促进跨越不同文化、不同政治形式和不同社会边界的相互理解所担负的崇高责任。

历史教学：法兰西的挚爱

让-弗朗索瓦·沙耐 撰　庞冠群 译 *

　　每年初秋，法国的布卢瓦城（16 世纪时，这里曾是历代法国国王最喜爱的居住地）都会举办名为"历史之约"（les Rendez-vous de l'histoire）的文化节。1998 年，布卢瓦市长杰克·朗（Jack Lang）创立了这个历史文化节。他还担任过法国的文化部部长、国民教育部部长，并且负责过大革命二百周年纪念的组织工作。这一聚会旨在为研究者，大学、中学历史教师以及那些认为历史能照亮现实的广大公众提供交流思想的机会。据主办方称，这项活动每年都能吸引大约 3 万人参加。[①]

　　2014 年，"历史之约"的主题是"反叛者"。10 月 11 日法国总理曼努埃尔·瓦尔斯（Manuel Valls）和我的两位同行让-诺埃尔·让纳内（Jean-Noël Jeanneney）、让·加里格斯（Jean Garrigues）一道参与了关于克里孟梭的讨论。瓦尔斯是公开的克里孟梭崇拜者。当日，同时与会的美国历史学家罗伯特·达恩顿观察到：法国无疑是颇为独特的国家之一，其中政治领袖渴望并且能够参与这种学术讨论，这在美国是不大可能的。总之，可以毫不夸张地说，历史学堪称法兰西的挚爱之一。西奥多·泽尔丁（Theodore Zeldin）在 20 世纪 70 年代成功地提出了"法兰西挚爱"的观念。[②]

---

　　*　让-弗朗索瓦·沙耐（Jean-François Chanet），法国巴黎政治大学教授、贝桑松地区总督学；庞冠群，北京师范大学历史学院副教授。
　　①　参见 http://www.rdv-histoire.com/。
　　②　Theodore Zeldin, *A History of French Passions*, Oxford：Oxford University Press, 5 vols, 1973–1977.

　　法国人对历史的热爱，自然令人想到了历史教学。19 世纪的法国共和派认为有必要进行一种国民教育，致力于使公民长久支持一种政治制度，并使他们懂得保卫祖国和为国增光二者密不可分。实际上，此种关联可以追溯至法国大革命。孔多塞认为，在坚实的契约之上诞生了政治秩序，这一坚实的契约还要求国家有教育人民的义务。① 历史成为教学的重要科目，不仅是宗教的历史，还有民族的历史。关于总理参加布卢瓦的历史之约，罗伯特·达恩顿其实还可以加上一个评价：大概只有在法国才会出现这样的现象，即历史课程的内容引起了如此强烈的讨论，思想界和政治界都对它感兴趣，同时还有大量公众参与其中，每个人都对学校应该教什么、不该教什么、应该怎么做，有着自己的看法。在制定初中历史教学新大纲的过程中这样的争论不绝于耳，这再次反映了这一现象。

　　最近，法国历史学家让-克莱蒙·马丹（Jean-Clément Martin）在《国际教育杂志》上发表了一篇文章——《为何教历史？》。他在文中指出，规划历史教学的范围问题，在一定程度上源于法语中"历史"一词的多义性。它同时可以指过去、故事、一门社会科学、一个教学的学科。② 我们必须承认，作为一个学科，历史教学变得越来越跨学科。作为一个科目，它与地理学是密切相连的，这又是法兰西的一个特性：出于政治上的意愿，法国被描述为因其各地千姿百态而注定富足的国家。历史学还在制度层面以及认识论层面和艺术史相关联。实际上，过去历史教师被完全赋予了公民教育的职责，现在他们也在很大程度上进行道德教育与公民教育。在当前的中学教学改革中，历史将在跨学科的教学实践中占有一席之地。

　　在此，我将首先展现历史教学这一"法兰西挚爱"的独特性，并且分析它自 19 世纪以来的发展演变，然后探讨为什么历史学在 20 世纪末遭受了质疑，最后勾勒最近的争论，它触及了历史教学的目标、内容与方法问题。

---

① Condorcet，*Ecrits sur l'instruction publique*，ed. by Charles Coutel & Catherine Kintzler，Paris：Edilig，2 vols，1989.

② Jean-Clément Martin，"Pour quoi enseigne-t-on l'Histoire ？"，*Revue internationale d'éducation. Sèvres*，n°69，Septembre 2015，pp. 43-52.

一 历史的选择与政治上的不稳定性

出于多种互补的原因，大革命产生了重大的影响。受呈现出整个民族之意愿的驱使，人们需要和解，大革命导致了裂痕，随后就需要修补。大革命与反革命之间难以化解的冲突导致开启了一个新的时代，1793～1806年间共和历的使用便体现了这一点。根据弗朗索瓦·孚雷（François Furet）的妙语，花费了近一个世纪的光阴，"革命才驶入了港湾"[①]，因为 19 世纪先后出现的体制都无法形成持久的综合，尽管每种体制都想这么做，并且为此目的大量求助于历史。

在此种反反复复的努力中，历史学家究竟扮演了何种角色？对于这个问题，无须赘述。我们只需注意弗朗索瓦·基佐（François Guizot）和维克多·杜律伊（Victor Duruy）这两个人。二者分别在七月王朝初期和第二帝国末年的关键时刻担任公共教育大臣，而且此二人都曾致力于巩固自相矛盾的政权：前者支持"街垒国王"；后者辅佐一位皇帝，这个皇帝希望在重新确立的普选权的基础之上建立起新的王朝体制。

1870～1871 年间，法国在普法战争中被普鲁士及其德意志盟军打败，并且经历了结束大革命的内战。在这些灾难之后，对于统一性的渴求依然迫切。莫娜·奥祖夫（Mona Ozouf）曾经强调，正是对于统一性的渴求导致第三共和国的建国元老们"将民族的往昔作为一种合法的遗产，从中索取法兰西种种令人骄傲的头衔"[②]，从而重塑民族自豪感。曾经担任维克多·杜律伊秘书的厄内斯特·拉维斯（Ernest Lavisse），从事了这项工作，他写的历史教科书始自诸位国王，终止于共和国，以完美形式叙述这种统一性。

茹尔·费里（Jules Ferry）和厄内斯特·拉维斯的法国具有双重的普遍性，即原则上的普遍性和征服上的普遍性。启蒙的国度偏爱历史和人权，同时她具有一种在殖民帝国——殖民帝国赋予其力量与荣耀——传播文明的使命感，这

---

① François Furet, *La Révolution. De Turgot à Jules Ferry*, *1770-1880*, Paris: Hachette, Histoire de France, 1988, p.517.

② Mona Ozouf, "L'idée républicaine et l'interprétation du passé national", *Annales. Histoire*, *Sciences Sociales*, 1998, Vol. 53-56, pp.1075-1087, p.1080.

二者之间有密切的联系。我们知道，这种帝国主义实际上给法国的民族历史添加了一个新的瑕疵，这一瑕疵在当今法国社会中依然存在。

但是，我们不要忘记，也不要停止向我们的学生解释，这一具体的观点在二战即将结束时仍然普遍存在。正如博努瓦·法莱兹（Benoît Falaize）所说："无论他们处理殖民征服中的标志性人物问题，还是处理殖民地在法国领土中的地位问题，在战后初期，在教学上仍然不可能谈放弃帝国……法兰西的荣耀建立在其帝国之上，文明开化的使命是历史事实，每个法国人都对此感到骄傲；帝国带来了或者说将要带来什么？这是关于拥有海外殖民地对于国民经济之意义的主要论据之一。"[1] 有必要考虑这种双重遗产，既是革命的，也是殖民的，以便能够恰当地认识 20 世纪 70 年代以来在历史教学中解释法国 20 世纪所经历的创伤事件的困难。

二　解构的时代

在 20 世纪 70 年代初，也就是戴高乐去世之后，法国人开始以更加批判的眼光看待这些创伤事件，尤其是刚刚经历的第二次世界大战和阿尔及利亚战争。多亏了罗伯特·帕克斯顿（Robert Paxton）的研究，维希政权的性质及其愿意和纳粹德国合作的事实开始广为人知。[2] 皮埃尔·拉博里（Pierre Laborie）证明了舆论的不稳定性，以及他所谓的关于法国被占领区的"社会想象"（social imaginaries），[3] 亨利·鲁索（Henry Rousso）致力于解构"抵抗的神话"[4]，莫里斯·阿居隆（Maurice Agulhon）则追忆了

---

[1] Benoît Falaize, *L'évolution de l'enseignement de l'histoire à l'école élémentaire de la Libération à nos jours*（1945–2014）：*débats et pratiques pédagogiques*, PhD, Université de Cergy-Pontoise, 2014.

[2] Robert O. Paxton, *Vichy France：old guard and new order, 1940–44*, New York：Columbia University Press, 1972, transl. *La France de Vichy, 1940–44*, foreword by Stanley Hoffmann, Paris：Le Seuil, 1973.

[3] Pierre Laborie, *L'opinion française sous Vichy：les Français et la crise d'identité nationale* [1988], Paris：Le Seuil, 2001；*id.*, " De l'opinion publique à l'imaginaire social ", *Vingtième siècle. Revue d'histoire*, Vol. 15–1, 1988, pp. 101–117.

[4] Henry Rousso, *Le syndrome de Vichy：1944–1987*, Paris：Le Seuil, 1987, 2d ed. 1990, translation *The Vichy Syndrome：History and Memory in France since* 1944, Cambridge（Mass.）；London：Harvard University Press, 1991.

"法国共产党因抵抗牺牲了 75000 名党员"之传奇的诱惑力①。与此同时，夏尔-罗贝尔·阿热隆（Charles-Robert Ageron）的文集《法国在马格里布的殖民政策》于 1973 年出版②，同年罗伯特·帕克斯顿的《维希时期的法国》出版。可以说，历史学家们都采取了批判的眼光重新审视殖民化的问题，此种重新阐释的潮流伴随着历史记忆之间的冲突。这在阿尔及利亚问题上尤为明显。

我们立足今天，带着审视的距离追溯往昔，会明显发现在 20 世纪 80~90 年代出版了至少三套集体撰写的探讨法国历史的著作：《记忆之场》《法国通史》《法兰西的历史》。③ 从出版市场来看，广大公众对此类出版物具有持久的兴趣。根据皮埃尔·诺拉（Pierre Nora）在 1996 年提出的定义，"记忆之场可以是任何一个有意义的存在体，无论其本质上是物质的还是非物质的，它依靠人的意愿或时间的流逝而成为某个共同体（比如，法兰西共同体）之记忆遗产的一个象征元素"。④

安德烈·布尔吉埃（André Burguière）和雅克·勒维尔（Jacques Revel）直截了当地提出，关于法兰西历史的编纂不是一种类型，而是一个问题。这个问题被民族与国家的关系支配，其研究按如下主题来组织：空间、权力、冲突与文化。只有四位历史学家能够接受并愿意承担一种连续的历史叙事，阿歇特出版社（Hachette）使他们展开合作，此四人是：乔治·杜比（Georges Duby）、埃玛纽埃尔·勒·华·拉杜里（Emmanuel Le Roy Ladurie）、弗朗索瓦·孚雷以及莫里斯·阿居隆（Maurice Agulhon），除孚雷外，他们都是法兰西公学（Collège de France）的教授。

---

① Maurice Agulhon, "Les communistes et la libération de la France" [1976], *Histoire vagabonde*, II, *Idéologies et politique dans la France du XIXe siècle*, Paris: Gallimard, 1988, pp. 177 - 208.

② Charles-Robert Ageron, *Politiques coloniales au Maghreb*, Paris: Presses universitaires de France, 1973.

③ Pierre Nora (ed.), *Les lieux de mémoire*, Paris, Gallimard, 3 t. over 7 vols., 1984 - 1992; Georges Duby, Emmanuel Le Roy Ladurie, François Furet, Maurice Agulhon, *Histoire de France*, Paris: Hachette, 5 vols., 1987 - 1990; André Burguière and Jacques Revel (eds.), *Histoire de la France*, Paris: Le Seuil, 4 vols., 1989 - 1993.

④ Pierre Nora, "Preface to the English-Language Edition", in Pierre Nora (ed.), *Realms of Memory: Rethinking the French Past*, Vol. I, *Conflicts and Divisions*, New York: Columbia University Press, 1996, p. XVII.

法国革命二百周年格外值得纪念，并且导致产生了数量可观的出版物，其中包括所谓的即刻历史，比如斯蒂芬·卡普兰（Steven Kaplan）于1993年出版的《再见89》（英译本名为《告别革命》）。① 在大革命二百周年的前两年，举行了于格·卡佩（Hugues Capet）的一千周年纪念。这一事件令当时的法国总统弗朗索瓦·密特朗（François Mitterrand）和巴黎伯爵亨利·德·奥尔良（Henri d'Orléans）同时现身于圣德尼教堂的长方形廊柱大厅之中。与此同时，历史学家苏珊娜·希特隆（Suzanne Citron）出版了《民族的神话：重审法兰西的历史》，此书涉及了国家的社会状况。作者不得不声称，"民族""统一""法兰西"这三个词"是官方词汇中的三个关键词……它们粉饰了自身并没有反映的那些活生生的现实"②。2008年，此书在初版20年后出了新版本，这说明这一判断仍适用于今日。

三　当前的问题与争论

热拉尔·努瓦利耶（Gérard Noiriel）于1988年出版了著作《法兰西熔炉：19-20世纪的移民史》③，它更新了法国移民研究的历史路径，并且为当时的争论提供了科学的论据，那时人们争论移民现象之规模与经济的、社会的以及认同的转变之间的联系问题，这些转变延续至今。学生的出身背景多样，这曾经促使同时能够再次促使人们渴望建构统一性，其手段是将今天我们所谓的"民族传奇"（roman national）强加于人。皮埃尔·诺拉于1992年在《记忆之场》的结论部分首先使用了这一表述。然而，在今日教师的教学实践中，这种传奇仍然被当作事实吗？

在20世纪，尤其是自人民阵线时期的教育部部长让·泽伊（Jean

---

① Steven Kaplan, *Adieu 89*, Paris：Fayard，1993；*Farewell Revolution*，Vol. 2，*Disputed legacies France*，*1789-1989*，and *The historians's feud France*，*1789-1989*，Ithaca；London：Cornell University Press，1995.

② Suzanne Citron, *Le mythe national. L'histoire de France revisitée*，Paris：Les Éditions ouvrières，1987，3d ed. 2008，p. 9.

③ Gérard Noiriel, *Le creuset français：histoire de l'immigration*，*XIXe - XXe siècles*，Paris：Le Seuil，1988，3d ed. 2006，transl. *The French Melting Pot：Immigration*，*Citizenship*，*and National Identity*，foreword by Charles Tilly，Minneapolis（Minn.）；London：University of Minnesota Press，1996.

17

Zay）——其遗骸于 2015 年 5 月 27 日被迁入先贤祠——以来，教师们得到的建议是，从当地汲取素材，从而为那些重大的民族事件引入多样的、不同的观察角度。同样值得关注的是，自此后，开始注意在课程中更好地渗透史学研究的新成果，并且赋予教师相对的自主性。重点放在了需要进行具体的观察之上，而不只是统一的"叙事"。为什么这种长期形成的态度今天被视作一种威胁？我们为什么要在反复灌输"民族传奇"与放弃教导至上的做法之间选择？我们为什么要在以下两端之间进行选择？一端是来自另一个时代的民族保留剧目，另一端是不受制约的首创精神与偏狭的风险。在 2015 年 6 月 3 日举行的历史教学论坛的开幕致辞中，法国教育部部长娜雅·瓦罗-贝尔卡桑（Najat Vallaud-Belkacem）借用亨利·伊雷内·马鲁（Henri Irénée Marrou）的话表明，我们没有必要"在盲目的教条与令人泄气的怀疑主义之间做出选择"。[1]

具有不同背景的学生越来越多，这不仅是一个要考虑的问题，同时也是教学工作中的一个决定性因素。一方面要清楚地意识到哪些东西可以解释差异，另一方面要建构一种理性上的和情感上的统一体。这两方面之间不存在矛盾，而且恰恰是可以相容互补的。这意味着要区分以下二者：其一是生活经历十足的独特性，如让-皮埃尔·伊赫施（Jean-Pierre Hirsch）所言，人们不能在过往的经历中迷失，"对于那些想要描述实际经历之混乱的人来说，历史是无用的"[2]；其二是融入背景之中，即将一个个单独的故事置于一种大历史之中，这种单一的历史能够赋予共同的未来以意义。

在此，我们要稍微再看看历史与记忆的关系问题。要澄清的是，它超越了"纪念的职责"这一模棱两可的概念。这种职责并不意味着要把公民或者未来的公民（即我们的学生）局限在各种相互分离的历史之中；它也不能被各种地方主义的认同建构所支配，地方主义者要求其认同被承认。这一职责与对于历史的需求密不可分，而对于历史的需求又是首先建立在

---

① Henri Irénée Marrou, *De la connaissance historique* ［1954］, Paris: Le Seuil, 1975, p.234. Discours de la ministre: http://www. education. gouv. fr/cid89609/forum-sur-l-enseignement-de-l-histoire-discours-d-ouverture-de-najat-vallaud-belkacem-ministre-de-l-education-nationale-de-l-enseignement-superieur-et-de-la-recherche. html.

② Jean-Pierre Hirsch, *Les deux rêves du commerce. Entreprise et institution dans la région lilloise, 1780-1860*, Paris: Éd. de l'École des hautes études en sciences sociales, 1991, p.183.

对于自由的需求之上的。吕西安·费弗尔（Lucien Febvre）尝言，"历史是组织往昔的一种方式，为了避免使人们肩上的负担过重"。① 我们为什么要放弃费弗尔的观点呢？

最近，关于初中新教学大纲的讨论相当热烈，因为它影响到了义务教育阶段的最后四个年级。它涉及"知识、技能与文化的共同基础"，是 16 岁的学生必须掌握的东西，关于其内容的界定尤其值得关注。在这个数字化的时代，学生们拥有多种途径接触各式各样的信息与资料，同时教师也有各种手段调动教学新资源，这一点是要考虑的。此外，我们不能将信息技术仅仅界定为可与其他工具等量齐观的一种工具，而应认识到，20 世纪 80 年代以来所发生的重要转变正是以信息技术的突飞猛进为前提的。

我们进入了这样一个世界，其中信息技术引发了各种剧变：认知层面的、经济层面的和政治层面的。这一变化为我们提出了一项任务：如果我们想要培养被启蒙了的公民，就要为孩子们提供理解新技术的手段；同时，我们要意识到科技制造并且传播种种新的认同。这是"课程规划最高委员会"提出来的，该委员会是由一项指导性的、规划性的法规所创设的，旨在重建共和国的教育。2013 年 10 月 10 日，教育部部长文森·佩永（Vincent Peillon）在法兰西学院设立了这个委员会。②

在我看来，2015 年春天的讨论表明，一方面存在着围绕大纲内容而产生的紧张局面，存在着关于丧失方向以及弱化民族纽带的担忧；另一方面则是克服困难、努力反映社会中所发生的变化。这两个方面之间的关系成为问题。然而，我想要在结论部分表达的信念是，历史教学无疑是抵御对变迁的恐惧的最佳手段之一。从历史的角度理解变迁能够赋予学生们这样的观念：每个自由的个体、每个公民都拥有一定的、有限的却又是重要的力量。

夏尔·瑟诺博司（Charles Seignobos）对此深信不疑，他认为，"这种知识能够使［那些接受历史教育的人］感知到他们的力量，能够使他们意识到自己的职责，认识到他们行为的规则，这有助于推动社会朝着他们所

---

① Lucien Febvre, "Vers une autre histoire" ［1949］, *Combats pour l'histoire* ［1953］, Paris：Armand Colin, 1992, p. 437.

② http：//www. education. gouv. fr/cid74348/installation-du-conseil-superieur-des-programmes. html.

认为的最好的方向发展"。① 简言之，要唤醒人们的批判意识，这样每个公民都能运用一些手段以促进建设一种更为公平合理的世界秩序，如果否认这一点具有根本意义，那将比任何因素都更能摧毁历史教学的意义与价值。

---

① Charles Seignobos, " L'enseignement de l'histoire comme instrument d'éducation politique ", *Conférences du Musée pédagogique. L'enseignement de l'histoire*, Paris: Imprimerie nationale, 1907, pp. 1-24.

历史知识特质与历史教育方向

林慈淑[*]

本文试图论辩，从"政治"和"社会"观点赋予历史教育重要性，今日将面临两个"不合时宜"的问题。一是不符合当前学校"教育"的目标和个人的自我需求，二是不符合"历史"作为一个"学科"的意涵。本文认为，当今是信息爆炸的时代，历史教育必须回归历史学科，从历史知识是建构的、不确定性的等这些特质中，重新调整历史教学的方向，使学生有机会实践历史学家的思考方法，从而获得理解社会、面对世界的能力。

为什么需要来谈"历史知识特质"与"历史教育方向"的关联性？事实上，这两者有关联是相当晚近的事。因为长久以来，在台湾，"历史教育"更多的是与"社会政治"的目的相联结的。这种设想历史教育的方式，比"历史知识本质"的思考更为人所熟知，渊源更为久远。

回顾台湾从 2000 年以来有关"历史课纲"的争议，原因何来？原因当然多重，但最根本的因素是：历史教育被认为可以传承某种特定的价值观，历史教学可以形塑学生如何看待过去，从而影响他们如何看待未来。这也就是说，许多人更习惯于从"政治"或者"社会"观点来赋予历史教育重要性。在许多人心目中，历史教育本就应该承载群体、社会或国家凝聚成员和促进公民认同的责任；历史课程中应该教导这个社会或者国家或者某个群体共享的文化遗产，因此加强同一感和促进团结，以便维系成员的认同与情感。很讽刺的是，在许多国家地区，这样的教育导向促成的实

---

* 　林慈淑，台湾东吴大学历史系教授，系主任。

际发展往往反其道而行。这样的历史观不但没有带来团结，反而招致社会的分裂、情感的撕裂与各方的对立。

为什么大家习惯往这个方向来看待历史教育，甚至极其"理所当然"地如此认定历史就应该担负这样的责任？原因同样也是复杂的。首先，这涉及历史学的一个本质因素。历史所探究的对象是"过去"，而很多人总是拿"过去"来为"现在"服务。大家也都清楚，怎么看待过去，左右着你如何面对现在，甚至影响着如何思考和规划未来。诚如乔治·欧威尔（George Orwell）的名言："谁控制过去，谁就控制未来；谁控制现在，谁就控制了过去。"而另一位知名的世界史家麦克尼尔（William McNeill）也说："历史知识，不折不扣就是以谨慎和批判方式所建立起来的集体记忆（collective memory）。""历史，我们的集体记忆，经过小心的编撰和批判的修订，可以使我们具有社会性（social），与他人共享观念和理想，并形成各种不同的人群团体……"① 换言之，历史是形塑集体记忆非常有力的媒介。

其次，很多非历史学科的专家或教育学者经常提出这样的理由：历史学科是学校教育的一环。他们甚至把"学校"教育再往上推，归之为"国民"教育的一部分。他们主张，学校在社会中，而历史学科既然隶属于"国民教育"，那么，历史课堂中所教所学理当为国家服务，培养爱"国"、爱乡的精神，使学生未来能够成为信仰纯正、认同坚定的好国民、好公民（当然，在这里我们可以先问：培养"好公民"是很重要，但我们究竟期待怎样的"好公民"）。

无论如何，上述两大因素，使得历史教学似乎不只关乎学校、学生、老师，还成了社会、国家之大事。历史成了公共舆论的议题，社会中从上到下，人人因此都可理直气壮地来说历史、谈历史。这样的现象，举世皆然，不独台湾。

那么在这样一种普遍想象历史教育的方式下，为何今日却要反其道，提出从历史学科本质出发，从"历史知识特质"来思考"历史教育的方

① William H. McNeill, "Why Study History?", *American Historical Association*, http://www. Historians. org/pubs/archives/WHMcNeillWhyStudyHistory. htm.

向"？站在"历史学科本质"这个观点，规划历史教育的走向，有什么益处？或许反过来提问会更有助于厘清某些迷思：将"政治""社会"的需要用来要求历史教育，以此定位历史教学，在今天来看，究竟有什么问题？

我想从两个方面来检讨政治社会目的下的历史教学"不合时宜"：（1）无法符合"教育"理念和"个人"需求；（2）无法符合"历史学"之义和"历史知识特质"。

一　"政治社会" 取向的历史教育观：不符当今教育理念

20 世纪以来，随着国家建造运动、民族主义发展这些趋势，产生了一个非常普遍、世界各国各地都可找到的信念：历史课必须教导学生有关国家民族创建的过程和价值，让学生见识本国本族光荣进步的过去，以及缔造这些辉煌历史的伟人事迹，当然，他们大多数是政治人物、军事家。坚持这种看法的人认为，学童熟记国家民族过往的伟大事迹以及伟大的人，才能产生尊崇之心，萌发共荣感，长大后才能成为忠贞的爱国公民。

当然，近年来也有另外一种较为开明的"爱国主义"历史观。譬如在美国，20 世纪 60 年代后一些社会史家，为了平衡长期以来学生读的都是以白人为主的国史，因而主张：更应该让学生学习的是国家社会的多元组成，并适度了解国家创建的筚路蓝缕以及所经历过的冲突和晦暗，而不是虚饰美化过的光明进程。这主要是因为 20 世纪 60 年代后，社会史、族群史、性别史、文化史等新的历史研究取向先后而兴，解构了过去以政治和精英文化为主轴的历史观，当然相较之下，以颂扬政治发展和人物的历史解释确实显得狭隘单面。①

但无论如何，凡以政治社会目的作为历史教育最高指导原则，在今天已有不合时宜之处。通常，将历史教学的意义系于培养爱国心、社会认同感以及塑造集体记忆上，则无论教的是哪一套，包括号称纳入了"多元观

---

① 关于美国这两种爱国史观的争论，请参考林慈淑《历史，要教什么？英、美历史教育的争议》，（台湾）学生书局，2010，第 16~41 页。

点"的历史，主张者念兹在兹的是"什么样的内容"，而非"如何学习"；计较的是"该教什么"，而不是"该如何教"。当然，教学方式往往着重在"传布""一套历史"，这样的方式多成为历史教育的常规。然而，今日看来，这样的传统已与时代的走向、教育的目标、人们的自我需求难以契合。

每一个时代，为因应社会情势的不同，都有必要重新思考学校教育的目的以及教导历史的意义。

今日是资讯爆炸的时代，也是资讯开放的年代，各种信息信手可得、随手可查。人们未必需要进入图书馆查资料，只要一部手机就可以走天下，得知天下事。时代巨变，我们今天面对的问题已经不再像数十年前或百年之前那样，得想尽办法、用尽心力搜集材料、熟记若干珍贵稀有的"事实"，而是要思考如何处理源源不断涌入的各种资讯。当书籍、文章、各式消息、各种形式的文本无止境地充斥在个人的生活周遭时，人们需要的能力是如何辨识分析那些性质不一甚至相互矛盾冲突的文本，如何解读并整合、运用那些看似无关的篇章信息，并将其转化成有用的知识和创造的泉源。同理可推，当今社会需要的人力不再只是博闻强记、如资料库般可以细数各种掌故者，而是具有综观视野、思辨能力以及开创潜力的人才。

正是因应环境的变化，如今学校教育多半不再以"填塞"固定知识为旨。培养学生的思考能力、实作能力，几乎已是现今世界各国学校教育的共识。当许多科目早已开始强调以学生——学习者为主体、以问题为中心的"翻转"教学时，历史教育何能置身于外，仍然抱守着过去教导学生记住一套固定的历史、背熟一些经过选择的史实为满足？

其实，也正是因为历史教育是学校教育的一环，历史学科的教学不能不敏察时代社会的变迁，正视学校教育的新方向，重新考量历史科的教学如何培养学生足以面对社会以及现实人生的各种思辨论证能力。

然而，如何透过各层级的历史教学帮助学生成为能够因应挑战的"现代人"？这当然得要回归"历史学"的意涵以及历史学科的知识特质，因为只有在这个学科特有的致知方式中，亦即它专有的思考、视野中，才能寻得教学的依据，以为学生储备并激发他们的面对未来世界的挑战的信心。

那么，历史学科的知识特质为何？事实上，回到前述的课题：把政治社会的需要奉为历史教育的第一优先考虑时，其所产生的第二个问题正是：那样的教学模式与今日所知的"历史学"是违背和抵触的。

二 "政治社会"取向的历史教育观：不符"历史学"之义

在上述的疑问中，最关键的问题莫过于：究竟"什么是历史？"

值得注意的是，当历史教育成为实现"政治""社会"目的的"工具"时，历史教科书所写、课堂所教的，不免需要迎合现实、灌输特定的事实，这样的内容能称得上是"历史"吗？如果学生学习历史的方式是记忆和背诵，这符合"历史"这个学科的特质吗？

美国教育学者诺克斯（Jeffery D. Nokes）曾经感叹，历史学家专业活动和学校中的传统教学方法差距之大，为其他学科所未见。的确，如诺克斯所见，学校课程中，生物学课，学生需要进行实验解剖；数学课，学生要时常演练计算；地理课，学生得学习测量和实查；体育课，学生得经常练习运动技能；英文课，学生必须练习写诗作文。只有在历史课堂中，学生最典型的学习方式是听讲和背诵"史实"。这样的形态完全与历史学建构知识的取径背道而驰，也全然无法对应历史学家的研究和思考。[1]

如前所言，历史之为一个学科，其研究的对象是那些已经不存在的过去。那些过去，即使离"现在"最近的一刻都已随着时光而流逝，只留下若干散漫的存留、一些零星片段的残余，供后人追究和探索。换个角度来说，今天所见的"历史"，乃是研究者针对某段有兴趣的过去，从提出问题开始，进行的一连串探讨的过程，包括：收集资料，阅读和解析，找出其中与问题相关的证据，论说与解释，建构有关那段过去的一些图像，最后呈现为"历史"。这样的程序显现了"历史"这个学科的某些特质。

首先，"历史学"不仅是指被研究出的事实知识，还包括这些事实知识所以形成的基础与思考。也就是说历史知识是被"建构"出来的，而并非原本存在某处，等待后人的"发现"。历史学家在建构知识的过程中，每一步

---

[1] Jeffery D. Nokes, *Building Students' Historical Literacies: Learning to Read and Reason with Historical Texts and Evidence*, New York: Rutledge, 2013, p. 27.

骤都须历经重重的思考、判断、抉择：如何在资料中反复琢磨耙梳，如何在问题与证据间来回辩证，如何与前人研究成果持续地对话和论辩。

除此之外，历史知识不会有最终的定论。随着新资料的出现、对资料的新解读、关切点和视角的改变，历史知识总是不断更新，其版图不断地变动扩张。因此，一段过去不会只有一种解释，甚至不同的解释可以互补并存。这当然也显现了历史知识的某种"不确定性"。

正因为历史知识的不确定性、有争议性，学"历史"不可能只在于认定某一套故事已足，或把该历史知识视为固定不变的真理。学"历史"也不能以获知某些"历史知识"为止，却完全不清楚这些知识有其观点以及所以产生的论据。若把任何历史知识当成唯一的、确切不移的真实，那已经不是"历史"，而是"教条"，甚至是"宣传"。以政治社会目的为上的历史教育根本问题在此，亦即其所教导的多半已经不是"历史"了。

历史不是储存过去知识的资料库，而是建构这些知识的思考与方法。历史学家经过百余年来的探索，在理解过去这件事情上已经积淀发展出这个学科特有的一些思辨概念，以及独特的历史眼光、历史意识，这些对于现今学生的思考训练以及认识世界，当有大用。所以英国历史教育学者李彼得（Peter Lee）说：历史……是一种思考方式和一些相关意向（dispositions）的总和。它是一种探触世界的方式，一组可以灵活运用于日常生活中的知识能力。[①]

反过来说，学校的历史课若要发挥"教育"作用、启迪学生的心智、培养学生的思考，那必得扎根于历史学科知识的特质，据此重新调整历史教育的目的，改变现在普遍所见的那种灌输传授知识的方式。换言之，学校历史这个"科目"必须和历史这门"学科"紧密相连、重新接轨。

三　历史知识特质与历史教学方向

长期以来，历史课堂中的景象是：教师口沫横飞，卖力地讲述着国家

① Peter Lee, "History, Autonomy and Education or History Helps Your Students Be Autonomous Five Ways（with apologies to PAL dog food）", *Teaching History*, Vol. 77, No. 10, 1994, p. 9.

的古往今来、文明的递嬗变化，台下的学生则用力记住一件件前后相续的史事，课后学生则在试卷上答出他们所记住的若干事实。难怪多数学生觉得历史无趣和无用，与现实人生无关。

试想，当今学生并非生活在信息有限、单纯稳定的环境中，相反的，他们处在资讯量急遽增加、求取信息的管道多元的时代下，面对的是一个充斥着诡谲、矛盾、不确定、不和谐的世界。学校之外，他们每天必须在各种冲突文本和知识论述中抉择权衡。如果无法从容应对，年轻学子很容易陷入价值混乱、知性无能的困境中。亦即他们需要有智识方面的凭借，帮助他们应付资讯纷杂混乱的世界。而历史，正可以提供这样强而有力的思辨训练。

换言之，时至今日，历史教育再不能自限于以传授特定事实为主的旧习。因应时代社会的变迁，历史教学必须转从"历史学"中寻找开发有益于培养学生思考的利器，此即是教导学生学习历史学家的思考和探究方法。这样的教学方向对学生立足于社会中以及历史科立足于学校中，都是必要的，只有这样才能是双赢的。

至于历史学家的思考和探究方法，究竟指的是什么呢？英国、美国历史学家多半会谈到几项独特的历史学科概念：资料阅读、证据、变迁和延续、因果等。这些都是历史学家探究过去时常用的观念工具和架构。此处，因时间篇幅有限，我不拟深究这些概念的内涵。然而，我想指出的一点是：绝不能将这些概念或思考当成教条或规则来教导学生，而是要借由教师规划的活动，让学生从中体验历史学家的思虑和推论。

也就是说，历史要脱离"背科"的阴影，彰显它作为一门"学科"有其特殊的观照世界的方式，则学生在学习历史的过程中，必得有机会去体验历史学家如何思考和论证。最直接的方式是，课堂中教师设计问题与提供若干资料，引导学生研读，从中寻找与问题相关的"证据"，并尝试回应问题、提出解释，最后能产生自己的认识。在这样的经历中，学生依然获得了某些历史"知识"，但这些知识不是被直接给予的，而是经过主动参与和推论而来。在学生投入思辨的历程里，他们还锻炼了判读资料的能力以及论证的思考。

不但如此，让学生体验历史学家的思考和学习历史学家的方法，正是教导学生认知多元观点最好的方式，此一认知是现代人所亟须具备的素养。因为，只有在自主思辨中，学生才能深切认识；知识不等于过去，而是人们对过去的解释；所有的解释都来自对资料的推敲、对证据的阐述以及对问题的回应。学生自当明白，各种知识/解释可以并存，但也都必须受到严格的学术基准的约束规范，从而在各种记述中有比较好的解释、比较有说服力的观点，而不是每一种论述价值均等，成了各说各话。

在实际教学现场中，许多教师为了教导学生多元解释，经常针对某个课题，介绍两种甚至多种不同的观点。但是，这并不代表学生因此就会具备多元解释概念，反倒可能导致他面对各式各样的看法无所适从，陷入虚无相对论中。所以真正有效的多元观点教学，是让学生经验思辨之路，从而明白知识/解释和过去/真实的区别。

也许有人会说，学生得学习历史学家怎么思考，怎样阅读、引证、推论，这太难了，绝不适合教给"年纪小"的孩子。然而，这未必是有充分根据的疑虑。事实上，已有许多欧美学者在教学实验中证明了即使是小学生，都能阅读资料和思考。例如美国历史教育学者范·斯勒特莱德（Bruce Van Sledright）曾以五年级"社会学习"课程的两个单元："美洲的英国殖民""美国革命的原因"进行为期四个月的实验教学。范·斯勒特莱德以原始材料以及各种不同观点的论述作为课程内容，循序渐进地引导学生考察、质问和建立具有学术基础的解释。范·斯勒特莱德说，他的目的是帮助学生认识："理解过去乃是一个诠释的工程，其中总是环伺着各种困难以及悬而未决和相互竞争的观点。"[1]

当然，范·斯勒特莱德坦承，要改变学生的单纯看法——从认为历史是给予的、无争议的，到明白历史是建构而来的、试验性的——相当不容易。[2] 不过，他绝对肯定，这样的教学所产生的效益早已盖过了它带来的挑战。他更强调，在当今社会中，让学生学习提出言而有据的历史诠释和论证，增进他们的历史思考，是学校历史最有价值的工作。

---

① Bruce Van Sledright, *In Search of America's Past*：*Learning to Read History in Elementary School*, New York：Teachers College Press, 2002, p. 47.

② Bruce Van Sledright, *In Search of America's Past*：*Learning to Read History in Elementary School*, pp. 102-139.

　　回顾以往，历史教学多半意指教导学生熟知有关过去的某些史事，这样的观念曾为历史教育的主流。此一教学传统的背后，主要基于"政治社会"的目的，期待历史课能为国家社会培育好"公民"。然而 21 世纪的今日，历史教育应该与"个人"的处世与生活有更多的联结。同时，在时代变迁下，当前社会期许于个人的不再是记住许多事实知识，而是对资讯的分析判断和整合转化的能力。回应这些情势，历史教学唯有返归历史这个学科的特性，以及历史知识的特质，从中寻求教学的动力与方向。而历史老师更该让学生有机会学习历史学家的各种思辨和探究方法，进而蕴蓄历史思考，借此更好地理解和面对所身处的世界。只有在这个方向上，学校中的历史课才称得上真正发挥教育的效能，彰显存在的价值。话说回来，这样的历史教育确实有助于培养"好公民"，不过却是具有批判精神、慎思明辨、宏观视野的好公民。

历史意识的形成与现代历史课程的建构
——兼论历史课堂教学的改革

马卫东[*]

一　问题的提出

历史在今天有什么用？这是生活在现实世界里的人们——无论愿意或不愿意、意识到或没有意识到——都会时时碰触到的问题。寻常百姓在茶余饭后将历史当作谈资，不分什么正史、野史，说到高兴之处眉飞色舞，争议之时则脸红脖子粗；在读的学生们会将历史表述为一系列各式各样的题，历史认识不过是寻求各种答案而已；一些政治家在很多时候，会把历史作为解读政治主张的素材、施政的工具；一些历史学家会在永无休止的历史真相探寻中，阐述自己的见解与抱负。但是，摆在我们面前的现实是，当下世界各地发生着的任何一个热点问题，几乎都与历史割扯不断，都是历史与现实的纠结与缠绕。越来越多的人认识到，历史是开解现实问题的一把钥匙。然而，怎样的历史才能成为这把钥匙，人们的看法和见解各异。在这样的背景下，历史意识越来越受到人们的关注。然而，什么是历史意识，怎样形成历史意识，历史意识如何在人们思想、行为中产生积极作用，在一系列相关问题的认知上，又是仁者见仁，智者见智。

再来看历史教育领域。当前，各国的历史课程与教学改革都遇到了不

---

[*]　马卫东，北京师范大学历史学院教授。

同程度的困难，效果不尽如人意。在找寻出路的过程中，人们的目光也渐渐聚焦在了历史意识上。但是，人们首先遇到的基础问题，仍然是历史意识什么；其次是一系列具体问题，诸如：学生形成历史意识过程中的特点、历史意识与历史思维等的关系、历史意识形成的方法和路径等。而这些问题的一个共同指向是，在现有的历史教育体系和模式下，能否真正实现学生历史意识的形成。

上一个学期，我为一年级本科生开设了一门研讨课——历史认知导论。第一次课上讨论，一位同学率真的发言，就使我为之一震。当时，我的问题是：你们进入大学已经一个学期了，就你们个人的感受，能否说一说中学历史学习和大学本科的历史专业学习有什么不同。一位同学率先发言：我认为大学历史不如中学的历史好学，一个学期下来，不仅问题很多，并且不得要领。我问他为什么，他回答的大意是：中学的历史学习，课上讲的课本内容具体；上课时，重点的地方老师讲得很清楚，好记好背，考试时，容易把握答题。大学的历史课，老师讲的内容听起来很多、很深，不划重点，听不懂，考试时不知怎么答题，一头雾水。他的话引起了上课同学不同程度的共鸣。下课了，还有同学一直追问我：老师，历史课不讲教科书讲什么？

如此看来，在学校的历史教学中，学生历史意识的形成，绝不是一个认识了就能解决的问题。它涉及观念、习惯、语境、思维、教育模式的改变等，一系列深层问题认识的变换，这是一个复杂的系统问题。

二　对历史意识认知的梳理

什么是历史意识？查询文献，言者的表述不尽相同，观点亦有差异。如有学者认为"历史意识是将过去、现在以及将来之企望结合在一起的一种心灵活动"；[1] 有学者则把历史意识看作"交织着解释过去、理解现在、预测未来的网"；[2] 还有学者说："所谓历史意识，从一般意义上说，它是人类在文明发展过程中产生出来的对自身历史的记忆和描述，并在求真求

---

[1]　胡昌智：《历史知识与社会变迁》，台湾联经出版事业公司，1988，第25页。
[2]　〔德〕博德·冯·博里斯：《重视历史与道德评判，解释过去理解现在之关系》，《清华历史教学》1996年第8期。

实的基础上总结经验、汲取智慧，进而把它用于现实生活的一种观念和要求"；①也有学者认为，历史意识"一是要尊重历史传统，总结历史经验，汲取历史智慧，使我们在社会实践中减少盲目性，争取不重犯历史的错误；二是把历史趋势与现实的前途结合起来考虑，使我们对未来既有谨慎的乐观，又有深沉的忧患；三是通过历史学的社会教育，可以明是非，别善恶，促进社会道德风尚和个人道德境界的提高"。②关于历史意识的定义还有许多，此处不再一一列举。但是，几乎所有关于历史意识定义的论述，大都具有一个明显的共同趋向，即以历史意识的外部表征作为解释这一概念的起点，这样自然就会导致纷繁多样的定义出现。而问题的关键在于，对历史意识定义的如何，既影响着人们对历史意识本身的认识，又制约着人们对历史的认知。问题出在哪里呢？

　　首先，问题还是出在历史认识本身。笔者以为，在当代史学发展中，人们越来越以"科学"为出发点来认识历史。其中，现代史学以科学为蓝本建构历史认识的模型，其典型的范式大致是历史知识—历史能力—历史情感、观念这样的架构；后现代主义史学则以"科学"为批判对象，对历史的客观性提出质疑，进而提出历史学与文学没有本质的差别。对当下并行的这样两种历史认识模式，笔者不愿做人们很熟悉、往往也容易做的价值判断。笔者只想指出的是，这两种看似对立的历史观点，其实具有两个很值得关注的共同点：其一，都是以科学为基点、从科学出发认识历史的，只不过方向不同罢了；其二，都与历史本身脱节，或以科学为蓝本建构历史认知，或与文学为蓝本建构历史认知。

　　合理的历史认识应该回归历史的本位。这样我们不得不回到那个从有了历史和历史认识就一致困扰着人们的问题——历史是什么？当前较多的人比较认可的答案是：历史，不仅指过去的事实本身，更是指人们对过去事实有意识的记录。但是，"过去的事实本身"和"过去事实有意识的记录"毕竟有质的差别，这样的表述或多或少与构成事物属性的基本法则相矛盾；然而，在认识过程中，人们又会发现"过去的事实本身"和"过去事实有意识

---

① 瞿林东：《历史·现实·人生——史学的沉思》，浙江人民出版社，1994，第 6 页。
② 丁怀超：《历史意识与史学功能》，《安徽史学》1996 年第 2 期。

的记录"不可分割、相互关联，可是对于二者之间的具体关联如何，对这一关联怎样表述，都缺乏深入、具体的研究。笔者以为，"过去的事实本身"和"过去事实有意识的记录"，不是组成历史的两个部分，而是构成历史的两个元素。两个元素之间是源和流的关系："过去的事实本身"是客观的、静态的，它是"过去事实有意识的记录"的源，离开了它，"过去事实有意识的记录"无法存在；"过去事实有意识的记录"则是"过去的事实本身"的流，它是主观的、动态的，离开了它，"过去的事实本身"亦无法作为认识的对象呈现。因此，说到底，定义历史，需要深入认识、揭示、表述"过去的事实本身"和"过去事实有意识的记录"之间到底存在怎样的关联。

笔者以为，"过去的事实本身"和"过去事实有意识的记录"两个元素之间，至少具有三重需要人们关注的关系：一是两者各自独立，共同构成历史；二是两者之间相互联系，互为证据；三是两者之间相互依存，离开了一方，另一方也就因失去了必要的条件而不能独自存在。

这样的一个历史存在，是历史意识得以生成的前提条件。

其次，需要认识和解读意识。关于意识是什么，目前的观点有很多，归纳起来，至少有以下共识或接近于共识，需要引起人们关注。

其一，意识是物质的产物，其具有客观性，不以人的意志为转移。意识是心理，因为意识是人脑的产物，这是人类区别于其他动物种群的重要标志。在生理学和解剖学上，已经取得了关于意识得以存在这一认识的重要的成果。一般来说，意识的客观性，是指意识依赖于物质而存在。只要是正常的人，就一定具有正常的意识，意识是人的大脑机制与外部事物发生复杂关系的结果。

其二，意识的产生是主观过程，是主观作用于客观的结果。虽然意识是人脑这一物质的产物。但是，意识的产生及其过程又是主观的。在人面对复杂的事物时，人脑中储存的以往意识与人脑对面前事物的感觉相互作用，从而产生新的意识。

其三，意识又是多元、多样的，不同的认识对象决定了意识的类别和层次。每个人大脑中的储存与对面前事物的感觉是各不相同的，因而人的意识在具有主观性的同时，也具有了多元性和多样性。对同一事物，不同的个人或人群可以形成不同的意识。

　　由此，我们可知，意识是人类所特有的一种认知机能，有着复杂的物质与精神、内部与外部、行为与心理等构成的动态关系。历史意识则是人类意识体系中的领域之一。

　　历史意识是人们面对历史时产生的一种心理。我们在阐释历史意识时，需要深入认识以下相关问题。

　　一是要深入研究和解析人脑面对历史这一特殊事物时，脑内神经会产生怎样的反应，历史意识形成的过程是怎样的。目前，这方面的研究几乎是空白，研究成果自然也就罕见了。

　　二是要研究历史意识和其他意识的异同，特别是历史意识与其他意识的不同差别。在这方面，我们需要揭示的问题主要包括：历史意识与其他领域意识，如科学意识、文学意识、艺术意识到底有哪些不同，历史意识的形成需要哪些条件，这些条件具有怎样的特点。

　　三是要深入研究历史意识与各种具体历史心理活动的互动关系。目前，在绝大多数的历史意识的表述中，历史意识往往等同于历史感、历史思维、历史情感等。毋庸置疑，历史意识作为心理活动与历史感、历史思维、历史情感等诸多心理活动一定是相关联的。但是，作为历史认知心理系统中的高级、宏观层次的历史心理活动，历史意识既不等同于其他具体历史心理活动，亦不能与其他具体心理活动并列，我们应当深入探究历史意识是如何统摄其他各种具体历史心理活动的。

　　四是要在上述研究不断深化的基础上，逐步探索历史意识多元性与共性之间的关系，在历史意识多元发展的前提下，探寻历史意识的合理内核，以形成越来越多的历史意识共识，这是历史学真正实现发展与进步的动力与标志。

　　综上所述，历史意识是意识的组成部分。但是历史意识具有明显的特殊性。不了解和认识这一点，不对历史意识及其产生做全面的、从宏观到微观的研究，我们无法真正形成对人类发展和进步有意义的历史意识。

三　历史意识与历史课程编订

　　历史意识对人们认识历史有着不可替代的重要作用。因而，其对历史教育的意义和作用巨大。越来越多的历史教育者对此从不同角度进行解读或阐述。但是，历史意识通过怎样的途径和方式才能在历史教育中落脚，并在学生历史认知的形成和提升过程中真正发挥作用，却还需要作深入的探讨。

当下，在中国内地的历史教育中，涉及学生历史意识的培养，似乎平台只是历史课堂，其责任和任务属于教和学，内容则是历史教科书。因此，很多见诸学术媒体的文章，所论及的大都是在历史课堂上教师应该如何组织教材，具体运用怎样的手段和方法，如何调动学生的活动，等等。在历史教育中，有一个对形成和提升历史意识至关重要的问题，即历史课程的编订，却很少有人做全面、深入的研究和解析。

在现代教育运行体系中，课程编订是一个非常重要、承前启后的环节，课程的编订要充分体现教育目的，同时要制约、引领教学。因而，历史意识的形成和提升首先是历史课程编订要充分考虑的事情，具体来说，在某一个时段的历史教育中，历史意识如何定位，如何体现，如何落实，等等，都需要在历史课程编订的过程中加以认识和解决，然后才可以考虑如何在编成并实施的历史课程中具体呈现。

在历史课程编订中如何凸显历史意识，这是一个难度很大，充满复杂性的课题。要做好，需要一个相对长的时间，通过不断对一系列课程编订的修正，即在一个长时段的课程编订过程中，而不是在某一套具体的课程编订方案里才能完成。其中，有几个问题尤其要处理好。

第一个问题，自觉完善对课程的合理认知。在当前中国内地的基础教育课程改革过程中，遇到的最大困难与障碍是教育理论建设。长期以来，在中国教育发展进程中，大都采用了一种"拿来主义"的实用主义做法，因而始终无法摆脱"淮南之橘（桔），淮北成枳"的尴尬局面。其中，在这次改革中，我们遇到了现代教育理论中的一个重要领域——课程论。由于长时期的缺失，我们对课程的认识很少、很浅，在本轮改革中，其弊病便不断显现。如对历史课程如何定位，不少人认为，如果中考、高考历史学科的比重大，就说明重视历史课，反之就说明历史课不被重视，很少全面、深入地合理论证历史课程在基础教育课程体系中的地位、功能。再如，对历史课程内容编订，人们的关注点大都集中在是通史体例好，还是专题体例好，很少触及怎样的目标需要怎样的内容、怎样的内容有利于实现目标；在课程资源建设上，人们的着眼点始终聚焦历史教科书，而很少扩散到有利于认识历史的资源上面来。又如，在教学实践环节中，不少人认为历史教科书就是历史课程，诸如校本历史课程编订就是编校本历史教材；新课程的教学注重学生课堂活动，不少人就认为这就是历史活动课程，课与课程不分、学科课程与活动课程不分。通过上述列举，笔者只想引申出与课程相关及其课程本身需要思考的两个具体问题。

其一，近代教育没有产生于中国，因而在中国近代教育形成和发展的整个过程中，大都是拿来，极少原创。但是，尤其是教育观念和教育理论，拿别人的东西很难说明和解决自己的问题。当前中国教育改革的最大困难，是真正实现全社会教育观念的更新，创建中国自己的教育理论。

其二，课程理论本身就是一个教育难题，至今人们对它的定义繁多。但是关于课程的一些基本常识和原理，还是应当给予合乎逻辑的了解和认识。如前所述，在现代课程分类中，按照课程内容的不同划分，具体课程大致可以分为学科课程和活动课程，学科课程的内容是间接经验，即前人已获得已知经验，活动课程则是学生获取直接经验。前者需要课堂，需要在引领中完成，后者则需要"做"的空间，在"做"中完成。由此，在教育科学的意义上，并不存在历史活动课程、数学活动课程、物理活动课程等。其实，实践中出现的所谓历史活动课程，不过是历史课程的课堂教学中，教师为了帮助学生更好地了解和认识某一个历史内容或历史问题，集中使用活动这一手段的方式，它的名称叫作历史课，而不是历史活动课程。此例特别告诉我们，在当前的历史课程变革中，我们必须从认识入手，注重课程理论，特别是历史课程理论的认识和研究，并有所创建才行。

第二个问题，建构与形成、提升历史意识相适应的历史课程内容体系。长期以来，学校历史课程内容的选择、组合，基本是以所谓的历史知识为核心，以历史教科书为呈现形式的一种体系、架构。因此，在长期的历史教学中，逐步形成了"教历史教科书，学历史教科书，考历史教科书"的历史教学模式。在21世纪的基础教育课程改革中，这一广泛运用的历史教学模式也没有明显改变。特别是在近些年，有一种观点渐渐形成，即将当前的基础教育课程改革与高考结合起来，以实现改革的目标。此处，笔者不能展开对这个观点的评析。但是需要表明于此有密切关联的一个观点，在"教历史教科书，学历史教科书，考历史教科书"的历史应试教学模式下，很难真正实现以逐步形成和提升学生历史意识为核心的历史课程改革。因为这样的历史教学模式具有两个不可逆转的局限和弊端：一是"历史教科书即历史"，"历史即历史教科书"的过窄认识，很难实现历史课程编订的创新；二是对"历史教科书即历史"，这样的历史，学习的主要方式说到底只不过是各种类型的记和背，这样的学习方式，几乎无助于学生在历史学习中真正进行独立思考，没有独立思考，不可能形成历史意识。如此，建构以历史信息、历史材料为载体，以历史意识形成为核心的历史课程内容体系和结构，是创建突破传统历史课程编订模式的重要条件的基础。

第三个问题，关注历史课程编订中的心理要素介入。历史意识属于心理范畴。历史课程编订，如何从新的视角突破以传统知识为核心编订历史课程的模式，从课程编订这个环节就关注学生历史心理的发展。这就需要深入研究一些重要的、基础性的历史心理问题。如历史心理是怎样产生的，历史心理产生的特殊机制是什么，历史心理的发展与提升需要怎样的条件，历史心理形成的方法有哪些，等等。然而，长期以来，人们对这些问题的关注远远不够，这方面的研究也很少。这不仅直接制约着培养和提升历史意识的水平，也直接影响了历史课程的编订；从长远来看，还制约了历史课程理论的构建，需要引起重视。

四　历史课堂与历史意识

如果将历史课程比作历史教育的一个完整大舞台的话，历史课堂就是这个舞台的前台，即舞台前方演出的那一块地方；如果就整个舞台而言，有很多区域是为了保证演出的环节的话，前台就将直接面对观众，一幕一幕的作品场景，就在这里展开。只有好的"剧本"——富有特色的历史教学设计，好的"艺术家"——历史教师，好的"舞台保证"——有效的手段、方法等，再加上好的"观众"——具有一定素质的学生，才能保证一部好的作品的演出（课堂教学）成功问世，这些环节缺一不可，历史课堂教学亦大致如此。如果历史意识的培养和提升是一个很有创意的教学剧本的话，如何唱好这出历史教学的大戏，就需要对以下几个问题加以认识。

第一，历史教学是什么？不同的人给出了许多不同的答案。结合教学的本质和特点来说，笔者以为，历史教学是创造，是引领学生感悟历史的一种创造。历史的"一度性"特点决定了历史不能复现，因而不能观察、不能"做中学"，人们通过一定历史痕迹的积累建构历史；建构的历史与元历史之间一定具有不可弥合的差距，但是建构的历史又与元历史之间有着程度不同的契合。因而，历史教学离不开感悟和创造。历史意识正是通过教学中的感悟和创造得以形成和提升，离开二者，学生的历史意识是无法生成的。因此，当前的历史课堂改革不能只是多讲点、少讲点，多活动、少活动，这个手段好、那个手段好，等等，过于纠缠手段、方式，最迫切的事情是，基于课程的需求，设计和建构适合师生互动、实现创造的课堂平台，以保证历史意识的培养和提升落在实处，而不仅仅是一句口号而已。

第二，当前许多人关注历史课堂教学的有效性。特别是将历史意识的培养与其关联起来。但是，在实践中，由于教学目的的不同，其有效性的标准很难确定，对不同的目的，需要不同的标准。如果以追求考分为目的，其有效性标准是一套体系，而以培养、提升历史意识为目的，其有效性标准是另一套体系。将追求考分的目的与培养、提升历史意识的有效性标准结合在一起的运作，直接造成了目的与标准的分离、不相匹配，其结果是增加教学中的无用功。见过这样的案例：有老师依据多元智能的理论，设计了历史课堂教学的方案，实验后的检验则以分数为标准，所谓的实验班与普通班对比的结果，实验班的普遍成绩明显高于普通班，以此证明试验的效果。当前的不少文章也将历史意识的培养和提升纳入应试的体系，以为在以考试为实际目的的教学模式下，可以完成历史意识的培养和提升。笔者认为，这种所谓的"教学改革"其实与教学改革基本无关，不仅对历史意识的培养和提升起不到什么实质性作用，还会对历史课程与教学的整体改革有意无意地直接造成有形或无形的伤害。这种现象在当前的历史教学改革中不断出现，当引起人们的警醒。

第三，在课堂上，通过怎样的内容才能实现历史意识的培养与提升？笔者认为，在中国基础教育走向现代、走向未来的进程中，"唯教科书"的一套从理论到实践的传统教育模式的坚冰，无论多么艰难也要破除。否则，中国教育的这一轮变革很难取得实质性的进展。历史教科书是历史课程资源的一种。在历史课程与教学实践过程中，对这一点，要尽快形成有利于变革的语境和共识，这是本轮历史课程与教学改革的一个节点。如果"教历史教科书，学历史教科书，考历史教科书"的模式不能有所突破，历史教科书在历史教学中不能回归课程资源的本位，历史教学改革很难前行。如何实现从历史课程资源的角度定义历史教科书？一是需要重新阐释历史知识。这需要辨析知识的来路，厘清历史痕迹、历史信息与知识的异同，从而合理揭示历史认识的发生与发展。二是需要加快历史课程资源体系的建设。历史本身的"一度性"特点，决定了历史认识的间接性和主观性，人们在认识历史的过程中，不能直接面对认识对象，而是通过各种历史痕迹和前人建构的历史形成历史认识。历史课堂上，哪些资源及资源组合有利于教和学的展开，是需要深入论证和研究的。三是历史课堂要尽快自觉实现从教、学历史教科书，转到利用教科书在内的一切历史资源教、学历史的轨道上来。

第四，笔者刚刚在澳门参加了一个关于中华传统文化承传与创新的教育论坛。会上一位发言者引述了一位前辈学者的一个论断：20 世纪 80 年代以来，在中国内地的基础教育改革中，形成的所谓改革经验成果有数十种。但是，大都昙花一现，很少有能够在教育实践中站住脚的。笔者深以为然。在当下，历史教学改革中出现的教改成果大都冠之以"什么、什么教学"。如"史料教学""历史情境教学""历史情感教学"等，还有许多，其中有一些是舶来品，"史料教学"便是其中一例。其实，教育借鉴他人是没有错的，问题就出在简单的"拿来主义"。发端于英国的"史料教学"来到中国后，已经被异化成为历史考试的型具。在课堂上，所谓的史料已经扩展成了材料；所谓的史料在教学中或被用来解读、证明教科书的某一结论，或被作为考试的史料解析题的例题而使用。这样一来，史料与历史认识之间的关系，史料对历史认识意味着什么，这样一些极为基础、极为重要的问题，在教学中却很少有人关注。这是就这些成果个体来看。就其群体而言，历史教学本身就是一个整体，在历史教学中，要充分运用史料，从史料入手积累历史痕迹；用历史痕迹建构历史情境（因为历史无法复现）；在整个历史认识过程中，认识者的情感自然会不断受到触动、得到升华，这是形成历史认识的基本路径和方法。三者在教学中岂能分开？在基础教育的历史教学中，究竟有没有独立的史料教学？有没有独立的历史情境教学？有没有历史情感教学？史料教学中，就不能有历史情感教学吗？就不能有历史情境教学吗？反之，再反之，就构成了当前中国内地历史课堂中一个有史以来最复杂、最难解的逻辑关系式。笔者遇到的许多历史老师在私下对此常常表示不解和困惑。但一来到课堂上，却又信心满满地在这些模式下展开自己的教学。历史课堂会有人们期望的改变吗？这是笔者的困惑。

第五，在历史课堂上，教师是主导。这个提法如果成立的话，教师自身的历史素养和专业水平，在很大程度上决定着学生历史学习的方向、状态和学习最终达到的高度。因此，面对一次深刻的历史教育改革，教师必须实现自身的转变，其主要包括：历史教育观念的转变，历史教育理论的更新，历史专业素养的提升，历史教育、教学能力的提高。这些方面都应当体现在教学实践中。从某种意义上说，任何一次历史教育、教学的改革，都意味着历史教师一定要经历一次脱胎换骨式的转变与提升。否则，改革很难成行。

五 结语

历史意识的培养和提升，在中国内地本轮历史课程与教学改革中，渐渐受人们关注。但是关注不等于解决问题，在历史教学中如何提升和培养学生的历史意识，还需要认识和处理课程、教学中的许多复杂而又重要的关系。本文只从历史意识与历史认识、历史意识与历史课程、历史意识与历史课堂等方面，对历史意识产生的史源、历史意识与意识的异同、历史意识产生的心理源；历史意识的形成和提升需要与之相适应的历史课程建构；历史意识的有效培养和提升，需要历史课堂做出相应的调整和变化等，提出问题，并对其中一些问题提出些许看法。在笔者看来，基础教育的历史课程与教学是个全球性问题，如何让从不成熟走向成熟的孩子们，深刻理解和认识他们永远不能直接面对的历史，还要从中受到各种启示，是一件多么不容易的事。如果有谁将其表述为沿着一个预设而又简单的路径，很容易地就达到了目的地，至少我不会轻易相信，因为我知道事情绝非那么简单。如果真是那样简单，教育的改革就不会如此艰难，也就不会让许许多多关注和探寻教育出路的人们，有时会感到困惑和沮丧、艰难和无助。

对历史课程目标及其分类的探索

郑　林[*]

历史课程目标既是教材编写的依据、学校历史教学活动的出发点和归宿，又是历史教学评价的标准、依据。要保证历史教学工作取得预期的效果，首先必须提出明确具体的历史课程目标，并围绕目标选择课程内容、编写教材、开展教学活动。评价历史教学，就是看教学活动是否达到预定的历史课程目标。显然，在历史课程系统中，课程目标的确是一个非常重要的环节。以往我们制定的历史课程目标，往往过于抽象、笼统，在教学过程中容易落空，也不好以它为依据评价教学效果。对于究竟应该怎样制定明确具体的历史课程目标，有必要作进一步的探讨。

一　什么是历史课程目标

历史课程目标属于学科教育目标。在教育学文献中，教育目标因层次的不同而有不同的表述。经常用到"教育目的""教育目标""教学任务""教学目的""课程目标""教学目标"等概念。这些概念的基本含义是一样的，都是指教育活动预期要得到的结果。只是因为预期的结果有层次之分，于是才产生了不同的表述。

有学者从教育目的出发来分层次，认为教育目的是国家为整个学校系统制定的，在教育总目的指导下，各级各类教育又需确定更为具体的培养

---

　　*　郑林，北京师范大学历史学院教授。

目标。不同类型、不同层次的培养目标还可以进一步划分为分阶段、分专业的培养目标系列。这种划分培养目标系列的过程，就是教育目的具体化的过程。教学目标就是进一步具体化了的教育目的和培养目标。教学目标又可以进一步划分为某一学科、某一阶段、某一节课的更为具体的目标。直接体现某一项或某一组教学目标的是教学任务，即必须由学生掌握的一定量的教学内容。① 按照这种分层法，教育目标从宏观到微观大致可以被划分为国家举办学校教育的目的，各级各类学校教育的培养目标，某个学科、某一阶段的教学目标，一节课的教学目标，等等。

也有学者从教育目标出发来分层次，认为教育目标中既包括高度抽象概括的目标，也包括具体个别的目标，水平是多种多样的。以日本的教育目标为例，最高度抽象的目标是《教育基本法》第一条关于教育目的的规定。稍次之的是《学校教育法》中关于各级各类学校教育目的的规定。具体个别的目标有教学计划中反映出的国家统一标准的指导纲要、各学科在各学年中应讲授或指导的内容和目标，以及根据教学大纲编写的教科书和教学参考书、教师在教科书基础上制定的具体指导目标。有时，高度抽象概括的教育目标又被称为"教育目的"，而具体个别的教育目标又被称为"教学目标"。②

教育目标不论怎样分层次，有一点是共同的：目的高度抽象、概括，目标则具体、细致。目的只有具体化为目标，才有可能通过教育活动来实现。据此，我们可以将教育目标分为四个层次。第一层次为教育目的。这是最抽象、宏观的层次。国家为整个学校教育系统制定的教育总目标就属于这一层次。在教育原理中探讨教育本质时所用的教育目的也属于这一层次。第二层次为教育目标，是对教育总目的的具体化。某一类、某一级学校的总体培养目标属于这一层次，如普通中学教育目标、职业中学教育目标、高等学校教育目标。第三层次为课程目标，是某一类、某一级学校教育目标的具体化，是学校某个学科教学的总目标。新课改后我国中学历史课程标准中的课程目标，以及新课改前中学历史教学大纲中的"教学目

---

① 李秉德主编《教学论》，人民教育出版社，1991，第50~51页。
② 〔日〕梶田睿一：《教育评价》，李守福译，吉林教育出版社，1988，第78~79页。

的""教学任务"，属于第三层次的目标。第四层次为教学目标，是学科课程总目标的具体化。通常指一个教学单元、一节课所要达到的具体目标。

综上所述，教育总目标具体化以后，最终会分解为分学科、分阶段的教育目标，具体到历史学科，就是历史课程目标和教学目标。在本文中，历史教育目标和历史课程目标是等价的，属同一层次的目标，可以互换使用。历史课程目标要比中学教育总目标具体，但是又比历史教学目标抽象。如何把握好度，是制定历史课程目标的难点。以往我们的历史课程目标存在的主要问题是过于抽象笼统，不好操作。这种现象不仅存在于历史学科，其他学科也有。

王策三先生曾举过一个例子。20 世纪 60 年代末 70 年代初，中国教育界大力提倡要培养学生分析问题和解决问题的能力（简称"两个能力"）。但是没有弄清楚：究竟什么是分析问题和解决问题的能力，在中学、小学各应该怎样体现，在语文、数学等各科又应该怎样体现，用什么方法进行测定，需要哪些指标、数据，等等。尽管当时教育书刊、报告、经验交流、学校工作计划、总结，到处都可见到"两个能力"的词句、口号，都极力提倡、强调，而其效果不著却是众所周知的。[1]

21 世纪初的基础教育课程改革，提出了三维目标，实施多年以后，教师们仍然反映课程目标太笼统。以往的经验教训告诉我们，在制定历史课程目标时，需要将目标具体化，以便教学和评价。

二　历史课程目标的分类

为了制定出明确具体的历史课程目标，需要做目标分类。由于各国学者在教育教学思想上所持的立场不同，他们考察教育目标的角度也有差异。中华人民共和国成立后，我国教育学界很长一个时期学习苏联的经验，对教育目标的阐述一般是以"教学任务"的形式出现。教学任务包括三个方面的内容：①向学生传授文化基础知识和基本技能；②发展学生的认识能力和体力；③培养学生的辩证唯物主义世界观和共产主义道德品

---

① 王策三：《教学论稿》，人民教育出版社，1985，第 107 页。

质。历史教育目标的表述也直接套用了这一形式。苏联学者和我国学者分析教育目标的出发点很相似，两者的共同点是非常注重教育总目的和教学目标的密切关系。"但在阐述教学目标时仅限于重复教育总目的，不能使之进一步具体化、系列化，却是我国和苏联教学论的共同缺陷。"① 21 世纪初的课程改革，主要学习美国的经验。美国学者分析教育目标一般是从学习进程的因果关系出发，推测出学习活动所产生的结果。布卢姆和加涅等人进行教育目标分类用的就是这一思路。

布卢姆等人在《教育目标分类学》中把教育目标划分为："认知领域"、"情感领域" 和 "技能领域"。其中认知目标包括知识、理解、运用、分析、综合、评价；情感目标包括接受、反应、形成价值观念、组织价值体系、形成价值情绪；技能目标包括观察、模仿、练习、适应。这样的分类法非常细致、具体，有利于指导对教学结果的评价。

加涅在《学习的条件》一书中认为，教学活动所追求的目标，就是让学生形成五种能力：智力技能、认知策略、言语信息、运动技能和态度。智力技能又可以进一步区分为鉴别、获得具体概念、为概念下定义、掌握规则；认知策略也可以再区分为编码的策略、记忆探求的策略、检索的策略和思考的策略等。加涅的分类侧重于能力的培养，对指导教学设计有较大参考价值。

在对我国的历史教育目标进行分类时，可以借鉴西方学者的教育目标分类法，但不可完全套用，一是因为国情不同，二是因为这些分类法本身既有长处又有短处。我们应结合中国国情，吸取布卢姆等人分类法的优点，参照我国原有的分类法，对历史教育目标进行新的分类，使之更有利于历史教学和评价。

三 我国历史教学大纲中的历史课程目标分类法分析

在我国 21 世纪初新课改之前，通常把历史课程目标分解为向学生传授历史基础知识、对学生进行思想品德教育、培养学生的基本能力三项教学

① 李秉德主编《教学论》，人民教育出版社，1991，第 55 页。

任务。课改之前的中学历史教学大纲基本上采用这种分类法。例如在《九年义务教育全日制初级中学历史教学大纲（试用）》中，对教学目的和要求是这样写的：

初中历史教学，要求学生学习和掌握基础的历史知识，即了解中国历史和世界历史发展的基本线索；了解重要的历史事件、历史人物和历史现象，以及理解重要的历史概念。

初中历史教学，要求向学生进行初步的辩证唯物主义和历史唯物主义观点教育，尤其是社会发展规律教育；进行国情教育、爱国主义和国际主义教育；进行中国社会主义初级阶段基本路线教育；进行革命传统和道德情操教育；培养学生具有为祖国社会主义现代化建设和人类的和平、进步事业而献身的历史责任感。

初中历史教学，要求教会学生初步掌握记忆、分析、综合、比较、概括等方法；培养学生学习和表述历史的能力；培养学生初步运用历史唯物主义的基本观点观察问题、分析问题的能力。

在2000年发行的《全日制普通高级中学历史教学大纲（试验修订版）》中，"教学目的"一节也是分为三项：

普通高中的历史教学，要在初中教学的基础上，使学生进一步掌握重要的历史事件、历史人物、历史现象，理解重要的历史概念，把握不同历史时期的基本特征及其发展趋势，认识历史发展的基本线索和基本规律。

在历史教学过程中，要注意培养学生的创造性学习能力，使学生进一步掌握和运用学习历史和认识历史的基本方法，增强学生自主学习和探究的能力；指导学生搜集和整理与学习相关的历史资料，培养学生解读、判断和运用历史资料的能力；通过对历史事实的分析、综合、比较、归纳、概括等认知活动，发展学生的历史思维能力；引导学生运用所学的知识和方法，对历史问题进行实事求是的阐述，提高分析问题和解决问题的能力。

　　通过历史教学，使学生进一步运用唯物史观对社会历史进行观察与思考，逐步形成正确的历史意识；对学生进行国情教育和爱国主义教育、维护民族团结和祖国统一的教育，使学生继承和发扬中华民族的优秀文化传统，树立民族的自尊心和自信心，具有建设中国特色的社会主义的坚定信念和改革开放、振兴中华的使命感……

　　这三项历史教学任务只有进一步细分为更具体的目标，才能在教学和评价中操作。

　　新课程改革采用三维目标分类法，将历史课程目标分为知识与能力、过程与方法、情感态度和价值观。三维目标是本次新课程改革的亮点，但是也有值得商榷的地方。[1] 在实施过程中教师们也反映课程目标笼统，不好操作。总之，建立科学的历史教育目标分类体系，使历史教育的每一项目标都变得清晰、具体，便于指导历史教学和评价，是历史课程编订的一项重要任务。

四　我国学术界对历史教育目标分类的探索

　　历史教育目标分类问题，我国学者从 1987 年开始进行了一些探索和试验，取得了不少成果。例如，聂幼犁将历史知识分为关于客观史实的知识、关于史学基本理论的知识、关于史学方法论的知识。而对历史知识的掌握水平则分为知道、理解和应用。[2] 白月桥把知识的掌握水平分为三级。

　　第一级水平：感知、领会、记忆获得的信息，加上个人的体验，使之成为个人的知识。同时能够近似地或准确地对知识进行重复再现，达到正确地理解。

　　第二级水平：学生依照教师提供的范例在相同或近似的情境下模仿性地运用知识，经过反复再现把知识转化为技能、技巧，达到牢固掌握。

　　第三级水平：学生在以前没有遇到过的新情境中独立运用知识，获得

---

① 参见郑林《中学历史课程"过程"目标相关问题探讨》一文，以及《历史教学问题》(2009~2010)"中学历史课程目标专题研讨"中的其他论文。

② 聂幼犁：《中学历史教育论》，学林出版社，1999，第 30~32 页。

创造性运用知识的经验，使知识、技能、技巧转化为具有心理定式的能力。①

赵恒烈将历史思维能力的目标分为五类，每个目标又分为三个方面。

第一类：历史事实的再现和再认能力：

　　按时间顺序叙述历史事件的发展和变化；

　　历史事件之间的相互关系，发展和变化的阶段性；

　　不同历史阶段的特征，不同阶段中人们的思想观念、经济地位和处境的差异性。

第二类：历史材料的鉴别和使用能力：

　　甄别历史材料中的客观事实和主观见解；

　　判断材料的真伪和价值，并给予批判；

　　把不同史料中的信息综合起来，获取证据，论证某一观点。

第三类：历史问题的分析、评价和比较能力：

　　分析历史事件的原因和结果，分析历史人物的功过；

　　评价历史事件和历史人物；

　　比较历史事件和历史现象的异同。

第四类：历史本质和规律的揭示能力：

　　分析历史发展中的主要矛盾和次要矛盾；

　　透过历史现象，揭示历史本质；

　　形成历史概念，并在判断和推理中理解历史发展的规律。

第五类：知往鉴来的应用能力：

　　分清历史现象和现实社会现象的区别和联系；

　　用历史发展的观点分析现实问题；

　　预测某种社会现象的发展前途。②

王雄等人将历史学科能力分为阅读能力、阐述能力、评价能力，对每一项能力从思维的深刻性、敏捷性、灵活性、独创性、批判性五个方面进一步刻画。③

---

① 白月桥：《历史教学问题探讨》，教育科学出版社，1997，第123页。

② 赵恒烈：《历史思维能力研究》，人民教育出版社，1998，第190~192页。

③ 王雄等：《历史地理教学心理学》，北京教育出版社，2001，第165~175页。

　　以上分类法按照历史教育目标的着眼点不同，可以分为两类。白月桥、聂幼犁从传授历史知识的角度出发，按学生对历史知识的掌握程度分类。赵恒烈、王雄等人则从历史学科能力的角度出发，将能力分为几大类，每一类再进一步细分为更具体的能力。以上两种分类法关注到了历史教育目标中知识和能力目标的分类和层次，对情感态度价值观领域的目标如何分类分层，尚需进一步探索。另外，如何将这些分类法运用到新课程改革后的历史课程目标分类分层设计中，也需要进一步研究。21世纪初的历史课程改革，将历史教育目标在历史课程标准中以"课程目标"的形式呈现，从知识与能力、过程与方法、情感态度和价值观三个维度作了描述。由于对一些核心概念没有做清晰的界定，概念之间有交叉重合，在教学实践中不好操作。本文尝试在已有研究成果的基础上，对历史课程目标作新的分类，以增强其在实际应用中的可操作性。

五　以历史学科能力和学习过程为基准的
历史课程目标分类尝试

　　目标可以从各种角度分类，分类的最终目的是清晰地界定每一个目标，以便在教学和评价中应用。本文尝试从中学生在课堂教学中学习历史的过程出发，对课程目标分类，以期更好地为教学和评价服务。

　　学生学习历史从感知和理解提供给他们的教学信息开始。教学信息的载体包括历史教科书、教师的讲述、教师提供的教学素材、学生自己准备的教学素材。通过对教学信息的感知、理解，形成对历史的认识。这种认识历史的过程与历史学家认识历史的过程是有区别的。历史学家是通过对原始资料的收集、考证、分析，再现历史，形成对历史的认识。而学生感知到的教学信息，基本上是历史学家认识历史的成果，只要理解了这些认识成果，就算是认识了历史。新课程改革提倡探究式学习，让学生自己收集、整理、分析资料，进而形成自己对历史的认识。从形式上看似乎经历了历史学家研究历史的过程，实际上学生收集的资料基本上是历史学家的认识成果，其中大部分是对历史学家认识成果进行多次改编的历史读物。即便是高水平的历史教师，教学所用资料也大多是大学教材、历史学专著、历史普及读物。所以从本质上讲，目前我国中学生学习历史的方式不管怎么变化，都是在学习历史学家认识历史的成果。区别在于，传统的知识传授式教学是要让学生记住这些历史认识成果，现代探究式教学是要让学生理解这些认识成果是怎么得出来的。换言之，传统教学重知识的记忆，现代教学重知识形成的过程。重视过程的最终目的是培养历史学科能力。当然，并不是说把能力写进课程目标，历史教学就能够使学生具备某种能力，能力要在学习过程中获得。学习过程不同，获得的能力也不同；学习的材料不同，获得的能力也有差别。在设计课程目标时，需要把能力融合到学习的过程中。据此，本文对历史课程目标作了如下分类。

（一）学习理解人类已有历史知识

历史知识是人们对客观历史的认识成果。客观的历史一去不复返，人们现在已无法亲自经历或亲眼看到，人们现在通常看到的只是历史学家或其他人对历史的认识成果。历史学家通过对史料的研究、加工、整理和解释形成对客观历史的认识，这种历史学家的认识成果就是我们常说的历史知识。现在历史课上所讲的就是这类历史知识。在讲历史知识时，人们往往只讲历史学家对客观历史的认识成果，忽略了他们认识历史的方法和过程。在大力提倡素质教育的今天，只重认识结果的历史知识观已不能适应时代的需要了。人们对客观历史的认识既包括认识结果，也包括认识过程。在认识过程中，由于各人所持的世界观、价值观、历史观不同，所用的历史研究方法不同，得出的认识结果往往也有差异。如果只注重对历史认识结果的传授，就会使学生对历史的认识产生矛盾或片面性。假如把几种不同的历史认识结果都告诉学生，他们对历史的看法就会产生混乱，不知所从。如果只给学生出示一种认识结果，掩盖另外几种不同的结果，学生所掌握的历史知识就是片面的。解决这一难题的最佳方法是教给学生认识历史的方法、理论，使他们明白对同一历史对象会产生不同认识结果的原因，这样才能体现素质教育对学生能力培养的要求。

总之，笔者认为完整的历史知识既包括人们对历史事实认识的成果，又包括人们认识历史的理论、方法（见表1）。

表 1　历史知识的分类

历史认识 的成果	历史事实	如人物、事件、典章制度、科技成就
	依据事实得出的结论	如历史因果关系、历史规律、历史发展的趋势等
认识历史的方法		如资料检索的方法、资料整理考证的方法、解释历史的方法等
认识历史的理论		如马克思主义史学理论、西方各种史学理论

　　学生学习历史，不是接受现成结论的被动的活动，而是主动运用一定的理论、方法构建历史认识成果的过程。学习前人的历史认识成果——历史知识，是把历史知识作为案例，从学习中体验认识历史的理论和方法。例如，教科书中的历史事件，一般是按照原因（背景）、过程、结果（影响）三大部分叙述，这实际上就是一种解释或描述历史的方法——对于历史事件，我们要研究它发生的原因、发展的过程，以及结局。怎么分析原因、怎么叙述过程、怎么判断结局，教科书中通过一个具体的历史事件为学生做出了示范。以后学生遇到新的历史事件，都可以从这三个方面入手分析思考。
　　对于中学生来说，最初接触到的是前人对历史的认识，通常所说的学历史，就是指学习前人对历史的认识成果。掌握这种历史知识，主要靠识别、理解和记忆，属最基本的历史学习（见表 2）。

表 2　学生对历史知识的学习理解

识别信息	学生能从提供的教学信息（文字、图片、视频或口头叙述）中区分出：历史事实与历史观点；历史的原因与结果；历史发展的时间线索、阶段特征；历史研究的基本流程；研究方法的基本步骤；历史理论的基本观点
理解历史	学生能从提供的教学信息（文字、图片、视频或口头叙述）中：概括要点；提炼所述史实的本质；解释历史概念的内涵；说明史实或概念间的关系
记忆历史	学生能识别或者复述已学的历史知识

　　以上属于第一类目标，学习理解人类已有历史知识。较高层次的学习是学认识历史的方法、理论。掌握这类知识也需要记忆、理解，但更需要应用。如果对所学的知识不会应用，那就不是真正的掌握。这就是历史课程的第二类目标——实践应用。

（二）实践应用已学的历史知识

实践应用主要是指用已经掌握的历史知识来解决在各种新情境中表现出来的问题，即把一个场合所学的历史知识用于解决在一个新的场合中面临的任务或问题。对于中学生来说，历史知识首先是用来构建自己对未知历史的认识；其次是在此基础上与他人进行思想交流；再次是用于理解人类创造的精神文化产品；最后是用来解释现实社会中的一些问题。具体分类见表3。

表3　历史知识的实践应用

构建历史	通过查阅历史资料寻找历史证据，运用已有历史知识、研究方法、史学理论鉴别资料的真伪和可靠性，将资料加工整理，形成自己对历史的认识，例如，对历史史实的叙述、评价，对历史因果关系的分析
传播与交流	将历史知识或自己对历史的认识传达给别人，与别人交流
评价与创作	利用历史知识评价别人的历史作品、文艺作品；或进行作品的创作，丰富自己和他人的文化生活
理解现实	对现实问题能从历史的角度分析，并发表自己的见解；应用历史经验理解现实社会

（三）形成历史情感、态度和价值观

观念、态度的形成是一种"内化"的过程。H. 英格利希和 A. 英格利希给内化下的定义是："把某些东西结合进心理或身体中去；把另一个人的或社会的观念、实际做法、标准或价值观作为自己的观念、实际做法、标准或价值观。"① 这种内化过程一旦实现，学生就会无意识地用这些观念、态度等指导自己的行为。这项教育目标单凭个人表示希望达到，或只花几节课时间，是不大可能实现的。这项目标中有许多可能要花几年时间才能达到一定程度，而有些则可能需要各个学科的共同努力才能完成。克

---

① 〔美〕D. R. 克拉斯沃尔、B. S. 布卢姆等编《教育目标分类学》（第二分册　情感领域），施良方等译，华东师范大学出版社，1989，第28页。

拉斯沃尔和布卢姆等人认为，要达到内化程度较高的目标，必须从比较简单的、外显的行为开始，逐渐上升到比较复杂的、内化程度较高的行为；在掌握新领域中的内容和行为时，再重复整个过程，直到最后形成一组高度内化的、始终如一的和复杂的情感行为。[①]

为了便于实现这项历史课程目标，笔者对它作了如下分类（见表4）。

表4　历史情感、态度和价值观的形成

产生兴趣	对历史产生兴趣，表现为喜欢上历史课、阅读一定量的历史课外书等
表示赞赏或批判	对历史上的正面人物的事迹表现出赞赏的态度、崇敬的感情，并能说明赞赏或崇敬的理由；对历史上的反面人物表现出憎恶的态度并进行谴责，能说出谴责的理由；对历史结论、历史观念等表明自己的态度，提出赞成或反对的理由
模仿	愿意以自己所赞赏的历史人物为榜样并照他们的样子做人
形成自己的观念和态度	把自己赞同的历史观念、历史结论内化为自己的观念、态度，并用它们指导自己的行为

以上分类只是笔者在理论上进行的一点初步的探索，要将历史课程目标分类变为指导历史教学与评价的标准，需要做大量细致的调查研究工作，非一个人的力量可以完成。布卢姆等人的名著《教育目标分类学》第一分册"认知领域"就是集体创作的成果。该分类体系的设想，是由出席1948年在波士顿召开的美国心理学会大会的大学考试专家们在一次正式会议上提出的。以后大家每年轮流到各大学聚会，致力于讨论教育目标分类的各种问题。分类学第一分册就是这些会议的第一个成果。它是出席分类学会议的30多位学者思考的结果，是建立在无数测验编制者、课程研究者和教师工作的基础上的。几百位征求意见稿的审阅者也提出了批评和建议，并提供了例证材料。[②] 我国要建立适合本国国情的历史教育目标分类学，也需要历史教育领域的专家、教师们通过集体协作才能得以实现。

---

① 〔美〕D. R. 克拉斯沃尔、B. S. 布卢姆等编《教育目标分类学》（第二分册　情感领域），施良方等译，华东师范大学出版社，1989，第84~85页。

② 〔美〕B. S. 布卢姆等编《教育目标分类学》（第一分册　认识领域），华东师范大学出版社，1986，第6~10页。

初探历史学科范畴及其价值

方美玲[*]

一 历史学科及其范畴

历史学科是指过去发生的事，是对过去发生事情的记载及其认识。"历史"包含"过去发生的事""记载""对过去发生事情的认识"三层[①]意思。三者彼此关联，密不可分。"过去发生的事"聚焦于史前和史后两个长时段。史前更趋漫长，早期人类出现、古代国家产生，各种文明起源。史后更多的是人类为了生存、为了自由有意识地作用于自然和社会的过程，不同的国家、地区形成了不同类型的政治经济制度、民族文化、社会心理等文明成果，这些因素比较稳定，长期发挥作用。现代不同类型文明往往是传承和变化的结果。"过去发生的事"是在特定的时间和空间下发生的，具有确定性，因而是客观的。"过去发生的事"能否完全被后人"记载"、能否完全被后人"认识"，取决于决策者以及记载者、认识者的价值取向，即使对同一历史事件，因为价值取向不同也会有不同角度的记载、不同版本的阐述。所以"对过去发生事情的认识"在经历了至少包含两次不同价值取向的记载、认识后，主观色彩有可能进一步增强。若把历史的三层意思视为端点为 AB 的线段，那么"客观"和"主观"为线段的

---

[*] 方美玲，北京教育学院副教授。
[①] 因过去发生的事包括被记载的和未被记载的，故说历史包含三层意思。

AB 两端：若"过去发生的事"在"客观"的 A 端，那"对过去发生事情的认识"在"主观"的 B 端，"历史"由"过去发生的事"到"记载"到"对过去发生事情的认识"是一个由"客观"（A 端）逐渐趋于"主观"（B 端）的过程，而"价值"是其趋变的决定性因素。然而"对过去发生事情的认识"的出发点是为了尽可能地还原客观。为了实现这一目标，寻找尽可能客观的"记载"（史料实证）、进行尽可能符合逻辑的分析（思辨法）、发现现实生活的历史轨迹（现象分析法）等成为必然。因此，"时间与空间"（时序与地域）、"文化与文明"、"延续与变迁"、"客观与价值"等是历史学科的基本概念，构成历史学科范畴的主要内容。

范畴，是反映事物本质和普遍联系的基本概念。不同学科对不同事物具有不同的理解，形成不同的基本概念。如哲学上关于所有存在的范畴概念是：时间、空间、数量、质量、关系等。也存在不同学科具有相同的范畴概念却含义不同的。比如，哲学、历史、物理学科均有"时间""空间"，数学学科有"空间"的范畴概念，但是哲学学科的"时间""空间"泛指物质、精神等所有存在的场所，具有普遍意义，而历史学科的"时间与空间"既指历史事件发生的具体时间与地点，也指历史现象发生的时段、国家和社会这样广义的空间，具有历史定位意义，物理学科的"时间""空间"是研究物质的结构、物质间的相互作用及其运动规律所存在、发生的时间和场所（从微观的粒子到宏观的宇宙所在的区间），具有物理定位意义，数学学科的"空间"是运用数学符号（比如数字）研究图形所存在的维度场所，具有几何性。不同学科范畴概念的存在，规定了不同学科不同维度的本质特征，使得学科变得具体可触摸。

"时间与空间"是从历史的主（人类）客体（自然、社会等）发生发展的时序与地域界定的，是记载和认识"过去发生的事"的坐标轴。是学生理解历史、阐释历史还原客观的原点，是唯物史观的内核，属观念层面的东西，可称为"时空观念"。既包括"过去发生的事"的具体时间、空间，也包括宏观层面如"绵延"①"历史线索"等时序和"国家""社会"

---

① 〔法〕柏格森：《时间与绵延》，转引自韩震主编《历史观念大学读本》，中国人民大学出版社，2008，第 443~448 页。

等地域。

"文化与文明"是指历史的内容。文化是人类有意识地作用于自然和社会的一切活动过程及其结果；文明是人类所创造的全部物质和精神成果。"文化"和"文明"均为外来语，法语文化"culture"源于拉丁语，本意为"培养""培植"；法语文明"civilisation"，源于拉丁语的"civis"（公民），又源于拉丁语"civitas"（城市）。文化始于最初的耕作，而文明则源于城市文化的形成，所以我们习惯称呼"原始文化"而非"原始文明"。所有的"文化"和"文明"均是人类"有意识"需求的产物，因而均具有"目的与手段"的特征。"人们总是依照一定的目标来选择适当的手段；人们对于目标的意识越明确，就越是趋向于选择适当的手段。"① 人类的文化按照古今中外的时空排序，就构成了中国古代史、中国近代史、中国现代史，世界古代史、世界近代史、世界现代史等"历史线索"；人类的文明按照人类需求划分就构成了经济、政治、思想文化等不同领域的"文明成果"。而且在中国古代史中也包含着中古政治史、中古经济史、中古思想文化史，在人类政治制度的发展过程中经历了由专制到民主、由人治到法制的历史，因此，"历史线索"序列和"文明成果"领域交叉并存。

"延续与变迁"是指历史规律。人类的各种文化、各种文明均由古至今单向发展，既有对上一阶段成果的继承和延续，也有变化和发展。若某一阶段的延续大于变化，则阶段特征较明显；反之，当长时期的变化大于延续时，则发展趋势凸显。人类因此由低级向高级向前发展，但有时也会出现曲折，总体呈现演进的脉络。各种类型的文明成果之间存在着作用与反作用的关系。

"客观与价值"侧重于研究对象和研究方法。"过去发生的事"（研究对象）因其具体的时空而界定了其客观性；但对其记载、对其认识却因价值取向相异而产生主观偏差。所以需要以历史时空下的史料实证为价值的校准器，经过分析思辨、现象分析，尽量使历史认识还原客观。

---

① 〔德〕马克斯·韦伯：《社会科学方法论》，韩水法、莫茜译，中央编译出版社，2008，第14页。

二 历史学科范畴规定了历史学科的核心
概念、基本方法和核心价值观

学科范畴的基本概念蕴含了与之相适应的基本方法，范畴概念与基本方法的不同组合产生若干核心概念。核心概念是在众多的事件、事实、现象的基础上归纳、推理出来的结论，是对同一类问题本质特征的概括①。通常用一个命题、判断构成。

2011 年版《义务教育历史课程标准》（以下简称《标准（2011）》）以"基本知识"、"基本方法和基本技能"、基本态度呈现初中历史学习的核心概念、方法和价值观的内容及其关系。

通过义务教育阶段历史课程的教学，学生能够掌握中外历史的基本知识，初步掌握学习历史的基本方法和基本技能；对人类历史的延续与发展产生认知兴趣，感悟中华文明的历史价值和现实意义，养成爱国主义情感，开拓观察世界的视野，认识世界历史发展的总体趋势；初步形成正确的世界观、人生观和价值观，为成为拥有良好综合素质的合格公民奠定基础。②

（一）基本知识与核心概念

"基本知识"在"知识与能力"目标中表述如下。

知道重要的历史事件、历史人物及历史现象，知道人类文明的主要成果，初步掌握历史发展的基本线索。③

也就是说，"基本知识"包括历史事件、历史人物和历史现象、文明

---

① California State Education Board：*Science Education Framework*，1998.
② 《义务教育历史课程标准》（2011 年版），北京师范大学出版社，2012，第 5 页。
③ 《义务教育历史课程标准》（2011 年版），北京师范大学出版社，2012，第 5 页。

成果与历史线索。它们一起构成历史知识的文化和文明内容。但其中的"重要的历史事件、历史人物及历史现象"是要求学生掌握的具体知识，而非一般意义上的决定其他历史概念的"基本"。之所以被称为"基本知识"，可能是因为它们的重要性，如同历史常识。为了纠正这一歧义，我们以"历史史实"来"集合"重要的历史事件、历史人物和历史现象。这样，历史史实、历史线索、文明成果成为同一层级的"基本知识"。

历史史实是历史线索、文明成果的构成要素。无论是贯穿初中历史古今中外六个板块的"历史线索"，还是贯穿高中历史三个必修模块的"文明成果"，均由重要的历史事件、历史人物、历史现象等历史史实构成。而历史学科范畴的"时间与空间""文化与文明"将历史史实、历史线索、文明成果联系在一起。历史史实若以"时间与空间"排序，则构成古今中外的历史线索、历史发展脉络；若以人类需求书写，则构成不同领域的文明成果；并且"历史线索"与"文明成果"之间互有彼此。

学习历史不仅是为了了解历史史实、文明成果和历史线索，更是为了透过历史线索发现人类社会不同阶段的时代特征、由低级到高级的演进趋势，透过具体的文明成果发现政治、经济、文化间的相互关系和对历史进程的影响。历史史实、历史线索、文明成果、特征趋势内在关系紧密，共同构成历史学科的核心概念（如图1所示）。

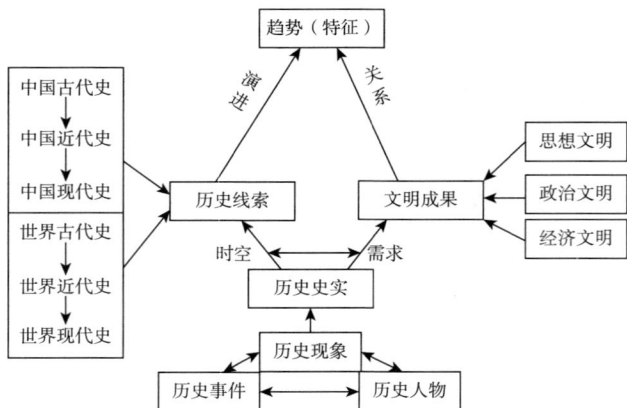

图1 《义务教育历史课程标准（2011年版）》"基本知识"结构

（二）"基本技能""基本方法"

1. "基本技能"

《标准（2011）》的"基本技能"从时空考察人物事件、多样呈现想象情境、处理信息理解史实、口头书面表达交流四个维度[①]进行表述。进一步分析，"基本技能"可概括为"时空思维能力"。历史学科的"认识历史需要借助历史记载"的特点，决定了历史特有的学习方式：通过文献、实物、多媒体等方式呈现历史的学习内容、表达自己的历史认识。学生首先需要学会"从多种渠道获取历史信息，了解以历史材料为依据来解释历史的重要性"，"形成重证据的历史意识和处理历史信息的能力"；其次，需要通过阅读、观察和体验才能创设和还原历史想象的情境，才有可能进一步"在具体的时空条件下对历史事物进行考察，从历史发展的进程中认识历史人物、历史事件的地位和作用"，才能学会分析和解决历史问题，才能提高对历史的理解能力；最后，学生才有可能将自己理解的、还原到具体时空中的历史表达出来，才能"学会用口头、书面等方式陈述历史，提高表达与交流的能力"[②]。所有这一切的核心均为在"具体的时空条件"下分析、思考问题的能力——"时空思维能力"（如图2所示），这是由学科范畴"时间与空间"这一基本概念决定的，构成学科的基本技能与方法。

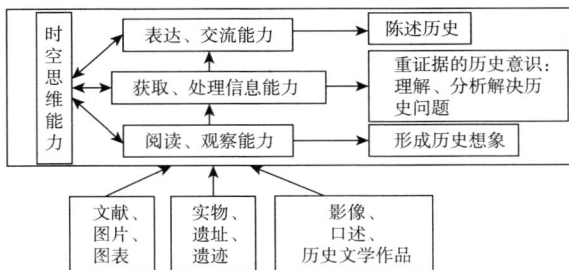

图 2 《义务教育历史课程标准（2011 年版）》历史课程目标"基本技能"结构

---

① 《义务教育历史课程标准（2011 年版）》，北京师范大学出版社，2012，第 5~6 页。
② 《义务教育历史课程标准（2011 年版）》，北京师范大学出版社，2012，第 5~6 页。

2. "基本方法"

同样，历史学科范畴蕴含了相应的"基本方法"，在历史学习过程中外化。

1. 通过多种途径感知历史，学会从当时的历史条件理解历史上的人和事，并经过分析、综合、概括、比较等思维过程，形成历史概念，进而认识历史的时代特征和历史发展的基本趋势。

2. 在学习历史的过程中，逐步学会运用时序与地域、原因与结果、动机与后果、延续与变迁、联系与综合等概念，对历史事实进行理解和判断。

3. 在了解历史事实的基础上，逐步学会发现问题、提出问题，初步理解历史问题的价值和意义，并尝试体验探究历史问题的过程，通过搜集资料、掌握证据和独立思考，初步学会对历史事物进行分析和评价，并在探究历史的过程中尝试反思历史，汲取历史的经验教训。

4. 逐步掌握学习历史的一些基本方法，包括计算历史年代的方法、阅读教科书及有关历史读物的方法、识别和运用历史地图和图表的方法、查找和收集历史信息的途径和方法、运用材料具体分析历史问题的方法等。

5. 初步掌握解释历史问题的方法，力求在表达自己的见解时能够言而有据，推论得当；学会与教师、同学共同对历史问题进行探究与讨论，能够积极汲取他人的正确见解，善于与他人合作，交流学习心得和经验。①

"基本方法"包括历史思维方法、历史研究方法、历史学习及表述方法。

历史思维方法本质上是思辨的方法。它既包括一般的思维方法：分析、综合、概括、比较等，也包括历史的思维方法：时序与地域、原因与结果、动机与后果、延续与变迁、联系与综合等。其中的"动机与后果"是《标准（2011）》的新增条文，有助于对改革、战争等历史现象进行理解和判断。上述历史思维方法有助于对"文化和文明"等历史内容进行更全面的理解。"时序与地域"（时间与空间）、"文化与文明"、"延续与变

---

① 《义务教育历史课程标准（2011年版）》，北京师范大学出版社，2012，第6页。

迁"等范畴概念转化为程序性知识成为历史的基本思维方法。

历史研究方法包括发现并提出历史问题、探究历史问题、反思汲取历史三个方面：首先通过搜集资料、掌握证据，然后"在了解历史事实的基础上，逐步学会发现问题、提出问题，初步理解历史问题的价值和意义"；其次，"尝试体验探究历史问题"①，学会运用历史学科范畴的基本概念独立思考，分析和评价历史事物；再次在探究历史的过程中联系自己的生活反思历史，吸取其经验教训。历史研究方法需要综合运用实证法、思辨法和现象分析法等方法。其中常用的实证方法有：文献研究、调查研究和实地研究（也叫"现场研究""实地调查""田野调查"）等。文献研究是史学研究中最常用的实证方法。

历史学习及表述方法既包括学习历史的基本技能，如计算历史年代的方法、阅读教科书及有关历史读物的方法、识别和运用历史地图和图表的方法、查找和收集历史信息的途径和方法、运用材料具体分析历史问题的方法等；也包括解释历史问题"言而有据、推论得当"的方法，更包括唯物史观这一根本方法。因为唯有唯物史观才能涵盖"时间与空间"等四个历史范畴概念。

思维方法、研究方法、学习及表述方法三者缺一不可，共同构成历史的基本方法（如图3所示）。

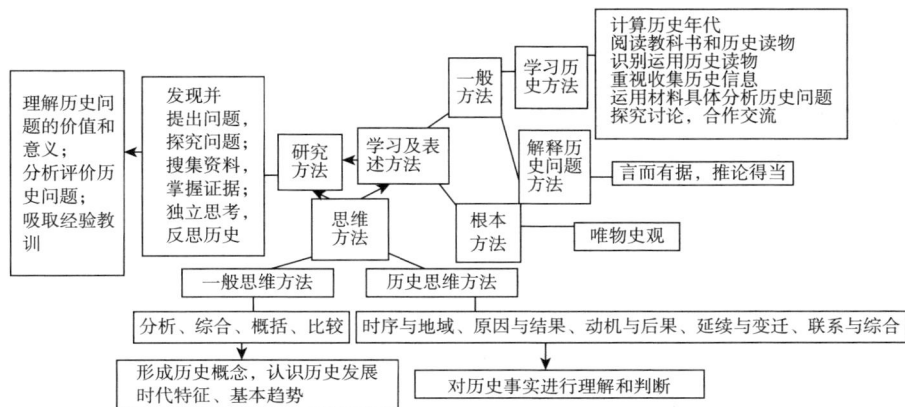

图3 《义务教育历史课程标准（2011年版）》历史课程目标"基本方法"结构

---

① 《义务教育历史课程标准（2011年版）》，北京师范大学出版社，2012，第6页。

（三）"基本价值观"与核心价值观

学科范畴、核心概念和方法蕴含"基本价值观"。所以《标准（2011）》"基本价值观"从历史线索（第1~2条）、文明成果（第3~5条）、历史人物（第6条）三个维度进行描述①。

从历史线索看，通过中国古代史和中国近现代史的学习，历史地认识中国国情，认同中华文明的历史价值和现实意义，继承和弘扬以爱国主义为核心的民族精神；通过世界史的学习，了解人类社会历史的发展趋势和文化多元；认识时代主题，形成面向世界的视野和意识。

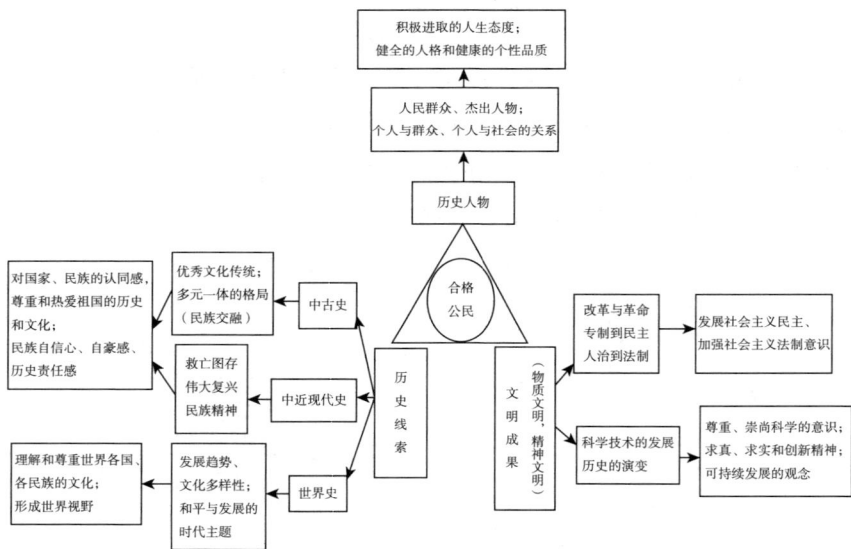

图4　《义务教育历史课程标准（2011年版）》历史课程目标"历史态度目标"结构

从文明成果看，理解革命与改革的功用，认识民主法制产生的历史必然性，发展相应意识；认识科技的推动作用，求真、求实、创新；可持续发展。

从历史人物到现实学生看，分别认识人民群众和杰出人物的作用，确

---

① 《义务教育历史课程标准（2011年版）》，北京师范大学出版社，2012，第7~8页。

立积极进取的人生态度、健全人格和健康的个性品质，从而为成为拥有良好综合素质的合格公民奠定基础。进而实现历史学科育人的终极目标。

上述的"基本价值观"构成了历史学科的核心价值观，从而完成历史学习由知识到技能方法到价值观的育人功能。

三　历史学科范畴、核心概念和方法是跨越学科内外的桥梁

21 世纪社会发展越来越需要复合型人才，越来越需要具备层级知识结构（如图 5 所示）。知识结构是指一个人经过专门学习培训后所拥有的知识体系的构成情况与结合方式。合理的学科知识结构是有层级的，具有"上、下位关系"[①]。

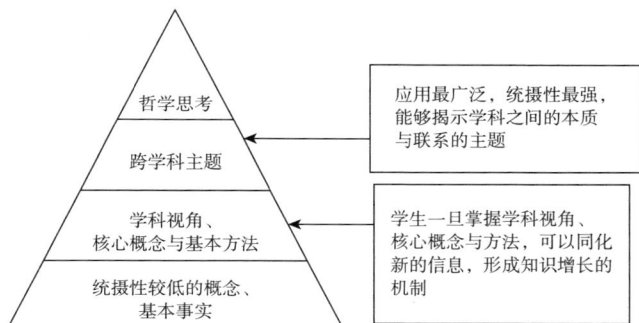

图 5　学科知识的层级结构和作用

金字塔塔底的两个层级是对某一学科自下而上的概括。以历史学科为例，塔底层的"统摄性较低的概念、基本事实"，相当于《标准（2011）》中的"课程内容"部分，即中国古代史、中国近代史、中国现代史、世界古代史、世界近代史、世界现代史所呈现的重要历史事件、历史人物和历史现象等基本史实。这是历史老师和学生教学中最重视的部分。

塔底第二层的"学科视角、核心概念与基本方法"是学科的本质所

---

① 李晶：《科学教师培训系列课程》，北京科技大学出版社，2006。

在，是实现学科内外跨越的桥梁，却是历史教学中的薄弱环节。"学科视角"是指学科特有的看待事物的角度。学科视角决定或反映学科的本质，相当于"学科范畴"。

综上分析，时间与空间、文化和文明、延续与变迁、客观与价值等是"历史视角"的范畴概念（基本概念）；历史史实（历史事件、历史人物、历史现象）、历史线索、文明成果、发展趋势（阶段特征）及其关系是历史课程需要弄清的"核心概念"；历史的思维方法、研究方法和学习及表述方法是历史学习的"基本方法"。而要掌握核心概念，则必须让学生理解基本概念。学科视角、核心概念和基本方法三者的结合才能构成学科特有的认识与解决问题的能力。所以，历史学科范畴、核心知识和方法是建构层级知识结构的枢纽，是深刻理解历史、全面阐释历史、形成历史价值观的钥匙。

比如，现代化（近代化）是世界近现代史（包括中国近现代史）的重要历史现象，帮助学生理解现代化这一核心概念是理解该段历史的关键。由于初中历史教学是按古今中外的时序编排的，所以帮助学生理解中国的近代化的过程，事实上也是梳理相关重要历史事件的过程：洋务运动是 19 世纪六七十年代洋务派为了挽救统治危机，在器物层面（先军事工业、后民用工业）进行的"自强求富"的具体尝试；戊戌变法是 19世纪末期维新派为了挽救民族危机在制度层面进行的改良运动；终于，在 1911 年，资产阶级革命派通过辛亥革命推翻了君主专制统治，建立了中华民国。但是，当上中华民国临时总统的袁世凯转而实行独裁统治和复辟帝制，中国历史进入了北洋军阀混战的黑暗时期；陈独秀、胡适等新文化运动代表人物，高举"民主""科学"两面大旗，提倡新道德，进行"文学革命"；五四运动后，马克思主义的传播成为新文化运动的主流。这个过程也是"趋向于核心概念的一个进展过程"①。学生在此基础上可以概括出"中国近代化"的概念：中国的近代化是指中国传统农业社会向现代工业社会的转变过程，经历了经济领域的工业化、商品化，政治上的民主化、法制化，思想上的理性化、科学化。在当时特定的背

---

① 〔美〕温·哈伦：《科学教育的原则和大概念》，韦钰译，人民教育出版社，2010，第 2 页。

景下，未果。教学中帮助学生掌握这种核心概念，可以提高学生的概括水平、解释水平和应用迁移能力。所以在学到"中国近代社会生活的变迁"时，学生就很容易理解变迁的原因是经济、政治、思想文化领域的近代化在社会生活方面的综合体现；在学习世界近代史时，设计让学生自主探究世界现代化的进程，也就不再是困难的事情（如图6所示）。不仅如此，"这些核心概念及进展过程可以帮助学生理解与他们在校以及离开学校以后的生活有关的一些事件和现象"①，理解中国的许多现状与现代化的关系。

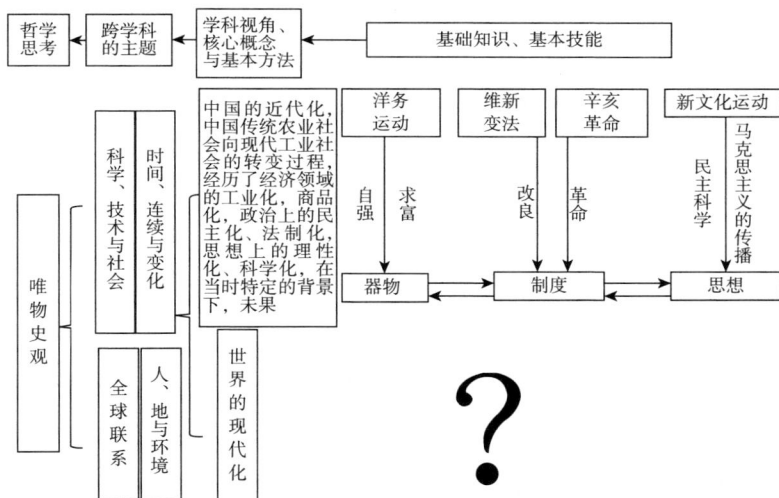

图 6　趋向于"近代化"核心概念进展过程

从下往上塔三层的"跨学科主题"，既有自然科学领域②的，也有人文社会科学领域的。人文社会科学领域包括历史、品德与生活、品德与社会、思想品德、思想政治、人文地理等课程所包括的学科，共有十大领域：①文化，②时间、连续与变化，③人、地与环境，④个人发展与认同，⑤个人、团体与制度，⑥个体、群体与公共机构，⑦权力、权威与管

----

① 〔美〕温·哈伦：《科学教育的原则和大概念》，韦钰译，人民教育出版社，2010，第2页。
② 自然科学领域的七大跨学科主题是：能量、演化、变化的形式、尺度与结构、稳定性、系统以及相互作用。

理，⑧科学、技术与社会，⑨全球关联，⑩公民理想与实践。

跨学科主题是人们认识和接触自然的桥梁。因为自然界本身是统一体，而人类认识自然的活动形成了各个学科，各个学科的知识包括对事物与现象、事实与数据的无尽的描述，或者对探索活动的展示。但各学科与自然界是有距离的，需要借助相近学科共有的核心概念，将这些分立的信息片断融入广阔的、有逻辑内聚力的结构中。在这样的结构中，信息片段的关系可以被显现出来，这种核心概念就是主题。以某些主题来组织两个或者两个以上学科的有关内容，统摄其中的基本概念。这样的主题可以揭示学科之间的本质和联系。如"时间、连续与变化"、"人、地与环境"、"科学、技术与社会"和"全球联系"等跨学科主题能够更好地帮助理解"中国的近代化"：中国的近代化是世界现代化的产物。从14世纪到17世纪，地中海和大西洋沿岸地区出现了资本主义租地农场和手工工场，文艺复兴运动、新航路的开辟和早期的殖民掠夺，则促进了资本主义经济的发展。从17世纪到19世纪，资产阶级通过革命或改革，相继在欧美主要国家和亚洲的日本取得了政权，资本主义制度得以确立。在此期间，以牛顿、达尔文等为代表的科学巨匠的产生，极大地丰富了人类的自然科学知识，为工业革命和其他科技创新提供了重要前提。从18世纪中叶开始，主要资本主义国家先后开始或完成的工业革命，使生产力获得迅猛发展，社会面貌发生翻天覆地的变化，文学艺术空前繁荣。另外，工业化在带来经济大发展的同时，对人类生存环境的破坏问题已经显现。到19世纪末，随着拥有先进技术的欧美人对大洋洲和太平洋岛屿的殖民，世界完全联系成一个整体，以西方资本主义国家为核心和主宰地位的世界市场不断扩大，初步形成了西方先进、东方落后的局面。中国为了改变落后的面貌，被迫开启了近代化的进程。

塔顶层的"哲学思考"，可以理解为"唯物史观"等哲学的观点和方法。比如，用"社会存在决定社会意识，社会意识反作用于社会存在"这一唯物史观的核心内容，有助于帮助学生理解跨学科主题、学科视角、核心概念和方法的内容。

历史学科视角下的层级知识结构如图7所示。

明确学科范畴是理解学科的基础，是学生学会学习、解决社会问题的基础，也是教师理解教学促进专业化发展的基础。

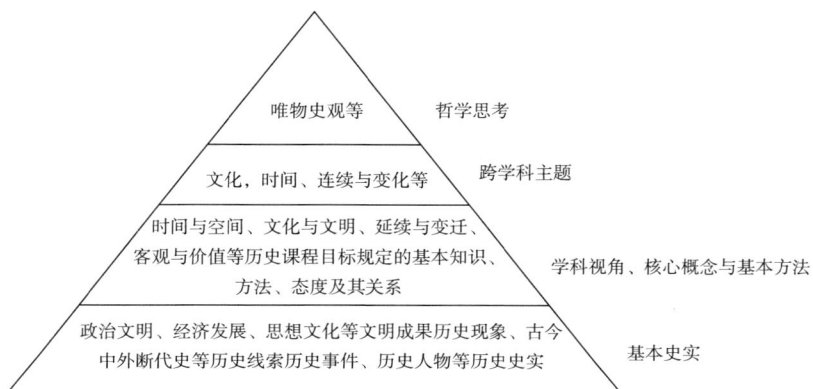

图 7　历史学科视角下的层级知识结构

什么是历史意识
——以"历史教育学"为中心

徐赐成 *

历史意识与历史认识是两个既相联系又有区别的概念，它们共同作用于历史教育的全过程。正确认识和理解这两个概念，对历史教育实践而言非常重要。一般而言，历史意识更加主体，反映个体的视角；历史认识更加客观，站在学习历史的对象——学生的角度来看历史。历史意识是与历史的思考结合起来的，即历史的理解和历史的意义，其出发点都是学生。

一 什么是历史认识

简单说，历史认识就是对历史事实的理解和评价。"历史认识"和"历史本身"存在密不可分的相互联系，"历史在'历史本身'和'历史认识'的双重诠释中，保持着既相互联系又彼此区分的姿态"，历史在"这种相互联系的存在中表现出来"。[1] 那么，由于对"历史"的理解不同，对历史认识的理解也就不同。20世纪，随着分析的历史哲学的出现和发展，"历史"具有了三种含义：第一，历史是过去发生的事；第二，历史是对过去发生的事的认识和记录；第三，历史是存在于现实中的过去。[2]

---

* 徐赐成，陕西师范大学历史文化学院副教授。

[1] 〔德〕本杰明·赫尔佐格：《历史本身/历史认识》，见〔德〕斯特凡·约尔丹《历史科学基本概念词典》，孟钟捷译，北京大学出版社，2012，第258页。

[2] 李杰：《历史观念——实践历史哲学的建构》，人民出版社，2013，第48~49页。

从第一种"历史"出发，历史认识就要坚持"一切从客观历史实际出发"，全力关注研究历史的客体，而忽略主体的认识能力，甚至要排除主观因素的渗透，达到完全客观、符合历史实际的结论。① 显然，这种理解带有片面性和理想主义色彩，客观上会形成更大的主观意志。面对历史认识的主体性与历史客体的消失性矛盾的普遍存在，主体的认识能力和水平就显得非常重要。从第二种"历史"出发，历史认识就被理解为主体的个性、创造性与社会性统一的过程，诸如观点、著述、影像复原等作为历史认识的结果"是认识主体创造性的表现，是史学家在认识过程中发挥主体想象力和推断力进行创造的结晶"。② 如此，历史认识就不是一个纯客观的、自然的过程，认识主体间的差异可以使历史认识产生天壤之别。从第三种"历史"出发来理解历史认识很有价值也有风险，那就是历史是由历史学家思想和建构出来的，历史就是精神，一切历史都是思想史。其实，可以更为积极地理解第三种"历史"，那就表明历史认识的目的性和指向性，这就为历史教育提供了积极的参考和借鉴，把历史认识能力的培养变成历史教育的过程。

从历史教育角度理解，历史认识应有以下两种含义。

（一）历史认识是一个积极的主动的建构过程

历史认识作为一种认识，当然具有主观性；作为一种主体与客体的互动过程，总是通过主体的自我认识来认识客体，是人的精神和意识的主动性、能动性和创造性的反映。这种能动与创造具体地表现为"历史本身"与"历史认识"之间类似于材料和著作、素材与解释的相互关系。当然，这种积极主动的建构过程也存在一定的风险，因为"每个认识主体都有自己的哲学观点。一个历史学家，不管他是否受过哲学专业的训练，不管他有什么样的哲学修养，他总是对世界、对社会、对人生有一套自己的看法。这些看法，可能是正确的或是错误的，清晰的或是模糊的，自觉或是盲目的，显现的或是潜在的……"③ 英国当代历史哲学家沃尔什具体概括

① 李振宏、刘克辉：《历史学的理论与方法》，河南大学出版社，2008，第145~146页。
② 史波：《简论历史认识的主体性》，《社会科学》1991年第4期。
③ 李振宏、刘克辉：《历史学的理论与方法》，河南大学出版社，2008，第147页。

了这些"先见"的观念：一是个人的偏好，即个人的好恶之情；二是集体的成见，即与认识主体的某种社会身份有联系的预设，如宗教信仰、阶级观念、种族等；三是有关历史解说的各种互相冲突的理论；四是根本的哲学冲突，主要是指基于认识主体的道德信念和人生价值等的不同形式的哲学观念。[①] 沃尔什的这种分类是科学而具体的，历史教育所要解决的正是怎样正确处理并积极发挥"先见"对于历史认识的重要价值。

（二）历史认识具有现实指向性

历史认识是主体根据时代和自身所代表的阶层的需要，对客体的能动反映。而主体是处于现实之中、受现实条件影响，因而具有现实困境的"现实存在的、有生命的、活动的个人"，主体认识必然具有现实指向性。"易而言之，所谓历史认识，就是现实的个人对自己本身生命存在的本质的认识"，"历史认识是认识了的或认识到的历史实践，而历史实践则是实践着的或认识过程中的历史认识"。[②] 也就是说，"历史认识"和"历史实践"的这种辩证关系，只有自然地统一到真实的现实之中，才具有价值的有效性。历史教育是为培养未来社会发展所需要的公民服务的，这与历史认识的现实指向性有着内在的一致性和吻合度。

二　什么是历史意识

中外学者普遍认为"历史意识"的含义不容易说清楚，这是因为它本身是一个哲学概念。把一个哲学概念运用到历史学，尤其是历史教育领域，本身就是一个有难度的问题。德国历史哲学家约恩·吕森认为"它不属于哪一个专门的历史概念"，[③] 英国的历史哲学家约翰·托什认为"历史意识"是一个意义模糊的词语，[④] 博多·冯·博里斯指出，"自20世纪70

---

① 〔英〕W. H. 沃尔什：《历史哲学导论》，何兆武、张文杰译，北京大学出版社，2008，第98~104页。

② 周祥森：《反映与建构——历史认识论问题研究》，河南大学出版社，2010，第11页。

③ 〔德〕约恩·吕森：《历史思考的新途径》，蔡甲福、赖炯译，上海人民出版社，2005，第63页。

④ 〔英〕约翰·托什：《史学导论》，吴英译，北京大学出版社，2007，第1页。

年代以来，'历史意识'概念出现了令人惊讶的活力，而且首先在历史教学中"。① 中国学者赵亚夫等人也认为"历史意识有着丰富的内涵"。② 因此，"历史意识"理应成为历史教育和教学领域的核心概念，理应从理论和实践层面作以梳理。

（一）中国学者的观点

台湾学者胡昌智早在 1983 年就提出"历史意识是指知道人类的社会行为以及为共同生活所创建出来的一切制度都和时间有关"③。1988 年他在《历史意识与社会变迁》一文中对历史意识概念作了这样的解读，"把现在生活里的现象与过去某些现象连接在一起的心智状态"，④ 进一步强调了历史意识对现在与过去现象的链接。胡昌智在不同时期对历史意识所做的不同解读，都反映出历史意识的某些特性。周樑楷认为"历史意识是指人们自我察觉到过去、现在和未来之间总是不断流动的，而且在这种过程中每件事物都一直在变迁之中。历史意识其实就是变迁的意识"。⑤ 他强调时间在历史意识中的独特性及重要性。

与胡昌智的观点相比，王雄先生强调的是变迁意识，反省能力。"历史意识是人类对时间变迁意识的掌握，是人类对自身社会行为以及为共同生活所创建出来的一切制度、器物进行反省、诠释的综合能力。"⑥ 王铎全认为，"历史意识即人们对历史事实、观点、理论的再现能力。这种再现，是在时间、空间的变化中进行的，是与现实生活相联系的。"⑦ 瞿林东先生认为，"所谓历史意识，从一般的意义上说，它是人类在文明发展过程中产生出来的对自身历史的记忆和描述，并在求真求实的基础上从中总结经验、汲取智慧，进而把它用于现实生活的一种观念要求"。⑧

---

① 〔德〕博多·冯·博里斯:《历史意识》，〔德〕斯特凡·约尔丹《历史科学基本概念词典》，孟钟捷译，北京大学出版社，2012，第 105 页。
② 赵亚夫、高峡:《〈品德与社会〉教学基本概念解读》，教育科学出版社，2007，第 80 页。
③ 胡昌智:《什么是历史意识》，《思与言》（台湾）1983 年第 21 期。
④ 胡昌智:《历史意识与社会变迁》，台北联经出版公司，1988，第 145 页。
⑤ 周樑楷:《历史意识是种思维的方法》，《思想》（台湾）2006 年第 2 期。
⑥ 王雄:《历史教学心理学》，北京教育出版社，2001。
⑦ 王铎全:《关于中学生历史意识的培养问题》，《课程·教材·教法》1995 年第 12 期。
⑧ 瞿林东:《历史·现实·人生——史学的沉思》，浙江人民出版社，1994，第 6 页。

（二）国外学者的观点

德国学者约恩·吕森在《历史文化——论历史在生活中的地位》中提出：“历史意识首先是一种以历史回忆的方式进行的对时间的诠释，再者是以回忆功效的形式叙述故事”[1]。他在《什么是历史意识》中认为：“历史意识是将时间经验通过回忆转化为生活实践导向的精神（包括情感和认知的、审美的、道德的、无意识的和有意识的）活动的总和”[2]。在《形成历史意识——通向一个人文的历史教学法》中他提出一个比较宽泛的历史意识的内涵：“它是解释过去，为了理解现在和展望未来的一个心理活动。因此它结合了过去、现在和未来随着时代变迁的思路观念。它综合了影响对我们今天实际生活一些有意义的过去的一些经验标准，它的行动指导今天，展望未来。”[3] 约恩·吕森教授从不同侧面阐释了他对历史意识的理解，综合来看他认为历史意识是一种心理活动，以通过回忆的方式对时间加以阐释，以回忆功效的形式叙述故事。沿着时代变迁的思想观念，将时间经验通过回忆转化为生活实践的导向，用来指导今天的人们更好地展望未来。加拿大学者彼特·塞夏斯认为历史意识是“个体和集体对过去的理解，认知和文化因素塑造了这种历史理解，以及历史理解与现在和未来之间的联系”[4]。他的这种解释是从宏观角度回答了历史意识是什么，如何形成，与什么有关联。

从以上介绍的学者对历史意识的概念阐释中，可以概括为这样几层含义：历史意识是一种心理活动，亦可以说是一种精神活动；从宏观角度看，历史意识的目的是人们通过理解历史，指导现在，展望未来；历史意识主要以时间经验为研究对象，沿着时空的变化、时代变迁的轨迹而发展

---

[1]　〔德〕约恩·吕森：《历史文化——论历史在生活中的地位》，《山东社会科学》2005 年第 4 期。

[2]　J. Ruesen, "What is Historical Consciousness? —A Theoretical Approach to Empirical Evidence", Paper presented at Canadian Historical Consciousness in an International Context: Theoretical Frameworks. University of British Columbia, Vancouver. BC, 2001.

[3]　Forming Historical Consciousness-Towards a Humanistic History Didactics, http://www.uel.br/revistas/uel/index.php/antiteses/article/download/14502/12160.

[4]　P. Seixas, ed., *Theorizing Historical Consciousness*, Toronto: University of Toronto Press Incorporated. p. 10, 2004.

变化，通过历史回忆的方式对时间经验进行诠释，将过去的经验、智慧与现代人们的生活相链接，用以指导现在人们的生活实践，使人们能够更好地展望未来。

基于这些观点，结合历史教育来思考，可以从以下几方面来理解历史意识。

（1）历史意识是一种社会记忆的存在。历史意识是在回忆过去的过程中超越过去的，因而它不是简单地记忆、背诵历史知识。约恩·吕森指出：历史意识首先是一种以历史回忆的方式进行的对时间的诠释，再者是以回忆功效的形式叙述故事，回忆的事物是真实的，对时间的诠释是一种经验的表达，时间的实践导向是历史意识的一个基本功能。[①] 台湾学者胡昌智认为，历史意识是指"知道人类的社会行为以及为共同生活所创建出来的一切制度、器物都和时间有关"，[②] 一个具有历史意识的人，对于事物的认识，会利用时间的观点来判断，并会思考过去与现在之间的关系。即从时间的角度来看待社会现实，知道人类生活的现状不仅是基于过去而产生，而且是对过去的建构和生成。历史意识"就是超越个体在当下现在中的'沉沦'，置身于一个更广阔和更深远历史上下文的透视关系中，获得某种鸟瞰性的超越视野"。[③] 因此，对历史意识的理解一定要将现实与过去结合起来，在历史回忆中、体验与比较中获得一种深刻的认识。

（2）历史意识是对现实生活的反思。历史意识是在时空变化中进行和展开的，因而与现实社会生活密切相关。王铎全认为"历史意识即人们对历史事实、观点、理论的再现能力。这种再现，是在时间、空间的变化中进行的，是与现实生活相联系的"。"学习历史，接受历史教育，应置身于人类历史长河中体验，考察演进的社会，并不断与现实对话，不断从现实中寻求历史规律的延伸轨迹，从而更深刻地理解与把握现实社会的变

---

① 〔德〕约恩·吕森：《历史思考的新途径》，綦甲福、赖炯译，上海人民出版社，2005，第90~92页。
② 胡昌智：《什么是历史意识》，《思与言》（台湾）1983年第21期。
③ 周建漳：《历史及其理解和解释》，社会科学文献出版社，2005，第118页。

革。"① 因此，历史意识是"诠释过去，理解现在和展望未来的内在联系"②，这种对现实的理解、对未来的展望，实际是人们通过自己的反思，观察、分析现实社会问题的方法。学习研究历史需要"致用"，即"鉴古知今"，这种看待问题的思维方式，就是通常所说的历史意识。如赵盛林认为，"历史意识是一种跨越时空审视历史的思维观念与方法，它以丰富的历史知识和对复杂历史材料进行分析、综合、抽象的基础上把一切事物看成是过去、现在、未来的历史长河中的一部分，根据历史启示和历史发展的规律来理解历史、观察现实、展望未来，在这一过程中形成对自身、民族、国家、文化的历史及其发展的认同感、自豪感和责任感"。③ 这种"再现"就是对现实的思考。历史意识还包括对现实生活世界的批判性反思。如俞吾金先生认为："历史意识乃是主体对自己置身于其中的生活世界的本质的深刻的反思和把握。"④ 崔絮认为，历史意识是"来自青少年的历史体验的生活意识或主题的问题意识，理顺批判意识，理顺建设的行为意欲等等"。⑤ 认识和理解现实，既是历史教育的目的，也是个人社会化的必需，历史意识对这两个过程完成，都是必不可少的因素和环节，在历史教育过程中重视历史意识的培养和运用，可以取二者相得益彰、相互促进之效。

三 历史意识和历史认识的关系

通过上述概念可知，历史意识和历史认识之间是相辅相成、交织递进的关系。具体讲，历史意识是历史认识的来源、基础和动力，没有历史意识的作用，历史认识就缺少了"先见"之明；历史认识是历史意识发展和综合生成的结果，没有历史认识的升华，历史意识就没有了"思

---

① 王铎全：《关于中学生历史意识的培养问题》，《课程·教材·教法》1995 年第 12 期。
② 〔德〕约恩·吕森：《历史思考的新途径》，綦甲福、赖炯译，上海人民出版社，2005，第 64 页。
③ 赵盛林：《新时期历史教育的培养目标——历史意识》，《新疆石油教育学院学报》2004 年第 2 期。
④ 俞吾金：《哲学研究现状面面观》，见《俞吾金全集》，学林出版社，1998，第 2 页。
⑤ 崔絮：《历史教学论纲要》，辽宁教育出版社，1992，第 342 页。

想"之美。对历史教育的过程而言，处理好历史意识和历史认识的关系，就是抓住了历史教学过程本质，历史理解、历史思维、历史方法等都酝酿其中。

无论从什么方面谈历史学习的价值和意义，无论哪个时期规定的学校历史教育任务，其核心内容都离不开"究竟要培养学生怎样的历史意识"这个问题。诸如历史知识的选择，历史教学的改进，历史课程的评价等，抽去了历史意识的养成也就没有了灵魂和价值参照；不注重历史意识的培养和建构过程，历史教育就是空中楼阁。培养学生的历史意识理应是历史教育研究的核心课题。

（1）"历史意识"是历史学习的对象、目标和中心。在历史教育视野中，"历史不是一种关于过去的、按正确比例缩小化的模型，而是一种心灵现象，亦即在带有诠释与意义赋予特征的叙述结构中被回忆起来的、重要的过去。因此，人们必须理解的是：在1975年左右，'历史意识'既成为历史学习的中心范畴，同时也被解释为这种历史学习的对象和目标"。[①]从这个角度看，历史学习、历史理解、历史认识、历史研究都离不开"历史意识"，甚至，没有"历史意识"就没有历史学科。

（2）"历史意识"是历史认识的重要条件和中心环节。人类认识历史的过程是历史意识积极作用的过程，是一个从感性到知性再到理性的依次推进历程，历史认识者同历史资料、历史实际是三极统一的关系。历史意识的差异导致历史认识的差别，历史学习、历史研究作为人有意识的活动，受人的理想、希望、情绪、精神、欲望的驱动和制约，受到各式各样外界条件和外部联系的干预和影响。因此，人的历史认识水平和成果有其必然性，但是以各种偶然的形式表现出来。由于自身认识能力的有限性和主观性，人在认识和学习历史时不可能达到永恒真理、绝对真理，只有通过历史意识的积极运用，才可能无限接近真理。因此，"历史意识"在历史认识过程中具有重要的价值和地位。[②]

（3）"历史意识"是历史教育得以发生的根本和基础。在历史教育中，

---

① 〔德〕博多·冯·博里斯：《历史意识》，见〔德〕斯特凡·约尔丹《历史科学基本概念词典》，孟钟捷译，北京大学出版社，2012，第105页。

② 姜义华、瞿林东、赵吉惠：《史学导论》，复旦大学出版社，2010，第71，85，90页。

没有与历史价值无关的历史意识，而且理解历史价值，又都与历史意义捆绑在一起。"历史意识不仅使历代统治者重视探讨历史上的经验教训和重视史书编纂，而且还促进了中华民族的民族心理认同，增强了中华民族的凝聚力。"① "历史意识"的功能和价值，恰恰属于历史教育的目标范畴和方法系统的内容。另一方面，历史意识有着广泛而丰富的社会生活来源，诸如个人记忆、家族历史、地方文化、民俗传统、社会意识、政治思想、社会现实等，是历史意识的藏身之所，也是重要的历史教育内容资源。

---

① 周文玖：《史学史导论》，学苑出版社，2006，第33页。

抗战时期历史教育价值体系的建构

在中国抗战初期，面对国内"一盘散沙毫无团结力"的民族精神"涣散"的危险局面，民国学者开始反思历史教育的价值。进而，在以"中华民族是整个的""中华民族是一个"为核心思想的"中华民族整体观"的影响下，努力构建"以达到抗敌救国为最高目标"的"备战"的"国防"历史教育体系。

一 抗战时期对历史教育的反思

历史教育的价值之一是塑造民族的灵魂。但"一姓一家"的王朝史观长期存在，使得民众心目中只有一家一姓意识，缺乏完整的国家、民族观念，致使民族精神涣散，从而在外辱面前不能团结一致，舍身抗战，因为"不知为谁而战""不知为谁守城"！这必然导致抗战中的节节败退甚至亡国灭种！为了适应抗战国情，学者呼吁必须树立新史观指导下的有民族性的历史教育。

民国学者大多强调历史教育是"民族精神产生的源泉"，[①]"是精神国防上最重要的工具，世界上无论那一个国家，莫不深致注意的，在国难日益严重的中国，其重要性尤见显明"。[②] 苏沉简认为，"一个民族到了危难

---

* 费驰，东北师范大学历史系教授。
① 顾倪非：《历史教育的价值》，《正言教育月刊》1941 年第 1 期。
② 初拓：《历史教育的改进问题》，《历史教育》1937 年第 1 期。

之际也往往从自己历史上及其他民族的历史上去找出怎样应付的方法，或者是从历史找出危难的由来而想出新的应付方法"。他还明确指出，目前历史教育最大的成功就是，每个人读了历史后，会有"我们的抗战是必胜的，同时是必需的"这种自信心。①

他们期望借历史教育，使受教育者"认清东方本位文化的优越与伟大的地方"，从而培植民族的自信力，发扬民族精神，光大固有的文化道德。② 他们强调，因时代不同，若只囿于中国古代的"劝善惩恶"的历史教育的作用，那是历史教育的失败。③ 但同时清醒地认识到"提倡历史教育可以引起人们的爱国心，这是好的现象"，但不能走入极端，成为狭隘的国家主义与民族主义，这就必须用"历史进化观念"来进行解释，即国家主义与民族主义是"现阶段所必需"，"大同世界是我们的最高理想，目前还不能妄想国际主义或世界主义"。④ 另外，针对"九一八"后，无论"官家""民间"（尤其受1934年投考清华大学的四千名中学生里能答出"九一八"国难是发生于哪年者还不到半数的刺激）皆忘记"边疆失土"即"压根的"没有"边疆"概念的事实。"战国策派"的核心成员林同济提出"亲边疆"的国史观，主张"放弃唯我独尊的心理所产生的轻视边疆的幻想，而采取承认有对手国的阻碍力后所得到的尊重边疆的态度；放弃向心的收敛的'中国中心'的消极文化论；而采取离心的膨胀的'向边疆去'的积极国家生命观"。⑤ "战国策派"和林的"文化形态史观"及"尚力"的观点，在当时及现代皆引起争论，很多左翼学者批评其为"法西斯主义"，但在抗战语境下，其目的是要借助历史这个"最有力的工具"，"熔化国民的思想，激励国民的精神"，⑥ 主张全民抗战，重建国家，所以说，林的"亲边疆"国史观尽管有可商榷之处，但是民族主义史学是爱国主义的表现。

总之，民国学者批判"一姓一家"王朝旧史观的狭隘，批判以"帝王

---

① 苏沉简：《论历史教育》，《经世战时特刊》1939年第35期。
② 丁夫：《历史教育的建设》，《教育建设》1941年第8期。
③ 初拓：《历史教育的改进问题》，《历史教育》1937年第1期。
④ 苏沉简：《论历史教育》，《经世战时特刊》1939年第35期。
⑤ 林同济：《边疆问题与历史教育》，《独立评论》1935年第127期。
⑥ 林同济：《边疆问题与历史教育》，《独立评论》1935年第127期。

教科书"为对象的历史教育,主张"历史教育必定赋予历史一定的意义——学习有价值的历史",① 进而提出构建"以达到抗敌救国为最高目标"② 的"备战"的具有民族性的国防历史教育。

二 "中华民族整体观"的提出,是构建抗战时期 历史教育价值体系的灵魂

如何在抗战"非常时期"构建"有价值"的历史教育体系?首先直面的是要考虑历史教育价值的灵魂思想问题。在抗战历史语境中,逐渐形成的以"中华民族是整个的""中华民族是一个"为核心思想的中华民族整体观责无旁贷地成为抗战时期构建历史教育价值体系的灵魂。

"九一八事变"后,东北迅即沦陷,抗日亡国的消极言论甚嚣尘上,更有日人抛出的"满蒙在历史上非支那领土"等分裂中国的谬论。这些促使一批爱国学者深入思考并探讨中华民族的前途命运。他们主要是从事于增强中华民族认同、培植民族自信心方面的舆论工作。历史学者无疑成为其中积极的群体。而傅斯年率先公开提出了旨在恢复中华民族自强自信的"中华民族是整个的"观点,③ 随后他的同学兼同事顾颉刚也提出"中华民族是一个"的观点。④ 二者内在思想的一致性就形成了相对系统且影响巨大的"中华民族整体观"。"中华民族整体观"的提出在当时的舆论界引起了极大的共鸣。

1935 年 12 月 1 日傅斯年在《大公报》最早发表了《中华民族是整个的》的文章,但迫于时局压力,原文发表时略有删减之处,鉴于此,胡适于同年 12 月 15 日在《独立评论》第 181 期上重新刊出了完整的《中华民族是整个的》一文。这正表明了胡适的支持态度。1936 年第 6 卷的《县乡自治》全文登载了此文。1936 年第 6 期的《现代青年》、1937 年第 3 期的

---

① 参见赵亚夫《民国历史教育研究遗产与我们的任务》,《历史教学》2013 年第 10 期。
② 《备战历史教育工作大纲》,《文明之路》1936 年第 27 期。
③ 孟真:《中华民族是整个的》,《大公报》1935 年 12 月第 1 期。
④ 顾颉刚:《中华民族是一个》前言,《益世报·边疆周刊》1939 年第 9 期;《续论"中华民族是一个"——答费孝通先生》,《益世报·边疆周刊》1939 年第 20 期;《续论"中华民族是一个"——答费孝通先生(续)》,《益世报·边疆周刊》1939 年第 23 期。

《新运导报》报刊以及 1938 年第 33 期的《民意周刊》都有以《中华民族是整个的》为题目的呼应的文章出现。

"中华民族是整个的"观点主要内容有以下几个方面。①

第一,"中华民族是整个的",一句话,"是历史的事实,更是现在的事实":中华民族从两千多年前的秦汉时就开始形成和发展,"原来二千几百年以前,中国各地有些不同民族,说些多少不同的方言,据有高下不齐之文化。经过殷周两代的严格政治之约束,东周数百年中经过经济与人文之发展,大一统思想之深入人心,在公元前 221 年,政治统一了。又凭借政治的力量,'书同文,车同轨,行同伦'。自从秦汉之盛算起,到现在二千多年",已经形成了民族共同体。

第二,"北起朔漠,南至琼崖交趾,西起流沙,东至鸡林玄菟,这是天然赐给我们中华民族的田园。我们中华民族,说一种话,写一种字,据同一的文化,行同一伦理,俨然是一个家族"。中华民族包括中国境内所有各族。它们有共同的语言、共同的文字、相同的文化、相同的伦理,已是一个名副其实的统一民族。

第三,正因为期盼统一为中华民族的共同心理,所以,"中国经辛亥年的革命,由帝制进为共和,一统的江山俨然不改"。傅斯年所讲的历史背景恰好是民国以来的历史现状。这期间内有军阀割据,外有列强侵凌,但中国仍能维持统一,"在如此施政之下,全国之善良国民,仍然拥护中央政府者,岂不因为中华民族本是一体,前者以临时的阻力,偶呈极不自然的分裂现象,一朝水到渠成,谁能御之? 所以这些年以来,我们老百姓的第一愿望是统一,第一要求是统一,最大的恐惧是不统一,最大的怨恨是对于破坏统一者"。追求统一的内在原因是"中华民族本是一体"。②

1938 年,以广州、武汉失守为标志,中国抗日战争由战略防御转入战略相持阶段。在政治上,日本政府以"虽国民政府亦不拒绝"的方针取代了之前的"不以国民政府为对手"的方针,转而对国民党政府采取以政治诱降为主、军事打击为辅的策略。全国消极抗日的情绪进一步蔓延,中华

---

① 参见焦润明《20 世纪 30 年代傅斯年中华民族思想论析——以〈中华民族是整个的〉一文为中心的考察》,《人文杂志》2015 年第 4 期。

② 孟真:《中华民族是整个的》,《独立评论》1935 年第 181 期。

民族到了生死关头。学者们仍在为抗战而奔走呼号。

1939 年 2 月，顾颉刚撰文明确提出了"中华民族是一个"的观点。他认为当务之急就是使"种族的界限一代比一代的淡下去而民族的意识一代比一代高起来"，"团结国内各种各族，使他们贯彻'中华民族是一个'的意识，实为建国的先决条"。"历史上证明中国境内所有的一切部族，无论从血统上说还是从文化说，早已融合为一，成为一个不可分割的中华民族"，到如今，"不要再说你属那一种族，我属那一种族，你们的文化如何，我们的文化如何，我们早已成了一家人了"；"在我们中国的历史里，只有民族的伟大胸怀而没有种族的狭隘观念！我们只有一个中华民族，而且久已有了这个中华民族！我们要逐渐消除国内各种各族的界限，但我们仍尊重人民的信仰自由和各地原有的风俗习惯！我们从今以后要绝对郑重使用'民族'二字，我们对内没有什么民族之分，对外只有一个中华民族！"总之，凡是中国人都是中华民族！[1]

顾颉刚的这篇文章发表后，引起了很大的反响，重庆《中央日报》、南平《东南日报》、西安《西京平报》以及安徽、湖南、贵州、广东等地报纸纷纷转载。张维华、白寿彝等发表文章支持顾氏的观点。张维华说："顾先生这篇文章，是从历史的事实上说明我们是一家，坚强的建立起'中华民族是一个'的理论来，便于无形中加强我们团结的思想，这正是解救时蔽的一副良剂，我们对于这个问题是当该十分留愈的。"他认为，坚强的民族意识对反抗外来侵略压迫是很重要的，因此，"中华民族是一个"的理论亟待发挥。[2] 白寿彝认为："'中华民族是一个'，从中国整个的历史上去看，的确是如此，而在此非常时代，从各方面抗战工作上，更切实地有了事实上的表现，但在全民心理上却还不能说已经成了一个普遍的信念，而还没有走出口号的阶段。"作为一名回族学者，白寿彝强调中华民族的团结一致，主张将"中华民族是一个"的思想贯穿到历史研究和历史编纂中，"中国史学家的责任，应该是以'中华民族是一个'为我们的新的本国史底一个重要观点，应该是从真的史料上写成一部伟大的书来

---

[1] 顾颉刚：《中华民族是一个》前言，《益世报·边疆周刊》1939 年第 9 期。

[2] 张维华：《读了顾颉刚先生的"中华民族是一个"之后》，《益世报·边疆周刊》1939 年第 1 期。

证实这个观念"。"'中华民族是一个',应该是全中国底新史学运动底第一个标语。"①

从学理方面看,傅斯年与顾颉刚对"中华民族"的起源构成等概念应有可商榷之处,②但本文重在考察这些思想观点在抗战危亡时代对历史教育价值的重新定位及引导作用,即借历史教育使国民增强"中华民族认同"意识,拥有"中华民族自信心""中华民族精神",才能"全民抗战",才能"抗战必胜",使"民族复兴"。作为史料学派代表人物的傅斯年,曾主张像建设自然科学一样建设历史学,反对将价值观植入历史学研究中来。然而在民族大义面前,他只能将学术研究投身于维护民族团结、反对分裂、恢复民族自信心和自豪感的伟业之中。曾对顾颉刚文章中理论的根据提出质疑的费孝通,后来没有再写文章辩论。他回忆说,"后来我明白了顾先生是急于爱国热情,针对当时日帝国主义在东北成立'满洲国',又在内蒙古煽动分裂,所以义愤填膺,极力反对利用'民族'来分裂我国的侵略行为。他的政治立场我是完全拥护的"。③

"中华民族整体观"的提出在强化全民族认同意识、唤起民族觉醒、消除内耗、团结一致、共同抵抗日帝侵略的舆论动员方面发挥了重要作用。傅斯年与顾颉刚在当时即已皆为史学文化界举足轻重的学者,他们的这一思想观点就成为民国历史教育价值的重要指向。

三 抗战时期对历史教育价值体系的构建

抗战时期,民国学者在以"中华民族是整个的""中华民族是一个"为核心思想的"中华民族整体观"的影响下,努力构建"以达到抗敌救国为最高目标"的"备战"的"国防"历史教育体系,即以"中华民族整体观"为灵魂,力图使受教育者获得"有价值"的历史知识,养成以爱国

① 《来函》,《益世报·边疆周刊》1939年第16期。
② 周文玖、张锦鹏:《关于"中华民族是一个"学术辩论的考察》,《民族研究》2007年第3期。另见黄天华《民族意识与国家观念——抗战前后关于"中华民族是一个"的论争》,《中南民族大学学报》2012年第5期;马戎《如何认识"民族"和"中华民族"——回顾1939年关于"中华民族是一个"的讨论》,《中南民族大学学报》2012年第9期。
③ 费孝通:《顾颉刚先生百年祭》,《费孝通文集》第13卷,群言出版社,1999,第26~27页。

主义为核心目标的民族精神与国家观念。

首先，主张以"中华民族是整个的"思想作为历史教育的中心，促进受教育者的国家观念与民族意识的养成。当时就职于杭州高中的王孟恕在《关于中小学史地教材的一个中心问题——中华民族是整个的》一文中，开篇名义就指出，"中华民族是整个的。我们所处的自然环境是整片的，我们所受的精神训练是一贯，我们是分离不开，而且是不能分离的"。"史地教学的最后目的，是在养成儿童和青年们的国家观念与民族意识"，因此，史地教师"应该拿这'中华民族是整个的'一个问题做我们设教的中心"。在教授时，对此问题"应当予以极详尽的提示"，"使他们知道，在自然环境上，中华民族是整个的，各方面都有'合则两利，离则两伤'的关系，他们于无形之中自会产生出爱护祖国的心理。使他们知道在精神训练上，中华民族是一贯的；历代的圣贤，于此曾有过艰巨的创造和惊人的成就，他们在兴奋下自会努力发扬先业的准备。这样，国家观念与民族意识的养成，自是当然的而也是必然的。要不是如此的话，那我们教授史地，可说是完全失败了的"。①

其次，使受教育者获得"有价值"的历史知识。历史范围太过宽泛，史料及史籍浩如烟海，因此必须注意教材内容的选择。在教育内容选择上，要中西兼顾古今贯通，既要择取"可以看出我们民族的优点"的汉唐明历史，也要读"可以发现我们的弱点"的近百年史，因为，一个民族不怕失败，而怕"妄自尊大"与"讳疾忌医"！尤其在危亡之际，中国人更应痛定思痛不掩饰不自欺地反省！② 同时，除了讲授中西历史知识，也要注意时事内容："当前时事也是历史的一部分，是抗战中国人必有的认识。"在历史的课程中，应增加时事讲话与讨论，经常指导学生看报，注意时事。③ 总之，要注意固有文化的发扬，以树立民族的自信；注意民族光荣历史的叙述，以提高民族的精神；叙述忠臣义士的功绩，以培养民族的正气；阐明中华民族的统一性，以启发国民对国族爱护的热忱；说明帝

---

① 王孟恕：《关于中小学史地教材的一个中心问题——中华民族是整个的》第 4 卷，《图书展望》，1936。
② 苏沉简：《论历史教育》，《经世战时特刊》1939 年第 35 期。
③ 魏东明：《关于历史教育》，《战时教育》1938 年第 6 期。

国主义侵略我们的经过与原因，以激发国民同仇敌忾的情绪；阐述三民主义革命的历史背景，以坚定国民的信仰。[①]

再次，在教育形式上，除了学校的课堂教育，也要进行社会民众的普遍教育。与晏阳初一起提倡"平民教育"的魏东明认为"历史教育不但要加强在课堂上的讲授讨论，也要经过通俗化的工作，用种种形式散播到民间，一面是教育民众，同时是支持抗战"。[②] 傅也文发文主张民众教育的内容是，宣传乡土历史的演变与先贤的丰功伟绩（人类"爱"之所寄，往往由近而及远，推己及人。能爱身家，方能爱自己生长的故乡，因爱故乡而爱国家爱民族）、先民文化的创造与贡献（不必"天朝自居蛮夷视人"，但也不能妄自菲薄）、帝国主义的侵逼与民族的危机。意在让民众知道过去的光荣，以恢复民族自信力，同时了解目前情势的威迫，产生同仇敌忾的心理，共同抗战。[③]

最后，实现科学与人文精神兼具的教育目的。认为历史教育的目的应该包括两点：一为实质上的目的，使受教者获得历史的知识，俾其实际生活上无所缺乏。二是形式上的目的，是想使受教育者在学习历史时，于不知不觉间，"养成其爱民族爱国家的意识，兼谋其道德的判断锐敏"。[④] 科学精神和人文精神都是教育发展中不可或缺的部分，只有使科学精神与人文精神在教育价值取向中很好融合才是完整的教育。

在抗战非常时期，民国学者以"中华民族是整个的""中华民族是一个"为核心思想的"中华民族整体观"为灵魂，努力构建"以达到抗敌救国为最高目标"的"备战"的"国防"历史教育体系，力图使受教育者获得"有价值"的历史知识的同时，养成以爱国主义为核心目标的民族精神与国家观念。需要强调的是，这绝不是某些学者抨击的狭隘的民族主义与爱国主义，因为民国学者在努力构建"以达到抗敌救国为最高目标"的"备战"历史教育时，从未放弃理性的批判与对理想价值的追求。他们始终是将这种在国家危亡之际而情不自禁洋溢出来的民族情感置于更广阔的

---

① 刘守曾：《历史教育与民族复兴》，《新潮北季刊》1941 年第 2 期。
② 魏东明：《关于历史教育》，《战时教育》1938 年第 6 期。
③ 傅也文：《历史教育与民众教育》，《浙江青年》1937 年第 7 期。
④ 初拓：《历史教育的改进问题》，《历史教育》1937 年第 1 期。

理性的学术批判态度与学术视野之下的，"其批判立场，有助于我们形成历史觉悟，以便使历史教育更充分地反映对于民族历史文化的应有立场，乃至对于人类命运应有的整体关照；其学术态度，引向理性的而非冲动的、客观主义的而非虚无主义的历史认识；其学术视野，既让历史学习者能够对本国历史产生温情与敬意，也能够让历史学习者着眼人类的总体史并产生人类爱"[1]。可见，即使在中国抗战非常时期，历史教育的理想价值与现实价值也始终是互为表里统一协作的。只是囿于国家民族间的畛域，历史教育的现实价值不可避免地具有民族性与时代性，故此，民国学者一再强调国家民族至上，但他们思考的真正着眼点毋宁说是人！即在抗战这个生死攸关的时代，为了民族国家的复兴与重建，究竟需要培养怎样的以及如何培养国民。

抗战时期的历史教育并非完美，对其重拾并再审视，不是要去效仿，而是意在追问历史教育的价值，因为教育的"改革""创新"令世人满怀期待却不乏眼花缭乱之今日，该真正清晰明了并践行历史教育的价值。那么，真正的历史教育的价值是什么？民国学者认为，通过历史学习，学生"能把爱国与爱人类，看成一件事"，"俾爱国的情愫，能建植在爱人类的基础之上"[2]。现代学者赵亚夫先生指出，现代历史教育重在涵养人文精神、传承文化精粹，形成符合时代需要的人格素质。总之，在以"和平与发展"为世界主题之今世，历史教育的真正价值，是在于人文精神的回归，在于探求爱国与爱人类的一致，俾希望永久之和平，不要战争！

---

① 参见赵亚夫《民国历史教育研究遗产与我们的任务》，《历史教学》2013 年第 10 期。

② 陈衡哲：《历史教学与人类前途》，《晨报·周年纪念增刊》1925 年第 7 期。

中学生历史价值观的构建

冯新虹[*]

一　历史价值观的构建在历史教学中的定位

历史价值观的构建，是中学历史教学中提升历史教育功能的重要内容，关系着人和社会的发展。

（一）　历史价值观是历史教育的内核

梁启超认为历史学科是所有学科中最渊博、最重要的一门学科。历史价值观是历史教育的内核。历史教育的魅力正在于它的教育内容、教育方法和教育过程[①]。历史教育是历史教师承载的使命感，我国著名史学家、教育家白寿彝先生对历史教育有着深刻的完整的论述。

历史教育是人生教育，尤其是对青少年做人的教育，涵盖了社会智慧教育、人与自然和谐相处的教育、历史前途教育。历史教师的庄严任务，要关心祖国的前途，培养学生的民族自豪感，克服狭隘的民族主义；进行历史感、时代感和历史前途教育，有宏观的历史了解和对身边的社会、家庭、生活具体事物的微观认识；有社会和谐与世界发展大视野的认识。

历史教育从它的发展和传承上讲是历史学科发展的一部分。要重视两

＊　冯新虹，珠海市第二中学特级教师。

①　冯新虹：《历史教育的魅力》，西安出版社，2012。

种关系：史学与人生、史学与社会的关系，"历史教育是为了培养下一代，为祖国做贡献"。把历史学习和人生、社会联系起来，是历史教育对于人发展的最深刻的内涵，是一种境界。

历史价值观是一个史学理论研究的问题。在史学界对一些重大历史问题，之所以长期不能形成共识，"从根本上说，是由不同的历史观和历史价值观造成的。那么如何坚持唯物史观的基本传统，把现实、历史、理论和价值统一起来，形成整体的长时段的大跨度的观察历史的理论和方法，是一个重大的理论问题"。① 中学生历史价值观的构建，是遵循历史课标规定的情感态度价值观的要求，教学中对一些重大历史问题遵照历史研究领域中的史学理论成果，要区别于普通的价值观认识，渗透于学生的认识中。中学生历史价值观的构建打下的重要基础，是未来公民在全球化时代，所表现的对于国内外社会现实问题的态度和行为，起着影响中华民族的发展和国际世界的和平发展的作用。因此，缺失了历史价值观的教学或历史价值观落实不到位，历史教育的功能就失去了实质上的意义。

（二）历史观对历史价值观构建的意义

历史观与历史价值观究其本质而言具有统一性。历史价值观建立在历史教学内容和历史教学的研究之上，体现了历史观的广泛内涵和外延。教学中应用的全球史观、现代化史观、文明史观、社会史观、革命史观等，以及历史哲学的唯物史观和科学发展观，本身就体现了历史价值观的意义，而历史价值观更进一步发展了对历史问题的思维方式和评价认识。

在通史体例下引导学生认识历史发展，认识中国历史和世界历史的关系，把中国历史和世界历史结合学习，并进行历史理论指导的方法非常重要。近代梁启超的新史学提倡把中国史放到世界史中加以研究，在学术视野中推动了历史认识的发展。戴逸先生在其主编的"18 世纪的中国与世界"丛书导言中也提到在世界坐标中看中国，中国才真实；把中国放在世界中看世界，世界才完整。

认识现代化始终是历史发展的方向。新航路开辟后世界发展的一个重

① 荣剑：《历史观与历史价值观》，《中国社会科学》2010 年第 1 期。

要趋势，是世界日益成为联系密切的整体。两次工业革命的进程，一步步发展辐射到世界的各个角落，使这个整体完全形成；二战后一些社会主义国家，为摆脱落后的经济状态，迅速建成工业化国家，采取了计划经济体制，证明了这种体制集中人力、物力、财力，大力发展重工业建立工业化的速度。资本主义国家和社会主义国家的不同经济模式，首先在资本主义国家得到了结合。第三次科技革命和信息化的发展，促使世界发展的另一个趋势，是在经济全球化的发展加速中，社会主义国家的经济体制改革和资本主义国家的经济政策调整，加强了世界各种经济模式的结合借鉴；因为任何一种经济模式，都不可能一成不变地成为经济发展的灵丹妙药。人类走向体系化、制度化共同促进经济发展、联合规避经济危机的趋势。

近现代民主政治是伴随工业化进程的必然现象，随着工业革命的扩展，民主政治在世界范围逐步得到发展。无论资本主义国家的民主代议制还是社会主义国家的民主制度，都体现了历史的进步。

新中国的建立，使中国在真正实现民族独立条件下，走上世界现代化的道路。世界上没有哪一个国家的现代化进程是一帆风顺的，中国也不例外。中国自改革开放以来，加快了现代化和民主化的步伐；要真正深化改革，实现现代化，必须进一步实现民主化、法制化。

引导学生关注社会生活和各个历史时期人类文化的发展及交流。文化的影响像一条静静的河流，源源不断、永不停止地穿越历史的时空，滋养着人类的文明。比如，中国古代素有瓷器大国、丝绸大国之称。中国瓷器在唐代开始通过丝绸之路对外出口，经过宋、元、明、清足迹遍布世界各地，成为连接中世纪东西方友谊的纽带和文化交流的桥梁。荷兰17世纪前后的风俗画中，经常可以看到中国青花瓷器，而明末清初被欧洲称作"克拉克"的青花瓷器，更成为欧洲上层社会的收藏品、生活用品和陈设观赏品。18世纪，西欧各国纷纷建立皇家瓷器工厂，模仿中国的硬质瓷，以及雅致精湛、清新淡雅的格调。此时中国瓷器的生产更走向辉煌，珐琅彩之美融合着中西方的技术。古罗马凯撒大帝喜爱中国丝绸。丝绸之路经久不息地促进了中国古代贸易的发展。这些都是历史的另一种诠释。

世界民族文化交流是多种形式的，有群体的也有个人的行为。2010年在上海举办的世博会，各国展厅爆满，世界各国的演艺家在世博园各处的露天舞台上，展现民族音乐和舞蹈，台上载歌载舞，台下交流呼应，在掌声、欢呼声和互动的欢跳中，增进各国民族的友谊，谱写着民族之间直接进行文化交流的华章。如此在世界各个角落，还有什么隔膜不能消除，还有什么矛盾不能化解呢？民族的文化交流潜移默化地促进着世界的进步与和平。

高考试题中体现新的史学研究成果和史学观点对教学是一个导向。2006年广东高考历史通过周代餐具饮食信息的题目，来考查学生提炼分析周朝社会的贵贱有序的等级制度、饮食生活与宗教政治的关系。2012年广东高考文综历史第38题："2005年底，美国财经记者莎拉发现，自己家里的鞋、袜子、玩具、台灯等用品都产自中国，其他普通美国家庭亦大多如此。"——据《离开中国制造的一年》。既体现了中国经济在全球化发展中的影响，又是中美关系改善带来的经济文化交流。第39题：用"经济""中学""粉丝"等词语说明其含义或用法的历史变化。社会流行语都是历史发展过程中的现象和见证。依此类推，现代社会流行的"社保""士多店""物流""全球化""跨国公司""经理""老板"，以及电视节目中的"达人秀"等词语都是经济文化交流发展的产物，其中"社会保障"的思想，在我国古代就已经出现，至今不断发展。"社会保障"词语的应用，是在罗斯福新政时期。二战后，西方国家把社会保障制度的建立作为维护社会稳定和维护世界和平的重要措施，并成为公民权利的一部分。2012年广东高考文综第39题：据《美国革命时期民主概念的演变》，随着"代议制民主"概念的形成和逐渐流传，民主概念发生了重大的转化。要求学生从西方民主政治发展的角度，简要分析"民主"概念变化的原因。考查学生对近代资产阶级民主制度的发展及其扩展的掌握和认识，这正是体现了历史发展的主线。

教学中历史观与历史价值观有重要的直接联系。没有历史观贯穿的教学，就很难体现历史价值观的构建和形成，最终不能在学生的思想中得到升华。

（三）历史教师对构建中学生历史价值观的意义

历史教师承载着历史教育的任务。史学工作者——历史教师所具备的素养，按照白寿彝先生所讲的，应该包括：史德问题——尊重历史，实事求是，反映时代的要求。史学问题——这是意识形态的一个组成部分，反映一个时代的经济和政治要求。史识问题——这既是一个理论水平问题，也是一个知识广狭问题。对理论的全面理解，理论与实际结合得好，才能得出新结论，推动理论的发展。史学是一门综合性的学科，要求历史教师具有广泛的知识面。史才问题——一是历史文学，一是历史编纂。历史文学指的是历史家对历史的文字表述，历史编纂主要指史书的编和著、史书的体裁和体例。此外，历史工作者的素养还有一个很重要的方面就是创新精神。

另外中学历史教学方法的研究，是为了更好地进行历史教育，达到历史教学的育人目的。中学历史教师要研读教材，研究历史，关注新的史学研究成果，理解历史发展方向，不断进行知识更新，改进教学方法，提高教学的创造能力和创造意识，使历史课堂充满生命力，使情感态度价值观和历史价值观在教学中真正得到体现。历史教师的素养和形成的历史价值观，对历史教学中构建中学生历史价值观具有关键意义。

二 历史教学中历史价值观构建的落实

在教学中常常发现历史价值观的培养不足或落空，或高大上的说教，或成一个点缀品，或被忽视，或在课堂教学结尾时匆匆而过，没有真正贯穿在整个教学中，内化为学生的认识。

构建中学生历史价值观的过程，是系列教学活动达到课堂的渐变和学生对历史认识的潜移默化过程，是学生在教师引导下的一种不同层次的研究过程，也是学生历史思维能力的培养和提升过程。教师的教学方法对于中学生历史认识和价值观的形成非常重要，通过引导学生对历史问题和历史现象的不断感悟，达到情感变化形成正确历史价值观。

（一）构建历史价值观的教学要体现历史感

教育部推行的历史课标对情感态度价值观的基本含义有着明确规定。价值观是对事物和社会现象的总的看法，从普遍意义的概念而言，指个人价值与社会价值的统一，科学价值与人文价值的统一，以及人类价值与自然价值的统一。但历史价值观在于历史学科特有的思维和认识，是普遍意义的价值观所不能替代的。

而历史观与历史价值观既有联系又有区别，二者都是史学研究的理论问题。历史观是一种认识历史研究历史的方法；历史价值观，关系到认识历史事件对历史发展影响的价值所在，及某一阶段历史特征的形成和社会性质的变化。历史价值观体现的历史事件对社会发展作用的认识和历史思维方式对于学生的历史学习意义非常重要。特别是"那些曾经被各种观念和意识形态所遮蔽的历史真相已经逐渐地显现出来"。"所以要解放思想，开拓历史研究的新视野。"① 在教学中，历史价值观的体现首先要体现历史感，这不同于一般的价值观体现。以史料史实为基础、史论为指导、史观为思维方式的教学过程，体现的历史价值观自然融合于教学中。"从现实出发回溯历史，在历史的深处发挥想象。"以武婵婵老师的《祖国统一大业》为例：

　　　和而不同——祖国统一政策的源远流长
　　　A. 新中国建立以来从毛泽东时代到邓小平时代始终坚定的统一态度；
　　　B. 在统一的方式上，都提出过"力争和平统一"的重要设想；
　　　C. 在统一大业的政策上，体现尊重现实、灵活处理主张。

在对比 20 世纪 50 年代初期的形势后，引导学生认识：20 世纪 80 年代初，正是我国百废待兴、开始改革开放的起点；国际形势在两极格局下虽然"冷战"依然，但趋于和缓。邓小平"一国两制"的依据，是和平与发展的世界主流形势。从历史发展的角度认识国内外形势变化对祖国统一政策发展的影响。

重点放在统一大业政策的制定——祖国统一思想的渊源，才能认识清

---

① 荣剑：《历史观与历史价值观》，《中国社会科学》2010 年第 1 期；李潇潇：《在历史的深处展开未来的想象》，《中国社会科学》2011 年第 1 期。

楚新时期统一方略的制定，进一步使同学们认识到祖国统一方略是随着国内外的形势发展而变化的，具有维护国家利益的价值与意义。

（二）要注重史料选择、史实应用引导学生探索求证

教师对历史教学内容感悟的深度和对于史料搜集选择运用的能力，引导学生参与学习讨论的问题设计水平，影响着学生学习历史和认识历史的过程。

引导学生在立足史料史实的基础上学会质疑提问、实证研究、史料鉴别和研读的方法，锻炼学生全面认识历史和求真求实的态度，探索历史发展脉络。学生只有认识到历史发展的基本规律和特征，才有可能构建中学生正确的历史价值观，并向具有理解借鉴历史进步的智慧、规避历史发生过的风险、吸取人类历史曾经的苦难和教训能力的方向发展。历史教育"不能满足于史事的表述。我们也不是客观主义地研究过去历史的规律，而是要用于观察历史的前途，其中包括祖国历史的前途和人类历史的前途"。在世界近代化进程中，以杨魏老师英国资产阶级民主制度的建立教学为例说明。[1]

（1）史实史料。英国资产阶级与国王的矛盾不断激化，引导学生认识税收问题成为国王与议会斗争的焦点，使学生了解史实，这条史实带有一定的分析评价特点。

> 由于查理一世时议会不同意他随便征税，就多次解散议会。英国有一条传统，就是未经议会的同意，国王不能随意制定或废除法律，也不能随便征税。所以，随着资产阶级力量在议会的壮大，资产阶级和新贵族与国王利用议会作为斗争的阵地越来越重要。更有甚者，查理一世在 1629 年到 1640 年的 11 年中，不召开议会了。使议会成为一个空架子，这引起了资产阶级和新贵族的强烈的不满。

最终双方矛盾激化爆发了资产阶级革命。税收问题，正是封建制度阻

---

[1] 转引自冯新虹《历史教育的魅力》，西安出版社，2012。

碍资本主义发展的具体表现。

（2）原始文件史料，第一手史料。议会在光荣革命后，于1689年颁布了《权利法案》。引导学生研读教材《权利法案》的史料，从中得出结论：这部文献以法律的形式约束了君主的立法权、财政权、军事权；保护了议会的选举权、言论自由权和集会权。这是国王权力受到限制的真实史料，它改变了国王与议会的关系，由国王控制下的议会转变为议会控制国王。英国虽保留了君主，但是君主权力受到宪法制约，这就是英国君主立宪制政体。

随着国王权力不断削弱、议会权力不断加强的权力转移，国王手中的权力逐渐转移到资产阶级、新贵族统治的议会手中。然而这还不是最后的权力转移。再帮助学生厘清国王、议会和首相的制衡与分权史实，认识英国君主立宪制的特点，内阁制形成才最终标志着英国资本主义君主立宪制度的建立和完善。

（3）评价性史料。讲到1832年英国议会改革，权力继续演变，给学生一条史学界评价史料。

> 刘宗绪《世界近代史》：当革命的风暴横扫整个法国的时候，英国正好在进行一场比较平静，但是威力并不因此就显得缺乏力量的变革。蒸汽和新的工具把工场手工业变成现代的大工业，从而把资产阶级社会的整个基础革命化了。随着工业革命的发展，各国的经济和政治结构不断发生变化，资产阶级最终在各个领域确立了自己的统治地位。

这条史料评价的是英国工业革命，却挖掘了工业资产阶级力量终于得到发展的原因，体现了与1832年英国议会选举改革，奠定工业资产阶级统治基础的因果关系。工业资产阶级的权力在议会发展，完成了英国的权力新转移。从英国发展到欧洲各国的工业革命引起统治结构的变化，正是历史进步的价值所在。也可引用工业资产阶级选票增加的史实史料来直接说明这种历史现象。

评价史料有正面评价，也有反面评价；有当代评价，也有后代评价。

（4）说明性史料。

1832年议会改革法案，使工业资产阶级获得了更多席位，但工人阶级仍与选举无缘，因此在1836年，掀起了一场独立争取议会改革的"宪章运动"，要求获得普选权。

引导学生概括随着英国工业革命的发展与完成，引起政治领域发生变化，工人阶级觉悟发展要求参与政权，体现英国工人阶级政治权利范围不断扩大的趋势。

这样最终体现了立法权从国王转移到议会，行政权从国王转移到内阁，政治权利从贵族民主转移到工业资产阶级，并最后下移到公民民主。

教师针对教学内容和教学对象所要达到的目标，选用不同角度的史料，就有不同评价历史事件的内容，体现了教师驾驭史料、应用史料，阐释历史的教学能力，影响着学生对历史价值的构建。

（三）注重教学法的选择和课堂教学的默化过程

对历史问题的评价和引导学生进行评价历史问题的过程，就是历史价值观构建的过程。教师的教学方法和教学过程对中学生历史价值观的构建更有着直接的重要意义。

教师怎样选择自己的教学方法和设计教学过程，提升价值观的作用呢？

首先，教学中用什么样的方法去引导学生探索历史呢？用胡适的大胆假设、小心求证的方法。选用一手史料，选用真实史料，学习去伪存真，排除主观修饰史料和文学加工的因素，以及直观性很强的视频史料的选择剪辑；确定评价性的目标，在史料、史实、史观基础上采取多元化的教学法，引导学生积极学习和探索研究。

对于不同的教学内容采用不同形式的教学方法，重在引起学生的学习与思考，包括阅读教材、研读史料、查找资料、讨论分析、社会调查；也应包括学生对历史线索和史实的基本熟练掌握。20世纪30年代国联教育考察团《中国教育之改进》，就指出了我国教育教学方法不科学等问题：

大学、中学、小学都存在着教师灌得多、学生思考少的现象；记忆知识多，应用知识少，不利于学生才能的发展。这个问题至今解决得也不够好。学生通过自己对历史内容的学习感悟、信息化技术的运用、国际化视野的高度、综合思考得出结论与认识，达到历史价值观的建立很重要，教师的指导方法和培养也很重要。

其次，教师的教学计划与自身的历史价值观的体现影响着学生历史价值观的构建。重视制订每一历史阶段完整的教学计划，预设历史价值观构建的落实；认真将其贯穿在每个单元和每节课的教学中，达到课堂教学的默化，实现历史价值观的落实。

历史价值观，是在教学中对于历史事件的发生和其作用的较为深层的认识，在教学中要重视其历史背景和作用影响的知识支撑，了解人的经济活动、社会活动、政治活动和社会影响，以及这些影响所导致的每个历史阶段的社会性质和社会特征。马克思主义历史观价值观认为历史既是经济社会不断发展和进步的过程，同时也是人的全面发展的过程。[1] "如何在建构科学历史观的同时确立公正的历史价值观，这是理解中国社会发展的历史逻辑和现实环境的要尺度。"[2]

评价历史本身就体现了价值观；不同的历史阶段有不同的历史价值观。不同的历史观有不同的研究历史认识历史的方法，所构建的历史价值观也相应不同。建立每一历史阶段符合人、社会、自然协调发展的认识过程，和谐统一可持续发展的科学发展观。课堂教学所落实的历史价值观之潜移默化的作用，在学生历史思维和认识的渐变过程中构建。

---

① 韩先喜：《科学发展观：马克思主义历史价值观的本质要求》，《河南师范大学学报》（哲学社会科学版）2005 年第 9 期。

② 李潇潇：《在历史的深处展开未来的想象》，《中国社会科学》2011 年第 1 期。

美国的社会学科教学实践

丽莎·麦克劳德·钱布利斯 撰　　邢　宽　李欣樾 译*

　　公立学校的教育者对我们的学生和社会负有重大的责任，我们要确保我们国家的所有年轻人尽可能接受最好的教育，获得必要的技能和知识，以应对 21 世纪的挑战。为此，我们努力为学生提供学习经验，以使高中毕业生更好地面对世界。在大学获得成功、职业培训以及就业，需要批判性思维和解决问题的能力、协作和沟通能力，以及创造和创新思维的能力。美国社会学科教育工作者对学生负有额外的责任，要让他们为公民生活做好准备。历史、地理、经济学、公民教育的老师，作为社会学科的教育者，致力于培养学生的批判性思维、解决问题的能力以及参与能力，使学生成为了解社会、具有参与性的公民。本文旨在洞察美国社会学科教育者为学生大学学业的成功、职业生涯和参与公民生活做好准备的过程中所做出的教育实践。

　　全球化背景下，教育领域为满足 21 世纪教育学生的需求而不断发展。公立教育课程结构形成了标准。教师在设计教学单元和课程时，这些标准提供了指导性的方针。实施这些标准、专业知识和学术技能的目的是提供一种教学法，在吸引学生并对其提出挑战的同时，促进其知识、技能，以及其他对于成功至关重要的能力的发展。多层次的课程标准在国家和地方层面均已得到发展；数学、英语语言技巧和阅读的国家共同核心标准

---

　　*　丽莎·麦克劳德·钱布利斯（Lisa McLeod-Chambless），美国佐治亚州立大学教育学院博士；邢宽、李欣樾，北京师范大学历史学院研究生。

（CCSS），为培养批判性思维、问题解决能力和分析技巧建立了明确而连贯的指导方针。各个州在科学和社会学科领域（历史、经济、地理和公民）也有具体标准。专业领域内部的职业教育者也会制定标准。作为一个社会学科教育者组织，社会学科全国委员会（National Council for the Social Studies，NCSS），是参与制定这种标准的主要群体之一。

通过全国的教育领导者、政府官员和一些支持公共教育的机构的通力合作，共同核心标准得以形成，标准旨在使学生为更高水平的教育和职业的需要做好准备。实施这些标准的目的是通过确立明确、一贯的标准，包括学生应该知道些什么、能够在数学和英语语言技巧上做些什么，以及从幼儿园到 12 年级的阅读标准；确保所有学生都能为高中毕业后的成功做好准备。

该标准由全国的专家和教师起草，旨在确保学生为上大学、职业培训和就业做好准备。共同核心标准重点培养学生在这些领域获得成功所需要的批判性思维、问题解决能力和分析能力①。尽管共同核心标准并未包含具体的社会学科内容，制定者仍旧希望社会学科的教师能够在教学中纳入英语语言技巧和阅读的标准。

各州在自己教育部门的指导下，制定社会学科课程标准。以佐治亚州执行标准（The Georgia Performance Standards，GPS）② 为例，该标准详细概述了美国历史中希望学生们知道的具体题目。比如，美国政府、世界历史、经济学和世界地理。还有一份技能列表明确指出一些例如问题解决、推理和沟通这样的具体能力，这些能力的传授需要与教授学生知识相协调。

随着每个州制定自己的社会学科内容标准，各州学生学习的历史学、公民学、地理学和经济学存在差异。这种一致性的缺乏引起了社会学科的教育工作者的关注。社会学科全国委员会的立场声明明确表示了以下内容。

---

① *Common Core State Standards*，Washington，D. C.：National Governors Association Center for Best Practices，Council of Chief State School Officers，2010.

② *Georgia Performance Standards*，Atlanta，G. A.：Georgia Department of Education，2012.

　　大量的研究已经揭示，各州社会学科课程标准在范围、长度、学科重点、内容的具体性上存在着巨大的差距。一些标准框架是比较广泛、一般性的描述，而其他的则详细列出了具体内容。一些州号召当地的学校和学区为他们的学生确立社会学科的（学习）成果，而其他州则利用其所采用的标准推动州内教学计划、评估计划和教学效果考核制计划的制订。①

　　为了解决这一问题，社会学科全国委员会各州社会学科标准制定了大学（College）、就业（Career）和公民生活（Civic Life）框架（C3 框架）。

　　C3 框架要求学生进一步为大学和职业生涯中的挑战做好准备……并加入了第三个重要的因素：为公民生活做好准备。框架强调跨越政治派别的公民身份教育，同时又受到这样一个共同信念的约束，即如果想要我们的民主共和制度延续下去，学生们就必须意识到他们处在不断变化的文化环境和自然环境之中；知晓过去；能够读写，能够深入思考；并且依照促进共同利益发展的方式行事。②

　　共同核心标准，各州制定的历史学、地理学、经济学和公民教育的标准以及共同核心标准 C3 框架一同构建了一个广泛的模型，规定了学生应该知道什么，应该能做些什么。社会学科的教师们面临着平衡这些标准的挑战。

　　基于标准的教学中的这种驱使要求仔细的设计，提供的学习机会必须达到这些标准，还要包括与内容相关的具体目标，并且促进支撑学术成果的技能的发展。在设计符合上述目标和标准的教学单元时，经常应用到追求理解的教学设计（UBD）模式。这种课程设计方法基于这样一个假设，

　　① Developing State and Local Social Studies Standards, *Silver Springs*, M. D.：National Council for the Social Studies, 2014.

　　② The College, Career, and Civic Life（C3）Framework for Social Studies State Standards：Guidance for Enhancing the Rigor of K-12 Civics, Economics, Geography, and History. *Silver Springs*, M. D.：National Council for the Social Studies（NCSS）, 2013.

即为了让学生理解内容，教学设计的方式必须能够帮助学生达到标准要求。① UBD 模式有以下两条基本原则：①教育的首要目标是促进学生理解的发展与深化；②显示学生理解程度的标志是学生在真实的环境下对于知识和技能的应用。②

这种课程设计模型的实施有利于建立教学重点并引导教师设计课程、进行评估。这个过程即是为大众所熟知的逆向设计，它意味着以头脑中的最终评估作为伊始。即"以末端作为开始，倒推所预期的结果（目标或标准），然后从标准所要求的学习的证据（表现）以及让学生表现所需的教学量来设计课程"。③

这个模型的规划过程分三个阶段。其一，通过考虑学生应当知晓什么、理解什么、能够做什么来确定预期的结果或学习成果。其二，通过假设学生已经达到了预期的目标，应该如何评估他的学习，来决定如何评价学习的成效。其三，规划学习体验和教学指导；规划阶段包含确定学生应该掌握的知识和技能、教学所需的材料、教和学的活动。

在 UBD 框架下，设计有效的课堂指导需要考虑学习风格、兴趣，及教师的学生准备。设计吸引不同学生群体并对他们有所挑战的活动必须为所有学生提供可能实现的机会。研究支持课程应该为吸引学生而设计，它应该有能力与他们的生活相联系，并对他们的主动性水平有积极影响。④ 通

① J. McTighe and E. Sief, "A Summary of Underlying Theory and Research Base for Understanding by Design", 2003, Retrieved from http://jaymctighe.com.

② G. P. Wiggins and J. McTighe, *Understanding by Design*, Alexandria, Va, Association for Supervision and Curriculum Development, 1998.

③ G. P. Wiggins and J. McTighe, *Understanding by Design*, 2nd ed., Alexandria, Va, Association for Supervision and Curriculum Development, 2005.

④ M. R. Coleman, "Curriculum differentiation: Sophistication", *Gifted Child Today*, Vol. 24, No. 2, 2001, pp. 24-26.
P. B. Guild, "Diversity, Learning Style and Culture. New Horizons for Learning", 2001, Retrieved from http://www.newhorizons.org.
T. Hall, "Differentiated Instruction. Effective Classroom Practices Report", National Center on Accessing the General Curriculum, CAST, U.S. Office of Special Education Programs, 2001: Retrieved from http://www.cast.org.
T. R. Sizer, "No two are quite alike", *Educational Leadership*, Vol. 57, No. 1, 1999, pp. 6-11; R. W. Strong, "Making students as important as standards", *Educational Leadership*, Vol. 59, No. 3, 2001, pp. 56-61.

过差异化教学，是可以通过恰当的、真实的学习活动来吸引不同的学生群体的。这一领域的专家卡罗尔·安·汤姆林森将差异化教学定义为一种教育哲学，它是建立在这样的前提之上的，即当教师协调好不同学生之间准备水平、兴趣和学习风格的差异时，学生们学得最好。[①] 为了满足公立学校课堂中不同学生群体的需要，差异化教学的方法经常被应用在历史和其他科目上。

汤姆林森概括了差异化教学的四大特点。第一，"教学是以概念和原则为导向的"，强调的是理解概念的意义而不是单纯的信息记忆。第二，"课程中植入对学生的准备程度和成长持续性评估"；基于学生对于内容的掌握程度分配给他们的任务，给需要努力的学生以支持，并为已经掌握的学生提供拓展。第三，"始终坚持灵活的分组"；基于多种因素，如学习方式、兴趣、准备情况，或是这些因素的综合，来分配学生（单个、成对或小团体）用小组教学来引进新材料或者分享学生的学习成果。第四，"学生们成为积极探索者"和"教师成为探索的指引者"。当学生忙于各种活动时，教师是一位信息的促进者，而非递送人。在这种情况下，学生学会对自己的学习负责，成为独立的思考者（奇尔德等人[②]概述性的逐步解释了逆向设计过程和规划差异性的教学单元）。

随着学生成为独立的学习者和思考者，研究性学习、历史思维和史料分析可以纳入课程和活动中。这使学生有机会看到，历史不只是事实的集合。研究历史是一个分析性的过程。研究性活动让学生明白，研究历史是通过使用证据来探讨历史问题。学生重温历史文献，以回答老师提出的一个中心问题。

历史思维与探究性学习类似，是学生从历史资料中重建信息、从中了解历史的过程。这种批判性素养涉及识别、归类，需要敏锐的判断以及对信息来源的可靠性的评估。[③] 原始资料分析是历史思维的基石。原始资料

---

① C. Tomlinson, *How to Differentiate Instruction in Mixed-ability Classrooms*, Alexandria, V. A.: Association for Supervision and Curriculum Development: 1995.

② A. Childre, et al., "Backward Design", *Teaching Exceptional Children*, Vol. 41, No. 5, 2009, pp. 6–14.

③ B. Vansledright, "What Does is Mean to Think Historically... and How Do You Teach It?" in W. C. Parker, ed. *Social Studies Today*, *Research & Practice*, Routledge, 2010.

作为学习材料颇具吸引力，它可以提供真实、恰当的学习经历。分析原始资料促进学生批判性思维的能力和逻辑思维的发展。而批判性思维和逻辑思维对学生取得更高水平的学业成绩至关重要。

历史思维按照规范性的、批判性的、"三步走"的方式研究历史学原始资料。获取信息是分析原始资料的第一步。鉴别和归类的过程通常被统一称作资料"溯源"。当对资料"溯源"时，学生确定历史资料的来源，并确定其目的和历史背景。溯源决定了在对原始资料进行阐释时，需要提出什么问题。为了判断原始资料的角度，需要对作者的社会、文化和政治地位做出评判。为了理解作者的观点，需要仔细研究原始资料的写作背景。为了判断最终，评价历史来源的可靠性需要与其他资料做比较，来佐证作者的主张是否可靠。[①]

为了在大学、职业生涯和公民生活获得成功，学生需要进行缜密思考的有力工具和方法。本文简略地提供了关于历史教师和其他社会研究教师，在帮助学生应对这些挑战的操作性框架。该研究基于实践的基础，简要地探寻了美国社会研究教师的教学实践的 UBD、差异性教学、探究学习和历史性思考。这些教学实践促进了批判性思维和问题解决能力、合作和交流能力，以及创造性和创新思考的能力的培养。这些学习经历使他们在大学和事业上获得成功，也培养了积极的、有公民意识的公民。

---

① B. Vansledright, "What Does is Mean to Think Historically... and How Do You Teach It?" in W. C. Parker, ed. , *Social Studies Today：Research & Practice*, Routledge, 2010.

中美历史教学的学科素养关注点
差异分析与启示

王德民[*]

　　学科素养是学科课程的基石。根据国际学生评估项目（PISA）对学科素养的界定，学科素养注重知识在新情境中的应用、学生对学科的投入程度或兴趣性、学生学科学习的元认知能力。PISA 界定的学科素养超越了课程标准，其终极的指向，对应于未来社会公民，在个人、工作和社会生活中，运用已学知识和已具备的技能态度去解决问题的能力。鉴于 PISA 缘起于 20 世纪 80 年代发达国家对基础教育质量的反思，对学科素养的关注已深植于学科教学，对其分析颇具借鉴意义。由此，本文以美国历史教学为参照，依据 PISA 教育理念、历史学科特性，从学生对历史知识的理解、历史知识在新情境中的运用、对历史学科方法的反思、历史元认知的发展等维度，就中美历史教学的学科素养关注点差异作具体剖析。

一　对历史知识的理解

　　PISA 教育理念中的"知识"，不仅指事实、名称、术语的知识，还包括对重要概念的理解、知识的局限以及知识本质的认识。在此理念下，历史知识既涉及人名、年代和事件等史实性知识，更涵盖这些史实性知识内在的更深层结构——史料与证据、原因与结果、变化与延续等。如果说，

---

　　*　王德民，安徽师范大学历史与社会学院副教授。

人名、年代、事件等史实性知识是描述过去实际上发生了些什么的"知识",那么,史料与证据、原因与结果、变化与延续,则是揭示"历史这门知识是如何而来的"之"深层次知识"。

在我国,历史教学注重史实性知识,强调对重要历史人物、历史事件、历史现象、历史发展基本线索的理解。比较而言,美国历史教学虽有对史实性知识的一般要求,但更注重形成史实性知识的学科层次结构的把握。"形成历史学科的关键,包括:时间、变化、移情,还有原因,以及前面提到的证据和记载。"也就是说,更注重时序观念、变化与延续、移情理解、原因探索、证据与记载等学科深层结构的关键性理解。比如,"美国独立战争"是中美历史教学都涉及的重要内容,中国的历史教学设计通常重点关注:北美独立战争的起因与序幕(波士顿倾茶事件、莱克星顿枪声),《独立宣言》的内容,独立战争的过程、意义(第二届大陆会议、萨拉托加战役),华盛顿在美国历史上的作用,等等,教学重心在于勾画美国独立战争的某种轮廓,旨在让学生掌握美国独立战争爆发的原因、背景、过程、影响等内容,学生仅仅理解到了表层的史实性知识。美国历史教学虽有关于北美独立战争的史实,但更侧重对其史实背后的学科层次结构解读。仅以北美独立战争爆发的背景为例,美国历史教学就涉及:分析欧洲不同地区的人们自愿移居北美和加勒比海的宗教动机、政治动机和经济动机(思考多种原因);解释为什么这么多的欧洲契约仆人甘愿冒艰难险阻去海外从事受约束的劳动(考虑多种观点);评价欧洲自由移民和契约移民在北美和加勒比海面临的机遇及遇到的艰辛(比较互有冲突的历史叙述);比较17、18世纪英国移民、法国移民和荷兰移民的社会成分(向历史资料提出问题);追溯17世纪非洲人到达欧洲殖民地及18世纪奴隶快速增长的历史(推想历史继承与持续的模式)。不难看出,美国历史教学涉及的内容面更广,目标结构的分层更细,通过上述活动设计与目标达成,能使学生对历史知识所涵盖的学科层次结构有更深的理解。

二 历史知识在新情境中的运用

PISA强调学科素养的情境性,认为学科素养不仅仅是知识,更重要的是学生能够在新情境中运用知识的能力。在这里，情境是学科素养所依附的"情境"，是镶嵌于具体的"问题"中或者成为激活掩埋于内容之中"问题"的外在条件。鉴于学校的历史学习主要聚焦于学生如何发展对历史的认识，历史知识在新情境中的运用，由之亦主要体现于以史料为载体的，对历史人物、事件、制度等的移情理解与对话。

中国历史教学注重对史实性知识的理解，历史课堂虽有史料教学，但主要侧重于史料真伪考辨、史料有效信息提取与印证，即使有对史实性知识的想象，更多的也是对涉及历史人物、事件、制度等的意义或影响的感受与掌握，其实质仍是基于史料的、发现和印证更为具体的史实性知识的接受式教学。美国历史教学注重对史实性知识的多元阐释，提倡以史料为依托进行历史的探究，强调对历史的发现、理解和重建，尤其关注学生基于史料的个性评价、独特的个人观点或信仰表达，其实质则是强调对历史材料的重新解读和组合，注重学生"创造"历史知识的建构性教学。比如"美国独立战争"一课，两国的历史教学都会运用史料。中国历史教学通常让学生观察材料提取历史信息，辨别信息真伪，运用多种史料印证、理解《独立宣言》的内容及其对北美独立战争的作用和对美国历史发展的影响。美国历史教学更注重聚焦若干不同类型思维，让学生发展关于某一主题、历史人物、事件等的多种看法：基本问题——什么因素导致了美国独立战争；自由、独立这些基本信念是如何稳步推进革命运动的进程的；为什么美国人民能够取得革命的最终胜利；在18世纪晚期和19世纪早期，美国独立战争是如何影响发展中国家的政治、经济和社会的方方面面的；美国独立战争和随之产生的基本准则和政府惯例，为什么会成为美国政治制度的中心；为什么革命通常会导致暴力；社会、政治或经济制度的僵化如何影响制度的运行；如何采取非暴力不合作手段解决冲突；领袖人物为什么会从革命中涌现出来，他们的性格特征是什么；等等。基本概括——革命起因于对现存政治、经济、社会或宗教制度的不满；现存制度的僵化死板可能导致革命；革命会导致政治、经济社会或宗教制度的剧变；"激进"政治领袖采用各种宣传攻势来激起极端行为；革命塑造出富有感召力的领袖人物，他鼓舞、领导和联合各个派别进行革命运动；等等。关于美国独立战争的体验，从不同的角度让学生思考：①如果你是一位反独立者，你认为你在战前、战中以及战后有何感受？如果你是一位爱国者，你认为你在战前、战中以及战后有何感受？②作为反独立者的正面意义有哪些？爱国者呢？③作为反独立者的反面意义有哪些呢？爱国者呢？④如果反独立者赢得这场战争将会怎么样呢？生活会与现在有何不同呢？⑤就美国独立战争写出一份摘要（请记住要包含何人、何时、何地、为何以及如何做了什么）。以上问题超越了基于印证、接受性功能的文本局限，不再强调历史知识与历史学家研究的内容是否一致，而是关注"学生阅读了哪些文本，介入了多少水平层次的认知技能，有过多少程度的反思，是否生成了新的观点等等"。显然，美国历史教学更着眼于学生于新情境中重建、"创造"历史知识的能力塑造，关注学生应对未来生活的适应性与灵活性。

三　对历史学科方法的反思

PISA 重视学生个体与学科内容之间的互动与建构，将学科素养视为一种"活动"，一种思考方式，甚至是一种"做自己"的行为模式。由之，反思、分析、表达、陈述都成为学科素养"实践化""过程化"的关键环节，这其中，对自身学科方法的反思又至关重要。

对历史学科方法的反思涉及历史知识的来源途径及其内在的学科层次结构，这与前述的对史实性知识深层结构的理解几无二致。不过，作为学科素养的主体性体现，对历史学科方法的反思意味着学生个体对历史知识与内容的主体能动性"觉醒"，是通往个人开化、解放及增权的重要台阶。

在我国，对历史学科方法的反思并不明显，它仅"朦胧"地体现于历史课堂"过程与方法"目标的达成过程。美国历史教学重视"元历史"，关注"研究本身的知识，其中也包含了对历史学家的研究"主要涉及学生如何了解过去、如何解释历史事件和历史进程，以及如何辨别历史记载、如何区分史料与证据等。笔者通过案例梳理发现，中国历史教学虽涉及"从多种渠道获取历史信息""以历史材料为依据解释历史""运用时序与地域、原因与结果、动机与后果、延续与变迁、联系与综合等概念对历史事实进行理解与判断"等，但主要以理解、接受为主。以"美国独立战争"为例，几乎找不到"质疑""批判"有关独立战争史实解读的文本内容。美国历史教学却有专门涉及学生的"历史研究能力"要求，包括"在处理历史文献、目击者叙述、信件、日记、考古文物、照片、历史遗址、艺术、建筑和其他历史记载时，明确地表述历史问题；从多种渠道获取历史资料，包括图书馆和博物馆中的收藏品、历史遗址、历史照片、杂志、日记、目击者叙述、报纸和类似资料，文献类电影、现在还健在的目击者口头证词、人口普查、税收记录、城市名称地址录、统计资料编辑和各类经济指标；通过如下方法向历史资料提出问题——它们出现的社会背景、政治背景和经济背景，考察其可信程度、权威程度、真实程度、内部的一致性和完整性，察觉到冗长叙述、对事实的删减或'自创'所反映的偏见、失真和宣传，并对之进行评价；看出可用记录的缺失，整理时间和空间的背景知识，富有想象力地详细描述资料、推断性地弥补资料缺失、并构建合理的历史解释；使用数量分析，以探究这类主题——家庭人口与组成的变化、移民模式的变化、财富分配的变化以及经济的变化；用史料来支持历史解释，尽量构建理由充分的论点，而不是简单作结论"。在这里，美国历史教学要求学生从各种史料中表达问题、从多渠道获取历史资料、向历史资料提出质疑、构建合理的历史解释、校验历史研究的主题与方法等，这些已涵盖了历史研究的全过程，更体现了对历史学科方法的反思。

四　历史元认知的发展

PISA 基于终身学习理念，重视学生从事学科学习的元认知能力。元认知是对认知的认知，涉及个体对自己认知过程的知识、体验及对这一过程的监控与调节。

学生的历史元认知发展，体现于其从事历史学习的过程，主要包括对历史知识来源的监控、对历史评价的觉醒与审慎、对历史学习过程的总体把握等。"学生监控自己的历史学习过程，意味着面对众多事情，其中包括应该知道什么样的问题要追根溯源、为什么在评价历史人物时要谨慎；评价过去的历史记载时要查找什么，反过来说，即需要理解历史学家的记载是与哪些问题和主题相关的。简言之，它意味着能够理解怎样才算是'研究'历史。"学生的历史元认知发展标志着其历史学习过程的质的提升，这既需要以对历史学科结构的理解为基础，又需要学生自身在元认知层面上有自觉的监控与反思意识。比如，对于史料，"为了确定一条史料对于有些目的来说是可靠的，但对于另外一些并不可靠，或者是决定从一条史料中得出作者并非有意表达出来的证据，学生必须不仅能做出推论，而且要知道他们正在这样做，并要有意识地进行推论，而这些推论是要比对规则来进行衡量的"。

在我国，对历史元认知的关注少之又少，即使有极个别提及历史元认知的教学案例，亦是从对基于已有历史文本信息的理解角度做出的关于历史学习过程的监控或调节，历史元认知的终极指向并没有超越现有的历史文本。美国历史教学对历史元认知的关注从低年级就已开始，其关注点常聚焦于区分学生自认为已经知道的知识、教师呈现给他们的知识，以及由证据推论出来的新知识。如关于学生遇到的"我们是如何知道过去的"观念问题，美国历史教师会列出以下可能：①这是一个信息问题——我们是从哪里找到这些东西的？②这是一个关于通往过去的途径问题——我们不可能知道，因为我们不在现场，没有看到事情的发生。③这是一个关于找寻真实记载的问题——只有当我们能够找到某人讲述的事情本来的状况，他们必须看到事情的发生，我们才能知道发生了什么。④这是一个相信"真实"记载的问题——我们不可能真正知道一个人是不是讲了真话，而且事情会随着不断流传有所变化。人们撒谎并将其夸张。有一些观点存在偏见。⑤这是一个运用证据了解事情的问题——我们并不依赖于人们告诉我们发生了什么，即便没有告诉我们，我们也可以从已知的线索中将其还原，对资料进行提问，虽然资料本身并没有提供答案。针对以上可能，美国历史教师会帮助学生提升历史元认知意识，促使其从"信息"看待问题的视角转向从"记载"看待问题。更多的情况下，美国历史教师还会让学生针对自己的判断与评价做出反思：我对这个历史事件的评价是否恰当？还有没有更适合的证据或观点对应于这个事件？等等。如此，学生的历史元认知事实上已超越了现有的历史文本，其思维释放可能更具有洞察性、延展性。

综合上述中美历史教学对学科素养的关注差异分析，其对当前我国历史教学的启示如下。

其一，历史教学的内容选择问题。本轮基础教育课程改革虽作了精选课程内容的基调，但历史教学界追求"学科知识系统性"的观念与做法仍十分突出，这使历史教学的内容选择面临诸多挑战。历史发展是连续、不间断的，究竟要选择哪一个朝代，即使确定了某个朝代，亦涉及其政治、经济、文化、军事、外交、民族等诸多方面，到底如何确定？再进一步地，就是具体到某个朝代政治或经济方面的某历史事件，亦涉及了此事件发生的背景、原因、条件、过程、结果、影响、意义等，究竟该如何侧重？如此看来，相对学校课时的时限，"学科知识系统性"是一个无法解决的问题。美国历史教学不追求学生掌握历史知识的"量"，但注重理解其知识的"质"，强调学生掌握关于学科层次结构的"深层次知识"。此种做法，暗合了精选课程内容的某种理路，值得探寻与借鉴。

其二，历史教学的学科能力问题。学科能力是反映学科教学质量的重要标杆，尽管我国历史教学重视学科能力，本轮课程改革亦从"过程与方法"目标角度强化了对学科能力的培养，但从整体上看，学科能力既没有作具体的、可操作性的细化与分层，其培养途径也主要是从获取和辨别史料、分析与理解史料角度设置的，学生实质上更多的是接受、印证、复制、掌握人类社会的既有文明规范。美国历史教学既有较细化的学科结构分层，其对知识的运用更强调反思、探究与重建，更注重对历史学科方法、历史元认知的反思，从而亦突破了对历史知识的接受、理解范式，学生更具批判、反思能力，对此亦值得借鉴。

其三，历史教学的价值导向问题。"培养什么样的人"是教学的核心，这既与教育理念相关，更与学科观念相联。本轮课程改革虽以学生为本，但历史教学强调理解、传承人类文明成果的同时，忽视或弱化了与人类历史的对话，学生的成长旨趣仍偏重于"接受"或"适应"现实。美国历史教学注重学生的独立思考，倡导学生对历史的多元阐释与对话，关注学生作为生命主体的价值表达与评判，其价值导向着眼于学生未来，这也许更是需要借鉴的。

历史教学中教学立意的概念、确定方法和评价标准浅论

侯桂红[*]

当前，中学历史教学界对教学立意的探讨方兴未艾。教学立意被视为一节好课的第一标志，"现在评价一节高中课，首先看的就是教学立意"。[①]这对教学立意的研究，有着十分重要的意义，因为教学立意对整体教学具有宏观导向作用，尤其对教学内容有具体的、实质性的定位和引领作用。教学立意也是教师学识水平高低的重要标志。

教学立意，在宏观上是历史教学的取向或意旨，承载了历史的内涵和价值，体现了历史教育的理念和视野，能帮助学生从更高的角度体悟历史；在微观上则统摄着教学内容的选择和组织，以及为之服务的教学策略和教学评价。而具体教学过程的各个环节均紧紧围绕着教学立意展开，能帮助学生获得结构化的知识与能力。简而言之，教学立意能增强历史教学的思想性、逻辑性、结构性、探究性。如果缺少教学立意，历史教学很容易出现史实随意堆砌、结构与过程松散浮游等现象。这样不但丝毫不能引起学生的听课兴趣，更难以实现高层次历史教育的功能与价值。基于此，有历史教研员呼吁：教学立意的"书面表述，理应成为教案、教学设计的首要栏目"。[②]

---

[*] 侯桂红，北京师范大学历史学院讲师。

[①] 任世江：《2011年高考新课程卷第41题的立意及对教学的启示》，《历史教学》（上半月）2011年第9期。

[②] 於以传：《中学历史课堂教学把握内容主旨的基本途径与方法》，《历史教学问题》2012年第4期。

尽管教学立意的重要性已取得共识，对教学立意的深入探讨也逐步展开，但目前有关教学立意的研究尚未成熟，如概念混淆不清、方法的适切性不强、评价标准缺位等。为此，有进一步探讨的必要。

一　教学立意的概念

对教学立意的概念，教育学界并没有专门的、统一的界定。历史教学界对此也是众说纷纭，兹列举如下。

（1）"立意，本指一篇文章所确立的文意。"①

（2）"'立'就是确立；'意'则指教学内容的思想立题；'立意'，就是提炼和确立教学内容的立题。"②

（3）教学立意是"教学内容蕴含的教学价值和教学主题"。③

（4）"教学立意，系指预设的通过这堂课的学习，学生获得的核心概念。"④

（5）"所谓教学立意，是教师在借鉴史学成果、深入把握相关史实的纵横、前后联系基础上，结合课程目标所确立的本节课的中心或灵魂，是学生通过本节课学习所获得的核心内容。"⑤

（6）教学立意，"主要指教学的主观意旨，包括教学原则、方法、目标设定、程式选择等。"⑥

（7）教学立意是"教师结合学生的学习需求，在对三维目标有统一性理解的基础上，在课时教学设计中，选择某一维度作为中心，结合其他维度的相关因素构成具体的核心概念"。⑦

---

① 周明：《历史课堂"教学立意"不可或缺——以"发达的古代农业"一课为例》，《历史教学》（上半月）2012 年第 15 期。

② 方颖：《例谈以"价值取向"的历史课堂教学》，《学周刊》2014 年第 11 期。

③ 支玉良：《如何提升教学立意》，《历史教学》（上半月）2011 年第 3 期。

④ 聂幼犁、於以传：《中学历史课堂教学育人价值的理解与评价——立意、目标、逻辑、方法和策略》，《历史教学》（上半月）2011 年第 13 期。

⑤ 王德民、赵玉洁：《说课的凝意与升华》，《历史教学》（上半月）2013 年第 3 期。

⑥ 费元度：《用"教学立意"构建个性化历史课堂——我说"以意统教"教学设计与实施》，《中学历史教学参考》2009 年第 7 期。

⑦ 陈连月：《高中历史教学立意的实践研究》，硕士学位论文，广西师范大学，2014。

（8）"教学立意如同课堂之帅也，它体现教师教学设计时的思路及教学要达成的目标。"①

由上可见，对教学立意的界定分为"立题""主题""文意""主观意旨""核心内容""核心概念"等。从界定的指向来看，前五种对教学立意的定义是指向教学内容的，最后两种定义是指向教学目标的，另有一个定义指向不明；从落脚点看，有的认为教学立意是某种核心思想，有的认为教学立意是内容，有的则认为是概念。

同时，笔者发现目前还有一些概念与教学立意基本相同，如"主旨""主题教学"。提出"主旨"的专家说："主旨""主要是指向教科书中的'课'而非单元或主题"的"中心思想"，即明确主旨的范围是针对一课。提出"主题教学"的学者说："'主题化'课堂教学，就是把历史学习内容设计成单个或多元化的'主题'，重新规划和整合教学内容、教学资源，以'主题'立意作为课堂教学的主线。"② 这一定义，说明一节课可有不止一个"主题"。

到底什么是教学立意呢？笔者认为，教学立意是教师基于学术研究成果对教学内容提出的核心观点或主张。对此界定，有以下几点需要说明。

第一，教学立意是一种观点、主张或视角，而不是指一种概念或"核心概念"。虽然目前对教学立意的概念，引用率较高的是：教学立意是"核心概念"。但笔者认为，将教学立意界定为概念或核心概念还是有商榷余地的。概念是"反映对象的特有属性的思维方式。人们通过实践，从对象的许多属性中，抽出其特有属性概括而成"，③ 即概念是对事物本质属性的抽象概括。因此，概念具有客观性特征，即使不是十分客观，也是不含价值判断倾向的。而立意呢？《辞海》对"立意"的解释有三：①"用意，持念"；②"打定主意，决心"；③"命意，主张。如立意深远"。④可见，立意是主意、决心、主张之类主观性的，不是反映本质属性的概

① 秦娟：《把握"六度"科学立意——高中历史课教学立意摭谈》，《中国校外教育》2014年第8期。
② 王继平：《论历史课"主题化"课堂教学——以高中历史课堂教学为例》，《历史教学问题》2012年第3期。
③ 夏征农、陈至立主编《辞海》（第六版缩印本），上海辞书出版社，2010，第551页。
④ 夏征农、陈至立主编《辞海》（第六版缩印本），上海辞书出版社，2010，第1128页。

念。所以，教学立意不能解释为是种概念。

第二，教学立意是指向教学内容的，而不是指向教学目标。上述界定中有老师提出立意是基于教学目标，亦有人认为立意是基于教学内容的。目前的教学案例中，也有自称立意于某一维教学目标的。如有文章中提到《美苏争锋》一课有三位教师按三维目标分别立意如下：①偏重知识目标的立意：立意在"对抗"，注重教材中具体知识的形象化，利用《变形金刚3》中代表美国的"擎天柱"和代表苏联的"威震天"来展示美苏两极格局的形成过程；②偏重学科思维能力的立意：用博弈论分析美苏从合作走向对抗；③偏重情感态度价值观目标的立意：立意在"思维改变世界"，用"冷战思维"构建本课内容。[①] 笔者认为，教学立意不应指向教学目标，其不合理之处就在于：首先，教学目标是教学的"分内之责"，是教学本身必须承担完成的；其次，三维目标是不可分割、内在联系的逻辑整体，一节课的教学不能说只是立意于某一维的目标，而不立意于其他维的目标；再次，立意的本意是主意、决心、主张，是主观的，涉及教师对教学内容的创造性、独特性的理解，而教学目标应该是相对一致的，有着共同性的特点。正如某专家所说：教学立意更应针对的是课程内容，其表述更应侧重史学意义。[②] 因此，教学立意是教师为更好地完成教学目标的过程中从教学内容中挖掘出来的新意境、新视角、新见解、新观点。当然，这里说的"新"，并非指史学研究上的新发现，而是指不同于传统教学或其他老师的新观点、新见解。所以，以某一教学目标作为教学立意，实则并非教学立意。同理，以某一种教学方法或模式、教学理论（如以奥苏贝尔的"先行组织者"）、历史观作为教学立意的，都是对教学立意的误解。

第三，教学立意不等同于教学线索。有些教师认为，只要有一条线索把全课的内容串起来，就是有教学立意。如有教师讲《改革开放》一课，用"为什么改革开放？""怎样改革开放？""改革开放取得了怎样的成就？"三个问题作为一条线索统整全课。再如，有的教师在设计必修二《战后资本主义的新变化》一课时，把教科书中的三个子目（国家垄断资

---

① 陈家华：《教学设计须凸显教学立意》，《历史教学》（上半月）2014年第13期。

② 於以传：《中学历史课堂教学把握内容主旨的基本途径与方法》，《历史教学问题》2012年第4期。

本主义的发展、建立"福利国家"、第三产业的兴起和"新经济"的出现）重新命名为"有钱花——国家垄断资本主义推动经济繁荣奠定了经济基础""敢花钱——福利国家的发展提供了制度保障""有处花——第三产业和新经济提供了多元化的服务和产品"。对此，有评论说：这课的"教学立意是用'钱'把三个内容串起来"。笔者认为，这两个案例所涉及的教学设计思路，只是将教学内容进行了梳理，形成线索，而不是教学立意。教学立意是教师对所讲内容本身蕴含的史学内涵与意义的认识，类似史学学术研究中对某些内容研究后提出的观点和结论，而线索是一种呈现内容的内在关系的逻辑顺序或结构，可以是没有观点倾向的，也可以有观点倾向。例如，上述《改革开放》一课的三个问题，只不过是组成了原因、过程、结果的三个部分，并未涉及教学的指向，是属没有观点的。如果说改革开放是中国从实际国情出发，走有中国特色的社会主义道路，这就是有观点的，可以作为本课的教学立意。而《战后资本主义的新变化》一课的教学，如果说是战后资本主义国家自我调整与完善的机制，就可以视为教学立意。因此，一节课有教学立意必定要有一个线索，但有线索不等于有教学立意。如果把教学立意视为解读一节课内容的一个论点或观点的话，线索就是为展示这个论点、观点而提出的分论点和支撑点的串联。基于此，笔者不完全赞成教学立意与过去的"一堂课一个中心"或"一条主线"、"一条脉络"是相同的这种说法。

第四，教学立意是可大可小、可高可低、可深可浅的。由于教学立意是基于对史学研究成果的理解和认识而提出的具有教学意义的视角和观点，所以，教学立意根据课标、教材的编者和教师的学识水平不同而有大小、高低、深浅之分。这种区分，一方面可简单地从教学立意统摄的范围看，可以是一单元、一节课，也可以是一个子目的立意，它们之间的关系是内在的深化、细化或分解。因此就如前述某学者所说，一单元、一节课可能不止一个立意。如有教师将《现代中国的对外关系》一个单元的教学立意确定为"独立自主的'与世界共舞'"。[①] 再如，有教师对《发达的

----

① 周明：《挖掘教学立意应注意的几个问题——以人教版〈现代中国的对外关系〉单元教学为例》，《历史教学》2013 年第 5 期。

古代农业》一课的整体立意为"独立发展、自成体系、精耕细作、自给自足"，再拆解到每一个子目的立意：第一目"早期的农业生产的出现"立意为"独立发展、自成体系"，第二目"精耕细作的传统农业"立意为"精耕细作"，第三目"男耕女织的小农经济"立意为"自给自足"。[①] 另一方面，教学立意的大小高低可从对教学内容的史学内涵挖掘的深浅来看。例如，同是对《近现代物质文化生活的变迁》一课设定教学立意，有老师立意于"黄土地沉沦下的蓝色文明，老城厢涅槃中的西洋风气"，也有老师立意于由农业文明向工业文明、由传统文明向现代文明的转变。后一种立意可以说是意料之中的理性总结与提升，而前一种立意不但彰显了历史的辩证与沉重，而且引发了深远的反思与回响。由此，充分显示了作者史学认识的大视野和浓郁的文学底蕴。两个教学立意的高低深浅，还是有差别的。

第五，教学立意不是背离史学研究主流观点的随意求新。新课改给了教师很多的发挥空间，一时间对教学内容的解读、建构新意迭出，也造就出一些小有名气的专家型教师、学者型教师。这促使有些老师为了博"出位"千方百计出"新"，以致应景式贴标签或"投怀送抱"，甚至完全背离史学学术研究的主流观点和核心价值观。这种做法完全与唯物史观是背道而驰的，没有历史的本真，历史的价值也就荡然无存了。例如，有一位教师将《西学东渐》一课立意为把林则徐、魏源、曾国藩、李鸿章、左宗棠、张之洞、康有为、梁启超等向西方学习、寻求变革的思想历程是追求民族复兴中国梦的过程。这一教学立意虽寓意美好，但多少有些应景的嫌疑。对教学立意，教师须明白一点：教学立意虽来源于自由的大学史学研究成果，但中学历史教学的立意绝不能沿袭非主流观点和价值体系的"自由"。

二　确定教学立意的方法

如前所述，教学立意是基于对史学研究成果的理解和认识，是对教学

---

① 周明：《历史课堂"教学立意"不可或缺——以"发达的古代农业"一课为例》，《历史教学》（上半月）2012 年第 15 期。

价值的追寻。那么，确定教学立意的思路应是运用史学研究的成果，发掘教学内容的教育意义。而从具体的操作层面上讲，教学立意的确定可从课标要求、教材研究和教师等多方面进行入手。其主要的方法如下。

1. 将教科书中的现成标题或观点直接定为立意

这是最简单、最省力的教学立意确定方法。教科书的表述，有的单元或一课、一目的标题本身就是统摄、阐释教学内容的核心观点或主张，直接就可以作为立意使用，属于"现成型"。如前述《发达的古代农业》一课课文中的第二目"精耕细作的传统农业"，就可以直接立意为"精耕细作"，即可揭示中国古代农业的特征和内涵。再如，《全民族抗战的兴起》就立意在"全民族"[①] 也属此类。还有一种方法基本也属于现成型的，就是课程标准中单元概述和教科书中单元导言的核心观点。目前教科书中的子目标题、课标题、单元标题等各种标题的表述基本分为两种：史事描述型和价值判断型，前者是中性标题，不含编者的主观倾向；后者为定性标题，含主观的倾向和判断。如《改革开放》就是说一件史事而已，《发达的古代农业》《大一统中央集权国家的形成》则含有主观的定性。当然，史事描述型不能直接拿来当教学立意，需要再去挖掘，而价值判断型就是可以直接拿来用的。一般含有这类现成标题或观点的课标单元概述、教科书的单元导言，实际饱含着编者的精心打磨和深思熟虑，是对教学内容的提炼。

2. 对课标的内容标准的相关表述进行挖掘

这种方法稍微有些难度。具体可分两种情况，一种是课标的内容标准中有些表述实际已经显示了对相关内容的史学观点和主观意向。如《美国联邦政府的建立》一课即可采用此种方法。课标的内容要求是："说出美国 1787 年宪法的主要内容和联邦制的权力结构，比较美国总统制与英国君主立宪制的异同。" 由此，有老师认为"从世界范围来讲，与当时很多国家的政治制度相比较，美国的总统共和制显现出有些超前的民主型，形成了自己政治制度的特色"。据此，"确定本课的主题立意为：美国 1787 年宪法确立了美国三权分立的总统共和制政体，是世界政治制度史上的重要

---

① 支玉良：《如何提升教学立意》，《历史教学》（上半月）2011 年第 3 期。

创新，它是美国国情和民情及其独特的立国经验的产物"。① 另一种是课标的内容标准的表述里隐含着教学立意的提示。如必修三《人文精神的起源及其发展》这一单元（下设三课：西方人文主义思想的起源、文艺复兴和宗教改革、启蒙运动）主要叙述了人文主义的起源和发展。课标的规定是："（1）了解古代希腊智者学派和苏格拉底等人对人的价值的阐述，理解人文精神的内涵。（2）知道薄伽丘等人的主要作品和马丁·路德等人的主要思想，认识文艺复兴和宗教改革时期人文主义的含义。（3）简述孟德斯鸠、伏尔泰、卢梭、康德等启蒙思想家的观点，概括启蒙运动对人文主义思想的发展。"这三条中有两条都提示教师可以从"人文精神的内涵"或"人文主义的含义"挖掘教学立意。因此，有教师就抓住"人文主义"的内涵发展的阶段特征——人性、人本、人权来确定教学立意：文艺复兴时期要求打破以神为中心，突出人的价值，这时的"人文"内涵是"人性"，认识到作为群体的人的存在；宗教改革时期提倡反对教皇、教廷的说教与统治，信徒自己去阅读《圣经》，"人文"发展为"人本"，突出作为个体的人的价值；启蒙运动时期要求打破一切外在权威，突出人独立思考的理性，强调天赋人权、自由平等、三权分立，此时"人文"发展为"人权"。这种稍挖一下的方法，需要教师有意识地仔细阅读与分析课标和教科书。

3. 教师个人的独立探寻与挖掘

这是最费力的一种方法。首先，教师要深度、大范围研读史学研究成果，从中厘清本课教学内容所在专业领域的历史发展的总体特征和阶段特征；然后，分析本课教学内容在此长时段中外历史长河中的特点、地位与作用，结合深度研究，进行反复推敲与思考；最后概括、凝练出统摄全课教学内涵和价值的核心观点与主张。如前述《发达的古代农业》第一目，某教师立意为"独立发展、自成体系"，就是研读史学研究的结果，因为我国古代农业在中外农业史上的特点就是"在发展过程中依靠自身力量自主发展，没有借助或很少借助区域以外的其他力量，并在此基础上所形成

---

① 杨枫：《教学设计必须以教学的主题立意为核心——以人教版必修一"美国联邦政府的建立"一课为例》，《历史教学》（上半月）2014年第5期。

了一个相互联系、相互制约的有机整体"。① 再如，有一位初中教师根据新航路开辟在世界历史发展中的地位，即"史学界一般将新航路开辟作为世界近代史的重要前奏之一"，借此将《新航路开辟》一课的教学立意确定为：新航路"是人类文明从'区域史'走向'世界史'的起点，是资本主义从西欧走向全球殖民扩张的开端"。② 又如，有教师将必修三《希腊先哲的精神觉醒》一课立意为："为了人类的幸福感"。作者认为，教材内容的排列是从最初的自然哲学到社会哲学、人的哲学，其中推动希腊哲学前进的动力是"幸福"，所以"希腊先哲的精神觉醒"就是对人类幸福感的追求。由此立意为"为了人类的幸福感"。③ 实际上，挖掘教学立意，类似于史学研究上所说的要有问题意识。但如果在没有课标、教材等任何现成或提示的情况下，完全靠教师自己找教学立意是有难度的，而且要求有些过高，因此笔者建议课标和教材的编写对教学立意应有所考虑。也基于此，笔者认为一节课必须有线索，不一定非得有高深的教学立意，但优质课则应体现高水平的教学立意。

三　教学立意的评价标准

依据教学立意的特征和功效，对其的评价标准大致有三个。

1. 是否具有统摄性和引领性

这是教学立意的最基本评价标准。教学立意是教学内容含义和价值的反映，必须对教学内容及其为之服务的整个教学过程具有统领和包摄的作用，使学生有高瞻远瞩之感。教学立意的统摄性主要表现为两个层次。一是本课层面。在该教学立意引领下，本课所有的教学内容不但能被一条清晰的线索串起来，即覆盖和辐射所有的知识点并能做出合理的解释；而且形成具有严谨的逻辑性和清晰的条理性的知识结构。如前述某教师把《希

---

① 周明：《历史课堂"教学立意"不可或缺——以"发达的古代农业"一课为例》，《历史教学》（上半月）2012 年第 15 期。

② 林镇国：《初中八年级〈新航路开辟〉教学设计及说明》，《历史教学》（上半月）2011 年第 13 期。

③ 王继平：《论历史课"主题化"课堂教学——以高中历史课堂教学为例》，《历史教学问题》2012 年第 3 期。

腊先哲的精神觉醒》立意为"为了人类的幸福感",以此"解释了课文的全部:自然哲学解释自然、认识环境,可以获得安全感;智者学派重视人的认识和判断,可以获得价值感;苏格拉底、柏拉图和亚里士多德重视知识、德性、正义、真理,是让人的生活具有道德感。'安全感—价值感—道德感',就是幸福感"。二是超出本课的层面。一个教学立意能将本课以外的前后左右的、纵横的历史内容合理地联系、贯通起来,体现出"大历史"的视野和胸怀。例如王长芬老师《欧风美雨下清末民初的社会生活》一课,将教学立意确定为"黄土地沉沦下的蓝色文明,老城厢涅槃中的西洋风气",这一教学立意不但辩证地概括了清末民初的社会生活现状与变化,也贯通了此历史现象前后左右的内容,向前承接近代以来列强用炮舰打开中国大门的一系列战争及条约,致使近代中国加速沉沦;同时,越来越多的中国人在资本主义殖民侵略冲击下认识到世界潮流,被迫开始探索近代化的一系列痛苦历程;向后延续:正是"沉沦"格局下的"涅槃",揭示了新旧杂糅中的裂变与新生,与紧接其后的新文化运动、五四运动意旨相通。① 显然,这一教学立意已经大大超出了本课内容的原有时空范围。

2. 是否具有思想性

思想性是历史课程的本质特点,而历史课的思想性所体现的思想和思维要有广度和深度,这也是历史教学立意的内在要求。历史教学内容的内涵和主旨绝不在于仅让学生掌握知识的数量表面,而是需要精心的思考与研究,帮助学生在思想和认识上出现质的飞跃。为此,教师要把在历史深藏的意识、精神挖掘出来,方显历史科学的价值和力量,才能影响和震撼学生的心灵,促进学生心与智的共同发展。因此,教学立意不能追求别具一格,博取眼球,必须对学生认识历史、认识社会、认识人生具有导向作用,即立意的思想内涵不可或缺。教学立意的思想性,简单的判断标准有两个:一是能引发学生对所学知识的思考或探究欲望,这可以简单地代表思想性的广度;二是有助于学生养成正确的"三观"和健全的人格,这可以简单地代表思想性的深度。但思想性的广度和深度最终都要从教学立意

---

① 王长芬:《初中七年级〈欧风美雨下清末民初的社会生活〉教学设计与说明》,《历史教学》(上半月)2011 年第 7 期。

的深刻程度（即对学生的知识和思想的影响力）来衡量，其外在观察就是使学生在信息量增长的同时，还有醍醐灌顶之感。这样的教学立意必须是深入挖掘、反复思索、精辟概括与"提纯"的结果，必须能深刻地揭示历史的真相，能透过现象看本质，不断冲击与挑战学生的认识阈限。还以王长芬老师《欧风美雨下清末民初的社会生活》的教学立意为例。在表达"黄土地沉沦中的蓝色文明，老城厢涅槃中的西洋风气"这一立意时，她用了一系列有鲜明对比的形象和示意图，以及回顾已学知识对其成因进行追问，帮助学生构建"变与不变并存，新与旧杂糅"的复杂图景提供大信息量的同时，使学生感受具体问题具体分析，用辩证思维认识矛盾纷繁的史实，使学生既可认识到屈辱辛酸的沉沦背景，又可感受到黑暗中的"涅槃"与新生，体验到"黑暗中有光明、憎恨中有理解"的真实可靠的情感态度与价值观。[1] 可见，此课的教学立意在大历史视野的引领下，既有思维的广度，又有思想的深度，使学生的认知和思想阈限一再地被扩大和超越。再如，林镇国老师将《新航路开辟》一课立意在"人类文明从'区域史'走向'世界史'的起始，是资本主义从西欧向全球殖民扩张的开端"，认为推动新航路开辟的真正动力，恰恰是资本主义发展所带来的对利益与利润的疯狂追逐。这一立意"让学生知道'英雄无畏的航海家'与'追逐利润的亡命徒'是一伙人"，深刻地揭示了文明发展中"恶的杠杆"这一历史发展的原动力，既纠正了过去"人们一味强调殖民主义的残酷掠夺"的模式化认识，又补全了现在"不少教师又偏好航海探险的大无畏气概"的疏漏。[2] 由此，这一教学立意不仅增加了学生对新航路内容的知识维度，更增加了学生思想认识的维度。

3. 是否适合学生水平和教师水平

教学立意的大小、高低、深浅，或者说是否高（端）大（气）上（档次），虽说是取决于思想性的深度和广度，但是否能达成，归根结底还要仰赖教师的学识和学生的心智水平而定。一方面，不能一味追求超越学

---

① 聂幼犁、於以传：《中学历史课堂教学育人价值的理解与评价——立意、目标、逻辑、方法和策略》，《历史教学》（上半月）2011 年第 13 期。

② 林镇国：《初中八年级〈新航路开辟〉教学设计说明》，《历史教学（中学版）》2011 年第 7 期。

生理解能力之上的高深立意，反之，高深的教学立意很可能异化为"对牛弹琴"。所以，某专家呼吁："我们倡导基于一般学生的认知水平来确定内容主旨。"① 另一方面，教学立意从很大程度上是教师主观认识的结果，不论是现成的还是自己挖掘的，大多数教学立意是依据个人学识、对相关史学研究成果的阅读量与理解程度、学生的认知水平，从不同的认识视角确定的。反之，教师即使绞尽脑汁也不可能想出一个完全超越自己学识水平的教学立意。因此，教学立意的主观性很强，由此也才会出现教学立意的概念见仁见智、同一课有多种立意的现象，并存在有立意水平的高低之分。例如《冷战》一课，有教师从冷战思维来立意，也有老师从无形的"墙"来立意。立意为"墙"的老师认为，美苏两大国意识形态是无形的"墙"，从而"导致了两大集团阻隔、对立，乃至于对抗，却又因两次世界大战的教训而相对理性地不诉诸全面的武力和公开的战争较量，以柏林墙这座有形的'墙'揭示冷战的时代特征，最终以有形的'墙'倒了，但无形的'墙'仍在，点出当下全球政治经济文化发展交往背后的'结'"。② 这一立意，虽没有多么的高大上，但能引发学生对当代国际关系、政治格局问题的理性思考，有一定的思想性的同时，对大多数学生也是容易理解和接受的。而立意于冷战思维的也有其独到和新颖之处，但对学生的认识水平有一定的要求。总而言之，教学立意的水平要视教师和学生的水平而定，不能仅用一个判断标准简单地苛求所有的教师。

对中学历史教学的教学立意的探索，是当前新课改不断深化的体现。随着这方面研究与实践的深入和拓展，历史教学的改革与发展必将出现更新的局面。

---

① 於以传：《中学历史课堂教学把握内容主旨的基本途径与方法》，《历史教学问题》2012年第4期。

② 於以传：《中学历史课堂教学把握内容主旨的基本途径与方法》，《历史教学问题》2012年第4期。

中学历史主体性目标下的知识教学

——20 世纪 90 年代的自我建构

束鹏芳[*]

一 教学内容的能力结构化：能力框架下的知识打开

20 世纪 90 年代，历史教学的"能力培养"说异军突起，其知识取向开始了边缘化历程。

知识、能力和思想是一个彼此照应的统一体，知识的教学可以实现能力的培养。知识是能力的载体，能力依附于知识并表现在知识的学习、掌握和运用中；能力的层级恰恰是知识学习由事实的表象感知到事实的意义理解的推进过程，这一知识学习的推进过程自然地包含着事实、方法和理论的运用，历史学科能力正是事实、方法和理论运用的统一体。能力水平是有层次的，水平越高，其对事实、方法和理论的依赖程度越高。

我们可以建构一个能力框架，使知识的习得、掌握和分析进入这一能力框架之中。即用能力的话语工具裁剪需要学习的历史知识。其能力话语的工具层级是：史事的再现与归纳；史实的概括和比较；材料的处理与分析；历史的阐释与评价。这一能力框架，特别是后两个层级的能力，包含了较多的思维方法与思想教育因素。如此，基础知识、基本能力和思想教

---

* 束鹏芳，江苏省大港中学正高级教师。

育三要素都能统整到能力框架中，它将教学内容规定的历史知识作出能级意义上的分层重组，从而在能力的框架下打开知识，在知识学习的分层推进中培养能力。这一教学内容的改革可以称为教学内容的能力结构化。[1] 在历史教学内容的能力结构化中，存在历史的理解与解释，彰显着思维品质与思想力量，是人的主体性品质所在。教学内容在能力结构化的框架里渐次展开，正是主体性的养育过程。

二 教学内容、行为与程序的主体性整合：主体性品质下的知识展开

20 世纪 90 年代中期流行着教师主导、学生主体说。教师主导下的课堂无法避免控制性和学生的被动性，此时的学生主体至多只是一个"地位"存在的形式符号。"主导"与"主体"的师生关系难免二律背反，教学过程与师生关系混为一谈，"主体"含混不清。

人是主体的存在，是"他"与"物"区分开来的标志，"他"是理性的和有自我意识的能动者。这就意味着教师和学生都是主体的存在。"他"除了是人在课堂世界中的地位存在，还是人在课堂世界中的能动性的张扬。因为能动性的张扬，形式上的"地位"才被赋予内涵化的主体性——自主、生成、超越和创造等精神品质。由此，人的主体性不再囿于认知的逻辑和工具理性，它还镶嵌在意志、情感和价值追问的生活世界和意义世界中，蕴含在人文精神中，这才是完整意义上的主体性——人的外在地位和内在品格的互联、互动。认知的主体性是借助语言的对话和交流而生成的，对话与交流又一定是在人与历史文本、人与人（师生与生生）之间的双重关系中进行的，主体性因此而获得了"关系"和"过程"的附加值。课堂教学中人这一主体就有了中心性、关系性和过程性，铺就对话和交流的"过程"，就是"关系"的运用，就是"中心"自然而然的呈现。[2]

---

[1]　束鹏芳：《试述中学历史教学内容的改革》，《中学历史教学》1996 年第 4 期。

[2]　束鹏芳：《主体性教育：演绎与实证》，《江苏教育研究》1999 年第 3 期。

　　显然，历史教学要以课程内容为载体，借助教学活动中的"关系"与"过程"，在对话和交流中获得人的主体性（"中心"和精神品质的交融）。此时的主体性，是教师主体性的彰显、学生主体性的获取和师生双主体在课堂教学里的交互啮合。

　　历史教学要在形式上表征学生主体的"中心性"和"关系性"，提供一个利于展示和实现其主体性的时空条件，也要致力于学生主体性品质的开掘和张扬，基于历史事实的阐释以充填、拓展其主体性的精神内涵，从而实现"主体"的形式与内涵、能指与所指的统整。

　　教学内容是养育主体性品质的载体，教学行为是体现主体性的关系与过程。内容在行为中展开，主体性就在关系与过程中裸露。主体性的关系与过程还依赖时空组织的保障。

　　教学内容的呈现——相应的教学行为的展开，如下所示。①知识结构。即知识点之间系统的内在联系，它强调高概括和整体感知——教师分解梳理，学生建立认知框架。②知识条列。即史事、线索与特征等知识要素的条列化陈述，它重视再认与再现——教师设置一系列归纳、概括与比较性的问题，学生据此自主学习，合理而周到地整理知识，笔答与板演相结合，显示主体地位的同时彰显其自主与自为的主体品质。③知识理解。即概念与结论性知识的提炼和聚合，它注重推导论证，追求充分理解——教师以概念理解和因果推演为目标，设置问题，组织适度讨论；学生口语性阐述，外化自己在逻辑、意义和自我体认上的能动程度；教师在倾听中启发、规范与延伸，师生主体的工具理性和人文意义初显。④知识解释。即核心知识的拓展性阐释，发掘其中的精神与智慧（是意义世界与方法世界），它强调分析与阐述，是主体性养育的精神大餐——教师多角度、深分析地讲解，配以适度的递进性提问，并作为引导学生集中注意力与思维跃进的手段；学生在进行了前一环节的知识学习后，享受教师为其洞开的精神之旅。学生的主体性寓于受动中，在受动中因为历史的人文价值的阐发，得以积累和扩展生命主体（不再是单纯的认知主体）的主体性品质。⑤知识运用。即材料情境下的问题解决，问题呈现出知识的了解、解释到生成的梯度，它侧重运用和迁移——学生再度自主处理问题，并讨论与知识的阐述和价值追问有关的问题。表征其主体性品质的养育状态。

空间设置采用半圆形围坐的晚会式。学生大体围成两至三层的圆弧形，教室前面和中间留出较大空间，形成"舞台"，并尽量使讲台靠边，为师生双主体的"关系"活动营造场域。时间配置则遵循注意力的唤醒、集中、兴奋与转移的认知节律，使认知节奏呈现一种正弦状态。学生置身圆弧围成的"舞台"理解历史时，面朝同伴，直至手舞足蹈；教师立足半圆形"舞台"解释历史时，舒展地运用身体语言。这一知识的理解与解释环节，正是认知注意力兴奋的节律峰值。在这时空布阵里，主体性所属的"关系"与"过程"寓于其中，它烘托着学生的主体地位，并养育或彰显学生的某些主体性品质——自主并倾听，表情并达意。

在此，教学内容体现了能力结构化特征，蕴含了开掘学生主体性品质的丰富"所指"。对应的行为操作，使学生成为历史知识的"发现者"和理解者，让教师成为历史知识的价值阐释者，确保主体的"中心"与"关系"。学习空间上的辐射性开放与时间节律上的渐次递进，为形式上的主体状态的获得与内涵上的主体性品质的拓展，创造优化的组织结构，彰显主体的"能指"。这一系列要素结构成一种教学模式，不仅是作为"在思""在动"的人的师生双主体的整合，也是主体的外部状态与内在品质的整合。这是建立在教学的历史知识（而非著述的历史知识）分层认知之上的主体性整合，是主体性整合过程中的知识展开。①

三 知识展开与主体精神同构：依知识性质 处理知识并建构主体性品质

内容、行为与程序等课堂教学要素在主体性目标下的整合，还局限于操作之"术"。

撰述的历史是"历史学家跟他的事实之间相互作用的连续不断的过

---

① 束鹏芳：《高中历史课堂教学模式新探》，《江苏教育研究》1997 年第 1 期。

程，是现在跟过去之间的永无止境的问答与交谈"，"一切历史都是历史学家在自己的心灵中重演过去的思想史"。因此，历史是主体认知客观史事的精神再现。从直接经验看，历史是人类认知领域的组成部分，因而历史学习能建构主体的某种思维方式；历史是人类社会意识与思想品德的沉积过程，因而历史学习能构建主体的价值观念与美感体验；历史是人们不断地认识和改造客体并进而改造主体的轨迹，浓缩人类生命的精华，因而历史学习能有效地激发主体的生命意识……所有这一切都表明，撰述的历史能够支持主体性话语，建构人的主体性品质。①

教学中的知识是个体通过与其环境相互作用后获得的信息及其组织，是个体在与环境的相互作用中主动建构的结果，它既具先在的客观性，又具理解中的生成性。这种知识的习得与掌握，既包含知识的储存、提取、理解、应用（解决问题）的思维过程，也兼有认知策略、价值选择、体验、想象等人文因素。显然，新知识观不仅兼容知识的客观性和确定性，更因它的人文、生成而具备知识与认知主体之间的精神同构性，具有主体建构性。

既然"历史"与"知识"都是由于主体与客观世界之间的相互作用而不断建构的结果，是主体与客体之间的沟通和对话，那么教学中的历史知识也就是主体对过去了的客观世界与人类生活的重构。这样的历史知识，既包括主体的人选择和提取的相对稳定的先在的客观史实，也包括主体的人对这些史实所做的当下的体验、理解和解释，以及理解与解释史实的方法。从这个意义上讲，历史知识的终极是建立在事实性认知基础上的价值性判断。事实性认知涉及的是"实然"，而价值性判断涉及的是"应然"，它能指向人类的"可能生活"。很明显，撰述的历史知识是主体精神成长的读本和依托，进入教学环节的历史知识就是主体精神生长的过程与结果。故教学中的历史知识与人的主体精神具有同构共生的特点。②

教学内容以知识的面目呈现，并借助操作之术走向主体性品质的建

---

① 束鹏芳：《略论历史教学的目标在于构建人的主体性》，《中学历史教学研究》2000 年第 4 期。

② 束鹏芳：《历史知识与主体精神的同构》，《江苏教育研究》2002 年第 1 期。

构，有历史学和知识学的"道"支撑，从而促成知识展开与主体精神的同构。前述"结构—条列—理解—解释（阐释）—运用"的五个层级，是一种同构方式，它主要依据思维能力来处理历史知识。

　　教学中的历史知识还可依据知识性质分类处理：相对客观的史事性的陈述性知识；概念与结论等史事解释性的阐述性知识；以推动上述两类知识的迁移和运用为宗旨的、以历史材料为面相的情境性知识。在此，史事和理解与解释史事的概念与结论，是历史知识本身的属性，而陈述性知识、阐述性知识和情境性知识，是历史知识转身进入教学领域后、分类而成的教学知识的属性。教师依据历史知识和教学知识的属性，创建教学文本，规定师生双主体的教与学的行为应该如下所述。①针对陈述性知识，教师对主干知识进行选择和有组织的编码，将相对分散的史事串联成线，促使学生解码，以"陈述"的方式加以表达，建构其归纳概括的思维品质和历史"语境"，奠基理解和解释的史事知识——类似于前述"结构"与"条列"层级。②针对阐述性知识，以教师为主，兼顾学生参与，展开分层的多角度分析、体验和反思，运用科学的理论与方法解释史事，表达历史认识，生成广义的知识。在阐述中传达理性认识和人文关怀，揭示思维路径（历史解释的方法），指向当下和未来的"可能生活"，以此构建学生阐释历史的思维品质与人文精神（统称主体性品质）——类似于前述的"理解"与"解释"层级。③针对情境性知识，学生自主完成陈述性任务，在必要时合作完成阐述性任务。由于基于史料的情境性知识为师生、生生之间对历史知识的运用与对话，提供了铺展的线索与递进的问题链，历史知识与主体精神的同构也就走向拓展、动态与开放，是更大的"公共空间"——类似于前述"运用"层级。不同性质的历史知识分担涵养主体性品质的不同职责，历史教学就成了彰显知识性质、涵养主体品质的知识教学。

　　"陈述"与"阐述"既指向了教学中的历史知识的分类，成了历史知识与主体精神同构的内容纲目，又明指了师生对待不同类型的历史知识的课堂行为，成了历史知识与主体精神同构的实践路径：再认再现性的陈述，解释评价性的阐述。同时，这一"陈述"与"阐述"行为又在教学结果上指向主体性的品质层级：理智技能上的思维与历史伦理上的观念。情境性知识则是陈述与阐述的综合与回炉，它不是简单的习题训练，它包括阅读、体验、讨论、解释等综合的活动行为。如果说陈述性知识是照着讲，阐述性知识是接着讲，则情境性知识则是在这两类知识的基点上荡开新的思考资源，"激发学生各种水平的理解"让学生接着讲，从而看见知识在学生那里的运用和生成，触摸学生的主体精神，因而情境性知识也可称为生成性知识——就学生学习结果而言。①

依据教学中的历史知识的属性，分类因而分层处理知识，展开知识。从陈述到阐述，再到生发，解读概念和原理性知识，掌握并运用知识，直至生发新的知识（仅对学生和教材而言）的教学过程。在这个过程中，学生自主、能动地学习，理解和接受历史的精神价值；教师彰显学生的主体地位，传递历史里的主体精神，并触摸和品鉴学生的主体性。这一过程，在一定程度和范围内，建构着基于史事的由认知、情感、价值观等系统组织起来的精神世界，促成历史知识与主体精神的共生，促成主体的形式与内涵的统一。这是知识性质规范下的师生双主体共同进行知识处理的结果。

四 主体性品质的度量规程与课堂图景：
知识展开活动中的主体性表征

教学内容的能力结构化和知识的分类呈现，都只是建构主体性的内容平台，依据知识性质来组织教学，也只是建构主体性的行为路径，师生在这路径上的表达，如果没有细腻的层次分明的规程加以度量，则其主体性表征难免大而化之。

师生对历史材料的诠释和对史事与人物的价值判断，是一种历史阐释，它内涵人的思维和思想。思维是过程，思维的结果是思想（历史认识），合乎情理的两者的结合，当是判定主体性的表现标准。

---

① 束鹏芳：《历史知识与主体精神的同构》，《江苏教育研究》2002 年第 1 期。

表1 判定师生处理和诠释历史材料的品质

	一级指标	二级指标
历史材料的处理和诠释品质	1. 阅读各种历史材料，作出必要的分辨	1.1 能明确某历史材料是第一手史料还是转手史料
		1.2 能准确识别材料中的历史叙述与历史观点
		1.3 能正确注释和校勘史料所涉的重要的关键知识
	2. 思考各种历史材料，作出提炼和透视	2.1 能对材料进行整理，最大限度地获取有效信息
		2.2 能在历史材料中全面认识当事者的论点或立场
		2.3 能根据事实和材料推断当事者的意图或目的
	3. 扩展性地思考各种历史材料，发现它与已知史实的联系，作出综合的说明或论证	3.1 能直接概括出史料反映的主要问题，发现其与已知史实的联系，并运用已知史实作出说明
		3.2 能多方位地把握史料体现的内容要点，发现其与已知史实的联系，并充分利用信息予以说明
		3.3 能深入地推论史料说明的现象或问题，联系已知，并运用这些信息作出综合的说明或论证

表2 判定师生评价历史现象和历史观点的品质

	一级指标	二级指标
历史问题的价值判断力	1. 对客观历史本身的评价	1.1 能在特定的当时的时空范围内作出评价
		1.2 能在特定的当时的及追溯以往的时空范围内评价
		1.3 能在当时、以往、以后的广域时空范围内评价
	2. 对史学论述的再评价	2.1 能对具体历史问题的定论再评价
		2.2 能对发展变化的历史现象和有关论点作出再评价
		2.3 能对历史进程中的规律性判断作出再评价
	3. 在复杂的史料情境中阐述自己的观点或假说	3.1 能直接从史料的解释中表达自己的历史认识
		3.2 能间接地从史料的鉴别与批判中表达自己的认识
		3.3 能基于史料情境，并依据一定的历史知识作出历史的推断（建议、设想等）

上述判定主体性的表现标准，以"说明""论证""评价""认识"等思维方式为核心，其前端是史实，其后座是思想观念——"思维"史实后的结晶。思维及其思维的结晶（思想观念）就是主体内在的精神向度，就

是历史知识与主体精神同构共生的指标规程。这一指标为主体性品质的度量提供了较微观状态下的可操作的评阅标准。①

这一鉴别规程表明，主体性目标下的知识教学，在从史实再认走向史实诠释与评价，走向思维与思想，走向能力、方法和价值判断。知识教学的展开流程，以及知识展开中主体性品质的鉴别规程，都必然地延展和氤氲着一种课堂生活的气象。

当教学中的历史知识由感知走向阐释的合理性（未必是实证的真理性）、彰显其思维品质、生活经验和价值观念时，历史教学在学习历史知识的过程中就鲜明地指向了课堂的三大生活领域——审美生活、理性生活和道德生活。

（一）历史的感知与体验：对审美生活的关注。历史教学中的审美生活是以历史的形象性和生动性为审美对象的情感体验。历史是鲜活的，是过去了的人类生活的再现。历史教学活动再现鲜活的生动的历史时（知识的阐述也会因思想和激情而变得鲜活生动），学生便能激发情感，产生审美体验。审美既有情感上的，也有理智上的。

（二）历史的理解与分析：对理性生活的关注。历史教学中的理性生活不是一个纯粹的知识灌输过程，而是认知活动基础上的发展历史思维、绽放历史认识的过程，是学生理智感的体验和满足。历史理性因此而取得了生命的意义，成了他个人生活世界的一部分。

（三）历史的感悟与判断：对道德生活的关注。历史教学中的道德生活，是以历史自身蕴含的丰富的精神因素为依托的意志活动。教学内容的道德生活是历史情境里的有感而发、由史而论，教学过程的道德生活是双主体交往和交流，更是将学生置于道德选择的价值判断中产生道德体验和感悟的熏陶。②

这一图景，从陈述性知识的打开、体验开始，以阐述性知识的历史理解和解释为高潮，又在情境性知识中运用前两类知识来回缩。这一师生双主体共有的课堂生活，是主体性目标下分类分层的教学知识汇聚映现的产

---

① 束鹏芳：《中学历史评价能力探微》，《中学历史教学研究》2001年第5期。表格参阅了聂幼犁的成果。
② 束鹏芳：《关注中学历史教学的课堂生活》，《历史教学问题》2001年第6期。

物，是知识展开中的主体性在课堂界面上的表征。

五　主体性引领知识的教育价值：历史理智能力从属知识的展开

　　从教学内容的能力结构化，到教学模式指向主体性整合，再到知识分类教学，"主体性目标引领知识教学"日渐清晰。它源自教育哲学的思考：人的主体性张扬；源于历史的本体论思考：在人的心中再现和重演"思想"着的历史。它面向基础教育的教学要义："教"与"学"的啮合传动奠基于知识的性质及其价值目标；它还面向历史教学作为语言表达的符号内蕴：陈述与阐述，写实"能指"与写意"所指"。归根结底，"主体性目标引领知识教学"是要切实于中国的基础教育，在动态知识而非静态知识的教学中，在由"知"到"识"的顺应中，寻求历史知识与主体精神的同构，接受历史的精神馈赠，张扬人的主体性。

　　人的主体性养育与彰显，是上位目标，主体性引领知识的教育价值；历史知识分层或分类的打开与展开，是下位操作，主体互动，照澈历史阐释的度量与课堂生活的图景。

　　推开20世纪90年代历史教育的那一扇窗，原来，能力夹杂在知识展开活动中，是知识教学过程的衍生品；原来，在历史教育中"取其疏通知远，足以垂教"远大于能力，等等。

历史教育需要世界视野

郭富斌*

历史教育与世界视野不是一个新话题，但我认为是一个还远未过时的话题。从逻辑上看，包括四个基本问题：即历史教育需要世界视野、历史教育需要什么样的世界视野、历史教育怎样拓展学生的世界视野以及世界视野对历史教育的价值和意义。这里我先谈谈历史教育需要世界视野。

一 认识世界是历史教育的重要任务

普通高中课程标准明确要求，通过历史学习，要让学生学会关注和思考中华民族与人类命运。我个人的理解是历史教育重在帮助学生形成两个认识：如何认识自己和如何认识世界。核心关键是我们应该如何对待自己的历史和传统，又如何对待别的民族的历史和传统，实质是如何妥善处理中华民族的发展与人类发展的关系，从长远的角度来理解民族利益与人类的利益。

从全世界的角度看问题，特别是那些涉及国家发展、民族兴衰的大问题，必须超越民族国家视角，从世界全局着眼，这已经成为现代史学研究的一个趋势和潮流。一方面有大量以全球历史发展为背景的经典论著问世；另一方面出现了基于现实发展需要，以解决历史问题，实现历史和解为目的的跨国家共同研究历史的新趋势。

历史教育自然会受到这股潮流的冲击和影响。有的国家通过调整中学

历史教育课程设置次序，强化国民特别是青少年了解世界上各民族、各地区的历史和文化的意识，让他们从小就具备一定的世界视野和眼光。如在美国、日本等国都是先学世界历史，再学本国历史。有些国家则通过开展跨国历史研究和共同历史教科书开发，启发人们超越狭隘的民族国家视角，来理解人类历史的变迁。最先启动的是欧洲国家，如德国与法国，20世纪50年代就开始了跨国历史研究，2010年出版发行了两国共同开发的三卷本历史教科书；德国与波兰在20世纪70年代组成了历史教科书共同编写委员会，按计划积极开展工作，它们成为国家间合作较早开发历史教科书的范例。即使因内战分裂的前南斯拉夫各加盟共和国之间也加入了共同历史教科书的编写行列。亚洲当然也不甘人后，历史恩怨极深的中日韩学者先是通过民间方式开展共同编写东亚史的工作，2005年出版了《东亚三国的近现代史》，2012年又共同出版了《跨越国境的东亚近现代史》。2006年中日两国学者根据两国政府间协议，开始了官方的中日共同历史研究，2010年对外公布了第一阶段的研究成果，中国方面2014年10月由社会科学文献出版社正式出版了三卷本的《中日共同历史研究报告》。让人不可思议的是，就连有着千年仇怨的巴勒斯坦和以色列的历史教师之间，也携手合作共同历史教科书的编写。①

有学者指出，从1830年到1871年德国走向统一的过程中，历史学家在这些关键时刻所扮演重要角色是前所未见的。在中华民族迈向现代化过程中历史教育也应有作为。毋庸讳言的是，与学术界的热烈相比，我国中学历史教育中对学生世界意识的培养还有诸多不尽如人意之处，民族本位意识和思想还有不小市场，甚至存在反文化反人类的倾向，无视、轻视甚至是蔑视、贬低别的民族历史成就的做法还时有所见，世界视野的培养和开拓刻不容缓。

二　认识世界历史学科有难以替代的优势

吴于廑教授说，历史有两个维度，纵向：由低向高的更替发展；横

---

① 参见李秀石《日本教科书问题剖析（1868~2012）》，上海人民出版社，2013，第385~397页。

向：各地区间由相互封闭到逐渐开放、由分散到整体。吴教授的分析揭示了历史的两大特性，一个是历时性，另一个是共时性。前者为人类发展提供一个时间的纵向参照系；后者为人类生活提供一个空间上的横向参照系。各民族都可以通过这两个参照系，建立起自己的一个历史的坐标系，为各民族在世界历史中的位置精确定位。

从历时性看，对于时间中有限存在的人类来说，浩渺的时间往往激起人心中的思古之幽情，陈子昂《登幽州台歌》中名句的思想意蕴所在，正是由"古人"与"来者"烘托出深切的历史感。人类心灵深处存在着突破时间壁垒与有限性的内在愿望，而历史感作为某种超越当下的时空尺度上的一种视界，为人类提供了抗击时间和超越有限的形而上的可能性。如果说宗教在很大程度上是为人指出超越有限生命、圆满存在意义的"天路"，那么进入历史就成为人类超越自身有限性的"现世方式"，成为有穷之人追求无穷存在意义的安身立命之所在。对中国人来讲，进入历史的记忆是人永垂不朽的最佳方式，所谓"青史留名"也，所谓"立功、立言、立德"三不朽也。

从共时性看，英国史学家麦考莱说过，历史是"以事例进行的哲学教诲"。① 据陈乐民先生讲，他在《文汇读书周报》上看到过许渊冲先生的回忆文章，许先生说，曾在西南联大任教的皮名举先生对他们这些学生说过："你们要好好学习中国历史，不学习中国历史，就不知道中国何以伟大"；"你们要好好学习世界历史，包括西洋历史，因为如果不学习世界历史和西洋历史，你就不知道为什么中国会落后"。② 正是通过不同发展路径的比较，人类对自己的处境才可能有比较准确的了解和定位，换句话说，历史通过各民族不同生活实践向我们展示的是人类不同存在的可能性，为人类追求美好生活提供了正反两方面的丰富案例，在某种意义上成为人类成长的精神导师。以中国近代以来的发展为例，可以坦率地说：要是没有欧洲人近代以来在政治、经济领域成功的历史实践，人权、民主以及市场经济体制对我们是难以想象的。

---

① 何兆武主编《历史理论与史学理论——近现代西方史学著作选》，商务印书馆，1999，第260页。

② 转引自陈丰编《给没有收信人的信》，广西师范大学出版社，2010，第122页。

三　对世界认知意愿的差异影响着各民族的命运

无论东西方，人类很早就有了了解世界的愿望。很遗憾后来发生了分化，出现了两种情况：一类是对世界历史发展保持浓厚兴趣，主动探究构建；一类是对自身之外的世界逐渐失去兴趣，到近代被动卷入世界大潮。对认识世界的不同态度，对各民族的历史命运产生了不同的影响。

在西方，不断有人提出关于世界理解的新学说。

早在希腊罗马时代，就有不少史家开始了从世界视野研究历史的尝试。被誉为西方历史之父的希罗多德，为自己设定的研究目标是寻求人类的共同特征，成为第一位具有世界眼光的史学家；希腊史学家波利比阿最早提出了人类社会趋同论，成为全世界性或全人类性历史的创始者；斯多葛学派把人类看成一个整体，提出了人都是世界公民的新颖观念。

文艺复兴时代，更是对了解世界充满了渴望。但丁认为无论文明具有怎样的多样性，一切文明只有一个目的——全面地发展人的智力，使人类在一切学科和艺术方面有所作为，有所创新。这种文化创新不是个人或一个国家来进行，而需要依靠所有人类配合协调集体的力量，条件是世界和平，保障是建立一个世界政府。同时代的法国历史学家勒卢阿预言：全世界正在形成一个世界共和国。

启蒙时代，人们的视野进一步扩大。伏尔泰从全球的宏观角度来纵横考察人类文明史。复旦大学的张广智教授甚或认为，今天的全球史实际上是以伏尔泰为代表的启蒙时代编年传统的复兴。意大利学者维科通过对人类如何从野蛮人到现代文明人的研究，提出了人类发展的共同规律学说。德国史学家赫尔德认为世界历史是一个整体，人类历史发展有统一性。德国哲学家康德从历史哲学的高度提出世界历史的最终目的是建立一个内部是立宪共和的政体，外部是国际永久和平的世界政府。

伴随着工业革命的到来，马克思更是在《共产党宣言》中预言，"过去那种地方的和民族的自给自足和闭关自守状态，被各民族的各方面的互相往来和各方面的互相依赖所代替了。物质的生产是如此，精神的生产也是如此。各民族的精神产品成了公共的财产，民族的片面性和局限性日益成为不可能"。①

二战以后,进入全球观点世界史的新时代,世界主义史学取代民族主义史学,超越国别、地区或民族界限成为当代史学的主要特征。就像英国史学家巴勒克拉夫指出的那样,一个世界性的文明正在形成。在这个未来的新文明中,世界各大陆将分别扮演它们各自的角色。在东方世界,则日益走向封闭和自我中心。

英国学者伯纳德·刘易斯最近出版了《穆斯林发现欧洲——天下大国的视野转换》一书,研究的是伊斯兰世界逐渐且被动地去认识西方世界的过程。长期以来,穆斯林自豪于本身的文明,自负于自身的优越,陶醉于自己的成就,认为自己处于世界的中心,异教国家要不是野蛮的对手,就是进贡的藩属,他们即使有再杰出的学问也不出真主的范围。他们很少到异教国家,即使有接触,也不屑一顾,对毗邻的欧洲发生的一切,如文艺复兴、宗教改革、启蒙运动、科学革命都乏人问津,且充满了厌恶。导致了自身的落伍,到近代在西方列强的枪炮下,被迫向其学习,经历了从漠视到重新认识,从军事技术到政治制度的艰难过程。

中国也一样,长期以天朝上国自居,闭目塞听,夜郎自大,直到鸦片战争后,才被迫"开眼看世界",而且往往是通过扭曲的"士大夫镜像"来看世界,通过"文饰作用"和"曲解作用"两大途径,形成文化上的"消极防御"心态,从而对世界产生了不少误读与误解,经常性出现认知偏差,基本偏离世界主流,在向谁学习、走什么路上交了不少学费,在付出了惨重代价后,可能还没有完全明白。②

以上正反两方面的历史告诉我们,人们对世界的认识是一个艰难曲折的过程,从自我中心中走出是十分困难的。日裔美籍学者入江昭在《我与历史有个约会》中说:"看自己国家相对主义很重要:特别是对学历史的人,更要意识到别的国家的人怎样看待自己国家的历史……要极力避免认为自己国家的历史和文化是独一无二的例外主义。因为,例外主义常常会

---

① 《马克思恩格斯选集》第2卷,人民出版社,1972,第276页。
② 参见萧功秦《儒家文化的困境——近代士大夫与中国文化碰撞》,广西师范大学出版社,2006,第110~112页。

走向排他主义。"① 所以，我们应当在历史教育中审时度势，高瞻远瞩，具有宏阔的全球眼光，才不致迷失自我。

四　世界视野是认识当代世界的一把钥匙

大家都知道，我们今天处于全球化时代，不仅经济上全球化、市场化，政治也日益全球化，当今诸多政治议题都带有浓厚的全球化色彩，美国学者里夫金在《零边际成本社会》一书中预言，在可预期的将来，在全球可能出现若干欧盟式的洲际政治联盟。多少个世纪梦想的世界政府若隐若现。就连我们认为最难全球化的文化来势可能更为凶猛，按照美国学者彼得·N. 斯特恩斯的说法，"相比经济全球化，文化全球化完全是更纯粹的西化"。②

按照周有光先生的说法，今天进入现代文化的新时代。这是一个"双文化"时代，其特点是文化具有很强的国际性，为全世界人们"共创、共有、共享"；其标准是全世界公认的接受的形成新文化，没有公认的保留于地区的属于传统文化；其发展趋势是，现代文化传播过程中，各个地区的传统文化都在自动适应、自我适应、自然代谢；具体到每个人，也都有双文化属性：既保留本土的传统文化，又接受参与共同文化。③ 他把五四时期"民主""科学"口号的提出，看成中国参加现代文化的宣言。

有了世界的视野，我们就能看清，现代化是一个全球性的浪潮或过程，是一个普世的潮流。只要一个国家、一个民族近代化，别的国家、民族也迟早要走上这条路。

有了世界的视野，我们就能看清，学术是人类共同财富、共同事业，大家都应当参与，中学、西学之争实际上是不存在的，每个民族都有自己的特色，但这是第二位的，第一位是普世性。就我们现在来说，现代化是第一位的，民族特性是第二位的。假如强调中国特色是用之对抗西方，我们就会又一次与世界潮流渐行渐远。

---

① 〔美〕入江昭：《我与历史有个约会》，杨博雅译，北京大学出版社，2013，第 23 页。
② 〔美〕彼得·N. 斯特恩斯：《世界历史上的西方文明》，李月译，商务印书馆，2015，第 136 页。
③ 参见周有光《现代文化的冲击波》，生活·读书·新知三联书店，2000，第 7~12 页。

五　缺乏世界视野可能导致我们对世界的误判

中国在三者中都处于追赶者位置。通过改革开放融入世界。在取得阶段成就后，一些人又开始了新的盲目自大，不能正视中国的历史和现实，对世界与中国发展可能出现误判。

先是海外"唱盛中国"和为中国翻案之声不绝于耳：可与英国媲美的江南（彭慕兰《大分流》）、复兴科学的中国文人（艾尔曼《自有其理：中国科学，1550—1900》）、外交上并不蒙昧的清廷（何伟亚《怀柔远人：清代的宫廷礼仪和1793年的马戛尔尼使团》）、有现代意识的士大夫（罗威廉《救世：陈宏谋和十八世纪中国的精英意识》）。一些通俗性学术著作更是煽情：罗伯特·坦普尔的《中国的天才：三千年的科学发明》、路易斯·勒瓦舍斯的《中国统治大海的时代：龙庭的宝船队，1405—1433》、孟西斯《1421年：中国发现了美洲》、《1434年：中国宏大舰队驶入意大利点燃文艺复兴》等，光是书名就足以让人热血沸腾。

如果说这些著述试图从学理上证明当代中国崛起的必然性和合理性，即中国在近代史上的一度落后只是历史长河中的一个短暂插曲，当今中国的再度强大，不过是重续中国几千年强大的旧缘。再现一个汉唐盛世、世界超强。

我们的一些学者也坐不住了，出现了以韩毓海《500年来谁著史》为代表的一股强大的跟风潮。在"美化"中国历史的同时，一些学者开始"刨"西方文明的"祖坟"，著名学者何新2013年出版了《希腊伪史考》，提出人们所熟知的"希腊"其实只是一个窃取了小亚细亚地区文明成果的冒牌货！它是被整容过的，是西方人冒认和冒名顶替的，并非一个真实的历史存在。"古希腊文明""古希腊哲学"纯属共济会控制下的欧洲人文学者的文化虚构，包括但丁、彼得拉克等人都参与了伪造。①

还有一些学者对西方现代文明予以彻底否定："现代化的到来并不象征着西方文明有着特殊的优秀，也不代表着什么历史进步。""工业资本主

_____

① 参见何新《希腊伪史考》，同心出版社，2013，第2~4页。

义只不过是欧洲带给整个世界的、今天我们无法抗拒的现实，而不是什么我们必须欢呼的东西……儒家政权模式在中国延续了两千多年，我对工业资本主义是否也可以维持这么久持强烈的怀疑态度。"① "假设未来的人们会怎样看待这一段历史？他们很可能会对工业资本主义持一种极端否定的态度。谴责它是一切罪恶的根源。"②

难怪许知远说，中国正在重新返回一个封闭时代："可能我们都非常深切地感受到中国好像在重新回到一个封闭的年代，封闭是来自于政治秩序的封闭，来自知识观念的封闭……如何理解他人的观念、他人的经验，在整个中国社会变得如此的匮乏和缺乏好奇心。"③

难怪刘瑜担心："现在许多大学生对外面的世界没有兴趣，中国模式崛起所带来的一种骄傲自满，我们不需要外面的坐标系，我们自己就是坐标。过去二十年我们与外面同步的是消费语言和娱乐语言，思想语言没有同步，还有一个滞后。"④

任何民族文化都有自尊性、自爱性、排他性，但我们必须正视近代以来西方文化对中国社会产生了广泛而深刻的影响的现实。

就是对西方现代化持批判态度的赵鼎新先生，在批判文化保守主义者时也不得不指出："他们中间有的误把中国强大的生产能力和巨大财富当作中国的强大，不知道中国的创新能力、高端市场的主导能力、关键性技术和文化软实力等方面与许多国家相比都还有质上的巨大差距；有的以为中国已经走出了一条与西方不同的道路，殊不知中国的成功主要在于民族国家建构和市场建构的成功，而这正是西方世界得以兴起的两大支柱，或者说是现代化的核心。"

他甚至预言："现代化带来了全球化、城市化和信息化，导致任何传统意义上的控制手段都将难以为继：臣民一旦成了公民，就自然会产生种种的权利要求；女性一旦全面走向社会就不可能再回到男尊女卑的时代；

---

① 赵鼎新：《国家、战争与历史发展——前现代中西模式的比较》，浙江大学出版社，2015，第 1 页。

② 赵鼎新：《国家、战争与历史发展——前现代中西模式的比较》，浙江大学出版社，2015，第 33 页。

③ 参见广西师范大学出版社文化沙龙《未来不需要看见》，许知远的发言，2014 年 9 月 13 日。

④ 参见广西师范大学出版社文化沙龙《未来不需要看见》，刘瑜的发言，2014 年 9 月 13 日

一个人群一旦产生了族群意识就很难再把它抹去……面对现代化带来的种种诉求和问题，一个时代必须产生与之相应的家庭关系、社区政治、族群政治和国家政治等。同样重要的是，现代化给了以个人成功为导向的工具理性一个正面价值。如果对这一价值所代表的种种欲望控制过强，经济将严重缺乏活力，政治会走向专制，社会也会产生巨大的反弹。"①

在全球化的当下，中国在世界上的地位不断提升，与世界各国的交往日益密切，需要我们更真实、更全面、更深入地了解域外历史文化、价值观念，认识文明的多样性、复杂性，使人们能以包容的思维看待世界和人生。认识到全球力量及其联系如何构建了我们和世界，而不是将我们置于孤立的荣耀之中，或把自己看成世界历史的特殊代表。在文化多元交融的全球化时代，拓展世界视野，了解、掌握人类文明知识和理念是当代国人应该补上的一课。

---

① 赵鼎新：《国家、战争与历史发展——前现代中西模式的比较》，浙江大学出版社，2015，第 2 页。

如何重建"历史教育论"

——评苏珊·波普报告

王　雄[*]

2015 年 10 月 30 日，北京师范大学历史学院举办了首届"21 世纪全球历史教育的发展与挑战"国际学术研讨会，国际历史教育协会会长苏珊·波普为大会作了"全球历史教学法的发展趋势"的报告。作为颇具国际影响力的国际历史教育专家，苏珊·波普近几年比较关注亚洲，特别是中国的历史教育。2011 年 10 月，她来上海参加"全球化进程中的历史教育：亚欧教科书叙事特征比较"国际研讨会。时隔四年，又到中国。笔者在会议之余，与波普老师讨论了近两个小时，结合自己的阅读和理解，梳理出六个问题，即如何理解"历史教学"、全球化中的历史教育、历史叙事与历史建构、价值理性批判中的历史教育、历史思维能力培养，以及全球化进程中被忽略的历史。笔者认为这六个具有全球化趋向的问题十分重要，对中国历史教育的研究与发展，对新一轮高中新课程标准的研制都有直接或间接的影响。

苏珊·波普在报告中提出全球历史教育的五大趋势。在讨论这五大趋势之前，首先对"历史教育论"进行了界定，这个界定非常重要，直接关系到全球历史教育趋势的讨论。

一　从概念谈起的缘由和价值

在我们开始理性思考的时候，所运用的工具是语言，可"语言"本身

---

*　王雄，江苏省扬州中学正高级教师。

并不精确，比如"历史"一词有多种意义，我们如果用不同意义来讨论，就会各说各话，没有办法沟通。因此，对即将进行讨论的概念加以界定，是开展理论研究的基础。在报告的开始，苏珊·波普首先阐释了她对"历史教学法"的理解，并特别指出，她使用的这个概念与一般历史课堂中的教学方法或策略相去甚远。"一般的教学方法或策略"只是前科学概念，她使用的这个概念——"历史教学法"（history didactics）不是实践经验层面的，而是经过理论反思之后的。① 基于这一认识，我将它翻译为"历史教育论"。其实我们应该重新思考"历史教育论"或"历史教育学"的界定。

（一）建立一门学科的理论大厦需要的不是从别的学科套用思维模式或词语，而是需要建立一套逻辑清晰、体系完备的理论。如通常所说的"历史教育"是这样定义的：历史教育，特指学校教育中，以历史学为依托，以学生为主要培养对象，师生共同探究、成长的教育活动。只要把"历史学"换一个词（如"政治学"、"语言学"或"生物学"），这个概念就变成了对其他学科教育的解释，这并不是学科教育理论化的应有之义。

（二）"学科教育论"该如何构建呢？这需要弄清楚两类问题。第一类是：何谓理论化？第二类是：作为一般学科的理论体系如何建立？

1. 理论化的内在含义是指：从事这个工作的教师不论身在何处、何时，都可以认同的相应的学术规则。这是一个理性化的过程，意即人类在理性上是可以统一起来的，这是人类所有学科可以相互讨论的基础。

2. "历史教育论"要成为一门独立的学科，须将源于实践的经验上升到结构完整的理论体系，至少要说清楚以下几个问题：从事这个学科的教育工作与别的学科有何不同？历史学科教育与其他学科教育相比，有哪些

---

① history didactics 的翻译十分困难，笔者曾求教于华东师范大学孟钟杰、东吴大学（台北）林慈淑两位老师，有四点认识介绍：（1）这个词中的 didactics 是欧美学术用语，包含实践和理论，一般翻译学科教学法，但缺少理性的部分，容易误解为课堂教学方法；（2）有从实践层面的学科逐步经过理论化过程，成为一门学科理论的含义；（3）波普用这个词的目的是一方面坚持学科本位，另一方面为下文阐释其双重含义奠定基础；（4）history education 与之相比更注重理论，history teaching 与之相比更注重教室里的教学，而history didactics 的范围更广，涉及社会教育中的历史教育，如博物馆、历史遗址、社区图书馆，等等。

特殊的目标？要完成这些特殊的目标需要具备哪些必定的条件，以及需要怎样的路径才能实现目标？①

3. 理论建构的进程包含：从概念、原则，到规律和理论的建构。概念（concept）是人类思维的基本单位，是开展思维活动的基础。原则（principle）主要用于解释因素之间的关系。规律（law）是被充分证明，并被广泛应用于多种情境中的简单原则。理论（theory）是用于解释事实或现象的一组原则和规律。② 以"历史教育学"为例，需要一组具有上下位关系的核心概念；说明在历史教育实践中解释要素间的关系；发现被广泛应用于多种情境的简单操作原则；在历史教育中形成系统化的原则和规律。

（三）任何一门学科想拥有理论的力量，得到学术界的认同，都需要从这门学科的历史开始进行深度研究。"历史教育论"在我国经历了"历史教学法"、"历史教学论"、"历史教育学"的不同变化，这不只是名称的不同，更多的是内涵与外延的差异。然而，"历史教育论"本身是一个交叉学科，在各国都有自己的发展历程，因此，要构建这门学科的大厦还应该考察国际历史教育发展的脉络，特别要借鉴"历史学"的研究历程。

1. 对当今中国大陆"历史教育论"影响较大的因素包括：苏联历史教学法、欧美历史课程、新课程改革，以及史学家、历史教育专家对历史教育问题的探讨。讨论这个问题的专著主要有《历史学科教育学》（于友西，1999），这本书将"历史教育学"归于教育学中，并没有对"历史学"的独特性进行分析，也未能从更广阔的层面建构起这门学科的理论大厦。③ 21世纪以来，颇具影响的《历史教育论》（叶小兵，2004)④、《历史教育

---

① 〔德〕阿·迈纳：《方法论导论》，王路译，生活·读书·新知三联书店，1991，第5页。

② 笔者参考了罗伯特·斯莱文的理论，增加了概念部分。〔美〕罗伯特·斯莱文：《教育心理学：理论与实践》，姚梅林等译，人民邮电出版社，2004，第10页。

③ 《历史学科教育学》是一本经典著作，但在学科理论体系构建上采用的还是比较传统的分类方法。参见于友西等《历史学科教育学》第一章，首都师范大学出版社，1999，第13~25页。

④ 《历史教育学》重点阐释了历史教育的目标与价值，从国内、国际历史课程的发展加以论述，见地深刻。参见叶小兵、姬秉新、李稚勇著《历史教育论》，高等教育出版社，2004。

学新论》（李稚勇，2010）都没有对这个学科的界定做充分的阐释。① 不过，学界大多认同"历史教育论"是交叉性的应用学科。

2. 历史学的研究历程正在发生巨大的转变。2000 年国际历史科学大会在挪威首都奥斯陆举行，大会讨论了三个重要议题："全球史视角"（尝试以真正的全球形式展现不同的问题），"新千年、时间和历史"（在不同时代、不同地域中，各文化对时间的认识究竟有多大差异），"历史的利用、滥用和史学家的责任"（史学家在面对史料时应遵循客观性和忠实性原则）。② 其中，第一个议题最为关键。2011 年苏珊·波普在国际历史教育协会中国上海会议上指出："所有卷入全球化的国家都在讨论，在全球化进程影响下，同时也为了在本国史和全球史历史视角下达成新的平衡，传统的世界史教学所面临的转型。历史教学普遍寻求的目标是：促使青年一代理解本国历史和本民族文化，同时推动他们把自身融入世界史和人类史的总体之中。"③ 以目前中国大陆历史教育的内容来看，尚未从人类史的视角来构建课程，20 世纪世界历史中的许多重大问题也未能涉及或着墨不多。

界定概念之后，方可论及更多学科问题。"历史教育论"或者"历史教育学"的学科建设尚未完成，不仅需要考虑学术建构的内在逻辑，还要思考如何将"史学的新发展"融入其中。在学科定位上，交叉性的应用学科尚未指明内在属性，因为这一说法可以指称任何中小学学科课程。在学科的国家属性方面，当今全球化的发展要求"历史教育论"尽可能从人类史的角度来思考，重视正在经历的全球化历程。

二 "历史教育论"的建构与理解

绝大多数历史教师都认为，历史教育的内容主要是史学家研究成果的

---

① 《历史教育学新论》是一本透过国际历史课程变革的探索，阐释全球化背景下中国历史教育改革的论著，颇具新视野、新论述。参见李稚勇《历史教育学新论》，人民教育出版社，2010。

② 〔德〕沃尔夫冈·J·蒙森：《在大分裂终结之后——1985~2000 年的国际史学大会》，参见〔德〕卡尔·迪特里希·埃德曼《国际历史科学大会百年历程》，山东大学课题组译，中国社会科学院出版社，2015，第 435~430 页。

③ 孟钟捷、〔德〕苏珊·波普、〔韩〕吴炳守主编《全球化进程中的历史教育：亚欧教科书叙事特征比较》"前言"，上海三联书店，2013，第 1 页。

简化版。一位教师要进行教学研究，也常常会查阅或借鉴史学家的研究成果。然而，苏珊·波普却认为：

> "历史"在我们日常生活中无处不在。因此学校的孩子们所遇见的历史不仅仅是在历史教室中，不仅仅是一种科学知识的形式。他们面对许多种形式的历史：有家族记忆，有许多在公共场所的历史事物，比如纪念碑、周年纪念日、博物馆和公共演讲，而且他们在传说故事、书籍、杂志、电视、电影甚至电脑游戏中发现历史主题。

这段话说明，在历史教育中"历史"概念已经发生了重要转变，结合苏珊·波普后面的阐释，笔者认为，对这段话的理解至少包括以下两个层面。

（一）"历史"不只是史学家的专业研究成果经过转化后在学校中传授的历史知识，当人们以为"历史"是教科书或者史学论著之时，忽视了"历史"更丰富的内涵。"历史"原本就在我们身边。当我们把"历史"这门学科的知识教给学生的时候，却忽略了"历史"与每个人的生活是紧密相连的。

1. 每一个学生自身就是一个历史的存在。坐在教室里的每一个学生，都有自己的经历，包含着家庭、社会传递给她/他的各种信息。人类经历的事情虽然不断被遗忘，但是，总能成为回忆在特定的情境中再现，或者成为思维方式直接影响新情境中的学习。这种个体经验的影响远远大于课本上的历史知识。在传统的历史教育中，学生被当成一张白纸，任教师涂抹，没有自我意识。其实，人类在接受正式教育之前，就有了广泛的先备知识（prior knowledge）、技巧、想法及概念，这些都会很明显地影响到人们注意力的选择性，进而影响人们如何组织和解释环境中的信息。上述意识或无意识的过程还会反过来影响人们的记忆、推理、问题解决，以及获得新知识的能力。① 真正有效的历史教育应当是把每一位学生的成长作为

---

① John D. Bransford 等编《学习原理：心智、经验与学校》，郑谷苑、郭俊贤译，台北：远流出版事业股份公司，2004，第33页。

教育的宗旨，尊重她/他们的个体经验，以多样化的学习促进每一位学生探索并发现自己的历史，方能形成独立的思想、健全的人格。

2. 每一位学生的历史存在既是生命的历程，又是生活的展开。一位坐在教室里的学生从来不参与讨论，很少表达自己的见解，他只是在看着眼前发生的一切，倾听着别人的谈话或讲解。这样的学生是非常容易被历史教师们忽略的。然而，这样的学生依然是一个生命的存在，他有着无限的可能，关键看教师有没有给他提供展示的机会，并且这样的机会能否与他的生活经验连接。比如教学内容是"19世纪欧洲的生活方式在上海得到市民的青睐"，作为一个身处21世纪的中学生，这样的知识与他并没有什么关联。可是如果教师能够选择适当的史料，并用以下问题来激发学生的探索，历史学习就会与每一个学生建立链接，学习的结果也会自然不同。

课堂问题设计：①过生日的时候，你吃过蛋糕吗？②你知道蛋糕是什么时候发明的呢？③如果你生活在17世纪的苏州，该怎么过15岁的生日呢？④如果是在19世纪的上海，过15岁生日会有哪些不同的方式？⑤有哪些原因导致了19世纪上海过生日方式的变化？⑥这样的变化可能产生哪些影响？

3. 学生生活在充满历史信息的社会中，并不只接受学校的历史信息。教师往往忽略了学生生活在历史信息丰富的社会，在课堂里的学生可能一边听着教师讲述二战，一边会质疑教师讲得太苍白，因为他们可能已经看过各种有关二战的电影、电视或书籍。教师所要做的首先不是自己要讲什么，更多的应该是了解学生已经知道了什么，否则，这样的历史课堂离学生的生活太远了。

（二）学科建设必须要有核心问题，这是理论大厦建立的中心。"历史教育论"的"历史"所涉及的核心问题是什么呢？苏珊·波普认为，有两个核心问题：每个公民的"历史意识"和作为公共生活的历史文化。

1. 每个公民的历史意识。传统历史教育大多不会从个人的角度思考教育的目标，而是以国家或社会的需要来规约个人、培育个人，使其成长为国家或社会需要的人，这样的教育将人看成了工具。康德区分了两种不同的"存在者"：一种是无理性的"存在者"，即"事物"，它们不是依据人们的意志，而是依据自然的意志而存在的，因而它们只具有相对的价值，只能作为"手段";另一种是理性的"存在者",即"人",他们具有绝对的价值,他们的本性凸显为"目的本身"。康德的论述启示人们,在人与物的关系上,物只具有相对的价值,因而永远只能作为手段,而人作为绝对价值则不但是主观目的,也是客观目的,因为其存在自身就是目的。①

因此,历史教育的目标首先是让每个公民具有这样一种意识和能力:将过去、现在与未来联系起来思考,审慎地思考他自己的生活,充分认识到今天的选择或行动将对未来产生重要影响。

2. 作为公共生活的历史文化。公共生活是否健康会影响一个社会的生存姿态。中国大陆高中历史必修课采用政治、经济与文化的分类,在经济史中也介绍了社会生活的变迁。这里的"社会生活"是相对传统的观念,主要指国民个人的衣食住行或婚丧嫁娶等社会习俗,因此,主要是私人领域的事情。有关"公共领域生活"的内容相对缺乏。古代中国是家族、宗族和国家的结合体,缺少现代民族国家的观念。家族活动、宗族活动与政府的活动彼此融合,很难区分。进入 21 世纪之后,随着中国社会的转型,以社会为中心的公共生活开始兴盛起来,不论是广场舞、社区业主大会,还是志愿者行动,都体现了中国社会的复苏和发展。今天,国民在考虑个人事务的同时,也开始关心社会事务,这是一个显著的进步。但这部分的历史研究比较缺乏,也很难让中学教师筛选简化,用于日常教学。

社会是国家的基石,每一位学生都应该理解人们的公共生活也需要学习。在过去的年代里,除国家、市场之外的社会是如何发展的?人们在社会中的哪些选择是理性的?哪些经历了激烈的冲突?这些决定是如何影响其后数十年历史的?等等,学生们只有详细讨论了这些问题,社会才会拥有一批善于思考的学生来建立她的文化骨架,未来的社会才会更加美好。

(三)构建"历史教育论"的维度。在以上问题讨论的基础上,苏珊·波普提出三个维度:各种领域(如教科书、课程和历史思维)的实证研究;基于理论研究的教学实践建议;标准化维度,意味着要发展科学化的标准以评价历史教学的质量和历史文化现象。

---

① 俞吾金:《如何理解康德关于"人是目的"的观念?》,《哲学动态》2011 年第 5 期。

从中国大陆来看,有关实证研究的部分十分缺乏,这使得很多教育的举措停留在经验的基础上,缺少科学的依据。这就导致很多教学实践的建议难以促进历史教育的成效,而标准化的评价更是缺乏,这些都阻碍着历史教育论的学术进展。

综上所述,"历史教育学"虽然在 20 世纪末出版了相关著作,但是,作为一门坚实的学科尚未真正建立起来,这需要同仁们从最基础的概念界定开始,围绕两个核心问题,从实证研究、教学建议和标准化评价三个方面,构建学科理论的大厦。

历史教科书

俄罗斯统一俄国史教科书：
问题的提出与讨论

米·瓦·诺维科夫 撰　俞紫梅 译*

在最近十年中，俄罗斯总统普京（В. В. Путин）政府两次倡议在中学教学过程中编写和使用统一的俄国史教科书。第一次尝试是在 2007 年 6 月普京同历史教师的那次著名会见之后，但是没有成功。在克里姆林宫规划框架下编写的菲利波夫（А. В. Филиппов）版教科书在中学也被认为是不需要的，原因在于，权力把对俄国史"唯一正确的"解释强加于社会的尝试遭到普遍不满，教科书容量大，并且对五至十一年级的教科书缺少公认的方针。

普京重返克里姆林宫之后，在他的第三个总统任期内，带来了一系列新的倡议，以及相应的编写"正确"叙述俄罗斯历史的统一教科书的尝试。普京在 2013 年 2 月 19 日民族关系委员会会议的发言上，建议"顾及不同年龄、但在统一的框架下编写统一的中学俄国史教科书"，并且强调不存在"内部的矛盾和双重的解释"。[1]

根据《俄罗斯教育科学部民族关系委员会会议总结纲要》第五条，组织制定了《历史文化标准》和《新祖国历史教学法大纲》。此外，俄罗斯

---

* 米·瓦·诺维科夫（Новиков Михаил Васильевич），俄罗斯雅罗斯拉夫尔国立师范大学教授，第一副校长。俞紫梅，北京师范大学历史学院博士研究生。

[1] 2013 年 2 月 19 日俄罗斯联邦总统普京在民族关系委员会会议上的讲话，莫斯科，URL：http：//news. kremlin. ru/news/17536（ВыступлениеПрезидента РФ В. В. Путинаназаседании Советапомежнациональнымотношениям 19 февраля 2013 г.，Москва. URL：http：//news. kremlin. ru/news/17536.）

教育部部长利瓦诺夫（Д. В. Ливанов）、俄罗斯历史学会主席纳雷什金（C. E. Нарышкин）和俄罗斯军事历史学会主席梅金斯基（B. P. Мединский）联合通过了《编写统一中学俄国史教科书线路图》。这些文件引起了科学教育界关于中学历史教科书内容、完善教科书编写方法，以及教科书印刷特点等问题的激烈讨论。俄罗斯教育科学部、俄罗斯科学院、俄罗斯教育科学院开展了一系列活动，探讨编写统一历史教科书的想法。

2013 年 4 月 11 日俄罗斯教育科学院关于统一历史教科书的会议上，指出以下几点：解决问题的系统性、统一观点的具备、权威立场的必要性。同时提出了以下问题：应当只有一种教科书，还是同时存在几种；统一教科书的历史观是怎样的；教科书社会评审委员会的构成应当怎样；统一的历史教科书与其他课程教科书应当怎样结合；等等。①

讨论者指出，编写统一的历史教科书具有政治的、而非教育的特点。从教育的角度要求，统一教科书必须与教育法相结合，而教育法当中认可的教学可变性与统一教科书的概念是矛盾的；统一历史教科书必须与联邦国家教育标准相结合，而这一标准也不会要求调整历史教育的内容。②

2014 年 11 月 17 日至 18 日，俄罗斯科学院世界通史研究所举办了"历史教育与科学的现状与前景"全俄会议，教育部部长利瓦诺夫参加了此次会议。与会者对编写统一历史教科书持激烈的批评态度。他们认为，编写统一历史教科书的想法不可行，因为如果那样的话对历史进程重要时刻的解释也将是唯一的。③

---

① 奥·尼·沙帕琳娜：《统一历史教科书的问题：俄罗斯教育科学院学者、教育家及历史老师会议简评》，《中学历史教学》2013 年第 9 期。（O. H. Шапарина，Проблема единого учебника истории. Краткий обзор совещания ученых, деятелей образования, учителей истории в РАО // Преподавание истории в школе. M. № 9. 2013. C. 14.）
② 奥·尼·沙帕琳娜：《统一历史教科书的问题：俄罗斯教育科学院学者、教育家及历史老师会议简评》，《中学历史教学》2013 年第 9 期。（O. H. Шапарина，Проблема единого учебника истории. Краткий обзор совещания ученых, деятелей образования, учителей истории в РАО // Преподавание истории в школе. M. № 9. 2013. C. 14.）
③ O. B. Нефедова，《Линейка》или《концентр》как структура содержания школьного исторического образования: размышления о конференции // Преподавание истории и обществознания в школе. M. № 1. 2015. C. 56.

科学教学法的杂志上展开了针锋相对的辩论，其中指出了几个关于编写统一俄国史教科书的关键问题，即编写统一教科书的需求性、必要性和可能性，统一教科书独立观念的基础，以及组织统一教科书方案的审定等。

2014 年，俄罗斯教育科学院教学内容与方法研究所教学法实验室的专家们就统一俄国史教科书的需求问题，对 133 位莫斯科州普通中学的历史老师进行了问卷调查。在回答关于教科书的数量问题时，即每个年级是否需要统一的教科书（像苏联时期那样），还是保留选择教科书的可能性，有 49% 的老师赞同使用统一教科书，这其中既有新老师，也有经验丰富的老师。赞成保留教科书选择权的老师占了 46%，他们当中的大多数是具有多年教学经验的老师，另外 5% 选择不确定。①

讨论还指出，唯一的和统一的历史教科书之间存在着原则性的差别。大多数讨论者坚持认为，统一教科书并不等于唯一的教科书，应当在严格的大纲下，唯一概念的基础上，编写五至十种不同的教科书。

统一教科书的拥护者们将教科书看作团结俄罗斯社会的一个重要因素，调节社会政治和谐、缓和冲突、与过去和解的一种手段，以及在祖国史课程中用具体例子培养青少年宽容和公民意识的一个重要方法。总的来说，在俄罗斯社会发展的当前阶段，由上层政治领导集团提出的统一教科书构想，可以看作为正在经历精神危机和文化断裂的俄罗斯社会寻找团结信念的（一次尝试）。②

同样的，对中学采用统一俄国史教科书的必要性和可能性抱有正面态度的同时，也存在着怀疑的声音，其中著名俄罗斯史学家、历史教科书作者、俄罗斯联邦教育部前第一副部长亚·费·基谢廖夫（А. Ф. Киселёв）

① 柳·尼·阿列克萨什金娜：《当代教育者评价下的历史课程教学方法大纲》，《历史教学与中学社会科学知识》2015 年第 6 期。（Л. Н. УМК Алексашкина, по истории в оценках участников современного образовательного процесса // Преподавание истории и обществознания в школе. 2015. № 6. С. 33. ）
② 尼·伊·舍甫琴科：《关于祖国历史的现行和"统一"教科书》，《历史教学与中学社会科学知识》2013 年第 8 期。（Н. И. О Шевченко, действующих и《едином》учебниках по отечественной истории // Преподавание истории и обществознания в школе. 2013. № 8. С. 53-54. ）

的反对声最为强烈。他认为，编写统一历史教科书最主要的障碍是"不管是在职业历史学家中，还是在社会舆论中对一系列的历史事件和历史人物都缺少统一的观点和国家意识形态"。基谢廖夫还担心，编写统一俄国史教科书的工作变成了另外一项商业规划，在这一过程中并没有取得预期的效果，反而耗费了大量的财政资金。为了不出现这样的情况，他建议将编写中学教科书的工作从市场关系中解脱出来，把它完全的变成国家管理。①

讨论者纷纷提出了帝俄、苏联以及后苏联时期采用统一和多种教科书的历史经验（问题）。在 19 世纪末 20 世纪初，针对不同类型的教学单位设计过著作者教科书，这些教科书中介绍的是关于俄国历史的个人观点。在准备出版阶段，所有这些教科书都要经过人民教育部的法定获准程序。苏联时期，为了形成统一的意识形态，在中学中使用统一的但并不唯一的符合国家要求的历史教科书。而在苏联解体后的十年（20 世纪后 10 年），从完全的混乱无序，到形成由俄罗斯教育部批准的教科书大纲，积累了编写和使用多样的教科书的经验。

讨论最激烈的是关于确定统一俄国史教科书独立基础的问题。俄罗斯社会对该问题意见各异，阻碍了统一教科书规划的实现。此外，还有其他的严重问题亟待专业性的解决。在《新祖国历史教学法大纲》的规划下，现行的周期式的中学历史教学（第一个周期是五至九年级，第二个周期是十和十一年级）要倒退回线性的历史教学（五至十一年级为统一阶段）。但是这种线性历史学习的变化必须解决一个问题，即中学教育中的义务教育是指哪个阶段。根据《俄罗斯联邦宪法》，九年级毕业是基础普通教育中的义务教育阶段，也就是说，根据前述大纲的规划，九年级的学生学习祖国史应当学到"19 世纪末 20 世纪初俄罗斯帝国"这一主题，但很明显这是不可以的。规划的制定者们强调，历史学习应该按照从五年级至十年级的线性方案，这是最合适的模式。十一年级时，在基础水平上，可以加开其他的课程，例如，"世界背景下的俄国史"。这是否意味着从五年级到十年级的线性方案中，基础普通教育阶段也应当包含十年级呢？大纲中并

① 《统一历史教科书：俄罗斯教育科学院的讨论》，《历史教学与中学社会科学知识》2013年第 8 期。（Единый учебник истории: обсуждение в РАО // Преподавание истории и обществознания в школе. 2013. № 8. С. 43.）

没有回答这一问题。①

讨论者普遍赞同大纲规划中强调要克服"政治史教学计划和教科书中缺乏历史文化材料和将这些材料公式化"的问题。大纲规划中着重强调了社会、民族和宗教问题，世界观问题和不同历史阶段不同社会群体人们的日常生活问题。②

很多讨论者注意到，现行的联邦国家教育标准在调整历史教育方面与祖国历史教学大纲之间存在矛盾。具体是指，两者制定的基础不同，教学大纲是按照史学逻辑，而联邦国家教育标准则是按照教育心理学的逻辑制定的。此外，2011~2013 年联邦国家教育标准并没有制定俄国史课程（五至九年级基础阶段，十至十一年级普通中等教育阶段）内容细则。另一个矛盾在于，教育标准是在多样化历史教育的观念上制定出来的，并没有事先考虑到统一的俄国史教科书。在多样化的原则下，2012 年底通过和制定了《关于俄罗斯联邦教育法规》，其中同样没有考虑到统一的祖国史教科书问题。③

涉及教科书问题的很多文章中都指出，编写统一教科书有必要考虑当代信息教育环境的特点，如今历史教科书已经不再是获取信息唯一的、主要的渠道了。此外，社会调查显示，当代中学生在各种信息源中把教科书排在最低的位置。与此相应，按传统编写的俄国史教科书仅有很小的机会可以在中学生中获得欢迎。当代的教科书，除了它的传统功能以外，还应该扮演信息社会革新者的角色，应当成为构建认知过程的一种手段。④

---

① 弗·伊·布里亚科娃：《关于统一历史教科书构想的规划》，《历史教学与中学社会科学知识》2014 年第 1 期。(В. И. О. Бурякова, проекте Концепции единого учебника истории // Преподавание истории и обществознания в школе. 2014. No 1. C. 59.)

② 弗·伊·布里亚科娃：《关于统一历史教科书构想的规划》，《历史教学与中学社会科学知识》2014 年第 1 期。(В. И. О. Бурякова, проекте Концепции единого учебника истории // Преподавание истории и обществознания в школе. 2014. No 1. C. 59-60.)

③ 叶·叶·维亚泽姆斯基：《关于祖国历史新教学构想的制定》，《历史教学与中学社会科学知识》2014 年第 1 期。(Е. Е. О. Вяземский, разработке концепции нового учебно-методического комплекса по отечественной истории // Преподавание истории и обществознания в школе. 2014. No 1. C. 54-55.)

④ 叶·叶·维亚泽姆斯基：《历史文化标准——统一历史教科书与中学历史教育》，《历史教学与中学社会科学知识》2013 年第 9 期。(Е. Е. Вяземский, Историко-культурный стандарт, единый учебник истории и школьное историческое образование // Преподавание истории в школе. 2013. No 9. C. 7.)

讨论中还指出，在编写统一教科书中应当顾及俄罗斯国家形成的历史特点，俄罗斯社会多民族、多文化、多信仰的特点。在统一的俄国史教科书中必须考虑到多元文化教育的需求，在高年级学生中形成不同民族间文化的相互影响，加强具有不同文明价值观的人们之间的相互尊重。

在实现以上所述愿望的同时，讨论者建议中学统一俄国史教科书的编写还要思考以下的教育任务：

——培养中学生理解不同民族文化的独特性，尊重民族价值观和种族特点；

——培养对文化差异的正面态度；

——培养在多文化、多民族和多信仰的俄罗斯社会能够有效沟通的个性；

——在班级、学校、乡村、城市、都市以及整个社会的政治种族共同体中形成学习者的民族关系文化；

——在俄罗斯社会实现移民儿童一体化过程中的教育支撑。[1]

讨论中对教科书规划的审定给予了高度关注。事实上，所有的讨论者都指出，这一过程存在着主观性。著名的俄罗斯史学家奥·奥·沃洛布耶夫（О. О. Волобуев）直接表示，"现在由专家和历史学家进行的审定是主观的，不公开的"。[2] 事实上，当前缺少教科书的作者与评论者的对话机制。审定是背着作者进行的，作者并不知道审定者是谁。对于来自评论者的关于未来教科书文本的重要意见，出版社站在评论者一方，要求作者删掉评论中指出的所有不足，如果这些评论带有主观性质，则很容易在作者与评论者的辩论中被推翻。

历史教科书审定过程中的另外一个严重不足是无一例外地将历史学家作为评审专家。正如叶·叶·维亚泽姆斯基（E. E. Вяземский）指出的那

---

① 叶·叶·维亚泽姆斯基：《历史文化标准——统一历史教科书与中学历史教育》，《历史教学与中学社会科学知识》2013 年第 9 期。（Е. Е. Вяземский, Историко-культурный стандарт, единый учебник истории и школьное историческое образование // Преподавание истории в школе. 2013. № 9. С. 3–10.）

② 基·雅·科切加罗夫：《对统一历史教科书的热情》，《历史教学与中学社会科学知识》2013 年第 8 期。（Кочегаров К. А. Страсти по единому учебнику истории // Преподавание истории и обществознания в школе. 2013. № 8. С. 46.）

样，"他们可能是特定的史学领域中的著名专家，但是未必在历史教育问题中那么称职，他们不知道中学的特点，没有考虑到学习者认知的可能性。在编写教育内容和作为教育内容物质载体的历史教科书问题上，史学与教育心理学的方法存在着明确的矛盾"。①

讨论者不止一次指出，完善专业的和社会的俄国史教科书审定系统是非常有必要的。在具体的建议中有人提出，对当代中学教科书制定科学教学要求的必要性，回归到苏联时期对中学历史教科书的审定，不仅有历史学家和俄罗斯科学院、俄罗斯教育科学院教学法专家的参与，还应当有教师、方法论专家和家长参与的广泛的科学教学与社会审定。②

讨论中，对于未来俄国史教科书的作者们设置了很高的标准。在 2014 年 1 月 14 日普京总统会见了新教学大纲的编写者们之后，组织编写新的祖国史教科书的任务落在了俄罗斯教育与科学部、俄罗斯历史学会的肩上。2015 年 5 月 15 日，俄罗斯教育与科学部教科书科学方法论委员会会议上，公布了教科书方案审定总结，该总结是由俄罗斯科学院通史研究所所长丘巴里扬（А. О. Чубарьян）带领的俄罗斯历史学会委员会做出的。委员会共审定了来自 5 家出版社的 8 套教科书（六至九年级、十至十一年级）。其中"教育"出版社、"德罗发"出版社和"俄罗斯词语"出版社的三套教材从中胜出。"俄罗斯词语"出版社十至十一年级的教材没有经过审定，因此这套教材延期一年使用。在 5 月 15 日的会议上，上述三套历史教材获得推荐列入联邦目录的同时，有 37 种现行俄国史教科书由于不符合新的祖国历史教学法大纲而被剔除出联邦目录。因此，总统关于在俄罗斯中学实行统一的、但不唯一的俄国史教科书想法在两年半后实现了。现行规划的成功与否只能在实际使用教科书一段时间以后才能够评价。③

---

① 叶·叶·维亚泽姆斯基：《历史文化标准——统一历史教科书与中学历史教育》，《历史教学与中学社会科学知识》2013 年第 9 期。（Вяземский Е. Е. Историко-культурный стандарт, единый учебник истории и школьное историческое образование // Преподавание истории в школе. 2013. № 9. С. 9.）

② 作者《统一历史教科书：俄罗斯教育科学院的讨论》，《历史教学与中学社会科学知识》2013 年第 8 期。（Единый учебник истории: обсуждение в РАО // Преподавание истории и обществознания в школе. 2013. № 8. С. 42.）

③ http：//минобрнауки. рф/новости/5589.

西化观点下"近现代化"的历史书写：
20世纪50年代以来香港高等院校
"中国近现代史"教科书的表述

区志坚[*]

一 引言

不少学者认为香港于鸦片战争以后，早是一个"现代化"城市，香港学术界也受中国内地及海外史观的影响，缔造"中外文化交流"的图像。然而，细看之下，香港史学界的主流观点，应是在欧洲及美国化史观的影响下，从欧美（更确切的是美国"现代化"史观）表述西化下的"近现代"史学观点，研究整个中国及香港本地历史，已有学者从西方都市发展学的角度，认为香港是一个"在中国边缘地区具有西方风格下的城市"（a Western-style city on the edge of China）。[①] 香港学界的不少学者更把西化及美国表述"近现代"史观，运用在历史教学及研究上，这也是余英时表述 20 世纪以来中国思想界的现象，为"不可否认，以思想界的大趋势说，向西方文化认同在二十世纪的中国终于取得了主导的地位"，更确切的是中国内地及香港学界，仍多受美国史观的影响。[②] 研究香港历史的学

---

* 区志坚，香港树仁大学历史系助理教授。

① D. J. Dwyer, "Introduction" in D. J. Dwyer, ed., Asian Urbanization: A Hong Kong Casebook, Hong Kong: Hong Kong University Press, 1969, p.9.

② 余英时：《钱穆与中国文化》，远东出版社，1994，第 3 页。

者，已指出不少学者以 1842 年鸦片战争后为"古代"及"近代"的"香港史"之分期，甚有不当。① 依笔者考察，这种历史书写又与香港学界实受到西方"近代史"分期标准所影响，于 2011 年香港教育局属下"个人、社会及人文教育组"出版的《中国的现代化与蜕变》及《香港的现代化与蜕变》二书，除了谈及香港经济上是"已有良好的基础""教育水平比邻近地区高""健全的司法制度"，② 香港政治、经济等各方面是向"前"、向"进步"发展外，在政治上香港公民也是拥有"自由""民主"的特色，表述香港政治的发展，不单是"步向"民主，香港政府更"给予市民较多、较大的自由空间"，把香港发展放置在西化及美国化表述的"现代化"叙述框架内。

另外，不少学者也多表述香港为"中外文化交流"的要地，香港政府和民间也表述香港是"中外文化交流"要地，"香港在许多方面经历了一个急剧现代化社会普遍面对的压力和机会"，"香港很早就被英国人栽培成一个南中国的'经济窗口'，它的营商环境、通讯航运设施、法律制度，甚至教育配套，在这百年逐步确立，在二次大战后更有惊人的发展。这段殖民地经验令到香港社会有一个很奇怪的格局：政治冰封，但经济发热，文化上一方面迂腐保守，另一方面又奔向全球，是跟西方'现代性接轨'的'现代城市'"，③ 部分香港人自别于中国内地时，往往多强调其受西方文化影响的一面，香港以"较中国大陆多文明"自居，标举香港一地多受西方文化的影响，④ 故本文主要研究香港知识界合力建构"近代中国"的图像，与在香港一地高等院校近现代中国历史教科书建构的图像，甚有关

---

① 王宏志：《历史的沉重：从香港看中国大陆的香港史论述》，牛津大学出版社，2000，第 1~69 页。

② 香港教育局个人、社会及人文教育组编《中国的现代化与蜕变》，香港教育局，2011；《香港的现代化与蜕变》，香港教育局，2011。

③ 香港政府旅游发展局也标榜香港是中外文化交流的特色，香港教育局语文政策常务委员会更言："英文好，人都叻"，载吴俊雄、马杰伟、吕大乐《港式文化研究》；马杰伟、吴俊雄主编《普普香港（一）》，香港教育图书公司，2012，第 9 页；洛枫：《香港现代诗的殖民主义与本土意识》；张美君、朱耀伟编《香港文学@ 文化研究》，牛津大学出版社，2002，第 226~240 页。

④ 卢伟力：《"媒介拉奥孔"——谈香港电影电视"大陆人"形象差异》，见马杰伟、吴俊雄主编《普普香港（一）》，香港教育图书公司，2012，第 122~126 页。

系，并见 20 世纪 50 年代西方表述"近现代中国"图像仍影响至今天，香港近现代史学工作者仍未走出美国史学者倡导"挑战与回应"及台湾近代史学者在香港出版史学著作中表述的"近代中国"叙述框架。

二 西方表述"近现代化"观念及叙述框架为香港 近代中国历史教科书所采用

"现代化"一词在英语的名词是 modernization，意思指 to make modern，是"成为现代"的意思。"modern"是表示时间的名词，主要是"of the present or recent times"，原意是为"现世的"或"现代的"，"近世的"或"近代的"。及后"modern"一词除了表述时间的概念外，也有"时新的"（new，up-to-date）及"时髦的"、"时尚的"（new fashioned）等意思，"现代"（modern times）一词，引申为"新时代"的意思，也具有汉语译作"摩登时代"的意思。"modern"一词最先使用在西方文艺复兴时期人文主义者的作品，此时的作品表述了在一个新时代出现的新观念，把文艺复兴时代的思想，表述为一个与"中世纪"（the Middle Age）或"黑暗时代"（the Dark Age）相对立的时段，由是"现代"一词可以指称历史上分期内某一不同于"黑暗时代"的历史阶段。西方史家认为"现代"是从中世纪结束后至今天的"长时期"发展，"现代"也具有一种价值判断及评估，以此"现代"（modern）的标准，有别于中世纪的新时代精神与特征。研究现代化的中国学者罗荣渠以"现代"（modern）是别于中世纪价值观的标准，"现代化"（modernization）一词的意义，包括：工业化、科学革命、心理态度、价值观及生活方式的改变，罗氏更指出："由于现代化是一个包罗宏富、多层次、多阶段的历史过程，很难一言以蔽之，因此从不同的角度研究现代化，自然形成不同的流派。从历史角度来透视，广义而言，现代化作为一个世界性的历史过程，是指人类社会从工业革命以来所经历的一场急剧变革，这一变革以工业化为推动力，导致传统的农业社会向现代工业社会的全球性的大转变过程，它使工业主义渗透到经济、文化、思想各个领域，引起深刻的相应变化；狭义而言，现代化又不是一个自然的社会演变过程，它是落后国家采取高效率的途径（其中包括可利用的传统因素），通过有计划地经济技术改造和学习世界先进，带动广泛的社会改革，以迅速赶上先进工业国和适应现代世界环境的发展过程……作为人类近期历史发展的特定过程，把高度发达的工业社会的实现作为现代化完成的一个主要标志也许是合适的"，① "以现代化为中心来研究中国近现代史，不同于以革命中心来研究中国近现代史，必须重新建立一个包括革命在内而不是排斥革命的新的综合分析框架，必须以现代生产力、经济发展、政治民主、社会进步、国际性整合等综合标志对近一个半世纪的中国大变革给予新的客观定位"，此说较清楚地表述了"现代化"（modernization）一词，是指一个国家或社会发展的过程，而此过程呈现的政治、经济、学术、文化等各方面的现象及特色，与"昔日"及"传统"有别，具体表现是具有现代生产力、经济发展、政治民主、社会进步、国际性整合的特色，但细阅之，罗氏实以西方"现代化"的标准，分析中国国家及社会发展，是否已进入"高度发达的工业社会"，具有西方表述"现代化"标准的国家或社会，才可视为已达到"现代化"发展的境地。另一位研究现代化的学者虞和平更直接把"现代化"放进1840年后中国城市史、法制史、科技史、企业史、制度史、资本主义及资产阶级史，虞氏在《中国现代化历程·绪论》指出，现代化的特色为：现代工业化及民主化的过程，其中"中国现代化已经历了160余年的历程，经过了三种道路的转换。1949年10月之前，以资本主义现代化为主体，本书称之为'早期现代化'；1949年10月至1978年，基本是按照马克思列宁主义学说而实行的社会主义现代化道路，本书称之为'经典社会主义现代化道路'；1979年之后，主要是以马克思的社会主义学说与中国的具体国情相结合而开创的有中国特色社会主义现代化道路，这三种现代化，既有不同的道路和模式的区别，也有现代化抽象含义上的工业化、民主化等社会发展指标的共性。这里需要特别强调的是，由于中国的早期现代化的核心含义，还应该增加一项民族化——反对帝国主义侵略，至取民族独立和统一"。简言之，虞氏表述"现代化"的内涵为：工业化、民主化及民族独立统一的特色，也是朝向建立现代民族国家达到反抗外力入侵的叙述框架，虽然虞氏的观点未必全受西方表述

---

① 罗荣渠：《现代化新论——世界与中国的现代化进程》，商务印书馆，2004。

"近现代化"观点所影响，甚至可以说是虞氏的观点较多受到邓小平提出"四个现代化"，和马克思、列宁、毛泽东提出涉及富国强兵等现代化范畴观点所影响，但虞氏是把中国发展放进现代民族国家发展叙述框架内，最终以建立一个"民主化及民族独立统一"发展架构，然而衡量中国国家达到"现代化"工业及民主的标准，也是采用西方的观点。① 结合罗、虞二氏观点，"现代化"的内容为，以现代生产力、经济发展、工业化、政治民主、社会进步、建立与列国外交关系。

西方（主要是美国）较有系统以"现代化"观点，研究中国自鸦片战争后近现代化发展的学者是吉尔伯特·罗兹曼（Gilbert Rozman）。他于1981年出版 *The Modernization of China*（中译名：《中国的现代化》）一书，表述了"现代化"的定义为："从一个以农业为基础的人均收入很低的社会，走向着重利用科学及技术的都市化和工业化社会的这样一种巨大转变"，罗兹曼认为"现代化是人类历史上最剧烈，最深远并且显然是无可避免的一场社会变革"，现代化的研究是一种手段，而不是一种目的，现代化是各社会在科学技术革命的冲击下，已经或正在进行的转变过程，而现代化的社会，表明了现代化是涉及社会的各个层面之一种过程，而促成现代化的社会变革因素，包括：国际关系，非农业生产尤其是制造业及服务业的相对增长，出生率及死亡率由高向低的转变，持续的经济增长，公平的收入分配，各种组织和技能的增生及专门化、官僚化、民众的政治大众化、教育水平的扩展，等等。书中把"现代化"的内容细致地分为：国际环境，政治上主权发展、国家权力、地方政权、法律结构、利益集团，经济上资源分配、消费及投资、技术革新、通货及财政问题，社会的整合主要是从人力资源、民众定居情况、移民流动、人际关系，在教育上的民众教育、精英教育、教育与价值观、科学及技术，等等。② 作者更从以上"现代化"的内涵，探讨中国发展，并从以上各方面了解中国的社会变化。

把美国建构的"现代化"观念放在中国史研究课题中，必须注意影响

---

① 虞和平：《中国现代化历程·绪论》1卷，商务印书馆，2004，第25页。有关1949年后，中国内地学者对"现代化"课题的研究情况，见郭世佑、邱巍《突破重围——中国早期现代化研究》，河南大学出版社，2010。

② Gilbert Rozman, *The Modernization of China*, N. Y. and London: The Free Press, 1981.

20 世纪 50~80 年代美国学者及海外华人学界"近现代"史学观点甚大之费正清（J. K. Fairbank）。费正清提出"挑战与回应"论（challenge and response，也译为"冲击与反应论"）于 21 世纪，也被中国学者认为是研究近现代中国的"四种主要模式"之一。[①] 费正清及崔瑞德（Denis Twitchett）主编 The Cambridge History of China Late China，1800-1911（中译为《剑桥中国晚清史》），费正清又与赖肖尔（Edwin Oldfather Reischauer）共同编著 East Asia：The Great Tradition（ Boston：Houghton Mifflin，1960，1970），其后费、赖二人又与 Grag 共同编著 East Asia：The Modern Transformation（Boston：Houghton Mifflin，1965）一书，及于 1973 年费氏与赖改编 East Asia：The Modern Transformation 一书，取名 China：The Tradition and Transformation（Boston：Houghton Mifflin，1973；中译为《中国：传统与变革》），East Asia：The Modern Transformation 及 China：The Tradition and Transformation 二书均为香港高等院校晚清史及中学世界史预科课程（the Advance Level Examination）的参考书，甚至很多中学历史科把《中国：传统与变革》一书列为指定教科书，故谈及香港历史教育怎样受到"现代化"框架叙述影响，也要多注意费正清在《中国：传统与变革》中发表的观点。[②]

　　费正清与赖肖尔所处的 20 世纪 50 年代，正是以冷战的国际背景为立论基础，指出美国人把世界分成为"敌"及"我"的两个阵营，美国成为民主及自由主义的代名词，苏联或共产主义成为极权主义的同义词，费正清及赖肖尔多把日本及中国发展纳入以现代化的扩张为特征的普世历史中，并采用挑战与回应的观点考察中国及日本的发展，又多认为日本所以能快速地实现现代化，原因在于日本乐于向外学习。[③] 另外，费正清于 1954 年，与邓嗣禹合编的《挑战与回应：1839～1923 文献研读》一书中

① 许纪霖：《何谓现代，谁之中国？》，许纪霖、刘擎主编《何谓现代，谁之中国？——现代中国的再阐释》2004 年第 12 期。

② John K. Fairbank and Edwin O. Reischauer, East Asia：The Great Tradition, Boston：Houghton Mifflin, 1960, 1970.
John K. Fairbank, et al., East Asia：The Modern Transformation, Boston：Houghton Mifflin, 1965.
John K. Fairbank and Edwin O. Reischauer, China：The Tradition and Transformation, Boston：Houghton Mifflin, 1973.

③ 有关费正清及赖肖尔所处的时代背景和赖肖尔的观点，见归泳涛《赖肖尔与美国对日政策——战后日本历史观中的美国因素》，重庆出版社，2008，第 33~49 页。

说，古代中国社会（Ancient society of China）因为不平等条约，才加强与西欧及美国交往，然而这种与西方国家的交往，成为带来中国工业革命的催化剂，更带来中国政治、经济、社会、思想及文化改变的重要力量。①

其后，费正清在《中国：传统与变革》中表述"现代化"内容，包括：现代社会应是教会及国家、资本及劳工、政府和私人企业等各方面在法律规定下保持平衡，国家也出现工业化，也有行政架构，也有城市化及现代军事设施，在思想上要求改革及创新，出版社及流通的报刊，私人筹办工商业机构，等等，主要论及只有学习及吸收西方文明，才能使中国富强及走向西方设计"现代化"模式。费正清在《中国：传统与变革》一书的《导言》中说："中国当前社会发展的实质是各种新兴力量和传统的习惯及思维模式之间的相互作用，而新兴的力量不少又源自西方。此书的内容也就自然地分为两个主要部分：中国传统主义在过去三千多年间相对孤立的演化和该文明自近代以来因同西方现代世界接触而产生的动荡与转变"，强调在 1840 年鸦片战争前，中国仍是一个闭关及封闭的国家，待西方文明接触后，中国才可走向现代化，"传统中国"一词所指为 1840 年鸦片战争前未开关的中国，而 1840 年后，因受外力入侵"门户洞开"，使中国进行"现代化"，书中表述中国传统的经济情形是：农耕社会，经济生产模式只是以人体力，农产品集中在乡村经济，社会上也重视以家庭为中心，而不是以上帝国家为核心，传统的中国家庭制度是等级制，也是专制；婚姻是家庭的结合，不是个人的结合，由是重视伦理制度，不重视法律及宗教制度，这些"传统中国"特色与西方接触后，得到变革。②

然而，费正清及罗兹曼均以西方式"现代化"的叙述框架，分析及衡量 1840 年后的中国是否已进行西方的"现代化"，费正清及罗兹曼仍以"传统"及"现代"二分法分析中国国情，费正清从"挑战与回应"观

① Ssu-yu Teng（邓嗣禹）and John K. Fairbank, *Response to the West: A Documentary Survey, 1839-1923*, Cambridge: Harvard University 1954, 1979, pp. 4-5.

② John K. Fairbank and Edwin O. Reischauer, *China: Tradition & Transformation*, Boston: Houghton Mifflin Company, 1989, pp. 17-33. 虽然此书为费正清与赖肖尔合著的，但学界多认为此书基本上是费正清的史观。

念，强调中外接触后，中国才受到西方的"挑战"，中国才有出现自强改革或革命，中国与西方交往后才有现代化的成果。[①] 费氏论点失于太过强调外力对中国的影响，特别是强调外力协助中国改革及革命，外来文化就是"新文化"的代表，新文化就是"现代化"过程的成果，尤其是未注意传统与新文化可以在中国，走向"现代化"过程中，二者并存。费正清持论多认为中国历史的发展似是线性发展，直接朝向西方设计的"现代化"（工业化）之目标，中国走向"现代化"只有与传统断裂。[②] 他认为古代的中国，人民对于所有外国人具有一种天生优越感，相对而言，中国人面对西方的挑战，产生了抵抗，但中国人多是无视这种外力的挑战，由是形成"统治阶级的世界观或自我意识，这个统治阶级界乎于人口众多的农民和规模相当小的帝国政府之间"，中国士绅集团的理想"是乡村型而不是都市型的"，不思改革；在经济发展上，他认为"中国已自己看成一个相对自给自足的经济一体"，而在科学的发明上，"当欧洲正在把科学和发明制度化的时候，中国尚未这样做，所以新技术的发长微乎其微"；在对外贸易上因"中国对外贸易和发明新技术都缺乏动因，并且备受政府时刻准备对任何新兴的获利经济企业进行垄断，使得在英国工业化中极为重要的那类企业精神，在中国则完全不可能建立"；而在行政上，清政府是"具有对外国刺激反应迟钝的特点，这一特点首先表现为清朝地方统治相当消极"，中国政府的行政只是"使国家之船保持传统的航向，而不是使它转往新的方向。即使在最高层，皇帝的个人统治也是消极的，他的职业在于进行美化的公文交换，而不是制定政策"，因为中国政府施政消极及不求变，面对"有活力的英国"，自然不能遏制英国在中国的扩张，费正清因此推论："西方扩张不可遏制的活力和中国制度墨守成规的惰性，某种形式中的中外战争可能还是会爆发的"，"（中国）这一个停滞的主要原因无疑是中国的贫

---

① John K. Fairbank, *Trade and Diplomacy on China Coast*, Cambridge：Harvard University Press，1953.

② John K. Fairbank 从"挑战与回应"的观点，引申以"现代化"（modernization）的论调及此论调之失，见 Paul A. Cohen, *Discovering History in China：American Historical Writing on the Recent Chinese Past*，New York：Columbia University Press，1984。参见陶文钊《费正清与美国的中国学》，朱政惠编《中国学者论美国中国学》，上海辞书出版社，2008，第263~279页。

穷，自给自足和保守主义"，也因为中国不重视西方知识，所以"要通过借用西方的发明创造和技术发动中国的自强运动"，而自强运动期间也是中国学习西方的主要阶段和中外关系较和善的时期，所以"1864 年以后清廷有了一个喘息的时期，中国有了一个在西方帮助下实现自卫现代化的机会"，而自强运动的失败主要是"中国上层阶级不接受进步观念，也不接受民族主义观念"，结论是："中国工业化的缓慢可以归结为许多因素——文化的、心理的、社会的、经济的、政治的和行政的因素共同作用的结果"，只有"从（中国）与西方文往中，获得的新思想和新观点，但这方新因素只是中国传统洪流中的支流。中国人生活的各个方面仍然未受任何西方现代事物的影响，而这类现代事物正在席卷当时的日本。变革的思想在传播，但非常缓慢。……我们看到了一个共同的模式：中国的现代化在每一方面都受到西方榜样的鼓励，但必须建立在原有旧制度的基础上，旧制度的力量仍是如此强大，以致减缓了对于革新的需求"，先以西方启蒙、进步史观及以西方设计的现代化模式，表述自 1840 年至 20 世纪 30 年代中国发展。

20 世纪 70 年代及 80 年代，香港中国现代史教育也受到另一位任教美国的华裔学者徐中约（Immanuel Hsu）在 *Rise of Modern China* 一书中表述"近代"之观点所影响，后来 *Rise of Modern China* 一书由香港中文大学出版中文译本。费、徐二书更是香港中学及大学中国近现代史学科的指定教科书。但在以上二书有中文译本之前，以郭廷以《近代中国史纲》一书，更受香港中学及大学历史学科的教员及学生所欢迎。因为郭氏一书既是中文大学出版社出版，在 *Rise of Modern China* 一书及费正清著作翻译成中文之前，郭氏一书较同时期或之前在香港流行的以中文书写的中国近代史教科书，更为资料翔实、论述详细，以具史观著称，加上郭氏《近代中国史纲》以中文书写，由是更广受 20 世纪 70～90 年代香港中学及大学历史学科的教员及学生所重视，香港中文大学近现代史学科也列此书为参考书。

以下再详看郭廷以的观点。郭氏奉为"很早提出近代化的观点，并定此为中研院近代史研究所研究工作的要项之人"，[①] 郭氏的学生如李国祁及

---

① 李国祁：《忆量宇师》，见陈三并主编《走过忧患的岁月——近史所的故事》，台北中研院近代史研究所，1995，第 54 页。

张玉法等，也延承师说，在台湾开拓中国近代化的区域研究计划，谈及把近现代化观念研究 1842 年的中国史，不可不注意郭廷以对"近代化"一词的论述。[1]

郭廷以《近代中国史纲》认为："十八世纪后期至十九世纪前期，中国内部秩序已不易维持。即每无外来的冲击，清的治权已不易保，对于虎视眈眈的西方强敌，又焉能抵御"，[2] 提醒学者多注意鸦片战争中外接触前，中国内部已出现变革的要求，但郭氏也受西方"近现代"观点所影响："近代所接触的西洋则大不然，除了强大的武力，尚有别具一格的政治组织、经济力量、高度文化，一旦彼此短兵相接，中国的樊篱为之突破，立国基础为之震撼。于是张皇失措，自处处人，两无是处，遂陷入悲运。'西洋人之入中国，为天地之一大变'，并未过甚其词"，仍然在西方文化"强"于中方观点下表述"近现代"中国事情，鸦片战争后的中外接触就是"一大变"。由表述西方近代强于中方的观点，引述鸦片战争前的中国，仍是闭关自守："十八世纪以来，百余年间，西方世界日新月异，科学、技艺的进步，思想、社会、政治的演进，空前所无。中国固步自封，孤陋寡闻，依然故我。彼此观念距离极远，利害更相径庭，根本关键由于双方欠缺了解"，中外双方因互不了解，引起战争，但郭氏仍多注意中国"自封"及对外"孤陋寡闻"的特色。同时，郭氏也从民族主义史学的角度，斥责英人迫使中方签《南京条约》"过去的中西关系，一切操之于中国，可免某一国独占，又可施恩各国。过去的中国不以平等待人，英人口口声声要争取平等，现在及今后反以不平等对待中国了"；再看郭氏表述新、旧文化的特色，他认为"清季曾受西学启导、向往民主政治知识分子，可说是革命的原动力，留学日本及国内学生实居中坚地位。民国建立后的种种现象，使他们于失望之余，继续探求救国之道，终于获得新的觉悟，深感以往努力的方向，过于偏重西方形式的模仿，未曾触及到西方

---

① 《林明德先生访问纪录》，见黄克武等主访、沈怀玉等记录《近代史一甲子：同仁忆往录》上册，台北中研院近代史研究所，2015，第 254~256 页。

② 郭廷以：《近代中国史纲》，香港中文大学出版社，2008，第 12 页。此书于 1979 年已由香港中文大学出版社出版第一版。有关研究郭廷以史观，见林志宏《蒋廷黻、罗家伦、郭廷以：建立"科学的中国近代史"及其诠释》，《思与言》2004 年第 42 卷第 4 期。

立国的根本精神。变革政治，首须变革社会；变革社会，首须变革人心。消极方面，必须涤荡违背时代的、保守的旧观念、旧信仰、旧人生观，亦即旧文化。积极方面，必须建设适合时代的、进步的新观念、新信仰、新人生观，亦即新文化"，在郭氏看来自晚中叶至 1919 年五四运动前，中国学术思想界也是朝向"变革"及"进步"，可见郭氏仍受"进步"史观影响。

郭氏新旧文化对比的研究方向及表述对清季闭关自守导致中国近代延误的观点，乃沿自郭氏受西方"近代化"观念所影响，郭廷以在 1958 年 7 月 9 日《日记》曾记与蒋廷黻的对话中，谈及"余云近代化问题，应为研究近代史之重心"，可见郭廷以研究近代史就是探究中国走向"进代化"的发展历程。[①]

再看郭廷以早于 1950 年已在《中国近代化的延误——兼论早期中英关系的性质》一文，比较 1842 年后中国与海外其他国家发展后，便说一个国家民族历史就是一部生存的历史，在竞争过程中有顺逆及成败，"顺逆成败，则又决之于国家民族对于时代环境的适应能力，亦就是决之于近代化的程度"，比较之下，"近代中国在民族大竞赛中，纵不能谓完全失败，最少也当承认是暂时落伍"，尤其是教育及科学知识，近代中国更是"落伍"于英国，清中叶中国知识界只是"未感到有何变通的必要"，"即令有人为求知欲，好奇心，或进步观念所驱使，有志于域外之学，事实既不许可，亦绝少可能。他（中国）无从得知所谓西学，无从探索接近，他们（中国）完全关闭"，但英国"人家是一日千里的在迈进，我们是故步自封，孤陋寡闻"，因"闭关自守"所以"落伍"于他国，故勉励国人"对于一别百余年的西方文化，自亦须重新认识，从头学习"，清雍正帝禁教，乾隆帝变本加厉执行闭关"拒人而'自闭'的措施"，未吸收西学，终流为"百年以来中国的悲剧之一幕一幕的演出，是由于我们的知识文化落在人家的后面，赶不上了时代，何以落后，因素虽颇复杂，而百年以前我们和西方失去联系，认识中断，无疑的有重大关系"，"根绝了我们与外

---

① 郭廷以：《郭量宇先生日记残稿》〔1958 年 7 月 9 日〕条，台北中研院近代史研究所，2012，第 81 页。

界的文化因缘，窒息了中国的学术思想，我们在长期停滞，人家在突飞猛进。结果自然是吃了大亏。吃亏上当固然可以学到些乖巧，可是我们所付出的代价太大了。百年以来，中国民族亦已逐渐知道其当努力的方向——近代化"，肯定中外文化交流对国家富强的重要，尤以学习西方知识更为重要，未能学习西方知识及与西方文化交流，成为中国民族"长期停滞"的原因，而中华民族的未来是朝向"近代化"，而构成"近代化"的标准是学习西学，并以西方富强为评价中国达到"近代化"成效与否的标准。

再看，郭氏在《近代西洋文化之输入及其认识》中指出中国近代西方文化由输入与认识，分为五个阶段，道咸之际、同治时代、光绪前期、甲午之役、辛亥以来，各阶段的发展是"由器械而政教、学术、经济、社会，至孙先生而集其大成"，可惜"近代化的进度不够迅速，因之在民族文化的竞赛途上，我们落后了，大家陷入了彷徨，陷入了悲运，是努力不够，其所以努力不够，是了解不深，认识不足。率直地讲，即是对近代西方文化了解不深，认识不足。西方文化虽不完全等于近代化，但是如果撇开西方文化，近代化的内容也就所余无几了。如何充分地了解认识西方文化，如何顺利地输入西方文化，如何圆满地达成中国的近代化，这是值得而且是必须反省的问题，亦是必须努力的方向"，郭氏受线性发展史观的影响，以为时代越近，越进步，更认为只有孙中山才是集各家大成，只有输入西方文化，才能完成中国近代化；郭氏在《近代中国世变的由来》中一再表述：嘉庆道光后的中国是"落伍"，"嘉庆道光两朝，供奉内廷的西人愈少。从此中西文化接触几同绝缘，一百余年来中国与西方全无认识。在此期间，即十八世纪至十九世纪初期，西方进步一日千里，中国孤陋寡闻，不自觉落伍了"。

郭氏在《从中外接触上论中国近代化问题》一文中说："我个人认为一个国家，一个民族，乃至个人，为使其生活方式，精神的与物质的，有其辉煌的，能适应时代环境，以增进其福利所作的努力与所获的成果，即为近代化"，① 此语虽未带有"近代化"叙事框架检视全球发展，文章后半

---

① 郭廷以：《从中外接触上论中国近代化问题》，见《近代中国的变局》，台北联经出版有限公司，1987，第93~95页。

部分，郭氏认为中国有辉煌的盛世，"亦有其式微的衰世"，中国有其自己的"近代化"："数千年来，一脉相传，绵亘不绝，其永恒性可说是非任何国家可与比伦，此即证其生活方式大致是足以适应不同的时代环境，也就是能够近代化"，只要"适应时代环境"就是"近代化"，数千年的制度适应时代环境，自然是可至"近代化"；为什么说19世纪中叶以后的中国不同昔日的中国，他说："但是自十九世纪中叶以来，更明白的说，即自中国与西方广泛的、密切的接触以来，情势大变；不仅地位一落千丈，且几有不能自保之势。无可讳言，其最大原因在于近一百年中国未能做到近代化"，也就是19世纪中叶以后，中国制度未能"适应时代环境"，他认为19世纪以后的国人仍然自信与自卫，误导国人未了解国际环境，未能取人之所长。细加考察，郭氏仍受线性史观的影响，但此线性不是向每一个阶段进步，而是到了18世纪后的中国是"停滞"及"落后"，他认为中国文化的演变，约可分为：公元前20世纪至公元前9世纪，即夏商和西周时代，是初步创造时期，公元前8世纪至公元前3世纪，春秋战国时代，为成熟时期；公元前3世纪至公元2世纪，秦汉时代是消化时期；3世纪至9世纪，魏晋至唐代是发扬时期；10世纪至18世纪，宋至清的前期"渐趋停滞"；18世纪之后，"方算落后"。

郭氏在《近代科学与民主思想的输入——晚清译书与西学》中明显地流露线性史观，表述了后者是较前者进步，如郭氏在此文中以外来知识移入中土的历程，视为历史分期的标准，他把自明清至民初的历史发展分为：明清之际为第一期，道咸同光为第二期，民国初年以来为第三期，此文虽只言第二期，虽指出道咸年间的汉译外文的书籍内容及数量上仍感不足，但"转变了中国学者的观念，扩大了他们的眼光，奠下了中国科学民主思想的始基，是近代文化的大关键"。归纳而言，郭氏虽然从中外文化交流的角度，深感国富民强为振兴民族的重要，尤以郭氏身历八年抗日战争，反省中国不如他国，在求民族振兴的民族主义史学躯策下，只有多学习西学及西方文化知识，为振兴国家民族的方法，并以西方近代化发展为评估中国近代化走向的标准，最后，近代化使中国国力富强"外人亦绝对不能染指"，经此表述已见为郭氏从一种民族主义近代化或是一种"抵抗殖民主义"的"近代化"观点述表述中国自1842年以来的发展历程。此不独郭氏一人的构想，乃是五六十年代，不少经过八年抗战及国共内战之中国学者反省中国"落伍"，此时的学者深信只有进行"近代化"模式，才使中国富强之构想；然而，因为郭氏表述"近代化"内涵，以西方科学及知识发展为标准，也受自清末以来，自西方传入中国的"进步"、"进化"及"近代化"观念所影响，此乃一种时代局限，若只以西化下"近代化"的标准，评价1840年中国各方面发展的面貌，尚有补足之处，如可以多注意19世纪中国内部发展与西力的互动情况。①

谈及台湾研究近代史学者，对香港历史教育的影响，除了郭氏以外，也可以注意另一位学者李定一。② 李氏于1949年后迁台，在1963年至1969年任教香港中文大学，70年代中也曾任教香港树仁学院。任教香港时，以他编写《中国近代史》为学生指定的教科书，他在《中国近代史》中，指出"自鸦片战争以还，中国历史演进所遵循之理想，因在不正常的情况下与另一文化类型崭然不同的外力接触，遂被迫而必须变异。欲将积两千余年固守勿渝者，一举而尽弃之，势有所不能，于是问题丛生"，鸦片战争除了表示中国与西洋两大文化体系的接触，二者却不了解对方外，更见传统的中国未与西洋文化交流之失，鸦片战争前的中国政府，仍是"固守勿渝"，闭关自守。他不是全部认同"近代"中国起源自鸦片战争，因为"鸦片战争虽然被视为中国近代史的起里碑，但英法联军入北京才真正是中国在客观环境与主观意识上都转入近代的枢纽"，中国自英法联军入京后，皇帝逃亡，随后开始自强运动，"北京条约订立后，中国开始对内地推行自强运动，向近代迈进"；此外，作者归纳推动自强运动，百日维新及辛亥革命的动力是西方的，他说，"如曾、左、李的自强运动，康梁的戊戌维新，中山先生的革命运动等，都是受西洋势力激荡而起的反应"。李定一虽承认鸦片战争以后的中国发展为外力侵略的中国史，但也

---

① 郭廷以：《中国近代化的延误——兼论早期中英关系的性质》(1950)，《从中外接触上论中国近代化问题》(1969)，《近代西洋文化之输入及其认识》(1951)，《近代科学与民主思想的输入——晚清译书与西学》(1952)，《近代中国世变的由来》(1954)，见《近代中国的变局》，台北联经出版有限公司，1987，第49、91、53、93~95页。

② 刘义章：《访问李定一教授》，《香港中国近代史学会刊》1989年第3期。有关"近代化"观念对郭廷以等台湾学者的影响参见李金强《传承与开拓——一九四九后台湾之中国近代史研究》，见《中国近代史研究新趋势》，香港教育图书公司，1994，第58~62页。

较强调推动改革及革命的力量是来自外国，纵使外力既是加强对中国侵略，但仍强调外力推动中国走向"近代"，此又是一种"进步"史观，向前"迈进"，今胜于古。①

上文已言自 80 年代末至今，香港高中及大学近代中国史课程，甚有影响的著作，也有徐中约（Immamuel C. Y. Hsu）著 *Rise of Modern China* 一书，此书的中文译名为《中国近代史》，有些学者认为此书是"广为美国数千所大专院校采用为近代中国史的教本，其普及于全球性英语世界各大专院校采用为通用教科书的程度，甚至为其出版者 Oxford University Press 列之为五百年来该出版社所出版的数十种名著之一"，② 也有学者认为此书是徐氏成功表述从中国内部检视中国自儒家帝国（Confucian empire）走向现代民族国家（modern nation-state）的著作。③ 原书的英文书名已清楚表述了把中国放进"近代化"及线性发展叙述框架内，徐氏把自 1861 年至 20 世纪 20 年代中国对西方冲击的发展，分为不同阶段，第一阶段是：自 1861 年至 1895 年的自强运动；第二阶段是：自 1898 年至 1912 年的变法与革命时代；第三阶段是：自 1917 年至 1923 年的思想觉醒，"标志了从传统的中国基础向完全西化的进一步转变，到了 1920 年，中国已名副其实是现代世界的一部分了"，④ 可知徐氏表述了 20 世纪 20 年代的中国已达到"现代世界的一部分了"，自 1861 年至 20 世纪 20 年代发展也是朝向"现代世界"的发展。

徐氏虽言研究近代中国，不是一种中国对西方的被动反应，"而是一场中国人应付内外挑战的主动奋斗，力图更新并改造国家，使之从一个落后的儒家普世帝国，转变为一个在国际大家庭中拥有正当席位的近代民族国家。这种见解，避免用'外因'来解释中国历史及其所暗含中国仅仅是'作回应'的思想陷阱"，希望研究中国发展要注意中国内部变动力量与外

---

① 李定一：《中国近代史》，台湾中华书局，1967，第 1、2、139、179、203 页。

② 李恩涵：《八十忆往：家国与近代外交史学》，台北秀威资讯科技，2011，第 153 页。

③ Philip Yeung-sang Leung and Edwin Pak-wah Leung, "Introduction", in Philip Yeung-sang Leung and Edwin Pak-wah Leung, ed., *Modern China in Transition Studies in Honor of Immanuel C. Y. Hsu*, California: Regina Books, 1995, p. 5.

④ 徐中约：《中国近代史》，计秋枫、朱庆葆译，茅家琦、钱乘旦校，香港中文大学出版社，2001，第 510 页。

力入侵进行的互动关系，但已知他表述在鸦片战争前的中国是一个"落后的儒家普世帝国"，以西方观点评价同治中兴及自强运动的成效："同治中兴显然只能算是中国历史上一个较低层次的复兴，它虽然暂时制止了衰落，但却未能使清王朝恢复到足以体面地生存在近代世界的水平。它对西方军械、技术和外交的模仿是一种浮于外表的现代化姿态；西方文明中的精华所在——政治体制、社会理论、哲学、艺术和音乐——全然没有触及。从历史的眼光看，它充其量不过是清王朝国运持续衰落中的一缕回光返照而已——犹如'秋老虎'最后的炎热一般"，同治中兴只是"力争恢复旧秩序"，自强运动"虽然有其种种缺点，但却标志著工业化的开始，并在中国播下了现代资本主义的种子，……他们促使了中国新的管理和实业阶层之诞生"，我们不能否认自强运动，有中国人办的轮海公司及工厂等，但徐氏评价这些成果的笔触，仍以西方"工业化""现代资本主义"特色之观点，评价运动成效，徐氏如郭廷以一样，也指出道光以后的清政府及知识分子未能了解西方文明，终致中国落后于西方，他说："西方扩张的特征有多方面，例如舰船、火炮、贸易、传教、帝国主义，以及民族主义，而且由一种在诸多方面均优于中华文明的生机勃勃的近代文明所支撑。它为中国带来了罕为人知的新奇境况，这种前所未有的挑战袭来时，中国毫无准备，应对无措"，清室改革只是"随遇而安的，犹如用新布补旧衣、旧瓶装新酒一般。他们付出的零零碎碎的努力，没有实现经济发展中的关键性突破。显而易见，在陈旧的儒家基础之上，无法成功地移植近代资本主义与政治革新"，清季官员及士大夫"多生活在过去之中，沉溺中国'文化主义'的梦幻世界之中。他们从过去寻求出路而非面向未来获取启示。传统的旧制度得到宣扬，而当代的事例却遭受唾弃，机器、轮船、枪炮、电报通讯与铁路交通均被视为不登大雅之堂的奇技淫巧。他们满怀中国至上主义的傲慢，却少有民族主义的情怀；他们引述历史说教以为自己以华制华的态度寻找合法性证据，但却对师法夷人之制恼羞成怒。对于他们而言，以西方的形象来改造天朝中国是不可思议的"，晚清政府是"对当时世事何以如此无知"，自视为"天朝上国"，不理海外列强事务，清季官员虽知"外来影响在晚清是一股主要的推动力量"，但中国知识分子却不求学于西方，"中国已无法在其古老的基础上重建，只有一场革命才有希望使之获再生",若不求西学终"使现代化的成功为泡影",徐氏认为只要中国人多吸收西学知识,多向西方学习便可以抗外侵,便可以使中国走向"现代化"。

在80年代,因台湾经济发展及受到美国学界表述"现代化"研究观点,带动台湾学术界多讨论"现代化"课题,尤以时报文化出版事业有限公司,更由朱云汉、彭怀恩主编《中国现代化的历程》论文集,书中收录了金耀基、殷海光、黄树民、艾森斯塔、郭廷以、李维、墨非、白鲁恂、魏镛、朱云汉、蔡文辉、彭怀恩等,均就运用"现代化"观念分析中国发展的课题,撰写论文。① 然而,究竟"近现代化"的观念内涵又是怎样,要看七八十年代影响香港及台湾学界的金耀基《从传统到现代》一书。②

金耀基于1978年出版《从传统到现代》一书,认为:"中国现代化是中国唯一的出路,并且它也逐渐成一个日益壮大的潮流","中国不仅必须现代化,不仅无法抗拒现代化的诱惑,并且已经自愿或不自愿,自觉或不自觉地在现代化的道路上",他认为,"'现代化'(modern)或'现代性'(modernity)不是一个绝对的词语,而是一个相对的词语。它是相对于'传统'而言的……但是这种二分的区别却有其不当处,因为没有一个社会是绝对现代的、世俗的、工业的或契约取向的;也没有一个社会是绝对神圣的、民俗的、农业的或身份取向的。这种二分法的分类只有在建构'型模'(model)时,有便于分析之用,在现实的世界里并不能找到绝对的'传统的社会',也找不到绝对的'现代的社会'"。

另一方面,金氏认为中国必须走向现代化的路向,"现代"(modern)一词的内涵为:工业化、都市化、普遍参与、世俗化、高度的结构分殊性、高度的普遍的成就取向,进一步他认为"中国'现代化'的历史背景必须追溯到百年前的鸦片战争,因为中国的'现代化'不是起因于一种

---

① 朱云汉、彭怀恩主编《中国现代化的历程》,台北时报文化出版事业有限公司,1980。
② 有关金耀基《从传统到现代》一书对港台学术界的影响,见李金强《传承与开拓——一九四九后台湾之中国近代史研究》,《中国近代史研究新趋势》,香港教育图书公司,1994,第58~62页。

'内发的力量'，而是源自'外发的力量'"，中国在过去两千年从没有发生过"全部的""永久性"的变迁，因"中国的文化在一个静态的农业社会中，富有一种'自足的系统'，而在世界秩序中，享有一种自觉与不自觉的'光荣的孤立'，……所以同光年间洞识时务、目光犀利的郭嵩焘指出，西洋人之入中国是天地的一大变。李鸿章、严复也说是三千年来中国的大变局，是秦以来所有未有过的世变"，推动清中叶"变"的动力，不是来自中国传统，"中国的变是在西方的炮舰的威胁与轰击下被逼出来的"，因中国闭关自守，对国际局势不了解，加上中国文化保守、不求变，只有借外力才能使中国走向现代化，"由于中国的本土运动中具有反现代化与非现代化的二股势力。这二股势力削弱、抵消了现代化的力量"，这二股力量，包括：一是"民族的崇古心理"，二是"知识分子不健全的心态"，三是"普遍认知的不足"，四是"旧势力的反抗"，中国走向现代化的道路，必要改革传统文化。中国现代化的目的，"一是使中国能跻身于世界之林，使古典的中国能够成功地与到现代世界社会中去；二是使中国古典文化彻底更新，使中国古典文化能在未来的世界文化中扮演一个重要的角色。所以本质上，中国现代化运动是承继了康梁维新，孙中山先生的国民革命以及五四运动的正面精神而向前推进的。中国的出路有且只有一条，就是中国现代化。现代化是世界的潮流，中国不能违逆这个潮流，而一厢情愿地回归到'传统的孤立'中去"，可见以他所列的"现代化"标准，于清道光以前的中国是没有出现，因为鸦片战争后，中外接触日多，才有西方的先进文化传入中国，才传入具"现代化"的知识，只有打破中国封闭社会，才可使中国走向西方表述"现代化"道路。金氏也按"现代化"概念表述自 1860 年至 20 世纪 20 年代的历史：自 1842 年至 1894 年为"器物技能层次（technical level）的现代化"；自 1898 年至 1919 年为"制度层次（institutional level）的现代化"；自 1920 年后的发展为"思想行为层次（behavioral level）的现代化"，中国未来发展也是朝着"现代化"的道路，甚至要冲击中国传统文化，他说："中国现代化运动，将不可避免地大量的废弃中国的事物，以及大量地接受外国事物"，他虽说不是要求中国全盘西化，也不是反对传统文化在当代中国的价值，但已见金氏表述中国走向"现代化"过程，乃是把中国放入以西方表述"现代化"叙述架

构中，并以西方"现代化"标准评估中国现代化成效。① 金氏于 2004 年在
香港牛津大学出版社出版的《中国的"现代转向"》一书中，认为"现
代化"是概念，应是国家和社会有意识地建构一个以理性为基础，包括自
由、民主、公正、人权等价值的"文明格局"，这"文明格局"是沿自 18
世纪启蒙思想家设计的"启蒙方案"，乃至二次大战后现代化理论受到挑
战，但不能忽视"美国现代化理论是对第三世界提出发展蓝图，用科学理
性来消除对现代化的障碍，包括迷信、偏见与传统，使非西方社会走上以
美国为范典的现代文明之路，也即以自由主义的民主原则为主轴的资本主
义形态的现代社会"，非西方国家及地域，仍以美国式的"自由主义的民
主原则为主轴的资本主义形态的现代社会"为评核一个国家及地域达到
"现代化"阶段的标准。② 金氏表述"现代化"观点，不独影响了香港学
术界，也影响了香港中学教科书及教材。

当然，谈及影响五六十年代香港大学中国近现代历史教育，也要注意
香港上海印书馆重印之蒋廷黻《中国近代史》。蒋氏《中国近代史》早于
1949 年出版，对学界甚具影响，此书为 60 年代及 70 年代初，香港高等院
校及中学近代中国史教科书。蒋氏《中国近代史·导言》表述中华民族到
了 19 世纪是一个"特殊时期"，在此之前，华族虽与外族已有交往，但是
"那些外族都是文化较低的民族"，至 19 世纪以来，东亚的英、美、法不
是匈奴、倭寇及清朝可比，中国是"老大哥"但多不认识西方的力量，不
了解"西洋的文明"，他更认为中华民族至 19 世纪遇到困难的原因，就是
"我们的科学不及人"，"西洋已于十八世纪中年起始用机械生产打仗，而
我们的工业、农业、运输、军事，仍保存唐宋以来的模样"，"十九世纪西
方的世界已经具备了所谓近代文化，而东方的世界则仍滞留于中古，我们
（中国）是落伍了"，他更认为"一切的国家能接受近代文化者必致富强，
不能者必遭惨败，毫无例外，并且接受得愈早愈速就愈好，日本就是一个
好例子……近四十余年以来，日本居然能在国际上作一个头等的国家，就

---

① 金耀基：《从传统到现代》，台北时报文化出版事业有限公司，1978，第 146~156、175~
185、188~195 页，206~213 页、510 页。

② 金耀基：《现代化、现代性与中国的发展》，《中国的"现代转向"》，香港：牛津大学出
版社，2004，第 61~70 页。

是因为日本接受近代文化很快"，只有中国接受近代化才可以使中国富强："这三国（日本、俄国、土耳其）接受了近代的科学、机械、及民族主义，于是复兴了，富强了。现在我们要研究我们的近代史。我们要注意帝国主义如何压迫我们，我们要仔细研究每一个时期内的抵抗方案，我们尤要分析每一个方案成败的程度和原因，我们如果能找出我国近代史的教训，我们对于抗战就更能有所贡献了"，蒋氏生于晚清，在抗日民族主义观念影响下，他从抗日及抗列强入侵的叙述框架表述中国走向近代化历程，并以西方表述的近代化及富强的标准衡量中国发展。①

当然，谈及 50 年代以来中国史学风尚对香港的影响，② 也要注意两位重要人物，钱穆及罗香林。他们的书籍被香港高等院校中国历史科列为参考书或教科书，但他们提出研究"近代"中国的观点尚未多受注意，笔者曾研究罗香林的史学观点，故本文便引述钱穆表述"近代"的观点。③ 钱穆著《国史大纲》及《中国历代政治得失》，已于 60 年代《香港大学入学考试高级程度考试手册》（*University of Hong Kong Handbook of Advanced Level Examination*）内，列入"参考书目"或教科书。

钱氏在《国史大纲》中，表述了对清代西力的看法，他认为："东西两文化，其先本无直接之接触。其始有直接接触，已近在明清之际"，至道咸年间"鸦片战争，为中国对外第一次之失败"，但钱氏强调"文化与历史之特征，曰连绵，曰持续。惟其连绵与持续，故以形成个性而见为不可移易。惟其有个性而不可闭，故亦谓之有生有精神"，民族文化与历史的生命与精神，是由民族所处的特殊环境，有特殊努力，民族政治制度的真革新，在于能处决自身的问题，而不是强效他人，"不管自身问题，强效他人，冒昧推行，此乃一种假革命，以与自己历史文化生命无关，终不可久"，清中叶部族政权虽已是"衰"势，不得不改革或革命，但要依中国传统及内部连续的因素，不可强行效法及引入外来思想，"全弃我故常

---

① 蒋廷黻：《中国近代史》，香港上海印书馆，1984，第 1~5 页。
② 鲍绍霖、黄兆强、区志坚：《编者序》，见鲍绍霖、黄兆强、区志坚主编《北学南移——港台文史哲溯源》，台北秀威，2015，第 8~20 页。
③ 区志坚：《中外文化交融下香港文化之新运：罗香林教授中外文化交流的观点》，见赵令扬、马楚坚编《罗香林教授逝世二十周年纪念论文集》，香港荟真文化事业出版社，2006，第 36~52 页。

之传统，以追效他邦政制之为我所素不习者，此则当时一大错也"。① 钱穆也在《中国历代政治得失》一书中表述清中叶国势，他认为主要是满洲部族政权已腐化，民变四起，"此后满清政权即使不遇到中西交通，没有西洋势力侵入，不久也仍得要垮台"，孙中山领导的革命，是上承汉族传统，而孙中山提倡的考诠制度，也是上承中国传统重视士人政府的观点，他认为"若是全部传统文化被推翻，一般人对其国家已往传统之一种共尊共信之心也没有了"。钱穆认为虽然道光以后有外力日侵，但主要仍是清政府内部出了很多弊点，近代的革命是先有内部要求，一切改革及运动，要源自内部的动力，不是外力。②

三　小结

近年学界呼唤要脱离冷战时期以美国或西方国家建构"现代化"史观检视亚洲社会发展，学界要从亚洲列国主体性的角度，研究亚洲各国的历史。③ 特别是东亚地区于19世纪70年代至80年代，受到西欧及日后美国等列强侵略，并且带动日本兴起及其在东亚地区展开侵略的行动，加速昔日以华夷秩序为基础的东亚传统国际秩序之瓦解，进而形成一种不同于19世纪70年代以前东亚地区的国际关系，更在东亚地区门户洞开后，改变19世纪以后东亚各国历史与前期发展的不同面貌，不少史学工作者为表述19世纪以后，东亚地区发展与19世纪前不同之处，多以"近现代"（modern）一词，从时间阶段性，表述19世纪后东亚历史情况。④ 但是"近现代"本是欧洲地区表述的概念，及后这概念随欧洲武力扩张至亚洲及非洲地域，"近现代化"及"近现代"更成为世界性概念，"近现代化"一词成为证明欧洲及其后美国在世界上的优越地位的指标，亚洲国家对欧美国家或由抵抗至屈从，或由赞美至追随，最终也被迫接受美国化及西化

---

① 钱穆：《国史大纲》下册，香港商务印书馆，1989，第698、699页。
② 钱穆：《中国历代政治得失》，台北三民书局，1974，第135~139页。
③ 吴原元：《隔绝对峙时期的美国中国学（1949~1972年）》，上海辞书出版社，2008，第150、151页。
④ 中日韩三国共同历史编纂委员会：《超越国境的东亚近现代史》上册，香港三联书店，2013，第1~46页。

下的"近现代"历史分期标准，东亚地区的学者已注意要从东亚诸国内部动力，重新检视"前近代"与"近代"的互联关系。[①] 另外，当学者接受从西方传入线性的、进步的、进化的，按照规律发展的历史观，朝着西方"现代化"叙事框架，这些观点必然影响学者们表述 1840 年后的中国史及其他东亚国家史事。亚洲史学工作者既面对鸦片战争后，外力引致内部变动的情况，又要面对鸦片战争前国内已有改变的力量，故只以西方表述"现代化"叙事框架，分析中国情况，这样也会使研究人员忽略了阻碍"现代化"的力量，怎样以持平的态度了解 1840 年中国门户被迫洞开后，外力对中国内部的影响；究竟外力影响至哪个社会层面；外力于哪个时段影响力最大；外力对于中国或其他亚洲地域内，哪个地区影响最多，哪些地区影响较少；此将会是未来从事亚洲地区历史教育学者，面对且有待解决的课题。

---

① 〔日〕沟口雄三：《中国前近代思想的演变·绪言》，索介然译，中华书局，1997，第 7~8 页。

历史教育能否真的超越国境

—— 比较分析两版中日韩三国共修史书

卓少杰　关天如*

一　中日韩三国共修史书的背景

为了共同应对日本的历史歪曲，让三国的青少年能够正确认识历史，增信释疑，来自中日韩三国的研究人员和市民团体于 2002 年在中国南京召开了第一届名为"历史认识与东亚和平论坛"的大会。在大会上通过了编写引导开创三国和平未来的历史教材的决议。此后由中日韩三国的历史、教育专家组成了三国共同历史编纂委员会。经过数十次会议讨论，终于在 2005 年出版了《东亚三国的近现代史》。然而在编写过程中，三国学者发现对于很多历史问题的认知都存在较大差异，最后的做法就是把各自的观点写出来放在一起，让读者自己评判。而这本书由于"自说自话"，并没有完全达到共同修史的目的。鉴于第一版共同历史书的经验与教训，三国学者并没有气馁，用了七年的时间，于 2013 年出版了《超越国境的东亚近现代史》，在关于战争等多项问题上达成共识。尽管这一版历史书在中日韩三国并没有被采纳为历史教材，但仍得到了学者及民众的广泛好评。[①] 下文将从主题、叙事方式、与现实政治问题呼应程度等几个方面，比较两版历史书的差异。

---

    *   卓少杰，澳大利亚墨尔本大学当代中国研究中心讲师、副主任；关天如，澳大利亚墨尔本大学亚洲研究所博士研究生。

    ①   步平：《历史认识的交锋与相互理解——关于中日共同历史研究及研究报告》，《中共党史研究》2015 年第 8 期。

二 《东亚三国的近现代史》与《超越国境的东亚 近现代史》的比较分析

（一）从面向战争的申诉史到面向社会结构与国际体系的历史

对于东亚三国而言，谈及近代史，战争是绕不开的一个主题。通过八年的对日作战，中国取得了近代以来反侵略战争的首次胜利，摆脱了长达百年的半殖民地半封建社会的屈辱史。殖民地朝鲜坚持独立运动，最终彻底摆脱了日本的殖民统治，获得民族独立，成为主权国家。而对于战争的发动国日本来说，战争粉碎了法西斯政权，战犯受到了国际法庭的制裁，但战争同样给国家和普通民众带来了巨大的创伤。[①] 作为战争主要的受害者，中韩两国战后的历史教育都着重对对日战争进行描述和强化。2005 版本史书仍然很大程度上保留了"侵略与反侵略"这一主题。

从篇幅上来看，2005 版本用了两个完整章节叙述日本对中韩的侵略战争以及中韩两国民众的抵抗，占整本书四个章节的一半。其他章节中也涉及对日本的战后清算问题，比如个人赔偿问题以及慰安妇问题。在全书225 页正文中，有关日本侵略战争以及战争遗留问题的内容有 140 页，占全书的 70% 左右。从口吻上来看，2005 年版本的用词侧重强调对日本侵略战争的批判。这在书中章节题目的命名上就可见一斑，例如第二章的标题就是"日本帝国主义的扩张与中韩两国的抵抗"，章节中的小标题分别为"日本强行合并韩国与朝鲜人的抵抗""日本对台湾的殖民统治"等；第三章的标题则是"侵略战争和民众的受害"，其下小节标题为"日本军队对中国民众的残暴行为""朝鲜的战争基地化和民众的受害"等。[②] 可以说，2005 版本史书是一本围绕战争的申诉史，与中国和韩国本国的近现代史中对日本和中日韩三国关系的描述相比，并没有太大的差异。

2013 版本则注重从国际体系的变革中解释东亚三国各自的发展与国家

---

① 步平：《关于中日共同历史研究的思考》，《抗日战争研究》2007 年第 1 期。

② 《东亚三国的近现代史》共同编写委员会：《东亚三国的近现代史》，社会科学文献出版社，2005，第 4、5 页。

间关系。从篇幅上来看，新版本上、下卷共十七章，只有上卷的第五章着重描述了日本的侵华战争。日本对朝鲜的殖民地化则分散放到了上卷前三章中，将其放置在东亚传统秩序的解体中分析。2013 版本提出了一个观点，认为日本对亚洲各国的侵略扩张本质上是以中国为中心的传统册封—朝贡体系的崩溃和以逐渐强盛起来的以日本为中心的近代殖民体系的建立。① 从叙事结构上来看，该书可大体分为三个部分：前四章讲述面对西方势力入侵亚洲，东亚传统秩序全面崩溃，日本通过明治维新实现富国强军，主动加入列强争夺东亚霸权的竞争中；第五章讲述自 1931 年日本入侵中国东北到 1945 年战争结束的十四年的历史，但强调这是第二次世界大战的亚洲与太平洋战场，是世界反法西斯战争的重要组成部分；第六、七、八章介绍了战后冷战体制及其瓦解对东亚三国各自国内政治经济和三国间关系的影响。②

纵观 2013 版本，正如其上卷的副标题——"国际秩序的变迁"所强调的，它与 2005 版本采取了不同的视角，将东亚近现代史放置在世界近现代史的框架中予以解读。从 19 世纪中期到 20 世纪末的这一百五十年见证了国际格局的几次重大变革，包括西方殖民主义在亚非拉美地区的扩张，两次世界大战，世界民族解放与独立运动的高潮，以及战后长达半个世纪的冷战格局。2013 版本阐述的是，东亚的近现代史不仅是侵略与反侵略的历史，也是东亚主动或被动地融入由西方国家主导的国际社会新格局的历史，更是中日韩三国近代化与现代化的历史。

（二）从年代史到主题史

在叙述方式上，2005 版本史书完全按照时间顺序，以日本对中国和朝鲜半岛的侵略扩张为主线，从 17、18 世纪西方势力尚未入侵亚洲开始，讲述到 20 世纪末日韩、中日和中韩邦交正常化。而第一次世界大战后日本帝国主义在中国和朝鲜半岛的扩张直至第二次世界大战结束的这三十年的历

---

① 中日韩三国共同历史编纂委员会：《超越国境的东亚近现代史（上）——国际秩序的变迁》，社会科学文献出版社，2013，第 75 页。

② 中日韩三国共同历史编纂委员会：《超越国境的东亚近现代史（上）——国际秩序的变迁》，社会科学文献出版社，2013，第 6、7 页。

史，则是 2005 版本的主题。

2013 版本则改变了这一叙事方式，采用年代史和主题史结合的方式，较为全面地回顾了自 17 世纪至 21 世纪初，中日韩各国政治、经济、外交、社会与人的思想的发展与变化。由于新版本整体篇幅长于 2005 版本，故分为上、下两卷。上卷按照时间顺序，从国际关系变动的角度对东亚近现代史进行叙述；下卷则是按照主题分成九章，系统地从立宪、城市化、铁路、人口流动、家庭关系、教育等方面讲述了东亚三国近代化和现代化的历程。① 年代史与主题史结合的叙述方式，摆脱了传统史书以政权更迭、革命和战争为主要描述对象的局限，将更多视角投入构成历史和社会进步的最重要个体——"人"的身上。

（三）人与社会得到更多关注

虽然历史是由人构成的历史，然而普通民众很少成为历史书的主角。由于侵略与反侵略是 2005 版本的主题，此版本对普通个体的描述主要集中在日本的侵略战争对三国民众的加害上。在第三章"侵略战争和民众的受害"中，编者用了三节分别讲述日本在东亚的殖民扩张给中国、朝鲜半岛以及日本本国民众带来的巨大创伤，例如日本军队的性暴力给中韩妇女造成的生理上和心理上的伤害。但 2005 版本对于战争以外的民众的社会生活笔墨较少。

在 2013 版本中，普通人成为书的主角。书中不仅提及了民众的战争受害，更多是描述东亚三国的近代化与现代化对普通民众生活和思想的影响。比如下卷中第五章的主题是"家庭与两性：男女关系和亲子关系"，本章讲述了同属儒教文明圈的中日韩三国在封建制度瓦解与近代国家体系形成的大背景下，家庭结构与家庭观念的变化与传承。下卷第六章则讲述了作为一个人成长的重要因素——教育，特别是初等教育在三国的改革和发展情况。总之在新版本中，普通人不再局限于战争的"施害者"或"受害者"的二元设定，而更是社会进步的推动者，是中日韩三国近代化与现

---

① 中日韩三国共同历史编纂委员会：《超越国境的东亚近现代史（下）——制度、人、社会》，社会科学文献出版社，2013，第 6、7 页。

代化的缔造者。

除此之外，社会的变革也是 2013 版本的一个重要主题。面对西方物质文化和近代制度的引进，传统东亚社会自给自足的自然经济社会面临全面崩溃，不可避免地被卷入了由西方主导的新的世界经济格局中。下卷中探索了三国对近代宪法的尝试；以上海、横滨、釜山为例，分析了近代城市的产生及其推动国家近代化的作用；也研究了铁路建设对人们生产、生活方式产生的巨大影响；等等。

（四）困扰中日韩关系的现实问题得到关注

除了上述三点之外，2013 版本历史书另外的一个显著的特点是，它回顾了一些困扰中日、韩日以及东亚三国与其他国家的争端问题的由来和发展，比如中日之间钓鱼岛争端、日俄在千岛群岛的领土争端，以及驻冲绳美军基地与当地民众的冲突问题等。

古代琉球与中日关系问题。自从 2010 年中日钓鱼岛附近海域撞船事件后，钓鱼岛的主权归属成为影响中日关系的一个重大课题。[1] 两国都宣称钓鱼岛在历史上属于自己的固有领土。鉴于钓鱼岛与古代琉球王国的隶属关系，2013 版本回顾了自 14 世纪以来琉球王国与中日的朝贡关系，认为从 14 世纪起琉球便接受中国明王朝的册封，被纳入中国的朝贡体系中。但自 1609 年日本萨摩藩征服琉球王国起，琉球便同时接受中国明朝皇帝的册封和日本萨摩藩的统治。这从历史学的角度为中日关于钓鱼岛的领土争端提供了一个达成共识的基础。

除此之外，引起日美、日俄、中俄等双边关系的其他争端问题也在 2013 版本中予以了介绍。比如第五章第四节中讲到雅尔塔会议将日本的千岛群岛割让给苏联，导致了战后日俄的领土争端；第六章提及战后美国迅速将日本变成在亚洲的反共基地，在冲绳驻扎美军，而冲绳美军军事基地发生的以性暴力为代表的人权侵害仍然持续成为美日同盟的一个冲突点；第八章回顾了 20 世纪 70 年代中俄边境珍宝岛军事冲突与黑瞎子岛的对峙与划界；等等。以上内容都说明了，新版本没有将视角局限在东亚三国之

---

① 刘江永：《钓鱼岛之争的历史脉络与中日关系》，《东北亚论坛》2014 年第 3 期。

间，而是在国际体系中探索中日韩三国关系。

（五）总结：从面向过去到面向未来——弱化战争的主题和日本"敌人"的印象

总的来说，2013 版本历史书相较于 2005 版本最大的特点就是弱化了"侵略与反侵略"的战争主题和日本"敌人"这一形象。该书将日本在中国和朝鲜半岛的侵略放置在西方殖民主义和法西斯政权在全球扩张的大背景下分析，也将日本民众和中韩民众放在一起，分析他们受战争的加害、对和平的渴望和对国家近现代化的推动。因此这一版本在用词上显得温和许多，这同样体现在章节的命名上。即便在详细介绍中日战争的上卷第五章中，标题为"第二次世界大战与东亚"，凸显日本侵华战争是第二次世界大战亚洲战场的一部分，此章的小标题中也避免出现"加害""殖民"等字眼。并且新版本中指出，由于日本政府在战时实施《国家总动员法》，日本式的法西斯在法律上得以确立，日本国民在彻底实行的严厉治安维持法制下，无力批评和阻止中日战争的扩大。

在新版本最后一章最后一节中，编者写到，政治层面的对话涉及对日本的殖民统治与侵略战争性质的政治判断，这是大是大非的原则问题不容模糊。2013 版本并没有含糊与否定半个世纪以前的那场由日本发动的、席卷东亚东南亚的、给亚洲多国人民带来巨大伤痛的侵略战争。但它的进步之处在于没有被"侵略与反侵略"这个主题局限，它介绍了发生在战前、战争中和战后的更多的内容。第二次世界大战亚洲战场结束，中国、朝鲜半岛和东南亚多国摆脱了日本的殖民统治，但他们追求民族独立、自由民主、国家繁荣富强的努力仍在继续。

不同于 2005 版本对战后东亚关系的描述着重放在战争遗留问题对三国关系的影响上，2013 版本关注更多的是三国为建构一个和平、繁荣的东亚所作出的努力。在回顾中日恢复邦交的第七章第四节中，提及了日本对华的政府开发援助（ODA）。自 1979 年开始，日本政府通过提供低息日元贷款、无偿资金援助、技术等，支持中国的能源开发和基础设施建设，为中国的改革开放和经济建设提供了很大的帮助。然而这一项目在过往中国历史教科书中从未提到，也是深受日本政府和媒体批评的一点。日方认为中国历史教材中对日本的描述停留在 1945 年，把日本塑造了一个单一化的侵略者的形象，忽略了战后日本坚持和平宪法以及对中国经济建设所付出的努力和帮助。[①] 除此之外，该书还提到在 1989 年中国出现政治风波以后，面对西方各国对中国的封锁和制裁，日本积极平息事态，在中国和西方国家之间努力协调，通过经济合作来全面配合中国改革开放。可以说，2013 版本确实改变了过往中国国内历史教科书中日本仅仅是侵略战争发动者的这样一个"单边"的形象。

朝鲜半岛的分裂也是 2013 版本的一个重点分析的主题。除了从冷战在亚洲的延续这一角度分析朝鲜战争与随后的南北对立的原因，该书更介绍了韩国和朝鲜对于推动双方和解所作出的不懈努力。比如上卷第八章第三节讲到 2000 年时任韩国总统金大中积极推行的促成南北和解与合作的"阳光政策"，以及同年 6 月金大中访问朝鲜，与朝鲜元首金正日联合发表的《南北共同宣言》。

总的来说，2013 版本改变了 2005 版本以过去为导向的叙事观，转而以未来为导向，促成了东亚三国在历史问题上的共识，积极谋求中日韩的民族和解。因此，2013 版本在三国史学界得到更大的支持。[②] 但令人遗憾的是，截至目前，此版史书在三个国家都没有被采纳为历史教科书，与2005 版本一样，只作为教辅读物。本文接下来将从政治气候、国民教育和民族主义三个角度分析 2013 版本不被采纳为历史教科书的政治原因和社会原因。

三 2013 版本仍不被采纳为教科书的原因

（一）政治气候

近年来，围绕着历史问题和领土争端，日中、日韩关系摩擦不断。随

---

① Karl Gustafsson, "Identity and recognition: remembering and forgetting the post-war in Sino-Japanese relations", *The Pacific Review*, No. 1, 2015, pp. 117-138.

② 步平：《历史认识的交锋与相互理解——关于中日共同历史研究及研究报告》，《中共党史研究》2015 年第 8 期。

着日本政府 2012 年 9 月"国有化"钓鱼岛，中日关系跌至建交以来的最低点。① 日韩关于独岛（日称竹岛）的主权争议也时时牵动着两国的敏感神经。② 2012 年 12 月安倍晋三再次当选日本首相，在对外关系上表现出了强势的姿态，使得本已紧张的日韩关系、日中关系更添变数。安倍政府推行的包括出台新安保法案在内的一系列军事外交举措让亚洲周边国家警惕右翼军国主义势力在当代日本再度抬头。③ 作为回应，2014 年 2 月 27 日，中国第十二届全国人大常委会议第七次会议表决通过设立"两日"，将 9 月 3 日确定为中国人民抗日战争胜利纪念日和 12 月 13 日确定为南京大屠杀死难者国家公祭日，并于 2015 年 9 月 3 日在北京天安门举行了隆重的纪念中国人民抗日战争暨世界反法西斯战争胜利 70 周年阅兵式。韩国总统朴槿惠来到北京，同中国国家主席习近平一道，共同纪念抗日战争的胜利。

相比于容易引起争议甚至引发两国擦枪走火的领土争端问题，日本对中国和朝鲜半岛的侵略和殖民统治的定性在国际上早有公论。对于中国和韩国当局来说，重述抗战历史，无疑是宣告对日强硬立场、显示政府有能力有信心保卫国家和人民的一种更为稳妥的方式。鉴于此，可以预想在未来的一段时间内，抗战历史仍然将会成为中方和韩国政府重点强调的主题。那么淡化抗日战争和日本"敌人"这一形象的 2013 版本历史书，很明显与此并不吻合，因此不会得到政府的支持和推广。

而从日本的角度，安倍政府积极谋求一个"正常国家"的地位，半个世纪以前日本发动的侵略战争和至今尚未解决的历史遗留问题，是影响日本成为一个"正常国家"和成为国际上一个政治大国的重要政治障碍和道德枷锁。④ 基于此，即便 2013 版本历史书已经淡化了"战争与侵略"这一主题，但其对日本的殖民统治与侵略战争性质的政治判断非常清楚，并且在南京大屠杀、细菌战、慰安妇等日本极力否定与含糊的问题上有详细描述，所以日本方面也不会采纳其作为历史教科书。

---

① 刘江永：《钓鱼岛之争的历史脉络与中日关系》，《东北亚论坛》2014 年第 3 期。
② 桂静：《韩日独岛争端及其借鉴意义》，《当代韩国》2013 年第 3 期。
③ 时殷弘：《日本政治右倾化和中日关系的思维方式及战略策略问题》，《日本学刊》2014 年第 2 期。
④ 李薇：《日本的国家定位与历史反思》，《国际经济评论》2012 年第 4 期。

（二）国民教育

国民教育是导致 2013 版本共修史书不被采纳为历史教材的第二个重要原因。历史教育作为国民教育的一个重要组成部分由来已久。探索抗日战争在中国当代的历史教育中的重要作用，可以追溯到 20 世纪 90 年代中期由政府推动的爱国主义教育。1994 年 8 月中国政府颁布了《爱国主义教育实施纲要》，论述了进行爱国主义教育的重要意义，提出了爱国主义教育的基本原则、主要内容、重点对象以及一系列具体措施。[①]《纲要》第七条明确写道，"我国人民的爱国主义精神是在中华民族漫长的历史进程中产生和发展起来的。要通过中国历史特别是近代史、现代史的教育，使人们了解中华民族自强不息、百折不挠的发展历程，了解我国各族人民对人类文明的卓越贡献，了解我国历史上的重大事件和著名人物，了解中国人民反对外来侵略和压迫，反抗腐朽统治，争取民族独立和解放，前赴后继，浴血奋斗的精神和业绩，特别是了解中国共产党领导全国人民为建立新中国而英勇奋斗的崇高精神和光辉业绩"。尽管《纲要》中提到爱国主义教育的素材非常广泛，但纵观自它提出之日起至今二十年来的发展，可以发现抗日战争是中国爱国主义教育中最为重要的主题之一。抗日战争是中国近代史上最黑暗的一页，中国人民为民族独立、反抗侵略付出了惨痛的牺牲和巨大的代价，重述抗战历史对于激发民族凝聚力有着不可替代的作用。同时，抗日战争也是近现代史上中华民族反侵略战争第一次彻底的胜利，这对于激发民族自豪感和强调中国共产党的领导以及对国家和民族的贡献，有着至关重要的意义。[②] 基于这两点，抗日战争的历史不仅成为而且将继续作为爱国主义教育的一个最重要组成部分得以强化。

将反抗日本侵略的历史教育纳入国民教育中是中韩两国国民教育的一个共同点。鉴于日本殖民韩国时期在韩国推行奴化教育以培养韩国民众的"民族劣等感"，韩国独立以后国民教育的一个主要目标就是消除日本殖民教育的影响并树立国民的民族自豪感。在韩国现行的《教育法》中，民族

---

① 卢新华：《经济全球化背景下的高校爱国主义教育》，《教育探索》2008 年第 4 期。

② 郭伟：《抗日战争的爱国主义精神及其历史意义》，《理论与改革》1995 年第 8 期。

精神是国民教育强调的重点，规定教育要培养热爱国家、热爱民族的精神。为实现这一目的，韩国非常重视利用英雄人物加强爱国主义教育，在一些重要的公共场合都矗立着抗日英雄的雕像供人敬仰。韩国通过摆脱日本的殖民统治进而实现民族独立，因而抗日历史作为激发民族凝聚力和民族自豪感的作用不可替代，所以也是韩国国民教育中最为重要的主题之一。① 综上所述，2013 版本历史书淡化抗战历史是不符合中韩两国国民教育中爱国主义教育这一主题的，因而无法作为教科书予以推广。

在日本，爱国主义教育被称为"爱国心"教育，是一项基本的公民教育。战后日本的爱国教育仍然带有一定的军国主义色彩和民族自豪感。日本的历史教育中将日本向盟国投降的 8 月 15 日称为"终战日"而非"战败日"，并且强调美国在广岛和长崎投放原子弹对日本民众的伤害，这些举措都显示出日本的爱国教育试图淡化日本在第二次世界大战中战败的历史和日本帝国主义对其他亚洲国家的加害。② 基于此，2013 版本史书同样与日本的国民教育相违背，因而无法被采纳为教材。

（三）社会环境：民族主义

不同于民族主义在欧洲的兴起，纵观东亚三国近代民族主义的产生，会发现存在着共性，即"应激—反应"性。19 世纪后期西方势力的入侵是中日韩三国近代民族主义产生的共同根源，这导致了东亚的民族主义始终带有"反抗外敌"的主题。③

中韩两国的民族主义与反日情绪紧密相连。日本军国主义自 1931 年九·一八事变起入侵中国东北，其势力在中国盘踞十四年之久，遭受日本战争迫害的中国百姓数以亿计。而韩国遭受日本帝国主义压迫更久，自 1910 年日本通过《日韩合并条约》强制吞并韩国开始，直至 1945 年日本战败投降，韩国完全沦为日本控制和掠夺的殖民地长达 35 年。基于这段历史，中韩两国民众的反日情绪成为在和平年代的民族主义的核心主题。在

---

① 许斌：《从中学历史教科书看韩国的爱国主义教育》，《历史教学》2006 年第 4 期。
② 王丽荣：《中日爱国主义教育思想的比较思考》，《东北亚论坛》2005 年第 4 期。
③ 赵立新：《东北亚区域合作的深层障碍—中韩日民族主义诉求及其影响》，《东北亚论坛》2011 年第 3 期。

中国，自 21 世纪初开始盛行荧屏的抗日战争题材类影视剧将这种对日的反感情绪和民族主义不断强化，而近年来中日关于钓鱼岛问题、日本首相参拜靖国神社等问题的冲突更将中国人民的反日情绪推向高潮。2005 年、2010 年和 2012 年分别在中国许多大中城市爆发的反日大游行正是这种民族主义的集中反映。[①] 而韩国的社会情况与中国相似，抗日题材类影视作品近年来层出不穷，像《鸣梁海战》《暗杀》等反映日本在朝鲜半岛的殖民统治与韩国民众反抗的影片都在韩国本土获得了极高的票房与口碑。这体现出了盘踞在韩国民众心中的民族主义和反日情绪。关于独岛/竹岛的主权争议和慰安妇问题，更成为在韩国时常爆发的反日示威的导火线。[②] 在当今这种以反日情绪为要素的民族主义盛行的社会环境下，2013 版本历史书可以说是有悖于在中韩两国百姓心中根深蒂固的"抗日史观"的，因此并未得到普通百姓的认可。

民族主义同样在日本盛行。中日韩之间的历史争议以及主权争端不仅导致了中韩两国民众对日本的负面情绪，也影响着日本民众对中国和韩国的看法。[③] 日本民众普遍认为中韩两国在历史问题上对日本"不依不饶"。[④] 不仅如此，针对中国和韩国的示威游行在日本也时有发生。除此之外，日本的民族主义还带有重回亚洲领导地位和世界政治强国的色彩。明治维新后日本国力强盛，迅速进入近代工业社会，进而将势力渗入亚洲邻国，这造就了日本国内所谓世界"一等国"的意识。正如日本近代著名的启蒙思想家福泽谕吉所著的《文明论》和《脱亚论》所写的，脱离亚洲、加入西方列强之中进而领导亚洲，这是近代日本的亚洲观。[⑤] 基于以上两点，寻求与中国和韩国的民族和解的思想并没有在日本民众中得到太多支持。相反，淡化战败历史，重新塑造一个强盛的日本是赢得更多民众青睐的史观。因此，承认侵略过去、寻求在历史问题与中韩两国达成谅解的2013 版历史书在日本同样缺乏民众基础。

---

① 牛宏宝：《国家民族主义与文化民族主义的双重激荡，2012 中国民族主义思潮动向》，《人民论坛》2011 年第 3 期。

② 王生：《试析当代韩国民族主义》，《现代国际关系》2010 年第 2 期。

③ 朱凤岚：《岛礁争端与日本民族主义》，《亚非纵横》2014 年第 2 期。

④ 朱凤岚：《岛礁争端与日本民族主义》，《亚非纵横》2014 年第 2 期。

⑤ 转引自邢雪艳《福泽谕吉"脱亚入欧"的思想轨迹》，《日本问题研究》2013 年第 4 期。

四　结论：以史为鉴，是否真能面向未来？

告别了被战争阴云笼罩的 20 世纪，21 世纪的主题是和平与发展。但若不能抚平战争对人民心理造成的创伤，实现战时敌对国家的民族和解，就不能迎来真正的和平。共同历史教育于此作用不可替代。不论是仍然以"侵略和反侵略"为主题的 2005 版本历史书还是视角更为开阔、将东亚近现代史融入近代国际体系变革的 2013 版本，对于中日韩三国形成历史共识、早日达成民族和解来说，都是值得称道的尝试，对于东亚地区的共同历史教育也具有重要的意义。两个版本中都提及了日本发动的侵略战争对日本民众也带来了巨大伤害，书中详细介绍了造成 10 万平民死亡的冲绳战和引起 38 万平民死亡的东京大轰炸与在广岛和长崎投放的原子弹，也讲到了基于原子弹爆炸带来的创伤，日本民众大多怀有爱好和平的愿望。这是在中韩两国国内历史教科书中很少被提及的内容，有益于增进中日、日韩民众的相互理解。尽管就许多敏感问题三国专家仍然无法达成共识，但 2013 版本采用的办法是将争议之处和不同意见写出来，让读者理解三国在此问题上存在着分歧。

然而，由于目前复杂而脆弱、被多重历史与现实问题缠绕的中日、韩日关系，三国各自实行的爱国主义教育，以及盘踞在中日韩民众之中对彼此国家的负面情绪，试图在历史问题上达成共识与妥协、进而促成民族和解的 2013 版本历史书仍然难以得到政府的推广和民众的认可，成为真正流通的历史教材，无法起到历史教育的作用。本文认为，只有中日韩三国政府和人民都秉承着早日实现民族和解、改善三国关系的愿景，使历史教育摆脱政治的枷锁，共修史书才能真正发挥它应有的作用。

时代镜鉴：新学制时期中国历史教科书编写研究

刘　超*

中国近代学制伴随着新式教育的出现而产生，主要有 1904 年癸卯学制、1912~1913 年壬子·癸丑学制和 1922 年壬戌学制，是中国教育近代化发展到不同阶段的标志。[①] 其中，又以壬戌学制（新学制）影响最大。新学制确立的学制系统影响至今，所立的标准彰显了时代特色，反映了新文化运动时期对教育的认识程度。受其影响，教科书编写也发生了变化。新学制教科书具有哪些特点，在中国教育史上具有何种地位，本文尝试以中国历史教科书的编写为中心略作讨论。[②]

教科书是学校教育的主要知识载体，其不仅是"事实"的"传输系统"，还是政治、经济、文化等共同作用的结果。[③] 历史教科书又具有一定的特殊性，它是一般国民普遍历史观的重要来源，通过政府审定或颁行的教科书，是一个政府向其人民宣示其国家统治正当性及国家主权正统性的

---

*　刘超，安徽财经大学历史文化研究所所长，副教授。

①　钱曼倩、金林祥：《中国近代学制比较研究》，广东教育出版社，1996，第 3 页。

②　关于新学制与教科书编写的讨论，参阅石鸥、吴小鸥《中国近现代教科书史》，湖南教育出版社，2012；朱煜《历史意识：20 世纪 20 年代历史教科书的叙述分析》，《历史教学问题》2007 年第 5 期；王正瀚《简论我国第一部中外史合编课本——〈新学制历史教科书〉》，《历史教学问题》2010 年第 4 期；张汉林《吕思勉〈新学制高级中学教科书本国史〉述评》，《历史教学问题》2013 年第 1 期；等等。本文在上述研究的基础上，拟从整体上呈现新学制时期中国历史教科书的编写情况。

③　〔美〕M. 阿普尔等主编《教科书政治学》，侯定凯译，华东师范大学出版社，2005，第 2 页。

重要工具。① 讨论中国历史教科书的编写，更有助于认识新学制时期教科书的特点，以及新学制的价值及其在中国教育史上的地位。

一　新文化运动与新学制的制订

中华民国是在推翻清朝专制政府之上建立的，民初教育以培养适合民国的现代国民为目标。1912 年，教育部公布教育宗旨为："注重道德教育，以实利教育、军国民教育辅之，更以美感教育完成其道德。"② 新宗旨废除了清末"忠君""尊孔"教育，实行共和教育。袁世凯掌权后，废除民初教育宗旨，恢复尊孔教育。袁世凯的复古教育与帝制活动引起了一部分知识分子的思考，认为现今民众思想不合适新的共和国体，必须改造国民性。1915 年，陈独秀创办《青年杂志》，揭橥"民主"与"科学"的旗帜，提倡民主、反对专制，提倡新道德、反对旧道德，提倡白话文、反对文言文，提倡科学、反对迷信，主张个性自由发展，发起新文化运动。五四运动后，新文化运动进一步深入，这一时期，实用主义等多种教育思潮以及以推行新教育思想为己任的教育社团兴起，推进了教育思想与观念的变革。新学制在这种情况下，由全国教育会联合会推动制订。③

1922 年颁布的《学校系统改革案》，包括"标准"、"学制系统图"和"说明"三部分。新学制提出的"标准"是：适应社会进化之需要，发挥平民教育精神，谋个性之发展，注意国民经济力，注意生活教育，使教育易于普及，多留各地方伸缩余地。④ 该标准秉承民初共和教育思想，吸收新文化运动民主与科学精神。第一，新学制不再宣示教育宗旨，而立"标准"，就是希望能够解除对教育的外在干涉，回复教育本义："施教育者不应特定一种宗旨或主义以束缚被教育者，盖无论如何宗旨、如何主义，终

---

① 戴振丰：《战后日本的反思——以日本"制定之会"所编历史教科书的"战争观"为中心》，见《第五届两岸三地历史学研究生论文集》，2004，第 165~166 页。
② 《教育部公布教育宗旨令》，见璩鑫圭、唐良炎编《中国近代教育史资料汇编·学制演变》，上海教育出版社，2007，第 661 页。
③ 参阅杨文海《壬戌学制研究》，博士学位论文，南开大学，2011。
④ 《大总统颁布施行之学校系统改革案》，见璩鑫圭、唐良炎编《中国近代教育史资料汇编·学制演变》，上海教育出版社，2007，第 1008~1009 页。

难免为教育之铸型，不得视为人应如何教之研究。故今后之教育，所谓宗旨，不必研究、修正、或改革，应毅然废止。"① 第二，该标准没有提及民族、国家，不再把民族国家作为教育的首要目的，而是注重平民教育，强调发展学生个性。这是新学制教育目的以及对教育观的重大变化。第三，废除民初"军国民教育"，增加平民教育与生活教育等，强调发展学生个性、养成健全人格。新学制"表现了中国教育界知识分子群体的自我觉醒和庄重的使命感"。②

新学制颁行后，课程标准也随之修订。以中学历史教学目的为例。初中历史课程纲要规定教学目的为：①研究人类生活状况之变迁，以培养学生适应环境、制御天然的能力；②启发人类的同情心，以养成学生博爱、互助的精神；③追溯事物的原委，使学生了解现代各项问题的真相；④随时以研究历史的方法指导学生，以养成学生读史的兴趣和习惯。③ 高中主要教授文化史，强调注重研究世界文化之源头，及其同流交感之效果；以说明世界文化之性质，及现代文化问题之主旨；以领会现代为归宿。④ 与清末"振发国民志气"以及民初养成共和道德的历史教学目标不同，这一时期的历史教学，突出历史教育的主体价值，强调对过去的了解以及对社会演进的把握。⑤

为适应新学制及课程标准，各书局纷纷新编教科书，形成民国时期教科书编写的一个高潮。就中国历史教科书而言，小学主要有：吴研因《新法历史教科书》（1920 年），洪錤、朱文叔《新教育教科书历史》（1921年），傅运森《新法历史教科书》（1922 年），冰壶主人《注释白话中国历史教科书》（1923 年），卢秉征《实验历史教科书》（1923 年），金兆梓、洪錤《新小学历史课本》（1923 年），傅运森《新学制历史教科书》（1924年），张鸿英《小学高级文体历史教科书》（1924 年），杨喆、朱翊新《高

---

① 《第五次全国教育会联合会决议案》，见璩鑫圭、唐良炎编《中国近代教育史资料汇编·学制演变》，上海教育出版社，2007，第 860~861 页。

② 李华兴主编《民国教育史》，上海教育出版社，1997，第 151 页。

③ 《初级中学历史课程纲要》，见课程教材研究所编《20 世纪中国中小学课程标准·教学大纲汇编·历史卷》，人民教育出版社，2001，第 14 页。

④ 《高级中学公共必修的文化史学纲要》，见课程教材研究所编《20 世纪中国中小学课程标准·教学大纲汇编·历史卷》，人民教育出版社，2001，第 17 页。

⑤ 朱煜：《民国新学制历史课程纲要的编制及其价值取向》，《历史教学》（中学版），2007，第 8 页。

级历史课本》（1925 年），等等；中学主要有：赵玉森《新著本国史》
（1922 年），傅运森《新学制历史教科书》（1923 年），顾颉刚、王钟麒
《现代初中教科书本国史》（1923 年），金兆梓《新中学教科书初级本国历
史》（1923 年），吕思勉《白话本国史》（1923 年）、《新学制高中本国史》
（1924 年），陆光宇《新撰初级中学教科书本国史》（1925 年），等等。①

　　新学制时期的教科书，在内容与形式上都呈现出一些新的特点。如受
中学分为"初中"与"高中"两段的影响，中学教科书相应地出现了
"初中"和"高中"之分；更值得注意的是，新学制标准渗透到教科书中，
使得这一时期的教科书具有鲜明的时代特色。

二　注重社会文化史

　　近代中国教科书最早出现在鸦片战争时期，用于国民普通教育的基础
教材在清末出现。② 清末民初中国历史教科书，比较注重政治史内容。新
学制时期，历史教科书侧重于社会文化史内容，高中则直接教授文化史。

　　注重社会文化史叙述是新学制时期教科书编写的一个指针。《新著本
国史》认为，历史学是讲求人群进化的学术，文化是衡量进化程度的主要
标准："地球上不管哪一国的国民，他有了文化，自然就发达，没有文化，
自然就堕落；他的文化高一步，自然发达也加进一步，这是逃不了的公
例。"编写历史，应该趋重在"文化"两字；读历史人，也要趋重在"文
化"这两个字，才收得历史学的效果。③《新学制历史教科书》指出："旧
时历史，差不多都是记述战争和政治的事；本书注重文化"；本书"专从
人类文化上演述变迁的情形；这里有两种道理：一，使学生可以知现在的
人类世界，是怎样成功的；二，文化上应当研究的问题，都有个大概始
末，供学生自己探索"。④《初级本国历史》的叙述，以社会进化、文化发

---

① 文中的时间为该书第 1 册初版时间。有个别教科书在新学制颁行前出版，但受到新文化
运动的影响，与新学制标准相符，这里也列入。
② 王有朋主编《中国近代中小学教科书总目》，前言，上海辞书出版社，2010，第 6 页。
③ 赵玉森编纂《新著本国史》上册，第 1 编，商务印书馆，1923，第 1、2 页。
④ 傅运森编辑《新学制历史教科书》上册，编辑大意，商务印书馆，1926。

达、政治变迁以及各民族接触与文化交换为纲，其中又以先民精神活动及其生活上之需要为主旨，"对于朝代之兴亡以及制度战争等事实，除与先民活动之演进及吾国现势有关系者外，虽本身素有权威之史料，悉略而不收"。① 《新学制高中本国史》指出："本书力矫旧时偏重政治方面之弊"。② 《实验历史教科书》写道："本编宗旨，注意开化史。"③

文化成为一些教科书历史分期的标准。历史分期通过划分历史阶段来认识历史的进程，表达了史家对于历史的理解。④ 清末民初以及南京政府时期的教科书，一般以民族的标准来分期。⑤ 新学制时期教科书多采用文化的标准。《新著本国史》依据文化演进，把中国历史分为三期："第一编，太古至周，为文化发育的时代；第二编，自秦至明代的中叶，为文化推衍的时代；第三编，自明中叶至今，为我国文化与世界文化融洽的时代。"⑥ 《现代初中本国史》把中国历史分为五期：秦以前的上古是"域内文明的成人时代"；从秦到五代末的中古是"中国民族文化的蜕变时代"；从宋初到明末的近古是"中国民族的争存时代"；近世为清代，是"东西文明的接近时代"；现代为中华民国，是"中国文明的世界化时代"。⑦ 从这些教科书的历史分期可见，文化演进成为观察中国历史的一个重要视角。

重视社会文化史也体现在教科书内容中。试举两例。一是《现代初中本国史》对近古历史的叙述。从秦到五代这一时期，中间有五胡乱华、南北分裂，一般被视为动乱时代。但该书认为这是中国文化发展的新时期，给予了很高的评价："民族方面，中国北部被北方许多新民族征服了几百年，中原的文化南迁避乱，但后来中国文明终究同化了那些新民族，造成了隋唐的统一帝国。思想方面，印度的宗教和思想，杂着精华、糟粕一齐侵入，中国民族几乎应接不暇，但几百年后，中国人居然能从糟粕里提出

① 金兆梓编《初级本国历史》上册，编辑大意，中华书局，1925，第1~2页。
② 吕思勉编辑《新学制高中本国史》，例言，商务印书馆，1932，第1页。
③ 卢秉征编辑《实验历史教科书》第1册，编辑大意，国立北京师范大学附属小学，1923。
④ 赵轶峰：《历史分期的概念与历史编纂学的实践》，《史学集刊》2001年第4期。
⑤ 刘超：《古代与近代的表述：中国历史分期研究》，《人文杂志》2009年第4期。
⑥ 赵玉森编纂《新著本国史》上册，第1编，商务印书馆，1923，第2页。
⑦ 顾颉刚、王钟麒编辑《现代初中本国史》上册，商务印书馆，1924，第18~22页。

精华来，造成中国的宗派，——天台宗、禅宗，——以为后来近古期本国哲学的基础。中国民族的文化，到了汉、魏，已有暮气了；中间吸收了这许多民族上和精神上的新血，渐渐返老还童，演成唐朝的灿烂时期。"[1]

二是《初级本国历史》的人物品评。该书重视文化类人物，突出文化人物的影响。比如秦代的李斯、赵高，一般教科书将其视为政治人物，放在"政治"一节中，讲述李斯建议焚书、实行严刑峻法，赵高擅权、立杀二世等事迹；《初级本国历史》在"文字之统一"一节中叙述，把李斯、赵高视为文化人物："秦既统一天下，感于行政上文字不统一之困难，于是废其不与秦同文者。李斯、赵高辈取史籀大篆省约之，而改为小篆以应用"。[2] 再如汉代的董仲舒，一般教科书将其视为政治人物，在汉武帝政策中叙述董仲舒"罢黜百家、独尊儒术"的对策；《初级本国历史》在"学术"一节讲述，将其视为文化人物："自邹衍倡阴阳五行之说后，后人乃附会其说，大而国运，小而个人祸福，都纳其中；恰投民众心理之所好。至汉时其说大盛，亦因而蒙有此色彩。即如号称'醇儒'之董仲舒，其所著之《春秋繁露》中，阴阳五行之说甚多"。[3] 又如汉代的李陵与苏武，有教科书在政治或民族方面提及，突出二人"忠"的气节；《初级本国历史》则在"文学"中提及二人的诗歌，将二人视为文化人物。

重视社会文化史是此期教科书的一个特点，此期教科书因此被称为"社会文化叙述时期"。[4] 注重社会文化史，与此期兴起的专史书写有一定关联，[5] 也实则反映了此期平民教育精神的要求。

三　发挥平民教育精神与白话文教科书的推行

平民教育思想是 20 世纪 20 年代前后兴起的，是五四时期反专制的民主

---

① 顾颉刚、王钟麒编辑《现代初中本国史》上册，商务印书馆，1924，第 19~20 页。

② 金兆梓编《初级本国历史》上册，中华书局，1925，第 42 页。

③ 金兆梓编《初级本国历史》上册，中华书局，1925，第 64~65 页。

④ 黄现璠：《最近三十年中等学校中国历史教科书之调查与批评》，《师大月刊》1933 年第 5 期。

⑤ 参见章清《重塑中国历史（下）——学科意识的提升与"专门史"的书写》，《学术月刊》2008 年第 9 期。

思潮在教育上的反映。平民教育即民主教育,[①] 它反对特殊阶级教育,反训练主义教育,主张教育平民化,教育方法平民化,以培养具有健全人格与民主精神的公民。[②] 平民教育运动在多地开展,成为一种时代潮流。[③] 新学制明确提出"发挥平民教育精神,谋个性发展",直接影响到教科书编写。

平民主义是教科书取材的一个重点。吴研因《新法历史教科书》指出是书"取材,注重民本的、群众的、进化的、世界的、实在的、扼要的、积极的、使用的、感发的、适时的十大要点"。[④] 该书出版于新学制颁行之前,但体现了新文化运动的精神,也与新学制精神相契合。《现代初中本国史》写道:"时代精神是历史的主眼,如民族的分合,政治的设施,社会的风尚,学术的嬗递,凡足以表现当时的特征而影响及于后世的,本书便取材于此"。[⑤] 傅运森《新法历史教科书》强调全书始终注重平民主义。[⑥] 金兆梓、洪鋆《新小学高级历史课本》指出:"本书对于史材本身的价值和儿童学习的能力,两者谋适当的调剂,所以选材标准,估量他是否适合时代精神和儿童能力而定。"[⑦]

教科书从平民视角把一些农民起义称为"平民革命"。杨喆、朱翊新《高级历史课本》把陈胜、吴广起义称为革命:"胜、广虽首先起事,旋为秦所破,功未成而死,然继之者卒灭暴秦,说者谓中国历史上平民革命,实始于此。"[⑧] 《初级本国历史》认为陈胜、吴广起义,"为平民革命之第一声";刘邦建立汉朝为"平民得政":"从来以平民而革旧邦,得天下,自邦始。"[⑨] 《新学制高中本国史》认为,从秦到东汉末这一时期,"是中国初成为大国的时代,也是初入于平民政治的时代。汉初'布衣卿相之局'确是一次平民革命,打破此前贵族专握政权的局面"。[⑩]

---

① 舒新城:《中国近代教育思想史》,福建教育出版社,2007,第166页。
② 陈青之:《中国教育史》,东方出版社,2008,第576页。
③ 祝彦:《评20世纪20年代的平民教育运动》,《党史研究与教学》2005年第2期。
④ 吴研因编纂《新法历史教科书》第1册,编辑大意,商务印书馆,1923。
⑤ 顾颉刚、王钟麒编辑《现代初中本国史》上册,编辑大意,商务印书馆,1924,第1页。
⑥ 傅运森编纂《新法历史教科书》,第1册,编辑大意,商务印书馆,1923。
⑦ 金兆梓、洪鋆编《新小学高级历史课本》第1册,编辑大意,中华书局,1923,第1页。
⑧ 杨喆、朱翊新编辑《高级历史课本》第1册,世界书局,1925,第25页。
⑨ 金兆梓编《初级本国历史》上册,中华书局,1925,第44、46页。
⑩ 吕思勉编辑《新学制高中本国史》,例言,商务印书馆,1932,第2页。

　　提倡民主与反对专制是一体两面。民初教科书具有强烈的反专制思想，新学制时期教科书承续了这一写法，反专制思想贯穿始终。这里以秦始皇的评价为例。对秦始皇的评价向来存在争议，或认为是暴君，或认为是大英雄。新学制教科书多认为秦始皇是大魔头，批判其专制统治。《新著本国史》写道："始皇承了累朝法治的余风，正是君主立宪的好机会。无奈始皇但逞自己的威权，做成了君主专制，并且是极端的专制，要算我国政治界的大魔头。"秦始皇实行焚书坑儒的"愚民政策"，"人民的讲学自由，言论自由，完全被始皇剥夺"；收天下兵器，迁豪杰于咸阳的"弱民政策"，"人民又失了治安的保障及居住的自由"。① 杨喆、朱翊新《高级历史课本》以"秦始皇之妄想"为题，"始皇之专制暴虐若此，称帝十三年而死；其子嗣位三年，即为人所灭。前后仅十五年而已"。② 秦始皇统一中国，有一定功绩，但因其专制统治过度而受到批判。

　　谋个性发展，是新文化运动一个重要内容，也是新学制的一个标准。这在教科书中也有体现。以魏晋清谈的叙述为例。清末民初以及南京政府时期的教科书，大多对清谈持批评态度，认为清谈误国，是导致"五胡乱华"以及国家分裂的主要原因。新学制教科书基本对"清谈"持肯定态度。《初级本国历史》对"清谈"做了详细的介绍，特别提及具有反君主专制思想的嵇康、鲍敬言，认为他们的反专制思想是思想史上的"异彩"："嵇尚不过非汤、武，薄周、孔；鲍则且欲举君主制度而废之，实吾国思想史上一异彩矣。惟时以清谈之习，移而谈经，讲学之风大开，于传播文化不无关系。"③《现代初中本国史》认为清谈是一次思想解放："魏晋思想以自然主义为骨干，大胆地推翻一切迷信的儒教，一切谶纬灾异的谬说，提倡个人的自由与个性的自适；这种趋势应该在中国思想史上放一点大光明了。"④ 清谈是破除礼教的束缚而求思想的解放，尚清谈的人为自由思想者。《新学制高中本国史》认为魏晋矫正时弊，"注重于哲理，遂有儒

---

① 赵玉森编纂《新著本国史》上册，第 2 编，商务印书馆，1923，第 2~3 页。

② 杨喆、朱翊新编辑《高级历史课本》第 1 册，世界书局，1925，第 23 页。

③ 金兆梓编《初中本国历史》上册，中华书局，1925，第 79 页。

④ 顾颉刚、王钟麒编辑《现代初中本国史》上册，商务印书馆，1924，第 156 页。

道并重之势，斯时之人，其学术思想颇为高尚"。[1]

为贯彻平民教育精神，教科书编写形式上一个重要变化是采用白话文。1920 年以前的教科书主要用文言文编写，也出现了少量用白话编写的教科书。在新文化运动的推动下，教育部令行各省改国文为语体文，促进了白话教科书的发展。新学制实行后，白话教科书渐渐成为编写主流。这一时期的中国历史教科书，如吴研因《新法历史教科书》，赵玉森《新著本国史》，傅运森《新法历史教科书》，卢秉征《实验历史教科书》，洪鋆、朱文叔《新教育历史教科书》，杨喆、朱翊新《高级历史课本》，冰壶主人《注释白话中国历史教科书》，吕思勉《白话本国史》，傅运森《新学制历史教科书》，金兆梓《初级本国历史》，顾颉刚《现代初中本国史》，等等，都是采用白话文编写，一些教科书在编排上使用了横排与新式标点符号。白话文教科书对发挥平民教育精神有重要意义，"教科书由文言向白话的转折，直接有利于教育与科技的普及和推广，有利于在教学中贯彻民主和科学的精神"。[2]

四　培养世界意识与混编教科书的采用

世界主义在新文化运动前后成为一种社会潮流，也是五四新文化运动的一个特色。[3] 世界主义反对强权主义，把自由与平等的"公理"作为中国和世界秩序的共同基础，认为中西差距不是实力或国力，而是文明程度，是否建立了自由、平等的文化与制度。[4] 世界主义影响到教育，使得新学制时期的教科书具有世界主义的色彩。

培养学生的世界意识，是教科书编写的一个目标。如前所述，吴研因《新法历史教科书》在取材方面的一个要点就是世界的。傅运森《新法历

---

[1]　吕思勉编辑《新学制高中本国史》，商务印书馆，1932，第 143 页。

[2]　李华兴主编《民国教育史》，上海教育出版社，1997，第 488 页。

[3]　张灏：《重访五四——论"五四"思想的两歧性》，见许纪霖编《二十世纪中国思想史论》上册，东方出版中心，2000，第 25 页。

[4]　许纪霖：《五四：一场世界主义情怀的公民运动》，见中国社会科学院近代史研究所编《纪念五四运动九十周年国际学术研讨会论文集》上册，社会科学文献出版社，2012，第 39 页。

史教科书》强调"注重中国与世界的文化"。①《新学制历史教科书》指出"打破朝代的、国界的旧习"，把中外历史放在一起编写。②《新著本国史》论述历史大纲时指出："第一，就是社会方面，一切民生问题、民治问题、民权问题，这是不可不注意的；第二，就是国家方面，一切政治问题；第三，就是世界方面，一切国际问题、交战问题、文明互换的问题，这也都不可不注意的。"该书按照这几个方面来编写。③

世界主义的价值取向渗透到教科书内容中。一是，一些教科书依据西方历史分期来划分中国历史时期。《新学制历史教科书》"照泰西史家普通的分法，是把西史几千年的事，分做上古、中古、近古、近世、现代五期。上古到西罗马灭亡止（西元476年民国前1436年南朝刘宋末世）。中古到哥伦布发现美洲止（西元1492年民国前420年明孝宗时）。近古到拿破仑败亡止（西元1815年民国前97年清嘉庆中）。近世到普法战事止（西元1871年民国前41年清同治中）。以后的为现代。本书把中国几千年史事，也依西史分期。凡书中有上古、中古等名称，就是上面所注的年份了"。④ 这里中国历史分期参照西方的分期，力图与西方保持一致。二是，世界化被视为中国历史发展的方向。《现代初中本国史》把现代史称为"中国文明的世界化时代"："十多年来时时发现新旧思想的冲突，也曾再现过两度短时间的帝制运动，然而这是过渡时代免不了的现象，到底拂逆民治潮流的人都失败了。民间对于世界的观念既渐次明瞭，因此，对于政治问题和社会问题往往藉群众运动来表示倾向。政治的现状纵不好，潜伏在民间的民治精神却在在可以涌现。一切学术思想，也处处带着世界化的色彩。"⑤ 这些教科书以世界历史为标准来书写中国历史，反映了中国试图融入世界的努力。

为了培养世界意识，教科书编写形式上的一个重要变化是中外历史混编。新学制课程标准规定实行中国史与外国史混合教学："中学历史，向

① 傅运森编纂《新法历史教科书》第1册，编辑大意，商务印书馆，1923。
② 傅运森编辑《新学制历史教科书》上册，编辑大意，商务印书馆，1926。
③ 赵玉森编纂《新著本国史》上册，第1编，商务印书馆，1923，第1~2页。
④ 傅运森编辑《新学制历史教科书》上册，编辑大意，商务印书馆，1926，第5页。
⑤ 顾颉刚、王钟麒编辑《现代初中本国史》上册，商务印书馆，1924，第22页。

分本国史世界史二部。今为使学生明了世界人类生活共同演进状况，打破关于朝代国界的狭隘观念起见，初中历史编制宜取混合主义，以全世界为纲，而于中国部分，特加详述；使学生对于本国历史，得因比较而宜审其在世界史中之地位。"① 采用中外历史混合方式，其目的就是明了中国在世界中的地位。为适应这种要求，出现了一些中外历史混合编写的教科书。

混编教科书有两种情况。一是中国史与世界史分册编写，合在一起供学校历史教学使用。这实际上把原本作为两套的中国历史与世界历史教科书，合为一套。这种混编教科书内容上相对较为简略，小学历史教科书多采取这种形式，如前几册讲述中国史，后几册讲述世界史，其中以中国史为重点。二是打乱国别限制，将中国历史与世界历史放在一起编写。这里所谓的混编教科书，是指后一种。

关于混编教科书的内容安排，1923年课程标准做出了规定，这里以汉唐时期的内容为例。初中历史内容为：两汉内政与外交，中古亚洲西部诸国之情形，罗马之兴亡，三国六朝时代，中古欧洲，基督教之西渐与佛教之东渐，回教之兴，唐宋内治，日本与中国之关系。② 高中文化史内容为：秦汉时代之社会，佛教之入中国，佛教传入中国以前之中国美术，汉代之教育与学术、希腊文化与罗马之关系，罗马统一意大利、宪政之发展，罗马帝国之建设，罗马之中央行政及地方行政，罗马之都市及农村社会，罗马之建筑及其他美术，罗马之哲学及民族道德之演化，罗马希腊时代之耶教及教会组织，希腊罗马文化及耶教融成近世西洋文化之基础，汉魏六朝时代中国与外族之关系，汉魏六朝时代中国社会之变化，佛教与中国思想及美术之关系，中世胡族日耳曼族亚拉伯人迁徙之概况，日耳曼族之民族精神，日耳曼族之迁徙大势及其影响，比散丁文化，回教势力之发展及撒拉逊文化，中古欧洲封建式社会，中古教会之专制，道院之知识生活及经济生活，中古之都市生活及工商业，中古之建筑及其他美术，中古之大学，隋唐间之经济状况，隋唐时代日本之中国化，唐代之政治及法律，唐

---

① 《初级中学历史课程纲要》，见课程教材研究所编《20世纪中国中小学课程标准·教材大纲汇编·历史卷》，人民教育出版社，2001，第14页。

② 《初级中学历史课程纲要》，见课程教材研究所编《20世纪中国中小学课程标准·教材大纲汇编·历史卷》，人民教育出版社，2001，第14页。

代之宗教，唐代之学术及教育。① 初中、高中历史都是把中外历史放在一起叙述，中外历史的分量几乎对等。

混编历史教科书有利于中外历史比较，使学生对本国情况有较为直接的认识，但是，混编教科书有明显的缺点：一是在内容上，中国史不够突出，夹杂在外国史中，显得支离，不够系统；二是在实际教学中，"此种编法，在初中不甚适当。盖一课西史，一课中史，轮流教授，易使学生头脑昏乱，记忆模糊，且先教西史，后及中史，喧宾夺主，更失本国史的主要目的"。② 混编教科书存在教学效果不佳等问题，这种编写方式后来很少使用。

五　结语

1927 年国民党南京政府建立后，新学制教科书逐渐停止使用。自 1922 年新学制颁行以来，新学制教科书的使用前后不到十年时间，却是中国教科书史上重要的一页。本文围绕新学制标准，考察中国历史教科书编写情况，希望通过呈现历史教科书的特点，增加我们对教育性质的理解，全面认识新学制的价值及其在中国教育史上的地位。

中国近代新史学兴起于民族危机之时，从一开始就承担了拯救民族国家的任务。新史学的发展史就是民族国家的主导叙事主导新史学的"现代史"。③ 清末历史教育，一方面强调为专制君主服务、养成忠孝国民，一方面注意到要从历史中找出中国衰败原因，振发国民志气。南京政府时期，历史教育要研求中国民族文化的演进，激发学生民族复兴思想，确立三民主义信仰。④ 激发国民的爱国精神、实现民族的复兴、维护统治是历史教

---

① 《高级中学公共必修文化史学纲要》，见课程教材研究所编《20 世纪中国中小学课程标准·教材大纲汇编·历史卷》，人民教育出版社，2001，第 18 页。
② 黄现璠：《最近三十年中等学校中国历史教科书之调查与批评》，《师大月刊》1933 年第 5 期。
③ 孙江：《阅读沉默：后现代主义、新史学和中国语境》，见孙江主编《事件·记忆·叙述》，浙江人民出版社，2004，第 18~19 页。
④ 参阅刘超《政学分合与知识生产：清末中国历史教科书编写研究》，《安徽史学》2011 年第 5 期；《民国历史教科书中的民族认同与政治认同》，《学术月刊》2014 年第 3 期。

育的主要目标。[①] 因此，清末与国民党政府时期的中国历史教科书，关注民族国家的演进，注重政治史，高扬民族主义。相较于近代教科书，新学制历史教科书具有鲜明的特点。第一，注重发挥平民教育精神，发挥学生的个性，而不是维护统治。第二，培养学生的世界意识，淡化民族国家意识。第三，注重社会文化史，淡化政治史。其中，又以发挥平民教育精神为核心，为此采用了白话文、中外历史混合编写等方式，使得这一时期教科书具有民主主义与世界主义的色彩。

本文考察新学制历史教科书的编写，是希望能够引起人们对教育本义的讨论。20 世纪 30 年代，教科书编者、南京政府时期课程标准制订人之一的吴研因[②]认为："我国民十以后的小学教科书，例如《新学制》，《新教育》，《新教材》等，就几乎成了无目的、无宗旨的世界通用读本，很缺少民族精神和国家思想的表现，这确是当时教科书的最大的缺点！"[③] "缺少民族精神和国家思想"可谓道出了新学制教科书的一个特点；而"无目的、无宗旨"显然不符合教科书的实际情况。新学制教科书是为实施"教育救国""科学救国"的理想，自觉地在时代问题的思考下编写的，[④] 吴氏所批评的新学制教科书的"缺点"，恰是当年其编写教科书时所追求的"时代精神"。吴氏看法的不同，可能正反映了社会变迁与人们教育观的变化。

中国传统教育是政教合一的，教育服务于既定的政治秩序，教育自身的主体规律与价值缺失与异化，开启智慧、传承文明等价值被忽略。[⑤] 与此相联的是，历史教育向来被作为资鉴、资治的工具。近代新教育兴起

---

① 吴研因：《清末以来我国小学教科书概观》，见张静庐辑注《中国近现代出版史料·补编》，上海书店出版社，2003，第 153 页。
② 吴研因编有多种教科书，如《新法修身教科书》（商务印书馆，1920），《新学制国语教科书》（商务印书馆，1923），《民智国语标准读本》（民智书局，1931），《国语新读本》（世界书局，1933），以及数种小学教材及教学法等；参加了 1929 年、1932 年、1936 年、1942 年小学国语等科课程标准起草或修订。参阅刘英杰主编《中国教育大事典（1840~1949）》，浙江教育出版社，2001，第 194~195 页。
③ 吴研因：《清末以来小学教科书概观》，见张静庐辑注《中国近现代出版史料·近代初编》，上海书店出版社，2003，第 149 页。
④ 石鸥、吴小鸥：《中国近现代教科书史》上册，湖南出版社，2012，第 248 页。
⑤ 姜朝晖：《民国时期教育独立思潮研究》，中国社会科学出版社，2008，第 34 页。

后，这种认识依然根深蒂固。清末与国民党政府时期都是把教育作为维护统治的工具，把历史教育视为统治合法性的重要来源。新学制主张回复教育本义，反对把教育作为政治的附庸；历史教育的目的不是维护统治，而是在于明了人类社会的演进，求得历史的真实。在民初社会政治混乱的情况下，新学制从深层次上来思考民族国家的出路。民族国家本身不是目的，而是达成个性发展、人民幸福的工具。新学制希望养成健全人格、培养共和精神，以固国本。① 国民党南京政府建立后，在党化教育与民族危机的形势下，教育又沦为维护统治的工具。新学制的民主精神与教育独立要求，对教育本义、教育与政治关系的思考与探索，历久弥新，将对中国教育近代化产生深远的影响。

本文也希望能够重新认识新学制在中国教育史上的地位。新学制主要有两部分：标准与学制系统，这两个部分有着不同的历史命运。南京国民政府建立后，对新学制采取了两种不同的态度。一是继承其学制系统。1928 年，大学院通过《整理中华民国学校系统案》，即"戊辰学制"，基本沿用了新学制的学制系统，保留了新学制"六三三"主体架构。② 二是抛弃其标准。南京政府时期，全面推行党化教育，1929 年，颁布三民主义教育宗旨，制订新的课程标准。新学制标准被废止，新学制可谓形存神消。因此，对新学制的评价，既要注意到新学制的现实影响与思想史意义，也要注意到其形式与精神的存废。只有将这几方面结合起来，才能全面认识新学制的历史地位。

---

① 《教育调查会第一次会议报告》（1919 年），见璩鑫圭、唐良炎编《中国近代教育史资料汇编·学制演变》，上海教育出版社，2007，第 859 页。

② 于述胜：《中国教育制度通史》第 7 卷，山东教育出版社，2000，第 91 页。

1922～1927年我国初中中国历史教科书结构体系探析

马曙慧[*]

1922年，民国政府进行学制改革，中学阶段被一分为二，分别为初中和高中两个学段。初中作为一个新的独立的学段自此出现。新学制后，"教科书又为之一变"。[①] 1923年，《初级中学历史课程纲要》公布。之后，与新学制相适应的几套初中中国历史教科书陆续出版。直至1927年，随着北伐的推进和南京国民政府的建立，我国初中中国历史教科书又开始有了新变化。因此，1922～1927年编写出版的初中中国历史教科书便成为我国第一批初中学段的中国历史教科书。这批教科书主要见表1。

表1　1922～1927年初中中国历史教科书[②]概况

编著者	书名	初版时间	出版机构
金兆梓	新中学教科书初级本国历史（上、下）	1923年	中华书局
傅运森	新学制历史教科书（初级中学用）（上、下）	1923年	商务印书馆
顾颉刚、王钟麒	现代初中教科书本国史（上、中、下）	1923～1924年	商务印书馆
陆光宇	新撰初级中学教科书本国史	1925年	商务印书馆

---

[*]　马曙慧，人民教育出版社历史编辑室高级编辑，北京大学历史学系博士研究生。

①　《第一次中国教育年鉴》，见张研、孙燕京主编《民国史料丛刊》（977），大象出版社，2009，第175页。

②　为行文方便，本文将这四套教科书（从上到下）分别简称为"金兆梓书"、"傅运森书"、"顾王书"和"陆光宇书"。其中，傅运森书为中外历史混编，并不是纯粹的中国历史教科书，但中国历史内容在此书中占有相当比例，所以本文也将其纳入讨论范围。

这批初中中国历史教科书的结构体系风格迥异，各有千秋，大大丰富了中国历史教科书的编写实践，对近代历史教科书的发展有重要的智力贡献。很多现代教科书的元素开始在这批教科书中出现，并为后世所延续。本文从历史分期、编排体例和课文结构三个方面对这批教科书的结构体系进行分析，并阐述它们对历史教科书编写的启示。

一　历史分期："断裂的" 与"联络的"

（一）分期概念

这批教科书的历史分期情况如图 1 所示。

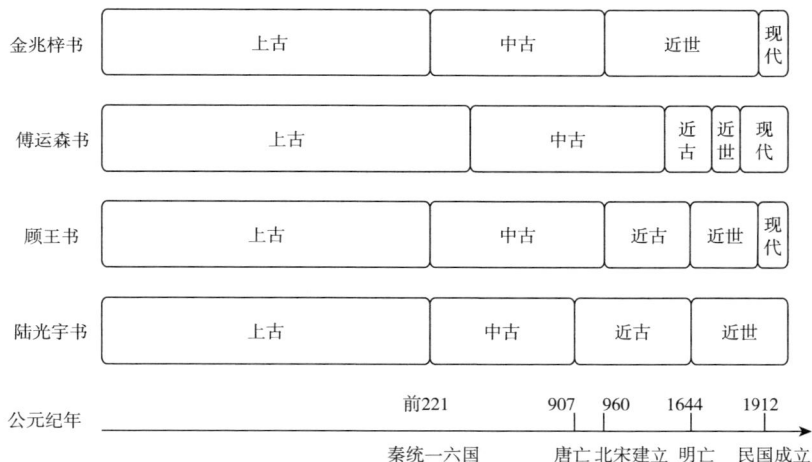

图 1　1922～1927 年初中中国历史教科书历史分期概况

从图 1 可以看出，在历史分期上，这批教科书采用的是上古、中古、近古、近世、现代这一套分期概念。这套概念其实是"舶来品"，本是西洋历史惯用的一种分期方法。将这套概念应用于中国历史的分期，是由 19 世纪末的日本史学家所带动，其中影响最大的是桑原骘藏编纂的《东洋史要》。此书将中国历史分为上古期、中古期、近古期和近世期，分别指太古至秦统一、秦统一至唐之亡、五代至清之兴和清初至当时的历史。之

207

后，这种分期概念便开始被很多历史教科书采用。[1]

1922~1927 年的这批初中中国历史教科书沿用了这套分期概念。不过，从图 1 可以看出，这批教科书有的采取了四段式分期，有的则采取了五段式分期；同一个分期名称，如"中古"，指代的时段却不尽一致。这说明当时的教科书编纂者虽然接受了这套历史分期概念，但对历史分期并没有统一的认识。

（二）分期标准

清末民初以来的中国历史教科书对历史分期的处理，很多是为分期而分期，上古、中古等时期还停留在概念上，彼此之间没有关联。在1922~1927 年的这批教科书中，傅运森书和陆光宇书在历史分期的标准上并没有突破，傅运森书更是直接套用西方历史的分期标准来划分中国历史。相比之下，顾王书和金兆梓书在历史分期上有更深层的考量，注意呈现不同历史分期的时代特点，并注意将它们"联络"起来，呈现历史的纵向联系。

顾王书将中国历史分为上古、中古、近古、近世、现代五个时期。书中的上古指秦以前的历史，被称为"域内文明的成人时代"；中古从秦初到五代之末，被称为"中国民族文化的蜕变时代"；近古从宋初到明末，被称为"中国民族的争存时代"；近世为清朝的历史，被称为"东西文明的接近时代"；现代为"中华民国"的历史，被称为"中国文明的世界化时代"。[2] 这一分期法，体现了编者对中国历史的认识，"一是注重民族间的关系，二再由此扩大到中国与西方世界之关系，三则由此民族间之文化冲突与融合，推动着中国史走向世界史，形成进化的历程"，"不仅可突破传统讲中国史只注重于政治的方面，更可打破汉族中心主义，而亦非以欧洲史为框架来削足适履地看中国史"。[3]

---

① 尚小明：《由"分期史"到"断代史"——民国时期大学"中国通史"讲授体系之演变》，《史学集刊》2011 年第 1 期。

② 顾颉刚、王钟麒：《现代初中教科书本国史》（上册），商务印书馆，1925，第 19~22 页。

③ 龚鹏程：《推荐序》，见顾颉刚、王钟麒《中国史读本》，中国工人出版社，2007，第 9~10 页。

顾王书的分期标准，是"就前后因果最切，事实联络最密的若干年括作一期，全史便分括五期，在某一期中，便可看出某一期的特别精神"。①这种"某一期的特别精神"，也是金兆梓书历史分期的重要标准。金兆梓认为，"历史者，所以记述人类社会延续之活动，以明其递嬗之迹象"，历史的发展演变可以从六个方面来观察，分别是"社会之进化、文化之发展、政治之变迁"和"疆土之开拓、诸民族之接触及结合、文化之交换"。依据这六个方面，金兆梓书将中国历史分为上古、中古、近世、现代四期。

顾王书、金兆梓书的分期不再照搬西方的分期概念，而是将分期与中国历史本身的发展进程相结合；也不再单独以政治或文化等某一方面的线索作为参照，而是试图从政治、民族、社会、文化等多个方面，寻找中国历史发展的脉络。

（三）分析与启示

对于清末民初许多历史教科书为分期而分期、将历史划分成几个"断裂的"时段的分期方式，时人有这样的批评："从历史分期以后，讲上古自上古，讲中古自中古；上古讲完，不问中古，中古讲完，不问近古；以为此方是简捷的叙述，分析的作品；把一部古今连续之历史，从头至尾，一刀二段，变为上古中古近古近世四段平列式之事实，岂不荒谬？"这样的历史分期，"使历史上连续的活动，变成'竹节式'发达，是断断不是古代人类活动之真相"。②

在1922～1927年的初中中国历史教科书中，顾王书和金兆梓书对这种状况有所改变。这两套书不再为分期而分期，而是试图通过"断裂的"分期呈现"联络的"历史，使每个"竹节"都各有其特点，"竹节"之间又彼此相连。

这种分期方法，体现了编者的整体史观，不再以政治或文化等某一方面作为历史分期标准，也不再以朝代的兴亡作为依据，而是将中国历史作

---

① 顾颉刚、王钟麒：《现代初中教科书本国史》（上册），商务印书馆，1925，第18页。
② 陆惟昭：《中等中国历史教科书编辑商例》，《史地学报》1922年第3期。

为一个整体，包含政治、民族、社会、文化等各个方面，试图反映整个中国历史的内在发展脉络。分期，不再仅仅是为了编写的便利，而是为了表现出不同阶段的时代特点。各个时期的时代特点，来自整个中国历史的发展过程这一维度。在这同一个维度上，不同的时期之间有着紧密联系。这样一来，"断裂的"时段，便成为彼此"联络的"时期，共同呈现出联系的、整体的中国历史。

二　编排体例："专题史"与"通史"

自 20 世纪初新史学肇兴以来，史学界对旧史仅注重朝代更迭兴衰、为帝王作家谱的弊病的批评，已经大体取得共识。"普通的历史是记载全人类的活动的，应当各方面都要顾到，不能给任何阶级专利。"[①] 清末民初的中国历史教科书在取材上，已经取得很大进展，不再拘泥于朝代更迭的政治变迁。民族关系、思想文化、社会生活、经济等内容，已经广泛进入历史编纂者的视野。

1922~1927 年的初中中国历史教科书继承了这一趋向。这批教科书在民族关系、思想、文化、社会生活等方面都花费了大量笔墨。除传统的政治史内容外，民族关系方面如秦拒匈奴、汉通西域、五胡之乱等，学术思想方面如先秦诸子百家、两汉儒学、宋明理学等，文化方面如唐朝古文运动、明清小说等，社会方面如社会风俗、衣食住行等，都成为中国历史教科书涵盖的内容。

既然历史取材范围已经扩大，那么如何编排诸方面的内容便成为中国历史教科书编纂者必须思考的问题。1922~1927 年的初中中国历史教科书，在编排体例上大胆探索，采取了"专题史"和"通史"体例两种编排体例。

（一）"专题史"

这批历史教科书中，傅运森书和陆光宇书按照"专题史"体例进行编排。具体情况见表 2。

---

① 　顾颉刚：《中学校本国史教科书编纂法的商榷》，《教育杂志》1922 年第 4 期。

表 2　傅运森书、陆光宇书目录举要

傅运森书		陆光宇书		
第一编	引端	第一篇	绪论	
第二编	历史以前的状况	第二篇	总论部	历代兴亡述略
第三编	人类生活状况的变迁		第一期	上古
第四编	人类信仰的变迁		第二期	中古
第五编	人群组织的变迁		第三期	近古
第六编	人类思想的变迁		第四期	近世
第七编	人群的斗争与连合	第三篇	分论部	
第八编	中华民国		第一章	民族融化史
第九编	结论		第二章	学术进展史
			第三章	宗教沿革史
			第四章	风俗变迁史
			第五章	实业发达史
			第六章	法制兴废史
			第七章	交通改良史
			第八章	近世外交史

　　傅运森书依照 1923 年颁布的《初级中学历史课程纲要》中国史与世界史混编的主张，"打破朝代的、国界的旧习"，[①] 采取中外混编的方式。这套书打乱时间顺序，将全书分为历史以前的状况、人类生活状况的变迁、人类信仰的变迁、人群组织的变迁、人类思想的变迁、人群的斗争与连合等几大专题，按照专题编排内容。

　　陆光宇书全书分总论部、分论部二部，总论部"专述历代兴亡概况，复分四期，第一期上古，第二期中古，第三期近古，第四期近世—现代"，分论部"为民族之融化，学术之进展，宗教之传布，风俗之变迁，实业之发达，法制之兴废，最后为近世之外交，凡分二十余节，国际间重要问题，网罗殆尽"。[②] 从表面上看，陆光宇书的编排体例是时序与专题并用，总论部按时间顺序叙历代政治沿革，分论部按专题编排。但从本质上看，陆光宇书是按照专题编排，总论部实际上是"政治"专题，只是所占篇幅较大，被单独列出。

---

① 傅运森:《新学制历史教科书》（上册），编辑大意，商务印书馆，1923。
② 陆光宇:《新撰初级中学教科书本国史》，编辑大意，商务印书馆，1925。

（二）"通史"

不同于傅运森书和陆光宇书的"专题史"体例，金兆梓书和顾王书采取了"通史"体例。两书都按照时间先后顺序，将历史分为上古、中古、近古等几个历史时期，每一时期为一编。但两书虽同为"通史"体，在每一编的具体编排上却又有不同。以中古时期的编排为例，可以看出两者的差异。

表3 金兆梓书、顾王书中古时期目录举要

金兆梓书		顾王书	
第一章	秦之统一	一	秦的统一和中央政府的确立
第二章	平民革命之创局	二	长城与匈奴
第三章	西汉之治术	三	郡国并行的因果
第四章	西汉时之经营域外	四	尊重儒术的影响
第五章	两汉之际	五	域外交通的发展
第六章	东汉与他族之关系	六	政治中心的坠落
第七章	两汉之学术	七	复古的失败
第八章	中国之始有宗教	八	一姓再兴和表彰气节
第九章	东汉之衰亡与三国之鼎立	九	佛教的传入和道教的创兴
第十章	五胡之乱与南北朝之分合	十	清议和党锢
第十一章	南北朝之风尚及文艺	十一	三国并立的扰攘
第十二章	隋及唐初之域外经略	十二	外族内侵的动机
第十三章	佛教之盛及宗教之争	十三	五胡乱华和南北对抗
第十四章	隋唐时之交通事业	十四	思想的转变和六朝的风尚
第十五章	唐代学术思想之衰落	十五	异族同化和新的四裔
第十六章	唐代文艺之特盛	十六	科举制度和古文运动
第十七章	唐代中央地方势力之消长	十七	外教的继来和佛教的蜕化
第十八章	唐末民变——黄巢之乱	十八	方镇的专横和朋党的倾轧
第十九章	唐宋之际	十九	五代的纠纷和当时的社会
第二十章	中古时代之民生风俗		

从表3可以看出，两者在编排上的区别主要在于如何处理同一个历史时期内政治、思想、文化、社会等内容的关系。金兆梓书在每一代均按照历史发展顺序，先历述朝代沿革、内政外交、民族交往，再述思想文化，然后安排专章综述这一大历史时期中的民生风俗等内容。顾王书则采取了将政治、思想、文化、社会等内容混合编制的做法。它在每一编内按照时序叙述各朝代的大事和大势。每一朝代选取能反映那一时期"时代精神"

的史事来呈现，至于各个朝代选取哪些"时代精神"来叙述，则根据当时的时代来决定，"并不把定什么中心"，"如民族的分合，政治的设施，社会的风尚，学术的嬗递，凡足以表现当时的特征而影响及于后世的，本书便取材于此，都为简单的系统的介绍"。①

顾王书的编排方法，最大的特点是一改以往"填空式"的排列法。所谓"填空式"的排列法，即每叙述一个时期的历史，必先述其朝代兴亡与政治变迁，后述其思想、文化、社会状况等，一一排列，不论这一个时期的思想、文化、社会状况是不是这个时代的重要内容，也不论它们对后世有无影响。这种做法，在顾颉刚看来，就像一出什么都交代清楚的"全本戏"，使人看了之后，"不但生不出很深的印象，但觉犹有余烦"。因此，顾王书在"通史"体例下，每一时代选择足以代表当时"时代精神"的内容来呈现，课文的标题也很新颖。这种做法，"不能不谓为中国历史课本之进步"。②

（三）分析与启示

傅运森书、陆光宇书"专题史"的编排体例，代表了当时学界的一种看法。梁启超于 20 世纪 20 年代初专门就此问题写了一篇文章，主张按照"专题史"的体例编写中国历史教科书。他认为历史教科书应"将全史纵断为六部"，分别为年代、地理、民族、政治、社会及经济、文化，"虽谓为六部专门史亦可，但于各门皆为极简单之叙述，且相互间有严密之组织，则合之成一普通史耳"。③ 傅运森书和陆光宇书可谓是这种主张的实践。

虽然"专题史"的实践在当时是创新之举，但作为历史教科书，这样一种编纂方式并没有获得一致认可。尽管傅运森书宣称是完全按照《初级中学历史课程纲要》的"混合"精神而编制，但这一课程纲要的起草者常乃德却认为这种"专题史"体例是对他"混合"精神的误读。常乃德说："现在反对混合教授的往往拿某书馆出版的混合历史教科书做证，其实这

---

① 顾颉刚、王钟麒：《现代初中教科书本国史》（上册），编辑大意，商务印书馆，1925。
② 黄现璠：《最近三十年中等学校中国历史教科书之调查及批评》，《师大月刊》1933 年第 5 期。
③ 梁启超：《中学国史教本改造案并目录》，《史地丛刊》1923 年第 2、3 期。

是编制的不善，并非混合制本身的毛病。"这本"某书馆出版的混合历史教科书"，便是傅运森书。常乃德认为，"混合历史的编制必须用通史体裁，断不可用分类叙述的方法"，"分类的编制法搁在大学里或者可以，若在中学教科书上即使请任公先生'常挟情感'的笔锋来编制也难免干燥无味"。①

"专题史"最主要的问题是割裂了历史本身的联系。政治、经济、思想、文化等，都是历史的组成部分，是历史发展的不同方面。每一项专门历史，都与其所处的时代密切相连，而正是它们之间的相互作用，才共同构成了某一个特定的时代。对初中学生来说，历史时代变迁的顺序尚未完全知晓，就让他们来做"专门史"的分析学问，显然超出了他们的学力范围。正如金兆梓所言，"专题史"的编排方法，"将历史上整个的人类活动碎割了，见不出活动的各方面的交互影响交互促进的关系来，是专门史的办法，而不是通史的办法，尤其不是中学校历史教材的排列法"。②

也正是由于这种"活动的各方面的交互影响交互促进的关系"，当时学界对"通史"体例历史教科书中将政治史与文化史分开编排的做法也有批评。"上古史完了，然后接着种种上古之制度，上古之宗教，上古之风俗；又接着南北朝之兴亡，隋唐之盛衰，五代之沿革；又接着中古之学校，中古之社会，中古之产业等等；使读者误认为政治自政治，文化自文化，同二种历史书一样"，"徒开了数千百年零碎账目；非但不能使学者领会思想与文化有造成政治风俗之能力，或政治风俗有酿成思想之能力；并且将历史事实，成为劈空而来，突然而去的把戏"。③ 在金兆梓书、顾王书中，这种情况有很大改善。它们虽然采取了不同的处理方式，但都注重建立同一时代的政治、思想、文化、社会等不同方面的联系。

三　课文结构

在 1922~1927 年的这批初中中国历史教科书中，就正文而言，不同于顾王书和陆光宇书的一述到底，傅运森书和金兆梓书将每章的正文分为几

① 常乃德：《新制初级中学历史课程编制之一得》，《中华教育界》1924 年第 1 期。
② 金兆梓：《中学历史教材的商榷》，《中华教育界》1931 年第 4 期。
③ 陆惟昭：《中等中国历史教科书编辑商例》，《史地学报》1922 年第 3 期。

个细目来表述。这一形式在民初的历史教科书中已经出现，并不属于这一时期历史教科书的创见。但是，在正文以外辅助系统的设计上，1922～1927年的初中中国历史教科书与以往的历史教科书相比，精彩纷呈，大有突破。

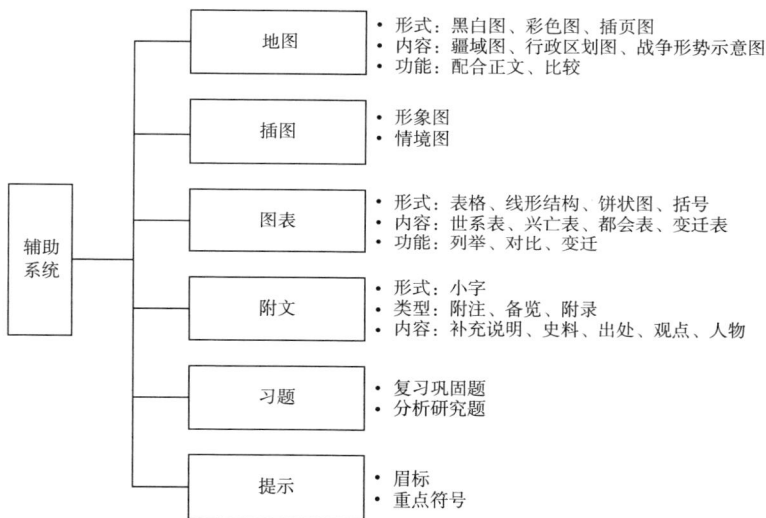

图2 1922～1927年初中中国历史教科书课文辅助系统

从图2可以看出，这批教科书在辅助系统的设计上，类型丰富，功能多样。地图的设计，不仅有黑白图，还有彩色图、插页图；不仅有疆域图、行政区划图，还有战争形势示意图；不仅有单一地图，还有套图。插图的绘制，不仅有形象图，还有大量的情境图。图表的设计上，不仅有表格、括号形式的表，还有线形结构图、饼状图等多种类型。不过，这批教科书在辅助系统上最大的亮点还是大小字的出现、习题的设计和课前导入意识的萌发。

（一）大小字

大小字的编写方式，是这一时期初中中国历史教科书的一大贡献。

按照顾颉刚对历史教科书的设想，"一部教科书用两种字排印。大字为'主文'，就是课文，供给一般中学生之用。小字为'附文'，就是参考文，供给教员及高才学生的共同参考。附文的种类为传记、原文、论议、考证、注释等"。① 因此，顾王书在每一课的正文之后都设置了"附文"，按序号排列，以小字呈现。

但大小字的编写方式，并不是顾王书所独创。在它之前出版的金兆梓书，不仅有以小字形式出现的附文，而且还细分为三类：注释、备览和附录，"凡遇正文有须加说明者，则加注。有与正文相发明之史料而不能入正文者，则加备览。史料本身认为有存在之价值而无须入正文者，则加附录"。②

从形式上看，这些附文以小字呈现，区别于正文；从功能上看，不仅有补充说明正文的内容，也有属于拓展性质的内容；从取材上看，或为解释说明，或为材料原文，或为不同观点，或为人物小传。这种大小字的编写方式不仅在当时"前此未见"，③ 而且至今仍为许多历史教科书所采用。

（二）习题

在这批初中中国历史教科书中，习题的设计是另一大亮点。

时人于1922年这样评价当时的历史教科书："练习之重要，不独历史为然，各教科皆是。但旧日教科书，于历史独少练习；岂以历史为偏重记述之学科，可以不重此项耶？"④ 陆光宇书便改变了历史书无练习的状况，为方便学生"自修时之研索"，在全书的末尾设置了习题。

陆光宇书中的习题，不仅有复习巩固类型的，如简述"贞观之治""东汉三大祸"等，也有分析类型的，如"鸦片战争之因果"、比较"孙文与袁世凯"等，还有发表观点类型的，如"旅大问题之评论""英俄帕米尔问题之评论"等，更有训练动手能力类型的，如"西北中俄界约大纲，试作图以明之"等。⑤ 虽然此书中的习题形式比较单一，仅有简述题

---

① 顾颉刚：《中学校本国史教科书编纂法的商榷》，《教育杂志》1922年第4期。
② 金兆梓：《新中学教科书初级本国历史》（上册），编辑大意页，中华书局，1924。
③ 黄现璠：《最近三十年中等学校中国历史教科书之调查及批评》，《师大月刊》1933年第5期。
④ 陆惟昭：《中等中国历史教科书编辑商例》，《史地学报》1922年第3期。
⑤ 陆光宇：《新撰初级中学教科书本国史》，商务印书馆，1925。

一种，但"可为学生自习之研究，诚合教科书法度"。①

（三）课前导入意识

这一时期的初中中国历史教科书已经开始有课前导入的意识，其中以顾王书最为突出。

顾王书在每一课的开篇，都注重创设情境，将读者的兴致和关注点引导至本课主题上来。例如，在"西夏勃兴和推行新法"一课，编者就采取了承接上课式的开篇导入新课："宋朝对辽的交涉，固已处处示弱，无从讳饰，然而两方维持和平很久，根本上的损失还不十分厉害。其实当时受累最酷的，却在西夏。"② 诸如此类的开篇还有很多，导入的方式或承接上课，或提出问题，或概括时代背景，或总括叙述。这样的开篇虽然不具备课前导入的形式，但具备了课前导入的功能。

在课文辅助系统的设计方面，1922~1927 年的初中中国历史教科书与之前的历史教科书相比，取得了长足发展。很多现代历史教科书的构成要素，如大小字、习题、课前导入等，都在这一时期的教科书中出现。这些构成要素的出现，大大拓展了历史教科书的功能：不仅可以通过正文呈现历史主干史实，还可以通过小字补充生动的人物和故事，呈现史料、观点和史学方法；不仅传授历史知识，还为教学提供复习巩固的方便。这批历史教科书的编写越来越重视"教科书"的特性，不再仅仅从史学的角度编排教科书，而是逐渐将教师的教、学生的学作为重要的考虑因素，对近代中国历史教科书的发展有重要贡献。

---

① 黄现璠：《最近三十年中等学校中国历史教科书之调查及批评》，《师大月刊》1933 年第 5 期。

② 顾颉刚、王钟麒：《现代初中教科书本国史》（中册），商务印书馆，1924，第 9 页。

当代史学变革与中学历史教科书的编写

陈志刚 *

自 20 世纪中期以来，历史学发生了很大的变化，不断有新的史学理论、研究范式的产生，尤其是后现代史学理论的出现对史学的冲击极大。人们对传统史学的认识发生了改变，也影响到中学历史教育。无论是教科书的编写还是历史课堂教学，均不能不面对史学变革的挑战。

一　史学变革的主要表现

20 世纪中期以来，历史学研究呈现突飞猛进的变化，出现了多种史学理论、研究范式。从研究课题上讲，史学研究方向主要转移到社会史、物质文化史、心态史、民众史等方面。在研究方法方面，史学研究呈现跨学科研究的态势，向社会学、人类学、经济学、人口学、心理学等借用方法、模式和概念，从描述性、叙事性方法走向分析式方法[1]。20 世纪 70 年代后，后现代史学思潮兴起，席卷欧美。后现代史学不仅在研究方向上转变很大，而且质疑传统史学的研究方法，认为历史研究很难客观，要求研究者重视对文本语言结构的解读，促使史学家重新思考历史学科的研究方法与研究认识。

受西方史学的影响，20 世纪 80 年代之后，国内出现"新社会史"研

---

* 陈志刚，广西师范大学历史文化与旅游学院教授。

[1]　王学典：《近五十年的中国历史学》，《历史研究》2004 年第 1 期。

究热潮。"新社会史"专注于微观史的研究，关注历史上人们的日常生活世界，追求"叙事史的回归"，强调研究中应关注历史情景的呈现。国内史学界主流仍以马克思主义史学为指导，学者们不断更新唯物史观理论的内容。客观地说，马克思主义唯物史观没有落伍，依然焕发着应有的光彩。当代史学理论发展，提出了不少观点，其中许多观点同样是唯物史观所重视的。例如，重视史学与生活、时代、社会的联系；重视对经济史的研究；主张跨学科去研究历史；注重史学研究的长时段与重大事件，而这些都是二战后世界史学发展的一般潮流，也是唯物史观所强调的。① 在国内历史学界，一方面史学理论的创新大放异彩，另一方面，学者们仍然非常重视史料，强调对历史的解释。一大批学者认为，史学的本质特征是一种诠释活动。"诠释"不仅是指对事实的考证，还包括对历史规律的概括、历史意义的评说以及史学著作的编撰，甚至包括编撰中的叙述方式、文采修辞等内容②。

二 历史教育的现状

（一） 当前教科书中的史学理论范式

苏联模式与革命史观这一传统编写思路没有退出历史教科书编写舞台，多数版本的教科书仍严格按照五种社会形态去阐述历史的发展与变化，某些方面还在用阶级斗争的观点去分析历史。以新课标高中历史教科书为例，虽然课本按照政治、经济、文化三个方面分别表述历史的发展，但在政治史模块部分，可以清晰地看到，编写者还是采用传统的阶级观点和阶级分析的方法叙述中国历史的进程。突出表现在对中国近代史的阐述，是按照"侵略—反抗"这条主线进行书写：认为这是一部遭受侵略的血泪史，也是中华民族奋起反抗的抗争史，中国近代史就是一场反帝反封建斗争的历史；太平天国运动、戊戌变法、义和团运动和辛亥革命构成了近代史前半段的主要内容；凡是坚持抗争的，都是正确的。在这样的观点

---

① 王学典：《近五十年的中国历史学》，《历史研究》2004 年第 1 期。
② 张耕华：《新时期我国史学理论研究的嬗变》，《探索与争鸣》2008 年第 10 期。

下，由于局限于革命史观的视角，教科书对太平天国运动、义和团运动的叙述就很容易博得中学生的共鸣。由于课本文本的简约、抽象，只呈现了历史发展的某一断面，多数师生以为这就是历史发展的全部，容易造成一批学生对历史产生一种片面的认知。再加上课本将政治史、经济史、文化史割裂开来分别叙述，教科书构筑的碎片化的历史场景很难反映历史发展的全貌。

除了革命史观、唯物史观之外，新课标高中历史教科书还渗透一定的文明史观念。这种编写理念与课标要求相吻合，但不应评价过高。因为课标内容标准按照政治、经济、文化三个模块分别叙述历史学习的内容，编写者据此编写课本，不一定就是运用了文明史观去叙述历史的发展。仔细梳理各版本历史教科书（必修部分），我们只能看到教科书中某些方面隐含着文明史的观念，总体来说，教科书编写所依据的史观仍然是唯物史观与革命史观，编写模式并没有根本改变。

（二）历史教师习惯于套用革命史观的理论分析问题

课程标准体现了一定的文明史范式的理念，要求教师能够在教学中落实这一认识观，帮助学生"理解政治变革是社会历史发展多种因素共同作用的结果，并能对其进行科学的评价与解释；理解从专制到民主、从人治到法治是人类社会一个漫长而艰难的历史过程"这一高中课标要求。相较于以往的教学大纲，此次课标目标要求变化极大，但教科书编写却波澜不惊，文本叙述方式依然故我。多数历史教师受革命史观的影响，片面解读马克思主义唯物史观，习惯于从革命史观角度对诸多历史问题加以分析，从而造成在近代史的学习中，许多课程目标落实效果欠佳。

（三）多数历史教师对纷纭复杂的史学观、范式一知半解

课程改革以来，越来越多的历史教师看到了史学的变革，开始吸收史学发展的最新理论，尝试将它们应用于课堂教学，希望采用新的研究方法审视历史问题，以更好地培养学生的历史素养。不少老师对全球史观、文明史观、现代化史观、社会史观等一系列的史学理论流津津乐道，忽略了唯物史观在历史学习中的重要性。由于很多教师对这些新的史学研究范式

或理论存在认识上的偏差，造成课堂教学出现随意利用史学理论对历史现象进行贴标签的乱象，导致史观运用的形式化、机械化、标签化等现象层出不穷。

（四）历史课堂教学模式几乎未变

课程改革要求彻底转变传统的学生被动学习的局面，倡导自主学习、探究学习、合作学习。但是，许多历史教师本身的教育素养、学科素养不高，非科班出身的历史教师相当多，老师们的史学理论知识的陈旧，仍然按照历史是过去性的、不具有主观性、不能假设等认知进行教学，以为历史教育的目的就是传递客观知识，从而教教科书的方式还是我国历史教学的主流形式。

三 教科书编写方向

面对史学的变革与中学历史课堂滥用当代时髦史观的乱象，如果教科书依然采用传统方式进行编写，历史教师的教学方法将依然故我，这不利于我国历史课程改革的实施。由于教科书几乎是一线历史教学唯一的工具，历史课程改革必须在教科书编写上下功夫。建议编写者可以在以下方面做出突破。

（一）改变传统编写思路，根据课标与学科理论发展趋势以及具体的国情，思考新的编写模式

总体来说，我国历史教科书的编写停留在 20 世纪 90 年代初的水平，编写观念并未有太大的变革。尽管课程标准提出了一些编写建议，由于建议笼统抽象，在具体的教科书编写中，编写者并未能将建议落实在编写中。一般教师与编写者均认为，历史学习就是一种知识学习，同时在学习历史的过程中，贯彻爱国主义教育的目标，以培养合格的社会主义接班人。

仔细分析各版本教科书可以看出，除了按照课标内容标准的要求进行编写外，教科书编写体例、具体内容的叙述风格、对学生学习历史的要求

等，新课标教科书并未超越 90 年代编写水平。课程改革要求转变学生的学习方式，教科书编写应体现学本化的要求。长期以来，传递历史知识是我国教科书编写的主要理念，造成教科书文本学科性不强，所以，教科书编写还要体现学科的特点。当代史学理论与研究范式的变革，尤其是后现代史学理论在认识论、方法论上的突破，对历史客观性的质疑，需要编写者能够冷静地、理智地重新审视这些变化，以更好地使教科书编写体现学科本身应具有的特点。

遗憾的是，提起历史学科特点，中学教师几乎停留在我国 20 世纪 80 年代的认识上，认为历史是客观的，主观性不是历史学科的特点，历史所展现的是过去事物的变化等，熟记历史知识是历史学习最好的方法。鉴于目前许多历史教师的素养有待提升，教科书建设也应与时俱进，探索新的编写模式。

历史是一门主观、客观性相统一的学科，编写者不能拘泥于历史是客观的这一认识，应协调好两者之间的关系，让学生更好地理解历史学科的特点。同时，应采用新的阐述与解释方式重新对历史重大问题进行叙述。

对历史的解释有宏观、微观区别。宏观上的解释有三种基本取向：一是从历史发展的规律性视角解释；二是从历史意义、兴衰等时空观范畴进行解释；三是从宗教信仰角度进行解释。微观上的解释主要集中在对历史事件、历史人物等史实的解释，大体也分为三类：一是追溯历史事件的起源来解释历史；二是用普遍性的概念将一些看似不相关的史实统一起来，揭示史实的性质；三是解释历史事件为何可能发生，而不是解释事件为什么必然发生。[①]

长期以来，一线历史教师均认为历史是客观的、科学的。其实，科学性仅仅是历史学的一个属性，一条基本纪律，不是历史学的本身。历史研究无法直接面对"过去"本身，只有借助"文献"，才能感知过去的"社会"、"事件"和"人物"。历史学可以剖分为两个层面：史实认知层面和史实阐释层面。所谓的"客观性"主要来自前一层面这里，后一层面则是解释学的领域，历史学之所以成其一门学问，相当程度上有待于解释给它

---

① 林璧属：《历史认识的科学性》，科学出版社，2008，第 355~356 页。

以生命。[①] 教科书编写如果不关注这一问题，很可能许多一线历史教师仍然抱残守缺。

我国历史教科书编写在遵从唯物史观的同时，采用怎样的叙述与解释方式，才能改变上述现状呢？历史是一门实证的学科，要求所有的认识结论必须有充分的论据支撑。这种实证是一种间接的、逻辑的证实，需要有充足的佐证材料。[②] 这才能使历史认识体现出科学性、客观性。历史认识是否具有客观性取决于两个条件：第一，表征历史发展的史料要具有客观真实性；第二，研究者应消除个人偏见，提高自己的认识水平，采用正确合理的世界观与价值观，使历史认识尽可能达到客观。[③] 这就需要编写者在编纂教科书时应仔细斟酌，思考具体的解释方式与内容，以帮助学生形成科学的历史认识。

历史教育的目的不是把学生打造成未来的史学家，而是透过对历史的现象的反思，使学生获得一定的历史思维方法，发展自我的思维能力，把握几千年历史发展的规律，形成正确的历史观与世界观。培养学生获得历史发展规律的认识，适宜采用宏大叙事的方式，从历史发展的纵向线索，梳理历史发展的规律。这种宏大叙事的方式，在二战后是新史学研究常用的方式，也是唯物史观所强调的。所以，编写者在编写模式更新上，对于大多数的课标内容标准规定的内容，可以采用宏大叙事的方式，叙述政治制度、历史事件发展的脉络。对于经济史、文化史内容，除采用宏大叙事方式、归纳历史发展规律外，编写者最好能够结合当代史学研究的成果，围绕课程目标的达成，适当采用微观史、生活史的叙事方式，提供一些具体的历史细节，帮助学生学好这部分内容。

目前历史教科书编写采用大小字、导言、注释、图画、材料、思考题、练习题等体例形式，这一编写样式可以保存。需要变革的是对相关重大历史事件的阐述和解释方式、史料或者材料提供的类型与数量等。当教师还是以传统的教育观、史学观看待历史教科书时，只有教科书编写模式彻底变革，才有可能改变一线教师传统的观念。

---

① 王学典：《从"历史理论"到"史学理论"》，《江西社会科学》2005 年第 6 期。
② 林璧属：《历史认识的科学性》，科学出版社，2008，第 366 页。
③ 林璧属：《历史认识的科学性》，科学出版社，2008，第 357 页。

（二）按照"史论结合"的方式叙述课本内容，介绍史料运用方法

历史学科是一门思辨性很强的学科，学习历史离不开推理与论证。历史学特别强调"论从史出，史论结合"，即要依据具体的史实和史料才能得出历史的结论，任何历史观点或论点都必须有论据的支撑。

历史教科书编写在论证方面存在的问题是有以下两个方面。第一，将许多已有的成人的历史认识直接作为历史的结论。由于缺乏足够的论证材料，学生很难知道得出这些结论所依据的论据，不利于学生领会"论从史出，史论结合"的论证方式。第二，虽然设计了一些思考题，并提供了一些材料，但材料不仅是单方面的，而且数量有限。这不利于学生历史思维能力的发展。实际上，有助于学生发展并能够体现出历史学科思维特点的论证方式是：既要有正论，又要有反论。就是说，教科书最好能够同时提供两方面的信息材料。遗憾的是，教科书几乎没有什么反证材料。这助长了教师在教学中依照教科书的结构框架与表述内容来讲授知识、罗列结论的习惯，导致历史教学至今未能突破教师单方面传递的窠臼。

一般而言，论证由观点、证据和结论三要素构成，历史学科的论证体现在史家对证据选择、对观点与证据关系的陈述中。历史课程改革要求学生学会用唯物史观分析问题、解决问题，努力做到论从史出、史论结合，正确评价各种史学观点、历史认识。为了落实上述目标，使学生掌握历史思维能力，教科书编写应有意识地将历史论证的思维方法贯穿在历史史实的陈述中。

历史论证思维能力培养的关键是，学生应学会质疑、反思。史学家思考时首先考虑的是证据、历史意识，而这些恰是历史课程的目标。学会史学家思考的方法，有助于学生在未来生活或工作中，能够理性地看待问题。由于种种原因，不少教师至今未能掌握史料在历史研究中运用的方法，分不清什么是一手史料、二手史料，常常将当代史家对历史问题或历史现象的评价，作为史料来使用。这样的评价其实是史家的一种历史认识，教师直接介绍史家的观点，这并不是史料教学。

鉴于历史教师的史学素养比较贫乏，在历史教师主动学习成长动力不

足的当下，如果教科书编写能够有意识地介绍史学研究中一些方法，将既有助于教师对问题的理解，也有助于学生的成长。教科书编写可以通过辅助课文，介绍一些学生学习历史必需的、同时也是教师容易误解的史学理论知识，例如通过对某个史家观点与工作方法的分析，将史料运用或者某一史学理论渗透其中，使他们认识到史学理论的重要性，提高他们整体的素养。

（三）坚持以唯物史观为编写的指导思想，但要避免将革命史观、机械唯物史观作为编写的核心思想

根据我国的高中历史课程标准要求，中学历史教科书编写应以唯物史观为指导，对人类历史的发展进行科学的阐释，客观分析历史上的人物、事件和现象，进行实事求是的解释和评述。唯物史观的精髓是实事求是，就是全面、客观和历史地观察、分析、研究问题，在充分占有历史资料的基础上，从复杂的历史背景中，分析、揭示历史发展与演变的规律，从而科学地把握历史发展趋势，帮助学生建构历史知识和形成正确的历史观。

历史课程改革坚持以唯物史观为指导，不过在一定程度上抛弃了过去那种苏式的、教条式的马克思主义唯物史观。唯物史观是我们看待历史发展的一种观点，但是不能简单地用唯物史观取代具体的史学研究结论。

历史唯物主义史观是我们进行历史教育的基础，编写者应熟知历史唯物史观的核心内容，知道中学生应该了解的历史唯物史观的内容，在教科书内容选择与编写中，在不违背主流意识形态的核心价值观的情况下，使文本素材与唯物史观的内容水乳交融地结合起来，让学生透过教科书文本，理解唯物史观如何分析历史事件的原因与影响，理解唯物史观评价历史人物的方法，领悟唯物史观对人民群众作用的认识，理解唯物史观认为的制约历史发展的核心要素，等等。例如，传统唯物史观认为，决定历史发展的主要因素是经济，当代唯物史观认为历史合力是制约历史发展的动力。因此，教科书内容编写不能简单沿用传统唯物史观理论，应尽可能多方面呈现历史发展的线索，帮助学生理解历史发展原因的复杂性，避免历史认识的简单化。马克思确实提到五种社会形态的相续，但这一提法只是对西方历史发展历程的一番描述性说明，并不是一种普遍

必然的历史发展规律①。用五种生产方式斧削中国历史是不适宜的，因此需要另行考虑解决中国历史发展体系的途径和方法②。但是采用怎样的体系，值得编写者深思。人民版、岳麓版新课标高中历史必修一教科书，在中国古代史内容表述上，不再坚持中国古代历史发展有长达千年的封建社会时期，但是在中国近代史内容的表述上，又采用半殖民地半封建社会的观点，使这一编写思路的探索化为泡影。要想克服传统理论僵化的倾向，避免历史学习的简单化和片面性，编写者应采取大刀阔斧的措施，将中国古代史与近代史的编写思路糅合起来，在以唯物史观为指导的前提下，探索抛弃五种社会形态说的新的编写思路。

（四）协调好各种史观之间的关系

历史课程改革强调唯物史观的重要性，但并不是主张采用单一的历史观去构建历史，在以唯物史观为核心的情况下，现代化史观、文明史观也是教科书编写需要借鉴的观点认识。

人们解释历史必然受到一个人的时代背景、阶级观点、价值取向和个人文化素质等方面的影响。史家治史选择的立场、角度和方法不同，对历史事件的解释也千差万别。看待历史问题的立场、角度和方法，涉及史学理论研究范式问题。编写者应以唯物史观为指导，综合全面考察历史活动，围绕评价的视角或标准，考虑如何提供信息资料。例如，评价洋务运动在中国近代化中的作用，评价的视角自然是近代化，教科书编写要以中国近代化的历程为评价的参照系来设计相关内容。

现代化史观就是运用"现代化"视角来分析历史发展的动因。自工业革命后，现代化是一个不可逆转的历史潮流，世界各国都被卷入其中。现代化主要包括经济工业化和市场化、政治民主化和法制化、思想文化科学化和大众化等社会变革，一切与之相关的历史都要用现代化尺度进行衡量和评估。唯物史观认为，有什么样的生产力，就有与之相对应的一种生产关系。按照唯物史观的认识，我们很难解释资本主义和社会主义的生产力

---

① 何兆武：《社会形态与历史规律》，《历史研究》2000 年第 2 期。
② 田昌五：《中国历史发展体系的新构想》，《历史研究》2000 年第 2 期。

有何本质的差异这一问题。现代化史观认为，同一水平的生产力可能与几种不同的生产关系相适应。根据这一认识，可以说，社会主义是落后国家采取非资本主义方式向现代工业社会过渡的特殊方式。如果这一观点正确，那么，历史教科书在近现代历史的编写上就不能机械采纳唯物史观的认识。采用现代化史观，有利于多角度、多层次地展示近代以来中国的历史发展全貌及其规律。

如果采用现代化史观编写中国近代史，可能要重新评价清末新政、辛亥革命等重大历史事件。"如果就完整意义上的现代化而言，反帝反封建的改革和革命应该包含在现代化进程之中……问题的关键是如何分析改革和革命的现代化意义，考察其具有怎样的和何等程度的现代化意义？改革和革命是否到位？是否过激？在多大程度上符合现代化的发展方向？"① 这些问题都很棘手。采用现代化史观进行编写是一种崭新的编写思路，对编写者将是一个巨大的挑战，如果处理得当，就可能推动我国历史教科书编写的变革，改变广大历史教师对教科书的传统认识。

文明史观认为一部人类的发展史，本质上就是人类文明演进的历史。它以生产力发展为依据，把人类文明演变划分为农耕文明和工业文明两个时代，认为人类文明史的内涵包括物质文明、政治文明和精神文明；认为应该从现实追溯历史，将历史与现实联系起来，说明现代文明是如何传承演变的；承认文明的多元性，要求正确评价各种文明成果，把握不同文明之间的关系，把中华文明纳入世界文明中进行考察。

此外，还有社会史、新文化史、全球史观等研究范式，面对这么多的史学理论，教科书编写是否都要考虑？回答是否定的。中学历史教育不是学术研究，没有必要关注所有的史学研究范式理论，编写者应从课程标准要求出发，围绕课程目标达成与历史学科的特点，思考如何适当吸取哪些研究范式理论，将有助于学生的发展与成长。同时还要考虑这些研究范式理论与唯物史观之间是否能够做到有机的结合，是否可以相互协调。

协调多种史观，并不是说编写教科书采用简单拼盘的方式，而是说编写者应协调多种史观在编写上的和谐。例如，根据课程标准，在中国近代

① 虞和平：《中国现代化研究的解释体系和内容结构》，《广东社会科学》2003 年第 2 期。

史的编写上采用唯物史观与现代化史观、文明史观结合的方式进行编写可能更贴近课程标准的要求。当前教科书编写仍然习惯于采用革命史观的编写方式，革命史观是从某一个角度来分析历史发展的进程，过分重视理论推导，分析欠全面，很难完全剖析历史发展的真相。所以，教科书编写应该以唯物史观为核心，不能过分重视革命史观。我国正处在社会转型阶段，如果按照革命史观，难以有效阐释改革的合理性。因此，自改革开放后，革命史观在我国史学界的影响逐渐减小。关于近代史的研究，史学界已经从传统的革命史观转向现代化史观、文明史观的视角。尤其是现代化史观可以充分证明改革是历史发展的必然，它已经成为我国近代史研究的主流。① 所以，编写者也应与时俱进，在编写思路上进行相应的转型。编写者坚持唯物史观，但不能拘泥于唯物史观不变。新航路开辟后，世界开始走向整体。工业革命后，世界形成了统一的市场，到20世纪初，世界最终成为一个整体。面对世界近代化的趋势，落后国家应该怎样面对挑战呢？从中国近代史中我们可以看出清政府的回应：举措未能摆脱深重的民族灾难。从文明史观、现代化史观的视角审视近代史历程，可能会构建出一个沉重、悲怆、无奈、抗争、扼腕叹息的近代史，而不仅仅是一个屈辱与抗争的历史。这样构建的历史可能会更符合历史的真相，利于学生沉浸其中，获得情感态度与价值观方面的感悟与发展。

按照文明史观、现代化史观来书写，将是一种崭新的编写思路，但要谨慎，避免重蹈欧洲中心论或者欧美中心论的编写窠臼。编写者需要处理好唯物史观与其他史观之间的关系，在以唯物史观为核心的基础上，应将现代化史观、文明史观等与唯物史观巧妙地进行结合，尽可能创设出一个符合当前课程改革和科技创新背景的、利于学生发展的新的编写模式。

值得一提的是，不是所有的史学研究范式理论都能够有效运用于中学课堂，编写者应从利于课程目标达成与学生素养培养的角度出发，思考何种史观的运用更有效。鉴于许多历史教师对常用的历史研究范式理论认知的偏差，建议编写者能够在课本辅助部分，结合相关的历史观点，补充介

---

① 〔美〕李怀印：《重构近代中国：中国历史写作中的想象与真实》，岁有生、王传奇译，中华书局，2013，第211~213页。

绍各种史观的内容与方法，也应包括唯物史观的内容。采用这样的方式，利于中学生认识到史观在历史学习中的作用与价值，也有助于一线的历史教师反思自己是否对某些新的史观存在认知上的偏差，从而纠正自己在教学中的错误。

　　总之，由于历史课程标准在目标定位、内容设置上，也受到史学变革的影响，教科书编写以课标要求为依据，意味着教科书编写必须考虑史学变革的影响。历史教育必须体现一定的学科特点。在史学变革的情况下，历史学科本身也在发生变化，历史教育若反映这种变化，教科书编写就应与时俱进。

历史教学实践

高中历史课堂培养学生自主
思维的实践与思考
——对探究式教学模式关键环节的认识

王宏伟*

探究式教学的核心是使学生掌握"学科专家的探究模式",也就是像历史学家那样的思考,通过这种思考,发展他们的思维能力。学生是这种思考的天然主体,问题探究是这种思考的外在形式,学生得出自己的认识是这种思考的实质,课堂是进行这种思考的主阵地,学生的自主思维就体现在这样一种思考的过程中。笔者认为,有效地进行探究学习、实现学生自主思维,需要处理好学习的背景、学习的内容、学习中的引导和学习后的反馈几个环节。处理这些环节时,以下若干方法、原则发挥着重要作用。

一 学习背景的情境设置

对高中学生而言,进行探究式学习的真正动力是对事物感兴趣。这种兴趣基于学生的生活阅历和学习经验积累。在很多时候,这种兴趣与现行高中历史教科书的内容并不一致,将二者结合的方法之一是使学习内容贴近学生的兴趣,通过设置一定的"情境",使学习内容贴近学生的生活阅历和学习经验,为即将进行的探究活动做准备,即学习背景的情境设置。

---

* 王宏伟,北京师范大学附属实验中学特级教师。

案例一：人教版必修 1《夏、商、西周的政治制度》·宗法制

宗法制是学生在高中阶段才接触的内容（意味着没有学习经验），我校高中学生大多是城市的三口之家中的独生子女，没有家族的生活经历，要想使宗法制贴近学生可另辟蹊径。如从孔融让梨的故事谈起。对孔融让梨的故事，学生耳熟能详，但没有关注细节。据《后汉书·孔融传》记载，"兄弟七人，融第六，幼有自然之性。年四岁，每与诸兄共食梨，融辄引小者。大人问其故，曰：'我小儿，法当取小者。'由是宗族奇之。"让梨是个很小的事情，何以会让"宗族奇之"？这是一个重要的细节，按照宗法制，同一血缘的家族中，人们按照长幼、嫡庶、男女划定了各自的身份地位，分享不同的权利，孔融在四岁时就认识到自己的地位和应该采取的处事姿态，自然会"宗族奇之"。熟悉的故事，不一样的认识所"造成"的独特情境引起了学生浓厚的兴趣。为将要进行的对宗法制度的探究学习作了良好的铺垫。

情境教学是当前中学一线教师运用较多的方法，情境教学能够有效地激发学生的兴趣。学生兴趣的高低，取决于"贴近"的程度，"贴"得越近，兴趣越高。

案例二：人教版必修 2《从计划经济到市场经济》·计划经济

计划经济是学生在本课学习中要掌握的概念，是学生知道名称但既没有生活经验也说不出其内涵的概念。所幸计划经济时代的离去并不是太遥远，学生的家长（家庭）经历过，学生家中或多或少保留有计划经济时代的物件，这些物件留下了计划经济的"影子"，是学生身边的历史，可以最大程度地"贴近"学生。如教师设计课前活动找找"家中的老物件"。学生家中的老物件五花八门（见下面照片），不是每个物件都能反映计划经济，但它们是学生身边的"东西"，当学生上课时看到这些摆在教室的展桌上的物件、照片时，情绪非常兴奋，甚至彼此询问这些物件出自谁家，情境教学的情境已经设置了出来。

情境教学的目的是激发学生深入探究的兴趣。但有些情境教学的设计过度显现情境，"过度"关注引起学生的兴趣，忽视了情境后的教学，没有把情境与将要进行的学习紧密联系，没有把情境与激发学生进行探究相联系，得其形忘其意，没有充分发挥情境教学的功用。如何协调好两者关系，这是探究式教学的第二个关键环节。

二　学习内容转化为探究问题

　　思考离不开问题，问题是自主思维活动的真正起点。现行高中教科书的主要内容是以叙述的风格而不是以问题的风格而呈现的，这给一线教师既带来了困难，也提供了机会。教师的困难是要依托教科书的相关内容，结合本校学生的特点创设可供探究、思考的问题。教师的机会是可创设出个性化的问题，充分显现自己的才智。问题既可以是教师创设的，也可以是学生自发产生的。无论是自发还是创设，其作用都是促使学生进行思考、探究，因此问题应是"为什么""怎么会""怎样理解"之类的、可引起深入思考的问题。问题从哪里产生？"一般而言，问题往往产生于具体的情景、不平常的现象、奇异的事物、一起矛盾的说法。"①

　　案例三：人教版必修 3《明清之际活跃的儒家思想》·黄宗羲的思想

　　黄宗羲的民主思想是本课教学中的重点。其核心是对君主专制的抨击。学生往往认为思想史的内容深奥、枯燥，学习兴趣不高，探究动力不足。怎么使学生产生思考的兴趣？教师设置了如下情境：黄宗羲的生平介绍。黄宗羲的父亲因为反对宦官擅权，被削官下狱而死。黄宗羲 44 岁时，明朝灭亡。此后，为抵抗清军南下，黄宗羲组织"世忠营"，集合家乡青壮数百人抗清，抗清失败后致力于讲学著书，几次拒绝清廷招揽。这样一个不与清朝合作的学者，如果对君主不满，应该是坚决反对什么人？学生根据黄宗羲的生平经历会把答案指向清朝君主，与教科书中叙述（黄宗羲反对君主专制）相矛盾，这个矛盾会激起学生进一步思考、探究的欲望。

　　不是所有学习内容都适合问题化的。课堂中进行探究、自主思维活动的最大困难是时间，中学课堂无法提供像历史学家那样的思考所需要的时间。在有限的时间里进行探究，解决方法有二。一是教学内容的详略得当。"详"的是所学内容的核心概念，或者说是重点内容，"略"的是一般性内容。通过详略得当，"延长"课堂时间。二是探究问题的伸张有度。

---

　　①　赵亚夫等编著《国外历史教育透视》，高等教育出版社，2003。

"伸"到学生凭借自己的生活阅历和学习经验能够解答的程度,"张"到一节课的时间能够基本解答完的程度。这需要教师对学情和问题难易大小的准确把握。

案例四:人教版必修 2《从计划经济到市场经济》·计划经济

通过"家中的老物件"的搜集活动(见案例二),学生意识到了身边"东西"可能有某段历史的痕迹,但这些物件与计划经济有何关系?需要建立起老物件与计划经济的联系。学生收集的老物件有些无法直接体现计划经济(如"小儿书"),有些与计划经济无关(如老式锁具),需要教师找出能够较全面、完整地反映计划经济特点的物件。教师选取了"北京市市镇居民粮食供应证",提醒学生阅读同学于××家"粮食供应标准登记表"中的信息。阅读中,学生发现于××家人粮食供应标准的"不平常现象"——三名成年男子的粮食供应标准分别为 32 市斤、32 市斤、32.5市斤,基本上没有差别,由此自发地产生了困惑:"怎么每个人的饭量一样大呢?"这个令学生困惑的现象涉及计划经济的特征之一,国家对消费品的主要部分实行计划收购和计划供应,也是通过分析农村生产状况(依托对人民公社等内容的学习)可以解释的问题。

学习内容转化为问题意味着学生自主思维的起步而非完结,自主思维活动的持续是更重要的,在这一持续过程中,一定的思维方法指导、引导是又一关键环节。

三 学习过程的引导激发

学习是有一定策略的,"花时间告诉学生如何学习、记忆、理解内容,是一件非常有意义的事。当他们掌握了学习策略,会终身受益"。[①] 掌握知识如此,探究问题亦如此。较深入地思考、探究问题需要一定的方法,涉及"分析、判定、综合、运用史料以解释现象的能力","对许多学生来说,绝非不教自得的"[②]。教师要在这种情况下发挥引导作用。

---

① 〔美〕罗恩·克拉克:《罗恩老师的奇迹教育》,李文英等译,中信出版社,2012。
② 赵亚夫等编著《国外历史教育透视》,高等教育出版社,2003。

案例五：人教版必修 1《秦朝中央集权制度的形成》·皇权和中央官制

秦朝中央集权制度的核心是皇帝大权独揽。学生在初中学习过此内容，但形成的是模式化的认识：皇帝完全独自处理军国大事。怎么使学生实事求是地分析秦朝政治制度的得失，教师提供了两段《史记·秦始皇本纪》中的资料。

材料一　丞相绾等言："诸侯初破，燕、齐、荆地远，不为置王，毋以填之。请立诸子，唯上幸许。"始皇下其议于群臣，群臣皆以为便。廷尉李斯议曰："周文武所封子弟同姓甚众，然后属疏远，相攻击如仇雠，诸侯更相诛伐，周天子弗能禁止。今海内赖陛下神灵一统，皆为郡县，诸子功臣以公赋税重赏赐之，甚足易制。天下无异意，则安宁之术也。置诸侯不便。"始皇曰："天下共苦战斗不休，以有侯王。赖宗庙，天下初定，又复立国，是树兵也，而求其宁息，岂不难哉！廷尉议是。"

材料二　博士齐人淳于越进曰："臣闻殷周之王千余岁，封子弟功臣，自为枝辅。今陛下有海内，而子弟为匹夫，卒有田常、六卿之臣，无辅拂，何以相救哉？事不师古而能长久者，非所闻也……"始皇下其议。丞相李斯曰："五帝不相复，三代不相袭，各以治，非其相反，时变异也。今陛下创大业，建万世之功，固非愚儒所知……今天下已定，法令出一，百姓则力农工，士则学习法令辟禁。今诸生不师今而学古，以非当世，惑乱黔首。如此弗禁，则主势降乎上，党与成乎下。禁之便……"制曰："可。"

这是一线教师非常熟悉的两段史料，前者经常放在必修 1 教学中，佐证从西周到秦代政治制度的变化，后者通常放在必修 3 教学中，比较秦、汉加强思想控制的手段异同。如果转换一下视角，将两段史料放在一起，辅以教师的问题引导，会产生不同效果。如"从两段材料中，你可以看到秦朝君臣在解决什么问题？采取了什么措施？""你觉得秦朝君臣在做出决策的过程中采取了怎样的方式？""你认为秦朝君臣为什么采取这种方式？""你看到的两段资料能证明秦朝的皇权专制吗？谈谈你的理由。""结合以上认识，说说你对秦朝政治制度的评价。"这些问题立足于文明史的视角，关注历史细节（两段史料中的"始皇下其议"），了解古人面对复杂社会问题时采取的解决方法，理解人类政治文明演进中的每一次努力，在师生对话中凸显学生的思考，在探究中实现学生的自主思维。

学习过程中的引导也可以在学生之间的互动中实现。班级教学是目前中学教学的组织方式，其优点之一是学生置身于一个"学习场"，在"学习场"中，学生可以相互交流、沟通，表达自己的想法，理解他人的见解，从而取长补短，实现个体的发展；其缺点之一是这个"学习场"不是由有共同兴趣的学生组成的"合力场"，要实现"合力"的效果，需要教师组织得当，并寻找大部分学生感兴趣的"点"。

案例六：人教版必修 2《战后资本主义的新变化》·"福利国家"

战后西方的"福利国家"制度在很大程度上影响到人们的社会生活，是学生比较感兴趣的学习内容，为实现"合力"，教师布置课前活动，以学生自愿组成的学习小组为单位，以某一国家为对象，借助图书馆、互联网收集整理西方"福利国家"的基本情况。学习小组收集整理了英国、德国、法国、瑞典四国情况（见下图）。

英国	德国
《国民保险法》规定发给新生婴儿补助金和儿童教育补助金，对工伤事故和职业病者、孕妇、失业者发给补助金，对寡妇和老年人予以养老金和丧葬补助金；目前，国民保险费由雇主和雇员分别缴纳、小商人缴纳、有收入但未就业者及独立职业者缴纳构成。《国民补助法》给"那些处于特殊状态、有特殊的困难的人"提供照顾。国民医疗保健法规定给居民实行免费医疗。对儿童实施免费中等教育，并享受补助或免费午餐；增加了大学奖学金和政府津贴。发放住房津贴，营运公寓住宅，改善居民居住条件	1.完善社保制度：1949年颁布《社会保险调整法》，调整社会保险津贴；1950年通过《战俘返家人员法和联邦养老金法》；1953年通过《严重残疾人法》；发展各种保险项目：医疗保险；养老保险（强制性社会保险，约80%来自受保险人缴纳的保险费，20%来自国家津贴）、失业保险、护理保险等。 2.家庭津贴、免费教育、住房补贴、失业救济以及其他福利项目； 3.向没有收入来源，处于贫困之中的老残病弱者、失业者等低收入人群提供基本生活保障。1954年联邦德国实施《家庭补贴法》，给被雇佣者提供从第三个孩子开始的家庭补贴，家庭补贴的财政来自雇主缴费。福利政策制定的权责在于中央政府，地方当局只负责执行。社会救助的资金来源中75%来自地方当局，而另外的25%来自中央政府
瑞典	法国
福利政策：双亲保险、家庭补助、抚养补贴、住房补贴和残疾儿童护理补贴；失业保险、工伤强制险、医疗与病休保障、住房保障、养老保障等。 福利费用来源：雇主缴纳款约1/3以上；雇员缴纳不到1/5，国家税收不到1/4	1945年10月公布《有关社会保障组织总统令》。它的社会保障覆盖2/3人口，占社会保障支出的60%；并逐步扩大社会保险面。 20世纪70年代至今的福利措施：家庭福利政策（生育、多子女、住房、学生补贴等）；失业和社会保障、医疗和残疾人保险、老年人保险等。 费用来源：企业中的公司与雇员承担了社会保障金的大部分，大体上在66%~80%之间浮动。基金征收对象为有工资收入者，发放则面向全民

学生收集的侧重点不同，详略悬殊，需要整合。教师组织学习小组之间交换资料，了解其他小组所收集国家的情况，在交换阅读过程中，学生

发现了差异，产生了需要整合资料，寻找共同点的想法。这正是教师分组活动的目的之一，学生的互动成为深入思考、探究的助力。

学生的自主思维活动是在学习过程中实现的，其效果如何有赖于检测、判断，检测结果的即时反馈，有利于师生弥补学习中的漏洞。

四 学习评价的即时反馈

学生的发展会留下痕迹，这些痕迹供教师和学生自我判断，比之前在哪些方面取得了发展，还存在什么障碍，要怎样解决。课堂上学生自主思维的发展痕迹就是学生对问题的解决程度，教师和学生自己需要借助某种标准判断自主思维所达到的程度。这是探究式教学的第四个关键环节。

案例七：人教版必修 2《战后资本主义的新变化》·"福利国家"

西方"福利国家"制度存在着不少问题，依赖于"福利"的"失业"现象是其中之一。教师以提高工作兴趣为题目设计了如下活动：部分学生饰演英国内阁成员，召开内阁会议，商讨提高工作兴趣、避免工作"懒惰"的政策；其他同学饰演议员，对内阁的提案进行质疑、表决；将通过的提案与历史上英国托尼·布莱尔内阁（1997~2007）的提案（其主要内容如下）进行比较。

其一，到私营部门工作，雇主在半年内每周可以得到 60 英镑的政府补贴；

其二，在福利机构或新成立的环保部门就业，以便得到救济金和额外补贴；

其三，接受全日制的职业教育或职业培训。如果失业者无正当理由拒绝选择就业，可能就要损失 6 个月的失业救济金。[1]

通过比较，相类似的提案内容使学生收获到成功的喜悦，不同的内容促使学生进一步思考，布莱尔内阁为什么要提出这样的方案，从而更深刻地理解历史。这一比较过程实际上就是对学生的评价，学生"议会"的提案质量取决于对"福利国家"制度及其弊端的理解，体现了学生通过探究

---

[1] 《西欧福利国家的改革》，http://sxclaire.bokee.com/808746.html。

学习、自主思维所达到的程度。为师生进一步提高提供了切入口和生长点。

从几年来的教学实践看，上述实施原则运用到位的历史课，师生均较为满意，较好地实现了学生自主思维的发展。同时，一些问题也随之出现，如教师认为：课堂时间太少、会考压力太大，落实知识的时间都不够，无暇兼顾探究；进行这样的活动设计、组织前期投入太多，没有精力，缺乏能力；等等。学生认为：一些问题太难，回答起来没有成就感；考试时背背书就能过关，没必要投入大量精力；课下作业负担太重，不希望布置更多课前活动；等等。毋庸讳言，上述问题有些是意识层面的，师生的学习观念仍停留在传统理念，重视知识内容的传授、考察；有些是客观现实，国外的探究学习课题"可以停留较长时间"，[①] 国内的历史教学课题基本上要一课完成；有些是歧视性认识的影响。上述问题，有些可以通过教师的进修学习加以调整，有些可以通过技术性手段加以解决，如在检测中增加思维含量等，有些还需要一线教师进一步探索解决方法，毕竟"教育学所关心的是孩子的自身及其发展"，[②] 有助于学生自身发展成长的教学方式是值得不断地加以实践和总结的。

---

① 赵亚夫等编著《国外历史教育透视》，高等教育出版社，2003。
② 〔美〕马克斯·范梅南：《教学机智——教育智慧的意蕴》，李树英译，教育科学出版社，2001。

如何帮助高中生建构史实概念

沈为慧[*]

史学概念大致可以分为史实概念和史论概念。前者是"是什么",即客观史实的正确反映,后者是"为什么",即基于前者的思维逻辑的正确反映。无论从认知规律还是教学实践看,只有掌握了一定的史实概念,才有可能形成正确的史论概念,这就是所谓的论从史出。

一 问题的提出

中学历史教学实践中,常常存在以概念来解释概念的现象。"巴黎公社"是一个比较高级、复杂的史实概念,高中历史课程标准的学习要求是:"了解巴黎公社革命的主要史实,认识其在建立无产阶级政权上的经验教训。"[①] 根据这个要求,教学中应使学生掌握 3 月 18 日起义的原因与结果,公社实行的主要措施以及政权性质,保卫公社的战斗及其结果,公社失败的原因以及经验教训。为了更好地帮助学生了解"巴黎公社",对其进行性质分析是必要的。尽管学术界对巴黎公社的性质有不同的看法,但大多数学者认为,它是工人政权或无产阶级建立政权的一次尝试——中学教科书也多采取了这种观点。从现实的角度来看,认识巴黎公社政权的性质有助于更好地吸取公社的经验与教训,从而为中国目前的改革提供参考。

---

[*] 沈为慧,江苏省昆山中学正高级教师。
[①] 中华人民共和国教育部:《普通高中历史课程标准(实验)》,人民教育出版社,2003,第 8 页。

关于公社性质的分析，配套的教师用书给出了这样的"教学案例"[①]：

师：公社成立后，无产阶级发挥了革命的首创精神，在政治军事、社会经济等方面实行了一系列革命措施，创造了巨大的业绩。请同学们阅读课文，思考问题：巴黎公社采取了哪些革命措施？并举例说明巴黎公社的政权性质。

生：学生回答后，由教师归纳要点。

师：第一，公社打碎旧的国家机器，代之以新的国家机器。废除了旧的警察司法机构，改组军队，代之以新的公安机关和司法制度。第二，摧毁了资产阶级议会制，代之以公社委员会。请同学们看巴黎公社组织示意图。公社委员会由下属的十个委员会组成，管理公社事务。第三，社会经济方面，实行一系列的革命措施。如公社没收逃亡资本家的工厂，交给工人合作社管理，规定公社职员的最高工资，等等。请一个同学谈谈你是怎样认识巴黎公社的政权性质。

生：巴黎公社是一个新型的国家政权——无产阶级政权。因为，它打碎了资产阶级国家机器。建立了无产阶级政权，公社选举工人阶级的代表组成公社委员会，在政治、军事、社会经济等方面实行了一系列革命措施，例如：没收逃亡资本家的工厂，交给工人合作社管理等都具有无产阶级性质。这些措施体现了公社真正代表和维护劳动人民群众的基本权益。因此，它是无产阶级的政权。

在这个案例中，教师从巴黎公社采取的主要措施入手，引导学生分析政权的性质。这种做法体现和发挥了学生的主体作用，重视训练与培养学生的思维能力。但是，教师对公社革命措施的归纳过于抽象，学生难以理解。比如，何谓"国家机器"；"新的国家机器"与"旧的国家机器"有何区别；"新的公安机关和司法制度"与"旧的警察司法机构"有何不同；"公社委员会"与"资产阶级议会制"的区别在哪儿。而学生并没有在公

---

① 人民教育出版社、课程教材研究所、历史课程教材研究开发中心编著《普通高中课程标准实验教科书·历史1》（必修）教师教学用书，人民教育出版社，2007，第262页。

社的措施与性质之间建立起真正的联系。比如，"打碎了资产阶级国家机器"后，是如何建立起"无产阶级政权"的；那些革命措施是怎么说明巴黎公社"真正代表和维护劳动人民群众的基本利益"的。

在撰写历史的过程中，"历史学家必须在自己的思想里重建他的剧中人物脑子里有过的东西"，而读者也"必须重建历史学家脑子里有过的东西"。① 在备课过程中，教师必须"重建历史学家脑子里有过的东西"，并且要采用适当的教学策略，以帮助学生建构起自己所理解的历史。同样，"学习不是被动、客观地接受外部知识的过程，而是主动地以已有经验为基础建构内部认知结构的过程"。② 学生能否掌握新知识，主要取决于他们已有知识的数量、清晰度和组织结构，只有当新知识与学生认知结构中已有的有关观念发生相互作用时，这个学习才是有意义的。

奥苏贝尔（D. P. Ausubel，1918-2008）认为判断学生是否进行了有意义的学习，关键问题有三个：第一，学习前是否进行了有效的学习准备；第二，学习中是否存在由一般与个别之间的演绎过程；第三，学习后能否将新知识与已有知识建立联系，并将所学内容应用于实践。教师的作用是，"帮助学生创造必要的学习条件"。③

二 教授的案例

史实概念一般包括以下五类：人物、事件（事态）、组织（机构）、制度（纲领、路线、计划、条约）、文化成果（包括理论、技术、文物器具、工程建筑、书籍文献）。④ 对于任何一个史实概念的认识，都应建立在基本历史事实的基础上。如何通过历史事实帮助学生建构史实概念呢？先看下面的几个案例。

---

① 〔英〕爱德华·霍列特·卡尔：《历史是什么?》，吴柱存译，商务印书馆，1981，第19~20页。
② 国家教育部考试中心综合能力考试课题组：《综合能力测试考核内容与要求》，江西人民出版社，2001，第10页。
③ 卢家楣：《学习心理与教学——理论和实践》，上海教育出版社，2009，第33页。
④ 郝琦蕾、姜晋国：《奥苏贝尔的"学与教"理论：精髓、批判及其对当前教改的启示》，《杭州师范学院学报》（社会科学版）2003年第6期。

案例一："奴隶"是历史上一个特殊的人群，他们为奴隶主无偿劳动，没有人身自由，并且常常被奴隶主用以赏赐、赠予、买卖，甚至杀害。教学中如何帮助学生理解"奴隶"这个概念呢？张荫麟先生向学生解释春秋战国的"奴隶"时，举了下面两个例子。[①]

> 晋献公有一回思疑肉里有毒，先拿给狗试试，狗死了；再拿给"小臣"（即侍役，奴隶的一种——引者注）试试，这不幸的"小臣"便与那狗同其命运了。

> 晋景公的一个小臣，有一朝起来，很高兴地告诉人，他夜梦背着晋侯登天，午间他果然背着景公，但不是登天而是"如厕"；景公本来病重，他跌落厕中死了，那小臣恰好被用来殉葬。

张荫麟先生精心选取的这两个典型例子，使学生认识奴隶的社会地位非常低下，甚至连自己的生命也"由贵人随意处置"，这样就对"奴隶"有了感性认识，从而有助于其建构"奴隶"这一概念。

案例二：西周时期的"士"属于最低级的贵族，他们有土地，并且由生产者供养。当时，贵族子弟原则上都要接受教育，学习的内容包括射箭、驾车、各种武器的使用，以及舞蹈、音乐、礼仪等。一部分士专门习武，且被贵族供养，为贵族打仗，这种人就是"武士"。教学中，如何让学生理解"武士"这一概念呢？张荫麟先生向学生解释春秋战国时期的"武士"时，举了下面的例子。[②]

> 前684年，鲁国和宋国交战，县贲父给鲁国一个将官御车。他的马忽然惊慌起来，鲁军因而败绩。鲁公也跌落车下，县贲父上前相助。鲁公说道：这是未曾占卜之故（照例打仗前选择御士须经占卜）。县贲父道：别的日子不打败，今日偏打败了，总是我没勇气。说完便

---

① 张荫麟：《中国史纲》，湖南人民出版社，2010，第2~23页。
② 张荫麟：《中国史纲》，湖南人民出版社，2010，第23页。

冲入阵中战死。后来鲁人洗马，发现那匹马的肉里有一支流矢。鲁公终知道县贲父受了屈。

前480年卫国内乱，大臣孔悝被围禁在自己的家中。他的家臣季路（孔子的一位弟子）听到这消息，便单身匹马跑去救应，半路遇着一位僚友，劝他不必。他说，既然食着人家的禄，就得救人家的祸。到了孔家，门已关闭，他嚷着要放火。里头放出两位力士来和他斗，他脑袋上中了一戈，冠缨也断了。他说："君子死，冠不免。"把冠缨结好才死。

县贲父不辱使命，不推卸责任，勇于承担，敢于牺牲；季路尽心尽力，有职业操守，不怕牺牲，爱护形象。依据上述两个例子，学生会领悟到，"理想的武士不仅有技，并且有忠。把荣誉看得重过安全，把责任看得重过生命"。

案例三：在唐朝的三省制下，中书省负责草拟，门下省负责审议，尚书省负责执行。三省制下的决策流程是这样的：中书省拟好政令后送达门下省，如果门下省不同意，就会"涂归封还"。为了提高行政效率，一般先由门下省和中书省举行"联席会议"，会议通过后，须加盖"中书门下之印"，然后再送达尚书省执行。如果没有加盖"中书门下之印"，而由皇帝直接发出的命令，在当时是违法的，不能为下面各级机关所承认。为了让学生理解三省制，钱穆先生用下面两个例子来说明这种决策机制。[1]

武则天以下的唐中宗，也便不经两省而径自封拜官职。但中宗究竟心怯，自己觉得难为情，故他装置诏敕的封袋，不敢照常式封发，而改用斜封。所书"敕"字，也不敢用朱笔，而改用墨笔。当时称为"斜封墨敕"。此即表示此项命令未经中书门下两省，而要请下行机关马虎承认之意。

---

① 钱穆：《中国历代政治得失》，生活·读书·新知三联书店，2001，第38~39页。

直到宋朝，太祖赵匡胤开国为帝时，建德二年，恰逢三个宰相相继去职，太祖欲派赵普为宰相，但皇帝诏敕一定要经宰相副署，此刻旧宰相既已全体去职，一时找不到副署人，该项敕旨，即无法行下。宋太祖乃召集群臣会商办法……再四商讨，始决定由当时开封府尹副署盖印行下。

钱穆先生认为，"要讲一代的制度，必先精熟一代的人事。若离开人事单来看制度，则制度只是一条条的条文，似乎干燥乏味，无可讲"。① 通过这两个鲜活的例子，学生可以感受到三省制下决策的严肃性，进而认识到三省制几乎可以算是一种"开明的专制"。

案例四：宋代理学是儒学发展到一定阶段的产物，它是以"理"为核心的新儒学体系，尤其理学大师朱熹，他的思想从 14 世纪开始产生广泛的影响，15 世纪影响朝鲜，16 世纪影响日本，17 世纪引起西方注意。朱熹编著《四书集注》，重新解释《论语》《孟子》《大学》《中庸》；编著《小学集注》，教育青少年遵循以"三纲五常"为核心的道德规范；编著《童蒙须知》等，从衣着、语言、行为、读书、写字、饮食等方面，对儿童提出了道德性的行为规范。② 为了帮助学生认识"理学"，樊树志教授在课堂上向学生具体介绍了一些行为规范。②

——穿衣：要颈紧、腰紧、脚紧；
——说话：凡为人子弟必须低声下气，语言详缓；
——读书：要端正身体面对书册，详缓看字；
——饮食：在长辈面前，必须轻嚼缓咽，不可闻饮食之声。

朱熹把儒家伦理与日常生活结合起来，并且从最基层民众着手，告诉他们如何穿衣、如何说话、如何吃饭。受朱熹的影响，历史上出现了不少被称为"义门"的大家族，其中婺州（金华府）浦江县的"义门郑氏"

① 钱穆：《中国历代政治得失》"前言"，生活·读书·新知三联书店，2001。
② 樊树志：《国史十六讲》，中华书局，2006，第 155 页。

就非常有名。浦江郑氏受得尊崇的一个关键是，它有一部以朱熹家礼为宗旨的家训——《郑氏规范》。樊教授向学生介绍了郑家按照"规范"所从事的活动。①

> 　　每天清晨，家庭成员要在厅堂听取未成年子弟朗诵"男训""女训"。"男训"强调的是，居家要讲究孝悌，处事要讲究仁恕，不得"恃己之势以自强，克人之财以自富"。"女训"强调的是，对待公婆要孝顺，对待丈夫要恭敬，对待弟妹要温和，对待子孙要慈爱……
>
> 　　富甲一方的郑氏，拥有大量田产，但决不以强凌弱、以富欺贫。允许佃户欠租，不收取利息；不擅自增加地租；不为私利而妨碍乡邻灌溉。他们还在乡邻间扶贫济困，例如，每当青黄不接之际，每月接济贫困农户 6 斗谷子，直至秋收；又如设立义冢，鳏寡孤独者死亡，出资予以埋葬；设立药市，免费向患病乡邻提供医药。

《郑氏规范》在做事、做人方面给族人提出了具体的要求，它教导族人如何对待财富，如何对待家人，如何对待乡邻，如何对待社会。其中所折射出的仁义忠孝精神、乐善好施作风，就是朱熹所倡导的伦理道德，就是理学在具体行动中的表现。郑氏家族不仅以这些道德来规范家人的行为，还担负起和睦乡邻、稳定社会的职责。从中不难发现，朱熹的新儒学不仅深入人心，而且在民间基层引发了社会的变化。这样的介绍，有助于学生认识到，所谓理学，就是儒家学说的具体化、通俗化、普及化，理学使儒学走出了象牙塔，走进了普通百姓的生活，渗入了大众的灵魂。

案例五：君主专制在中国古代存在了很长时间，并且对中国历史产生了深远的影响。那么，如何理解"君主专制"这一概念呢？樊树志教授在讲述明朝的君主专制时指出，明太祖在中央监察机构都察院之外，又建立了检校和锦衣卫等特务机构，让它们承担监视官员的特殊使命。②

---

① 樊树志：《国史十六讲》，中华书局，2006，第 162 页。
② 樊树志：《国史十六讲》，中华书局，2006，第 189~190 页。

　　检校的职责是"专主察听在京大小衙门官吏不公不法及见闻之事"，直接向皇帝报告。朱元璋自己就坦率地说："有这几个人，譬如人家养了恶犬，则人怕。"这些恶犬实在厉害，几乎无孔不入。一个名叫钱宰的人，每天要上朝去编《孟子节文》，写了一首打油诗发牢骚："四鼓咚咚起着衣，午门朝见尚嫌迟。何时得遂田园乐，睡到人间饭熟时。"朱元璋第二天就知道了，对他说：你昨天写得好诗，不过我并没有"嫌"啊，改作"忧"字如何？

　　从这个事例中可以看出，官吏们的一举一动，甚至日常生活都处在特务的监视之下，因此他们只有完全听命于皇帝。皇帝可以利用"恶犬"直接控制各级官员，甚至打击对自己构成威胁或具有潜在威胁的官吏。洪武二十六年，锦衣卫指挥蒋某诬告大将军蓝玉"谋反"，朱元璋借此处死了15000人，那些与他一起打天下的将领几乎被一网打尽。为了显得名正言顺，明太祖还特地下诏，颁布了《逆臣录》，罗织了蓝玉的罪证。[①]

　　一个名叫蒋富的人招供：在酒席上，蓝玉对他说："老蒋，你是我的旧人，我有句话和你说知，是必休要走了消息。如今我要谋大事，已与众头目都商量过了，你回到家去打听着，若下手时，你便来讨分晓，久后也抬举你一步。"

　　另一个叫张人孙的人招供：蓝玉对他说，要成大事，希望张人孙等添置兵器，听候接应，如日后事成时，都让你们做官。

　　这里的"老蒋"只是蓝玉家的一个渔户，张人孙只是乡里的一个染匠。蓝玉如果真想造反，应该与手握兵权的将领秘密策划，怎么会和渔家、染匠商量？樊教授通过"蓝玉案"帮助学生认识当时的君臣关系，以及朱元璋为解决君臣矛盾而采取的卑鄙手段。这样的介绍，有助于学生认识到，君主专制不仅体现为政治、经济、军事等大权独揽，还表现为控制人的言行，甚至掌握着每一个人包括高级官员的生命权。

---

① 樊树志：《国史十六讲》，中华书局，2006，第188~189页。

以上五个案例中，"奴隶"与"武士"属于人物概念，"三省制"属于制度概念，"理学"与"专制"属于文化概念。这些案例，有的出自民国时期的高中历史教科书，有的出自近现代的大学课堂。三者所面对的学生，在认知水平上要高于当下的中学生，但三位教授在讲述中都通过生动典型的事例，进行了雅俗共赏的分析。这样的教学立足于学生的已有知识，有助于学生通过分析，建立起新旧知识之间的联系，从而利于学生理解、掌握新的史实概念。

三　教学的案例

受这些案例的启发，为了帮助学生更好地认识巴黎公社，理解巴黎公社的性质，最好能选取具体生动的事例作为教学素材。

素材一　巴黎市政厅原有一些专供政府要员们使用的豪华轿式马车，公社委员觉得，乘坐这样的马车出去执行公务非常脱离群众，因此决定"取消供市政厅使用的豪华轿式马车"。大多数公社委员都是步行上下班，因公外出需要交通工具时，也只坐普通马车或骑马。即使因公外出乘车，他们也自己掏钱，不在公费中报销。公社财政部部长瓦尔兰和茹尔德，始终坚持步行上下班。

为了解决公社委员及其他公职人员的吃饭问题，公社决定，在市政厅开设公共食堂。公社委员因时间紧张或公务缠身，就在公共食堂自己掏钱买份饭吃。就是这样一个公共食堂，公社也严禁公社委员们的家属使用。财政部部长瓦尔兰和茹尔德，还常到附近的一家小饭馆吃饭，每顿饭大约花 1.25 法郎。有时瓦尔兰也到名叫"锅子"的工人食堂就餐，只花半个法郎。①

旧官吏把乘坐豪华马车视为莫大的荣耀，而公社委员却将豪华马车看作他们与人民群众之间的障碍；自费在公共食堂吃饭，甚至在工人食堂就餐，这不仅降低了政府的运行成本，有助于建立、建设服务廉洁政府，也反映出公社委员具有不同于旧官吏的生活方式、行为方式和思想观念。

---

① 李景治：《巴黎公社委员怎样当"社会公仆"》，《北京日报》2011 年 11 月 28 日。

素材二 公社规定，公社委员和国民自卫军总司令的年薪均为 6000 法郎，中校军官为 3600 法郎，少尉为 1800 法郎，区政府公职人员的平均年薪为 1400 法郎。而法兰西第二帝国时期的官员年薪水平是：国会议员 3 万法郎、政府部长 5 万法郎、枢密院委员 10 万法郎、国务参事 13 万法郎。

公社对一些低工资的工人和学校教员则大幅度提高其工资。邮递员的工资从 800~1000 法郎提高为 1400~1600 法郎；教师的工资从 550~850 法郎提高至 2000 法郎以上。①

这两则素材可以帮助学生理解：巴黎公社从废除公职人员特权入手，努力保持与人民群众的密切联系；公社职员具有公仆意识，不谋个人私利，而为民众谋福祉，不做"社会的主人"，而做"人民的公仆"。同时也从侧面反映出公社所实施的平等普选制、人民监督制、职员撤换制等措施。这些充分说明，巴黎公社不同于以往的政权，它把民主落到了实处，真正代表和维护了巴黎工人的基本权益。因此，巴黎公社是一个具有工人性质的新型政权。

四 研究的体会

"巴黎公社"由许多较小的历史事实综合而成，其中包括：1871 年 3 月 18 日巴黎革命，3 月 28 日巴黎公社成立，公社采取的一系列措施，5 月下旬巴黎公社失败，等等。1789 年以来，巴黎发生了许多次革命，1871 年的革命与此前的革命有何不同？在巴黎革命史上，也出现过许多新的政权，巴黎公社与其他政权有什么区别？

马克思曾指出，1871 年的巴黎人民起义，"是在特殊条件下的一个城市起义"。② 当时，法国在色当战役中惨败，皇帝拿破仑三世以及包括元帅在内的 39 名将军、10 万士兵成为普鲁士的俘虏。不久，首都巴黎被围，

---

① 安云初：《巴黎公社执政为民的实践及启示》，《长沙铁道学院学报》（社会科学版）2003 年第 1 期；梁文清：《论巴黎公社的社会公仆意识》，《黔南民族师范学院学报》2005 年第 1 期。

② 李晓风：《始终与深邃和诗意相伴》，黑龙江教育网，2012 年 6 月 12 日，http://www.hljnews.cn/。

新成立的"国防政府"与普鲁士进行秘密谈判，并企图解除巴黎工人的武装。在这种情况下，巴黎民众发动起义。控制了巴黎后，如何在这座被普军严密包围的城市中建立、建设自己的政权？革命者充分发挥自己的才智，广泛调动民众的积极性，制定、采取了一系列全新的措施。而这一切又造就了全新的"公社体制"。巴黎民众的探索，给后来的无产阶级革命者，乃至今天的社会主义建设者，都留下了丰富的经验教训，因此"巴黎公社"成为国际共运史上一个重要事件。

但是，历史学不同于数学、自然科学，它没有非常严密的逻辑性，因此很难用逻辑推理的方式，由初始条件推导出最后的结论。历史是由许许多多的史实组成，离开了这些史实，学生就无从理解和认识，更无法知道历史与人类社会的演进。因此，"历史教学要在保证教师的充分讲述、向学生提供足够的关于史实概念的前提下，再引导学生进行独立思考"。[①] 正因如此，本文就如何通过讲述帮助学生建构史实概念的问题，进行了讨论，并且认为，具体、鲜活的事例，生动、形象的讲述，有助于学习认识、理解史实概念。

英国历史学家卡尔在谈到对历史事实的研究时说道，"事实的确并不像鱼贩子案板上摆着的鱼。事实是像游泳在广阔的、有时是深不可及的海洋里的鱼。历史学家能钓到什么，这一部分要靠机会，而主要地要靠他到海洋的哪一部分地区去钓，他用的钓具是什么——这两个因素当然是由他要钓哪种鱼而决定的"。[②] 本文只是就"史实概念是什么"的问题进行了思考，如同带着学生观察、研究"鱼贩子案板上摆着的鱼"，告诉其烹饪的方法等。史实概念犹如"游泳在广阔的、有时是深不可及的海洋里的鱼"，异常繁多，也十分复杂，因此，还应该适当地带着学生"到知识的海洋中去钓鱼"。教学目标就是"要钓哪种鱼"；教学素材就是钓竿、钓线、钓饵、钓钩等"钓具"；教学策略就是"海洋的哪一部分地区"，即垂钓的地点。当然，不同的史实概念、不同的教学对象、不同的教师，可以选择不同的方法。本文的探索是基于"讲述法为主"的教

---

① 《马克思恩格斯选集》（第 4 卷），人民出版社，1995，第 422 页。

② 〔英〕爱德华·霍列特·卡尔：《历史是什么?》，吴柱存译，商务印书馆，1981，第 21 页。

学策略，如果基于"以学生的学为主"的教学策略，仍然有许多值得关注的问题。

用更加久远的眼光来观察、从更加宽广的角度来思考的话，教学中不仅要使学生认识到"史实概念是什么"，还应当引导学生"如何知道史实概念是什么"。因为教师不能仅仅满足于学生"有鱼吃"，还要教学生"会钓鱼"甚至"想钓鱼"，让学生由"吃鱼"到"喜鱼"，进而"会渔""喜渔"。因此，关于"如何帮助中学生建构史实概念"这一话题，值得研究之处还有很多，希望本文的讨论能够引起同人更加深刻的思考。

指导阅读提升学生历史学科素养的实践探索

张　彤[*]

历史学科素养的概念表述并不统一。本文所涉及的"历史学科素养",主要结合我校学情,概括主要含义为:①知识类,如对历史事件的时序、空间、过程等的了解;②能力类:具有准确理解、获取历史信息,多角度评价、论证,准确逻辑表达等历史能力;③方法类:一些历史学习和研究的原则,比如论从史出、证据意识等;④正能量的价值观(如图1)。历史学科素养,既包含历史学科的特质(知识、方法、能力、见识),又包括做人的道理。教书育人,教育的目标就是教授文化和育人。因此,培养学生历史学科的素养,包括做人的道理,就是历史教育的重要目标。培养这个目标,需要多种途径,长期熏陶。本文拟就指导学生阅读的角度来表述培养学生历史学科素养的实践与研究。

为什么从指导阅读入手提高学科素养,怎样指导才能做到有效阅读,学科素养会怎样提高,这是这一实践研究主要探讨的问题。

一　主题研究的缘起及依据

(一) 学生的学科基础与阅读质量令人担忧

我们对即将入学的 60 名高一文科学生布置了入学前的作业:"按时间

---

　*　张彤,北京师范大学第二附属中学高级教师。

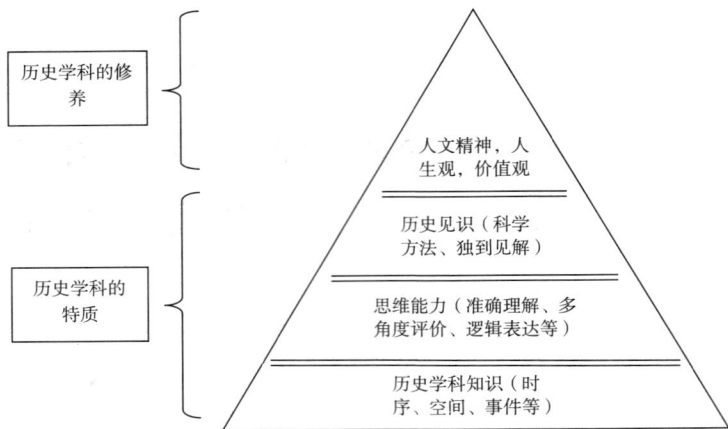

图 1　历史学科素养内涵的分层结构

顺序列出中国古代主要朝代，写出朝代名称、你理解的重要大事名称。"检测目的是想了解学生对"主要朝代""重要大事"的理解，考查学生是否有一定的历史知识，是否能区分主次，能否依据一定原则对材料进行筛选。结果表明，近 2/3 的同学基本不写重要大事，说明没有史实基础；近 1/3 的学生堆砌大量知识，但是过于详细，不分主次，不习惯分类。只有不到 10 位同学能准确写出像"贞观之治"这样影响深远或典型的大事。

为了检测学生的阅读水平，检测学生在阅读中能否针对某个主题提炼有效信息，进行材料处理，我们对高一未经阅读训练的文科学生布置了阅读作业，阅读主题是："为什么工业革命首先发生在英国。"参考阅读文本是《全球通史》① 第七编第 26 章《欧洲的科学革命和工业革命》部分，并补充丹尼斯·舍曼等著《世界文明史》② 第四版有关英国工业革命的节选——"英国，第一个工业国家"一段文本。为了能加强效果，阅读选择在课上进行，教师亲自观摩学生的阅读状态。结果表明，在阅读中，全班 40 人中，有 1/3 的学生纠结于到底先读哪段文本，或者纠结于文章中具体

---

① 〔美〕斯塔夫里阿诺斯：《全球通史》（第七版），北京大学出版社，2005，第 477~478 页。
② 〔美〕丹尼斯·舍曼、A. 汤姆·格伦费尔德等：《世界文明史》（第四版），中国人民大学出版社，2012，第 435 页。

词的含义，这部分的学生没有养成良好的阅读习惯，或者很少阅读这种书籍，阅读中出现障碍。有个别学生则坐等教师公布答案，这明显是应试教育的习惯，他们惧怕失误，学习被动。2/3 的学生能认真读书，书写读书笔记。收上来的读书笔记中，比较显著的共性如图 2 所示，把他们理解的书籍中关于英国工业革命条件的信息逐条罗列。这里首先体现的问题是：学生进行材料整理的能力低，不能把复杂的材料归类整理，并从中看出规律，回答教师布置的问题。其次体现了表述逻辑上的问题：在阅读中，不能筛选与主题有关的信息，表述中前后不一致不对应。比如"转变了英国对能源的使用，开创了一个逐渐工业化和城镇化的国家""19 世纪拥有蒸汽车"明显不是工业革命的条件。再次，阅读提炼的信息非常不全面，可以理解为学生尚未读完这部分文本，但是即便是前几个段落的内容也并没有提炼完整。学生阅读似乎是跳跃性阅读，跳行甚至跳段落。这次阅读还体现了学生知识结构的欠缺：科学、资金、劳动力、技术、思想等都是工业发展变革的条件，他们不知道或者不能做知识迁移，甚至不能从这章的标题"欧洲的科学革命与工业革命"判断科学革命与工业革命的关系。

学生的初始状况，还揭示出一些更深层的问题。

知识是能力之源，没有知识谈不上能力，更谈不上思维品质和学科素养。而我们认为，有价值的历史知识主要来源于教师课堂讲授和书籍阅读。毋庸置疑，阅读书籍对中学生学习熏陶、史实拓展和人文素养提高的重要性。但是我们布置的读书作业往往流于形式，教师课堂上组织学生阅读尚且如此，布置的课外阅读质量可见一斑。首先，学生课业负担重，没有静下心来充分读书思考的时间。其次，阅读质量的评价不易操作。每个人读的书不同，看问题的角度不同，分析问题的方法不同，很难制定一个评价标准。另外教师往往为了鼓励学生阅读，不愿意约束学生思想，欠缺对学生的具体指导。多数学生无法从这种阅读书籍中得到思维能力的提升。反而一些学生读书过滥、认识肤浅、先入为主，养成了不良的读书习惯。实践证明，阅读过书籍的学生，到高三的时候仍然读不懂历史材料，或表达信息不准确。

综上，在学生高中历史学习中，文本阅读障碍、思维的灵活度以及表达的逻辑性是他们能力进一步提高的最大障碍，成为历史学习和思维能力发展升华的瓶颈。

（二）研究的心理学依据

我们通常依据考试大纲或课程标准，把历史学科能力分成归纳、概括、比较、分析、评价等。心理学认为：人的思维也有优劣，有个体差异的思维即思维品质，这样把思维分类为准确性、敏捷性、灵活性、批判性、创新性等①。促进学生高水平思维的发展，是我们追求的高于知识获得之上的教学目标。

思维心理学还指出，从被动读书到主动读书的关键是提问，提问是师生思维进步的重要手段，也是批判性思维形成的手段。而批判性思维正是创新性思维的基础。提问和思维能力是需要通过训练达成的②。在教学中，答案是思维的终结，而真正推动思维发展的是问题（提问）。"我们必须不断地提醒自己，只有提出问题，思维才能得以开展。没有问题（被提出）等同于不理解（获得），表面的问题等同于肤浅的理解，不清楚的问题等同于含糊的理解。"③

这些心理学著作提到的优秀思考者的相同特质，就是擅长反思和诊断自己的思维过程，从而达到进步。

阅读书籍，是历代文人大家修身或成就事业的重要途径。阅读在历史教学中也被公认为必不可少的手段。

阅读——可以获得历史知识；

阅读——可以提高理解分析能力；

阅读——可以升华价值观。

心理学角度也证明阅读与提升学生思维品质密切相关。

基于如上叙述，我们可以看出，阅读是教学与提高学科素养（知识、方法、能力）的桥梁中介，我们选择阅读作为培养学生历史学科素养的切入点。

---

① 林崇德：《学习与发展》（修订版），北京师范大学出版社，2011，第229页。林崇德教授在本节中阐述了国内外心理学界关于思维品质发展与培养的研究综述。

② 〔美〕尼尔·布朗（Neil Browne）、〔美〕基利（Keeley, S. M.）：《学会提问》，机械工业出版社，2015，第12页。

③ 〔美〕理查德·保罗（Richard Paul）、琳达·埃尔德（Linda Elder）：《批判性思维工具》，机械工业出版社，2015，第93页。

二　阅读指导的探索与创新

（一）文本片段阅读——提升阅读质量

现代学生学业负担重，现代化技术发展日新月异，快餐文化流行于社会。在这种新环境下，让学生大量读书，不用说别的，就是时间精力上也不允许。针对这种情况，我们尝试改变读书的方式，从指导学生阅读文本入手，提升学生的思维品质。用书籍等文献的片段进行精读指导，教会学生阅读，试图使学生模仿历史学家进行学习的过程，养成好的学习习惯和品质，形成或提高历史学科的基本学习方法和能力。指导阅读和课堂教学相配合，成为提升学生历史学科素养的双刃剑。

1. 教师在学术阅读前布置问题和任务——带着问题读书

在学生阅读过程中，教师应发挥实质性的主导或向导作用，需要在备课的时候明确教师在教学中的职责。教师需要在阅读前主动预设问题。这样做是希望解决学生泛泛读书不落实、看不懂文章观点、不分文本主次等状况。也使学生有目的地读书，这样才能关注书籍中的逻辑、观点等，并在读书中发现问题进行质疑。

2. 教师要求学生绘制思维导图来细化文本逻辑——训练阅读理解的准确性

古人读书要作注，所以我们也让学生作注，并在读书或学习一单元或某一章节后，画出文本（包括史料、书籍或教材）的逻辑结构。

要想使学生不乱画，教师必须提出要求。例如：我们布置学生阅读《美的历程》《你一定爱读的极简欧洲史》，会让学生画出书的内容结构图（思维导图或概念图）。要求学生做到：体现本书的内在逻辑结构，作者想表达的中心思想，使用的途径或思路或证据，等等。

学生通过绘制书籍的内在逻辑，从历史学科角度进行解读。学生把《你一定爱读的极简欧洲史》分为两部分，第一部分是观点，观点再分若干点；第二部分是论据，对应第一部分的各个观点。学生为《美的历程》绘制思维导图，体现书籍书写结构，按时间顺序排序，可以体现出历史学科的时序性和论证关系。

（二）合作的学习课程——拓展学科视野

要想形成历史学习的方法，必先了解别人的方法；要想提高自己的思维，必先学习别人的思维；要想形成自己的观点，必先了解别人的观点。合作学习，为学生扩展学习和思维的角度提供了条件。合作学习主要指学生小组合作学习和教师开设跨学科合作课程两种。

1. 小组学习有利于包容、借鉴和思维开放

优秀的思考者善于包容和借鉴不同观点。进行小组合作学习的目的，是想解决学生知识面窄，看问题容易走极端、先入为主，或者盲目反对一切，或者被动接受观点的现象。其实一些问题在史学界有争论，一些史料可能得出的结论是相反的。通过学生讨论，是让他们学会包容他人的观点，深度研究历史问题，形成自己的观点或完善已有的观点。

使学生组之间在讨论时互相借鉴，需要各组之间能互相看到听到。学生小组合作学习可以利用网络平台，比如我校校园网上的 Moodle 平台。这个平台可以在教室或家庭使用，iPad、手机、电脑等设备均可使用。其优点是：每个组上传自己讨论的结果，其他组的同学可以同时看到；教师及时点评，所有学生也可以同时看到听到。教师可以深入其中某组进行指导，其他组也可以通过网络看到教师指导的内容。教师希望通过充分讨论，达到三个目的：①通过学生之间的互相提示，更准确地理解和归纳材料信息，训练学生思维的准确性和深刻性，扩宽知识与思维能力的广度；②引导学生从尽量多的角度来解读历史材料，或多角度评价或论证观点，可以开拓思路，可以完善他人的观点或形成自己的新观点；③通过小组合作，学生之间的切磋，研究措辞，训练表达力。

关于讨论材料的选择，教师会有意识地拿出一些与教材观点不一样的材料，尽量在一个问题上提供多角度的材料，以便学生能多角度进行讨论。比如启蒙运动材料（节选）。

法国大革命是启蒙运动黑暗面的一部分——包括其创造性和破坏者两者。它肇始于崇高的呼吁——自由、平等和博爱，人权和公民权，人民主权。它终结于病态的尖叫，构成了法兰西民族的国歌《马赛曲》的最后一句，号召用贵族、叛徒和外国人的"脏"血填满沟壑。

——〔美〕菲利普·费尔南德兹-阿迈斯托编著，钱乘旦审读，

《世界一部历史》，北京大学出版社，2010。

这段材料就和教材不同，教材只论证了启蒙运动的积极影响，而这篇文章从多方面论证了启蒙运动的消极影响（由于本文篇幅所限，上文只节选部分材料）。

2. 跨学科合作课程促进知识和能力的迁移

语文、历史、政治三个学科的老师共选一个文本，语文老师先解决文字障碍，历史老师讲述背景或从历史角度进行解读，政治老师从哲学或经济学角度解读文本。目的是让学生改善看问题的角度和方法，能对事物进行综合评价，对学过的知识和原理进行迁移，也减少了教师的重复劳动。

目前已读过的文献节选有：

儒学系列：《孟子》《荀子》《春秋繁露》

冯友兰《中国哲学简史》

毛泽东《论十大关系》《矛盾论》

马克思《共产党宣言》（恩格斯的各版本序言，强调马克思的观点随着时代变化应该更新的问题。——学生能结合时代背景评价历史问题，能辩证地发展地看问题）

这样讲过一段后，学生开始主动尝试用三个学科的知识来综合解决问题。

（三）表达能力的训练——完善输出能力

会看书会质疑会画逻辑图会思考，并不等于会表达，所以要落实在写作上。文、史、哲三科均强调写作。教师在读书笔记上也要对学生进行指导：

读书笔记的要求——①摘抄有感想的内容；要摘抄使你怦然心动的内容；②准确表达思想感悟，写出作者的观点，他如何论证的，以及你的感受；③产生新问题或生成新观点。

例如图 5：学生在阅读《你一定爱读的极简欧洲史》后，把使自己感动或有启发的句子摘录下来，并写出自己的理解，提出质疑或自己的见解。这里学生提出的问题是：

令我很奇怪的是，让贵族手中握有军权与部分财权，对君主岂不造成莫大的威胁？维系他们之间关系的条件会是什么呢？

这种质疑，无疑会引发学生的进一步学习与思考。①在教学实践研究中，选择文献片段文本，提高阅读质量，为学生进一步学习提供前提并打下厚实基础。②合作学习，促进学生从学科内综合分析文本，进而跨学科学习分析文本，在学科思维能力着力培养，形成深刻、包容、宽广、灵活的优秀思维品质。尤其是跨学科综合，可以使学生的思维达到哲学理性的高度。③写作表达是思维能力的输出表现，也是精神感悟的输出形式，还是表达新观点的机会，是阅读的总结升华。④从书籍阅读中，在合作学习中，在写作中，学生的心灵得到净化，得到修养，正能量的价值观得到孕育。

三　实践效果的取得及问题

（一）已经取得的效果

效果一　提高了学生学习历史学科的能力。

训练后到高三时学生的写作与训练开始时学生的讨论写作已经不在一个档次上，如关于对进化论的评价。

1859 年，达尔文发表《物种起源》，提出进化论。该学说很快流传到世界各地，衍生出社会达尔文主义。

英国人斯宾塞最早将进化论推广到人类社会，他认为竞争能够创造出最优秀的社会和最优秀的人，穷人是无法适应竞争环境的人，最好任其死掉。德国学者认为，不同种族为生存空间而斗争，成功的种族必将扩大其生存空间。美国学者认为，达尔文的新方法解释了现实世界中"合适"的白种人自然地凌驾于其他"退化"了的有色人种之上的现象。

1895 年，严复翻译《天演论》，宣扬人类同样适用"进者存而传焉，不进者病而亡焉"的思想。1912 年，中国工业建设会认为"建设我新社会，以竞胜争存，而所谓产业革命者，今也其时矣"。1916 年，陈独秀认为："求适今世之生存，则根本问题，不可不首先输入西洋式社会国家之基础。"

问题：根据材料并结合所学，评价进化论。

——摘自 2012 年北京市西城区高三文综测试题

高二学生分组讨论时，基本是从对政治、经济、文化方面，或从生物界、学术思想界，或从好的、坏的方面进行分析。学生可以从两个以上的角度分析评价事务。但是他们的讨论基本是就材料论材料，学科内的知识综合能力欠缺，尚不能结合具体史实；就事论事，看问题很细致，但是不能从文本整体得出自己的综合性观点。而经过训练、到达高三后，他们的表达已经飞跃了一个台阶。学生答案举例如下。

进化论从自然科学领域到社会领域，从一国到世界各地，反作用于政治与经济，影响政策的制定与选择。

①严复翻译《天演论》阐释变法图强的必要性，促进维新变法、思想解放。②民国初，（进化论）增强中国民族工业的竞争意识，实业救国热情促进了民族资本主义的短暂春天。③进化论的适者生存理论使英国的贫富差距拉大，两极分化严重。④（进化论）使德国通过对外战争，扩展生存空间。⑤使美国白人加紧对有色人种的剥削，加剧矛盾和不平等。

综上，进化论一方面促进世界变革进步，另一方面为西方国家的掠夺寻找借口。

在短短一篇答案里，蕴含了大量的信息。首先，综合运用了唯物史观，阐明了社会存在决定社会意识，政治、经济、思想的相互关系。其次，充分体现历史学科的能力，在对材料信息进行归纳整理后，把重要的历史信息与材料有机地结合起来。能做到论从史出的历史学习研究方法。最后，无论从观点还是从结论看，都是多个角度的、综合性的，论证也相应地多角度。这篇答案，体现了学生对材料的深刻理解、高度的概括能力以及灵活运用跨学科知识和原理，还体现了综合解决问题的能力，已经具备了创新性的思维品质。

效果二　改变了教师的教学观。

1. 以学生为学习的主体

使学生学会阅读和学习，教会他们展开翅膀自己飞翔；根据学生的需要设置课程。

按照常规的教学，学生是无法保证有效的读书时间的。教学内容的取舍、时间的安排，取决于教师的教学观。我们的历史教学，或者上升到历史教育，到底要达到什么目的？是以讲完教材内容为目的，或以提高学生成绩为目的，还是以育人（即培养一个对社会发展有价值、品德优秀的人）为目的？

如果是以育人为目的，那么谁才是教学过程中的主体？谁要通过学习获得知识与能力，养成优秀品德和正能量的价值观？课堂上是展示教师的智慧才智重要，还是学生学会自主学习重要？是"我教你"还是"你学到"？如果是后者，学生就是教育教学的主体，教师的教育教学活动就会因学生的需要而改变，教学评价也将侧重于学生学习的过程，学生学习的目标动力也会因此而改变，阅读书籍也就有了时机，并且在教师指导下形成有效阅读。学生在知识海洋中汲取营养，涵养德操。

2. 注重历史学科的特质

教师在历史教学和指导阅读历史书籍过程中不纠结于学生答案的对错，而侧重于学生观点的得出，以及论证逻辑的合理性。这将带来什么变化？

就历史学科而言，这种观念的更新，更能体现历史学科的原则。历史学习和研究，可能个人观点不同，掌握的证据不同，但是原则相同：论从史出、证据意识、孤证不立等。我们以阅读为载体，组织讨论，组织写作，创新课程，都是为了学生能掌握更多的史实证据。一遍一遍地训练从史实中得出观点，用合理的史实对应证明观点，多角度看问题，等等，这些都体现着历史学科学习和研究的共同特征，使教师回归历史专业的本质，使历史教学重归科学，使学生感受历史学科的真正魅力，改变功利、应试、随意或逆反的习性。

效果三　改变学生的学习观。

在指导阅读中，教师侧重学习过程和思维过程，论据的多角度和论证的合理性。学习的评价标准也随之改变，更注重学习过程的评价。这也是新课程以来评估标准变化的一种实现。现在的北京高考导向也是这样，注重证据与观点之间的逻辑关系，注重多角度评价事物，而不是侧重于答案是不是唯一正确。这种评价方式的改变，必将影响学生学习目标、学习态度的改变。

学生和教师，会改善读书学习的目的和方式：带着问题去主动学习，而不是被动地接受知识。使学习历史由兴趣到理性。

学生通过落实阅读，积淀知识，养成良好的学习品质，提高人文素养。

（二）指导阅读的实践存在的问题

总体上说，阅读指导和合作课堂都尚处于尝试阶段。教师专业团队的合作需要继续磨合，由于理念的不同，只是一些志同道合的教师合作创新课程。阅读文献或文本的选择尚未成规划，目前是结合教学内容的进度布置阅读，没有形成高中阶段的总体统筹规划。学生作图好未必能用文字准确表达，教学实践证明，仍有相当多的学生用思维导图表达逻辑很清晰，但是表达成文字就出现了错误。这些都是有待改善或发展的地方。

四　结论

基于学生目前的学习习惯和思维基础，我们认为：学生的思维能力和学科素养必须通过训练才能提高。本项研究以指导文本阅读作为培养思维能力和历史学科素养的着眼点，改善了当前学生的学习状况，使学生阅读落在实处，激发了学生的主动学习，提升了学生的学科思维能力，蕴含了人文精神的培养，促进了学生历史素养的提高，符合历史教育教导做人的教育目标（如图 2 所示）。

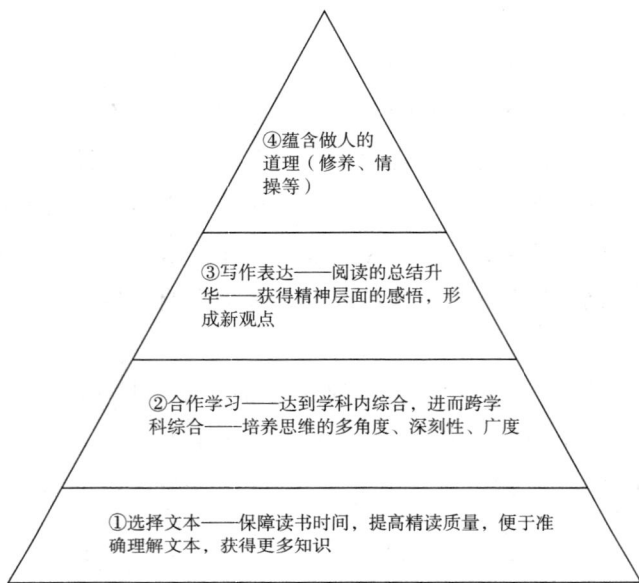

图 2　指导有效阅读的解构分层

在指导阅读中，教师的教学观、学生的学习观因而更新，教育与教学、教师与学生、训练与素质，关系因而和谐、互动、相长。

最后，以一篇学生的文字结束这篇文章。

> 当又一列火车搭载着意犹未尽的我们回到了北京，我感觉自己像是做了一个梦。我与西安靠得那样近、那样近。我是那样接近中国真正的心脏地区，感受到了中国依旧年轻的心跳，感受到了在历史的浸染中，一个满脸沧桑的老人，返老还童，永葆青春。愿我的血脉与大地相连，愿我的心跳与中国的心跳共振动！
>
> ——王琪瑶

看到学生有这样的情怀，我们这些做历史教师的，也该感到满足和幸福了。

"就地取材"史料教学中如何"就材设问"

——以人教版高中历史教材必修 1 为例

周明学 *

一 缘起

高中新课程改革以来，史料教学逐渐成为中学历史教学改革的发展趋势，历史课堂几乎到了"无史料不教学"的程度。[①] 近年出版的史料教学专著，如北京师范大学出版社出版的《智慧课堂：史料教学中的方法与策略》《史料教学案例设计解析》等，[②] 就颇受中学历史教师的普遍欢迎和高度肯定，正说明了史料教学越来越受到大家的重视和关注。

但笔者平时与一些中学同行交流时，大家普遍感到，史料教学的确是历史教学改革的一个方向和方法，但史料教学的三个环节——史料的收集、甄别和运用，[③] 像三只"拦路虎"一样，使得史料教学在课堂教学层面难以持续实施。如作为史料教学的基础，史料的收集就受到时间、精力

---

* 周明学，江西省九江市一中特级教师、副校长。

① 基于这种现象，《历史教学（上半月刊）》2015 年第 3 期发起了"史料教学讨论征文"活动。

② 何成刚、彭禹、夏辉辉、沈为慧等：《智慧课堂：史料教学中的方法与策略》，北京师范大学出版社，2010；何成刚、张汉林、沈为慧主编《史料教学案例设计解析》，北京师范大学出版社，2012。

③ 李稚勇：《论史料教学的价值》，《课程·教材·教法》2006 年第 9 期。

和资料等诸多因素的制约，大多数中学历史教师难以找到典型性的、文字量适中的、阅读障碍少的合适史料。尽管人教版高中历史必修教材每课都设计了一个"学思之窗"栏目，提供了少量史料，但"独木"撑不起史料教学的"大厦"。有的教师为了进行史料教学，甚至设计出"人造史料"来，这是笔者极为担忧和不能同意的。[①] 史料教学的三个环节是环环相扣、步步推进的，如果第一个环节就遇到了困难，那么史料的甄别和运用就无从谈起了。

史料教学很重要，但又难以真正进行、持续实施，这是摆在中学历史教师面前的一个现实难题，短期内恐怕也不太容易解决。笔者近年来在高中文科班的教学实践中，尝试实施"就地取材"式史料教学，取得了较好的教学效果。笔者在本校2014届高三4个文科班共203名学生中进行了"'就地取材'史料教学"教学效果问卷调查，调查问卷的统计显示：93%的学生赞成"就地取材"进行史料教学；82%的学生认为"就地取材"史料教学可以促进同学们对教材的深入理解；78%的学生认为"就地取材"史料教学可以促进学生史料分析能力的提高；68%的学生认为"就地取材"史料教学可以促进学生高考应试能力的提高；89%的学生认为老师进行"就地取材"史料教学的授课效果"好"。[②]

笔者由此认为，"就地取材"进行史料教学，是一个破解现实难题、实现史料教学的有效途径之一。所谓"就地取材"进行史料教学，就是说，视教材为史书，把教材现有素材当成史料，根据"教材史料"设计出一些具有一定思维含量的、新颖的思考题，由学生来阅读这些"教材史料"，并思考、讨论和回答相应的思考题。这样的做法，一方面比较符合新课改的精神，新课改提倡"用教材教"，就是把教材当作素材，可以说，教材处处是"素材"，关键是课堂教学如何灵活运用；另一方面也符合史料教学对"史料"的基本要求，历史地看，历史教科书也是史书的一种，教材现有的"素材"——除了正文部分，还有"导言""学思之窗""历史纵横""资料回放"等栏目，以及大量的历史图片、历史地图、表格、

---

① 周明学：《历史教学不可运用"人造史料"》，《历史教学（上半月刊）》2009年第6期。

② 周明学：《"'就地取材'史料教学"教学效果问卷调查报告》，未刊。

示意图等，有的大体上属于第一手史料，有的大体上属于第二手史料，当然也有的二者界限不十分明确（例如《汉书》《史记》就很难说是一手或二手史料），应该说，不管是第一手史料还是第二手史料，它们都可以作为"史料"来进行史料教学。对新课改背景下的历史教学而言，对史料教学意识强的老师而言，可以说，教材处处是"素材"，教材处处是"史料"，教材处处可以培养"论从史出，史论结合"的历史思维和能力。这一点可能与历史研究者不同，对于研究者而言，史料的价值是有高低之别的，历史研究应尽量运用原始材料、一手史料，而史料教学的要求就不一定那么严格了，能够满足培养史料分析能力的要求即可。同时，这样的做法，具有成本低、易操作、易推广的优点，使得史料教学相对容易地落到实处。研究表明，当前制约史料教学开展的因素中，"教学时间有限"排在第一位，"资料难找"排在第二位，① 把教材"素材"作为史料，寓史料教学于教材教学之中，既实施了史料教学，又按时完成了教学任务，一举两得。

二 "就材设问"例举

笔者在多年的教学实践中感到，要有效实施"就地取材"史料教学，关键是要抓住"就地取材"和"就材设问"两个环节——前者解决了史料的收集与甄别，后者则体现的是史料的运用。从前一个环节的角度出发，笔者在《中学历史教学》上已经发表了三篇文章，概括了"就地取材"的四种类型。② 这三篇文章发表后，得到了一些同行的好评和借鉴。③ 本文笔者试从后一个环节——"就材设问"的角度，对思考题的设计思路进行一下梳理和解析，或许有助于"就地取材"史料教学策略的进一步完善。

---

① 张静轩：《关于高中历史史料教学现状的调查与分析》，《历史教学（上半月刊）》2007年第8期。

② 周明学：《人教版高中必修1"就地取材"史料教学例举》，《中学历史教学》2013年第10期；周明学：《"就地取材"进行史料教学——以人教版高中历史教材必修2为例》，《中学历史教学》2013年第4、5期；周明学：《"就地取材"史料教学：以人教版高中必修3为例》，《中学历史教学》2014年第3期。

③ 金明强：《十年相伴 一路成长——记〈中学历史教学〉与我的教学生活》，《中学历史教学》2014年第10期。

所谓"就材设问",就是在"就地取材"的基础上设计出有一定思维含量、新颖的思考题。从某种意义上讲,"就材设问"是"就地取材"史料教学能否成功的关键环节,因为史料的运用是史料教学的目的所在。笔者在设计思考题的时候,注重三个维度,也就是说,"就材设问"大致可以分为三种类型。下面以人教版高中历史教材必修1的教学为例,予以说明与解析。

（一）第一种类型思考题重在引导学生运用教材史料论证、挖掘教材的观点

新课改提倡"用教材教",认为教材不是圣经,不是唯一的结论。这大体上是不错的,但也不能因此否定教材作为教学主要材料的地位,不能因此否定过去"教教材"的做法。基于教材的重要地位,"就材设问"主要还是要引导学生运用教材史料论证、挖掘教材的观点。从教学实践来看,完全脱离教材和完全依赖教材,或者以"用教材教"来完全取代传统的"教教材",都是不可取的。

例1,《第1课　夏、商、西周的政治制度》。设计问题为:夏商周三代,王权在逐步扩大。阅读4页第三段、4页"殷墟出土的刻有卜辞的牛骨"图的说明文字、5页"学思之窗",当时商代王权受到了哪"三大制约"?

预设答案:一制约于方国首领——侯、伯;一制约于卜人集团;一制约于权臣。所以有学者认为当时的君主制是贵族君主制,到战国以后才逐步形成专制君主制。

例2,《第2课　秦朝中央集权制度的形成》。设计问题为:阅读8页第一段正文和《秦朝疆域图》,回答:①从秦灭六国顺序看,秦国统一全国的战略思想是什么?②从"咸阳"名称看,咸阳是位于渭河北岸还是南岸?

预设答案:①秦灭六国顺序是韩赵魏楚燕齐,据此可推测其战略思想是"远交近攻,各个击破",当时在冷兵器时代,各国没有远距离杀伤武器,缺乏远程运输工具,只能是蚕食渐进,逐步扩张。②在中国古代,山之南、水之北为阳,山之北、水之南为阴。咸阳位于渭河北岸,九嵕山之南,因山南水北俱为阳,故名咸阳。"咸"者,全、都、俱也。

例3,《第11课　太平天国运动》,设计问题为:1862年上海的租界

里，曾经空置的小木屋被房东用更高的价格租了出去，卖鸦片的洋行转向房地产市场，开发商不再建造小木屋，改建两三层的小楼，以石料作门框，配以黑漆厚木门扇，但到了1864年下半年，新建房屋再次出现空置，在建的房屋也纷纷停工，许多开发商破了产，甚至有人跳黄浦江了。阅读56页第5段正文，分析当时上海租界楼市变化的原因。

预设答案：当时太平军东征，使江浙一带难民大量涌入上海，上海房租上涨，楼市上涨，出现了石库门等建筑。1864年太平天国失败后，难民返乡，上海租界的楼市大跌。

解析：以上三例基本上是运用教材史料论证、挖掘教材的观点。这一做法不是简单地灌输给学生一个教材结论，而是让学生通过阅读教材史料，自己得出教材中显性的或者隐性的结论。

（二）第二种类型思考题重在引导学生运用教材史料质疑、完善教材的观点

新课改后教材格局是"一标多本"，由于教材编写者自身的教育思想、学术观点的不同，加上对课程标准理解的不一，所以目前各种版本的历史教材呈现出不同的特色和个性。这就为我们教师合理开发课程资源提供了可能，为"用教材教"提供了机会。基于教材地位的变化，"就材设问"就可以引导学生运用教材史料质疑、完善教材的观点。

例1，《第6课 罗马法的起源与发展》。设计问题为：①法律的分类标准很多，从法律的渊源（或产生方式）看，分为习惯法与制定法；从表现形式（或表达方式）看，分为不成文法和成文法。26页小标题的表述是否准确？如果不准确，如何改动为妥？②货币制度从一个侧面可以反映一个国家经济发展的程度，阅读26页"学思之窗"的"第八表"，表中"阿司"是罗马共和国铜币的单位，当时罗马共和国的货币是称量货币，1阿司相当于1古罗马镑，据此推测当时罗马共和国经济发展的情况。

预设答案：①不正确，因为分类标准不统一。应改为"从习惯法到制定法"或者"从不成文法到成文法"。②称量货币导致交易不方便，一是需要称重，二是需要切割，据此推测罗马共和国早期工商业不发达，商品经

济不发达，是以自给自足的农业经济为主的经济形态。

例2，《第10课　鸦片战争》。设计问题为：阅读50页第二段正文和第三段正文，你认为教材这两段文字表述中，是否有矛盾的地方？请说明你的理由。你有什么修改建议？

预设答案：有矛盾。第三段介绍了鸦片战争前，中英两国有贸易往来，且中国处于出超地位，而第二段则说那时候清政府仍然实行闭关锁国政策，既然闭关锁国，哪来的贸易往来和出超？从历史情况来看，当时英国到中国进行贸易有两个途径和地点，商业性等价贸易（即古代的市舶贸易）到广州，政治性不等价贸易（即古代的朝贡贸易）到北京。建议把"闭关锁国政策"改为"限关政策"或者"国家垄断贸易政策"。

例3，《第13课　辛亥革命》。设计问题为：65页说辛亥革命是资产阶级民主革命，阅读64页《大总统誓词》和第二段正文《中华民国临时约法》，你认为从这两份文献内容中能否得出"辛亥革命是资产阶级民主革命"这一结论？请说明理由。

预设答案：不能，从《大总统誓词》中"倾覆满洲专制政府，巩固中华民国，图谋民生幸福，此国民之公意，文实遵之，以忠于国，为众服务"看，强调的是"民生幸福""国民之公意""为众服务"；从《中华民国临时约法》中"中华民国主权属于国民全体""国民有人身、居住、财产、言论、出版、集会、结社、宗教信仰等自由""国民有选举权和被选举权"等看，强调的是"国民"，至于三权分立、责任内阁等政体规定也不能反映国体。总之，从这两份历史文献中读不出辛亥革命只是为国民中的资产阶级图谋利益。

解析：以上三例基本上是运用教材史料质疑、完善教材的观点。这种质疑、完善是建立在教材史料分析之上，重在培养学生论从史出的证据意识和批判性思维。让学生了解真理、真相的多面性，教材的结论不是唯一的，不同角度的结论都有其可取之处。

（三）第三种类型思考题重在引导学生运用教材史料形成并论证自己的观点

历史学科的核心能力是史料分析能力，也是"就地取材"史料教学的追求目标。提高学生的史料分析能力，除了上述两种情况外，第三种情况就是根据教材史料，引导学生形成并论证自己的观点。

例1，《第3课　从汉至元政治制度的演变》。设计问题为：宋代相权强化与否，学界主要有两种观点，一是"弱化说"，二是"强化说"。阅读14页第三段正文和"学思之窗"，你支持哪一种观点？请说明理由。

预设答案：支持"弱化说"的，理由用正文材料，为：设参知政事为副相，分享其行政权；设枢密使管军事，分出其军权；设三司使管财政收入，分出其财政。支持"强化说"的，用"学思之窗"材料，为：从宋真宗起，相权逐步得到强化，皇权反而受到种种限制；宋真宗时，宰相李沆巧妙地抵制了真宗扩大财权的企图；宋真宗也认识到："天下至大，人君何由独治也？"

例2，《第4课　明清君主专制的加强》。设计问题为：史籍中有关明朝皇帝不上朝的记载甚多，如明武宗、明世宗、明神宗等，如此众多的皇帝不上朝，明朝的历史却延续了276年，寿命仅次于唐朝，对此清初学者谈迁大为困惑，说"诚不可解也"。阅读17页"学思之窗"和《明朝内阁大堂旧址》图的说明文字，你从这一现象中得出什么结论？请说明理由。

预设答案：结论，一是皇帝不上朝不等于不问政事；二是产生了皇帝不上朝的替代机制，故明王朝政治局面基本稳定，得以延续近300年。理由，明朝皇帝不上朝不等于不问政事，因为明宣宗（宣德帝）时开始出现"票拟"，这说明产生了皇帝不上朝的替代机制，即"内阁票拟——皇帝或皇帝授权司礼监批红——六部执行"。明朝皇帝处理政事的形式发生了变化而已，这从一个方面解释了明朝"长寿"的原因。

例3，《第5课　古代希腊民主政治》。设计问题为：阅读22页第三段正文和23页注释①——"各城邦对'成年'的年龄要求不同，斯巴达为30岁，雅典是20岁"，回答：①古希腊公民资格有哪些限制？体现了怎样的公民观？②推测雅典城邦与斯巴达城邦，哪一个城邦人口多？理由是什么？

预设答案：①有血缘限制、财产限制、年龄限制、性别限制等，体现了共和主义公民观。历史上一般有两种公民观——共和主义公民观和自由主义公民观，共和主义公民观强调国家利益至上，公民要有为国家、为公共事务服务的道德、情感、实力与能力，故有诸多限制，有血缘、财产、年龄、性别等方面的要求。自由主义公民观强调个人利益至上，不强调个人公共事务服务的道德、情感、实力与能力，故只有出生地（地缘限制）的要求。②斯巴达人口多于雅典人口，理由：古希腊时期，希腊城邦之间、希腊城邦与周边国家之间战争多，而希腊城邦一般实行公民兵制，也就是说，战争多，需要的兵员就多，斯巴达人口多，所以规定的成年年龄就高，雅典人口少，所以规定的成年年龄就低。

解析：以上三例基本上是引导学生运用教材史料形成并论证自己的观点。设计的思考题有一定的开放性，需要"大胆假设，小心求证"，只要是学生的观点符合史实、符合逻辑，即持之有故、言之成理，就可成一家之言。

三　余论

从多年的教学实践上看，笔者发现，"就地取材"史料教学同样可以促进师生的共同发展。一方面，在未增加学生负担的前提下，促进了学生史料分析能力和应试能力的提高。在课堂上，教材成了学生的读本，教材史料成了学生的阅读材料，思考题成了学生思考的方向和思维的起点，学生有了较强的史料分析能力和证据意识，逐渐地学会了论从史出、史论结合的历史学习方法。另一方面，提升了教师的史学专业素养，带动了课堂教学的优化。在教学实践中，教师努力将史料教学思想内化为自己的教学理念和意识，转变为自己的教学行为，初步探索出了在高中历史课堂教学中"用教材教"和进行史料教学的基本方法。但在"就地取材"史料教学的过程中，如何"就材设问"，即如何在习见的教材史料中设计出新颖、别致又有一定思维含量的思考题，并不是一件容易的事。也就是说，"就地取材"史料教学也有其自身的"难度"，即对高中历史教师的专业素养提出了更高的要求，要求老师们在习见的教材史料中"就材设问"，设计的思考题既有"求同"，也有"求异"。这一要求，有点像史学大师陈寅恪做学问的特点，即能于最常见的史料中发现别人所未能发现的问题，也就是他自己所说的"发前人所未发之辙",这就是史学家们常说的"史识"。"史识"反映的是历史教师的专业功底,决定着历史教学的立意和境界,史识的修炼是漫长的、艰苦的,也是必需的。① "就地取材"式的史料教学,与武侠小说中武功高手的"摘叶飞花皆可伤人"相近,既方便又有效。当然,中学历史教师要有超人的史识,要成为"摘叶飞花手",需要的是日积月累的"内功修炼"——阅读、交流与写作。

---

① 徐赐成:《历史教师的"史识"》,《中学历史教学》2008 年第 1、2 期。

基于能力立意的高中历史质性
课堂的研究与实践
——以资料研习式教学为例

谢志芳[*]

新课程面纱下的高中教学仍潜伏着课堂主体性及有效性的缺失问题。随着新课程的深入推进，人们越来越回归课堂这一主阵地。首都师范大学赵亚夫教授多年前的旧文《找准历史有效教学的原动力》一直打动我心。历史教学的原动力在于历史学本身！如：它是有关人性的教育——自由精神；它关乎国民性的改造——理性批判；它关乎人类文明及民族的演进认识——反省意识；它关乎国民社会态度的养成——社会行动。由此，历史课堂教学的基本视点应该是：用于思考——基于历史事实的知识解释；用于理解生活——基于历史方法透析社会问题；相对的经验——基于历史结论认识历史过程[1]。而这一切都紧紧围绕历史学科核心素养的形成与发展。在当下尤显突出与重要。

无独有偶，福建省基础教育课程改革研究课题组在基础教育教研室李林川老师的带领下，积极开展《提高教学有效性的课堂观察研究》（2011～2014 年），试图把基于课堂记录数据为支撑的定量分析与历史教学专业内涵为基点的定性分析相结合，进而探寻有益高效的质性课堂。

受此启发，笔者开始着手基于能力立意的高中历史质性课堂的研究与实践。结合课堂观察"基于合作、注重证据、崇尚研究"的专业品质：教

---

* 谢志芳，厦门市教育科学研究院教研员。

研目的明确，聚焦核心问题，收集信息形式多样，突出关注细节意识，因此能加深课堂洞察深度。在实际的课堂实践、教学视导和理论学习中，笔者日益认识到资料研习式教学在高中历史课堂中的重要作用。本文围绕资料研习式教学的含义、理论原则、目标和作用、操作程序、实施关键等几个方面略作论述。

一 "资料研习式教学"的基本含义

史料在中西方史学研究中始终占有重要地位。19世纪德国史学家兰克提出史学家"只是要表明，过去究竟是怎样的"。兰克平生到欧洲各国游历，收集大量历史资料。他本人称自己的视野是普遍性、世界性的。今天我们认为，他的视野是真正欧洲性的。20世纪中国学者傅斯年也提出"史学即史料学"，特别注重史料研究。近年来，国内外历史教学界都强调利用史料开展历史教学活动。史料与历史学习方法和思考密切相关，它"求真"特质决定了史料引入教学应注重：意义化（去伪存真，具其价值）、理性化（投入情感，掺加理智）和内化（生动有趣，渗透反思）。

资料研习式教学是历史学科一种重要且常用的策略。某种意义上我们甚至可以说它是历史课堂教学的生命。具体指在历史课堂教学中，教师引导学生通过研读历史资料，获取信息，形成历史概念，把握历史认识的教学策略。在新课程背景下，这一策略的重要性日益显现。常常，它相伴探究而行。

在历史课堂上引用的资料一般包括：文字材料、表格材料、地图材料、图画材料、影视材料、实物资料等。本文所叙述的资料侧重狭义的范畴，一般指文字史料（含一手、二手）。

二 "资料研习式教学"的理论依据和操作原则

资料研习式教学以建构主义理论为基础。国外教学设计专家乔纳森从解释学的视角提出了"以学生为中心"教学设计的基本原则，即"追求学习者对问题的理解，关注学习者对问题的诠释"。维恩（Winn，W.）倡导教学设计者的活动需要发生在学生与教学材料互动之时，而不是之前。提出教学设计是一个动态、延续、依据情境脉络变化时"创作"的过程。

理查德·萨奇曼（Richard Suchman）也提出，在教学中引导学生亲历研究过程，指导学生主动组织资料，进行因果关系的推论并建立和验证理论，以对学生进行科学研究方法和思维方式的训练，培养学生获取和分析信息的技能，增进学生对科学的理解，发展学生的创造性思维[3]。

资料研习式教学的操作原则有：主体性原则、活动性原则、民主性原则、开放性原则、分层递进原则。

主体性原则是材料研习式教学的首要原则。对此原则，我们应该从以下几方面再度加以认识。第一，相信学生内在的主体能力。第二，认真把握学生主体性的表现形式。第三，努力完善学生的主体结构。第四，进一步探索学生主体活动问题。学生主体活动是学生主体性的典型表现，需要不断深入地探讨。

活动性原则就是指教师在设计教学时，要把活动性贯穿在教学的整个过程，使学生最大限度地处于主体激活状态，能主动积极地动手、动口、动眼、动耳、动脑，去行动，去实际操作，给学生创设积极活动的情境，使学习成为学生自己的自主活动。判定教师作用发挥的标准不在于教师采用什么样的教学方法，而在于学生是否学得主动、学得愉悦，是否最大限度发展了主体意识和主体能力，形成了主体人格。

民主性原则要求教师能够正确把握自己和学生在课堂教学中的"角色"定位，纠正传统教学观念中的"差生"的错误认识，还需要丰富教学评价的内容，通过多层次的评价监控，保证课堂教学的公正、平等和无歧视。

开放性原则在新课程背景下显得尤为重要。它不仅指传统认识上教学要与现实生活相结合，要适应社会发展的需求，还包括这样两种含义：一是在课堂教学中必须激发学生的活力，不断引起学生理解、认知、探索、发现以及想象和表现的欲望；二是充分利用课堂教学的多向联系，诸如师生之间、生生之间的多向交流，教师和学生与教学环境和教学设备的多向联系等。坚持此原则，有利于提升学生解决问题的思维习惯、观察视野、历史学科素养及综合素质。

分层递进原则要求课堂教学目标要具体多样尽量贴近学生的"最近发展区"，要求教师要正确认识和准确划分学生的类型层次，尽可能帮助学生自主进行"角色"定位和自主选择活动方式，要求学生正确认识和把握自我，以便易于获得成功与进步的体验，不断强化发展的信心与动力。

三 "资料研习式教学"的目标和作用

史料是历史学科求真、求实的基础。透过资料研习式教学我们能很好地培养学生解读和获取信息的能力、调动和运用知识的能力、描述和阐述事物的能力、论证和探讨问题的能力。可以说，新课程背景下的历史课堂亟待开发资料研习式的教学策略。

高中历史学科考查重视培养学生解决问题的思考习惯、观察视野及应有的历史素养，其目标甚至指向综合素质——"开放性试题要为考生构建答题空间和展示能力的平台，充分考查学生探究问题的能力和实事求是的科学态度，进而评价学生的综合学科素质。学生的综合学科素质包括：历史学科知识与能力、文科综合知识与能力、社会生活的知识与能力及时代精神"，从而达到检验考生人文素养、塑造学生人格、培养现代社会合格公民的终极目标。"文综试题鼓励学生从多个角度分析问题，养成独立思考的学习习惯，呵护学生的个性思考与表达……这首先需要学生自己发现问题，并寻找适切的角度，充分调动已有知识进行阐释与论证，寻找解决问题的路径。开放性试题的设问没有标准答案，采用梯度式评价标准与赋分原则，重在考查学生阐释论证的逻辑思维能力与全面认识历史问题的能力"（国家考试中心《2015年高考文综试卷评析》）。

资料研习式教学既能打破接受性教学和发现性教学的界限，使二者走向互补和融合，从而最终提高课堂教学质量，又能培养学生独立思考和论从史出的思维习惯，提升历史思维能力，充分开发和利用学生的智慧潜力，从而促使学生主体本身的学科能力和核心素养得到发展。

四 "资料研习式教学"的操作程序

其教学过程主要是：学生阅读教师提供的历史资料，根据设问分析、鉴别、提取有效信息，得出相应的历史结论，从而逐一完成对基础知识的认识。在此基础上通过练习或建构知识结构，形成对所学知识的整体性认识。

在资料研习式教学策略中，学生对史料的研习一般经历：认知史料—理解史料—运用史料三个环节。其中最重要的莫过于史料的运用能力。

认知史料。这是资料研习的基本层次。一般侧重史料本身的文字解读即可。常可借此创设好的课堂情境。例如厦门六中林翠峰老师《理性与自由的启蒙》资料研习课。她以美国总统乔治·布什2004年的国庆日演说为开篇："人类千万年的历史，最为珍贵的不是令人炫目的科技，……不是政客们的演讲，而是实现对统治者的驯服，实现了把他们关在笼子里的梦想。因为只有把他们关起来，才不会害人。我现在就是站在笼子里向你们讲话。"创建一个很好的课堂情境，将学生置于新材料、新问题、新情境的刺激与挑战面前。又围绕"笼子的制作——启蒙思想的实践"来展开教学，整堂课富有新意和创意。在一定程度上激发了学生的创新意识和探求欲望，培养了学生的创造性思维能力。

理解史料。在认知的基础上进一步领会史料的内在含义。例如笔者在讲授《罗斯福新政》影响时采用的两段材料：

> 新政所表现的是联邦集权趋势的加速进展，但我们不能说联邦集权已经减灭了各州或地方政府的地位，甚至说美国脱离民主政治而倾向独裁。
>
> ——陈光泽《居中偏左一点——新政12年》

> 我们得感激罗斯福，因为他找着一个最温和而且代价最小的来解决现代社会秩序中矛盾的方案。
>
> ——费孝通《20世纪的危机与罗斯福》

通过教师引导，让学生理解两段材料的不同视角，即从罗斯福的政治立场角度及将新政放置于世界历史的角度。显然，理解史料的操练有助于课堂问题教学的多元化。

相较于多元化视角，资料研习式在深刻理解史料上有它突出的作用。例如谈到古代雅典的民主政治时，引用如下资料。

> 不幸的是，古代雅典与当代欧洲的民主之间的联系是脆弱的。民主并没有在它的诞生地盛行起来。它并没有收到罗马思想家的仰慕，在一千多年中它几乎被遗忘了。
>
> ——〔英〕诺曼戴维斯《欧洲史》（上卷）

对此材料的理解需要有更多知识的铺垫。需要教师更多的引领。古代希腊雅典的民主与近代西方代议制的是没有直接关联的。古代希腊雅典后是一千年的黑暗。近代西方代议制真正的缘起要追溯到 1215 年签署的《大宪章》，涉及无代表权不纳税和分权制衡。既是英国议会制度的起点，也是近代西方民主的起源。

运用史料。涵盖对史料的分析、比较、归纳、概括、综合、论证等，侧重培养学生以论御史、论从史出的学习方法。例如笔者在讲述《明治维新》时，引用下列材料。

> 在一定意义上可以说，德川时代的商人集团中，已经孕育出堪与封建统治阶级相抗衡的经济力量。
>
> ——李文《德川早期日本兵农分离政策的实施及其历史意义》

在理解材料的基础上，充分运用材料外延解读日本的封建领主土地所有制、重农抑商经济政策、自然经济瓦解及资本主义因素成长等基本经济要素。

历史教学倡导求真求实，借助材料，学生能感悟到历史的多重视角。例如，当引导学生探究 19 世纪日本的政治状况时，笔者用了下列这段材料。

> 它存在自治领的自治制度，又存在于中央集权行政管理的统一，即能为后来明治时期的领导者实施建成现代化日本的策略奠定了基础。
>
> ——"大历史观"下的明治维新

通过对材料的解读，引导学生突破一般意义上对幕藩体制阻碍历史进程的认识，而能看到幕藩体制促使日本出现长期稳定局面的另一视角，并且在一定程度上引导学生理解黄仁宇先生的"大历史观"。

五 "资料研习式教学"的实施关键

新课程背景下的高考试题，一般都围绕材料题展开。提升学生资料研习能力就成为当下历史教学的重中之重。一般而言，资料研习经历三个步骤：阅读材料，明确主题——正确分析，提取信息——归纳整理，准确表述。其中有两个关键点。

关键一：史料的选取是否适当

在资料研习式教学中，史料的选取是否适当是一个关键问题。好的史料决定了好的研习效度。史料的选取应当把握典型性、针对性、适宜性原则。

例如，北京第二中学李建红老师在必修1教学引用陈旭麓《近代中国社会的新陈代谢》的一段话："近代中国变革的道路上，如果说19世纪最后几年的时代象征是康有为，那么到了20世纪初年则进入了以孙中山为代表的时代。虽然，康有为生于1858年，孙中山生于1866年，他们近于同一辈人，但在社会政治思潮及其实践的急遽变嬗中，他们的脚步却是前浪推后浪，显示为两代人。"这一段材料将戊戌变法和辛亥革命两段历史风云涵盖其中，在时代的进程中对比看待康有为和孙中山，有助于学生从宏观上把握历史，提升整体综合认知。

课堂教学中材料的选用要尽可能注重相关度，文字量宜少不宜多，要有好的使用价值和使用效度。

关键二：如何提升学生的资料研习能力

提升资料研习能力主要着眼于材料的使用。材料要尽可能用足用好，要注重设问的渐进性和精准性。以必修3专题一《明末清初的思想活跃局面》为例。课标要求列举李贽、黄宗羲、顾炎武、王夫之等思想家，了解明清时期儒学思想的发展。教师则应对课标有个更具体更准确的解读：明清之际，随着时代的变迁，一批新思想家崛起，他们既继承宋明理学的许多思想观念，又对其中不少陈腐之处不满，力求有所更新。上述思想家都做了大量工作，使得儒学思想更趋于实事求是，与国计民生靠得更近，从而又一次发展了儒学。

在教学中可以先摘引一段臧嵘先生的精彩论述："李贽和明清之际三大思想家毕竟还属儒家学派中的改革派。他们并不完全否定儒家思想，而是希望给儒家思想增添符合新时代的内容"。由此创设历史情境，提出问题：如何理解改革派和"不完全否定"的含义？他们对理学的批判表现在哪里？对传统儒学的继承表现在哪里？符合新时代的思想又表现在哪里？围绕材料和主干知识，多角度地分析问题，并展开讨论阐释，交流看法。在讨论中使学生明确当时几位思想家的思想和主张不过是漆黑夜空中几朵小小星光，从宏观上引导学生整体认知明末清初儒学的新发展。

在实践教学中，史料教学依然存在着教师对史料教学理解不够、史料运用不足、史料运用只是一种装饰等问题。一堂好的资料研习式教学，历史教师成为一个关键因素。在实践中教师既要提升自己的专业水平，还要有意识地做好各类历史资料的收集、储备、整理和选用工作。

资料研习式教学说到底就是要回归主体、发展主体。要激活课堂中学生的主体意识，发展学生的主体性。注重从师生间、生生间的关系和互动入手，充分挖掘课堂中的主体潜能。期望在此教学策略下构建的历史课堂日益趋向"思维的盛宴，生命的引领"的理想境地！

对高中历史教材中政治制度史的
理解与教学

——以《英国君主立宪制的建立》为例

李　静[*]

政治制度史是高中历史教材中的重要内容，它与经济发展的历程和思想文化的成果一起构成了高中历史知识的框架。党的十八大以来，习近平总书记一再号召全党要有道路自信、理论自信、制度自信。高中历史教学中政治制度史的教学，就是要帮助学生了解和把握政治制度的核心内容，区分不同政治制度和政体；"学会从历史的角度来看待不同政治制度的产生、发展及其历史影响，理解政治变革是社会历史发展多种因素共同作用的结果，并能对其进行科学的评价与解释"[①]，并以史为鉴，思考当前重大国际政治问题，努力建设社会主义政治文明。

在实际教学中，教师常常纠结政治制度史那么多的内容应该讲什么，学生应该学什么。在课堂上，政治制度史经常被讲成了政治课，或者就是雾里看花，在纷杂的历史进程中，看不到制度的本质内容。本文试着从政治制度概念出发，结合英国君主立宪制确立与完善的进程来梳理政治制度史的教学思路。

---

[*]　李静，北京师范大学第一附属中学高级教师，基础教育研究员。

[①]　中华人民共和国教育部制订《普通高中历史课程标准（实验）》，人民教育出版社，2003，第5页。

一 从政治制度的概念出发明确教材的编排体系和学习要点

所谓的政治制度，是指"在特定社会中，统治阶级通过组织政权以实现其政治统治的原则和方式的总和，它包括一个国家的阶级本质、国家政权的组织形式和管理形式、国家结构形式和公民在国家中的地位"。① 政治制度可以从不同的角度给出不同的定义和解释，此处系根据马克思主义政治学理论所作的界定。在这一界定中包含了四个要点。一是国体，即国家权力在政治上或实质上归属于哪一阶级。二是政体，"政体所要解决的是国家权力在法律上或形式上的归属问题，政权组织形式则直接涉及实现国家权力的机关以及这些机关相互之间的关系问题"。② 即权力的分配与运行，是政治制度的横向权力关系。三是国家结构，"指作为整体的国家与国家的各个组成部分之间的相互关系，具体包括国家区域构成单位的划分，各层级区域单位的法律地位和权限划分，处理全国性政府与区域性政府之间纵向职权关系的原则，各层级政府之间权限争议之解决等方面的内容。"③ 这是政治制度的纵向权力关系。四是公民在国家中的地位。

让我们把目光转到高中历史教科书。按照对政治制度的界定，梳理教材的编排体系和学习要点。以人教版必修 1 为例，教材的编排主要是按国体划分单元。第一、二、三、五、六单元是按国体划分的单元。第四单元讲述的是在外来侵略的过程中，中国人如何学习西方的政治制度，寻找救国之路，高潮是辛亥革命。第七、八单元主要讲述的是当代不同国体、政体的国家之间的关系。第一、二、三、五、六单元中，每个单元或每课内容的基本构成是，国体是通过什么方式改变的；然后确立了什么样的政体，政体又是通过怎样的途径加以完善的；国家结构形式如何。如第一单元《古代中国政治制度》，秦国通过变法和统一战争实现了国体的改变，确立了中央集权制度，其中包括政体和国家结构。政体

---

① 《中国大百科全书·政治学卷》，中国大百科全书出版社，1992，第514页。
② 何华辉：《比较宪法学》，武汉大学出版社，1988，第144页。
③ 童之伟：《国家结构形式论》，武汉大学出版社，1997，第90页。

即皇帝制度和中央官制，国家结构即郡县制度。梳理了从汉至明清政体与国家结构的调整和变化，即君权与相权、中央与地方的关系的调整与变化。《英国君主立宪制的确立》一课，第一目光荣革命，讲述近代英国历经近半个世纪的时间，通过战争、宫廷政变等方式实现了国体的转移。第二目议会权力的确立，讲述了三个要点。第一，通过立法的方式，在君主和议会间进行权力的分配，确立起君主立宪制政体；第二，什么是代议制以及代议制的作用；第三，议会改革以及议会中议员成分的变化。这一部分涉及公民的地位的问题，通过议会改革公民在国家政治生活中的地位提高。第三目责任内阁制的形成，讲述的是，第一，通过一系列的立法和改革，国家制度的横向权力关系中，君主的行政权力被剥夺，君主统而不制，议会的权力进一步扩大；第二，议会制的运行机制的形成。在《美国联邦制的确立》一课中，独立战争改变了其国体，1787 年宪法划分了国家制度的横向权力关系和纵向权力关系，几乎完美地解决了独立之初美国所面临的棘手的问题。但其没有明确规定公民的权力和地位是一大缺陷。

从对政治制度含义的理解，以及对教材结构和内容的梳理，可以把握政治制度史教学的要点，即国体的改变、政体的确立、政体的调整和完善，国家结构的形式。其中政体的确立与完善是教学的重点内容。

二　将政治制度的建立和完善与国情结合加以理解

国情指什么？指一个国家的政治、经济、文化等方面的基本情况，[①]具体指一个国家的文化历史传统、自然地理环境、社会经济发展状况以及国际关系等各个方面的总和，也是指某一个国家某个时期的基本情况。

每个国家政治制度的确立都离不开本国的国情。国情中孕育并生成了政治制度建立与完善所需的各种条件。以《英国君主立宪制确立》一课为例来了解国情与制度建立与完善之间的关系。表 1 是英国君主立宪制确立的历程。

———————————

① 商务印书馆辞书研究中心修订《新华词典》，商务印书馆，2001，第 362 页。

表 1　英国君主立宪制确立的历程

时间	事件	地位
1215 年	贵族与国王签署《大宪章》	起源
1265 年	英国议会出现	
14 世纪中期	议会形成两院制	
1640~1688 年	英国资产阶级革命	确立
1689 年	《权利法案》	
1701 年	《王位继承法》	
1721 年	责任内阁制开始形成	
1832 年	英国议会改革	完善
1836 年	宪章运动	

　　早在 1215 年，英国的贵族联合起来反抗国王，并逼着国王到谈判桌前签署了《大宪章》。《大宪章》主要限制了国王的税收权，保证了贵族和骑士的利益，是英国第一次用法律性文件约束王权。13 世纪中后期，英国议会产生，议会成为贵族、平民与国王斗争的主要场所。后来逐渐形成了贵族院（教会贵族和世俗贵族）和平民院（包括骑士和平民）。英国由此被称为"议会之母"。《大宪章》、议会对国王意味着什么呢？意味着在英国长期以来至高无上的专制王权受到了一定程度的约束。主权在王，但王权受到法律和议会的制约，在英国的历史上形成"王权有限"的原则。1689 年议会颁布《权利法案》，对国王的立法权、司法权、财政权、军事权等进行了限制，同时保证了议会在选举、集会、言论等方面的权力。《权利法案》继承了《大宪章》中对国王限制的传统，在资本主义发展时代，进一步限制国王的权力，赋予并保障了议会的权利。伴随着《权利法案》等一系列法律的颁布，逐渐确立了议会权力高于王权，君主立宪制开始确立起来。英国政治理论家休·塞西尔认为："早在英国有历史的时候，天生的守旧思想就已普遍存在……反对英王约翰的贵族们声称，他是侵犯臣民权利的革新者，而《大宪章》不过是系统地表述和肯定了这个王国的古代法律和习惯罢了。把政体结构的改变说成好像就是维护或恢复某种更古老和更纯粹的传统，这种做法在我国的全部历史上一直保持不变，……因此，向他们推荐新事物的最好办法是使他们相信这是恢复旧事

物的活力。"① 这说明历史传统在英国政体的确立过程中发挥了很大的作用。

随着新航路的开辟，贸易中心转移到了大西洋沿岸。英国赢来了难得的发展机遇，在都铎王朝的支持下，英国对外贸易增长迅速，资本主义经济发展，工场手工业兴起，圈地运动出现。伴随着资本主义的发展，出现了新兴的阶级力量——新兴的资产阶级和新贵族。他们充斥于议会中，并利用议会不断提出经济发展的主张。但斯图亚特王朝的统治者信奉"君权神授"，对英国实行专制统治，专制王权逐步成为资本主义经济发展的绊脚石。专制王权和资产阶级的矛盾越来越大，最终引发资产阶级革命。经过近半个世纪的斗争，在英国结束了专制统治，实现了国家权力的转移——由封建贵族转向资产阶级，新的国体确立。17世纪英国资本主义的发展，新的阶级力量出现并壮大，这是英国君主立宪制确立的最重要前提。

国体确立后，统治阶级间如何分配权力？确立怎样的政体？《权利法案》的颁布是英国君主立宪制开始确立的标志，但其发展和完善还需要很长一段时间。1701年的《王位继承法》通过对英国王位继承的种种限制，最终确立了议会高于王权、司法权独立于王权的原则。国王行政权的丧失，主要是因为责任内阁制的出台。"光荣革命"后，威廉三世经常召集几位重要的枢密大臣在一个小密室中商讨国家大事，英文"密室"一词便逐渐用以指称内阁。内阁逐渐成为国王直辖的最高行政机关。然而内阁这个行政机构不久迎来了一位特殊的国王——一位不会说英语的英国国王。1714年即位的乔治一世出生于汉诺威，不懂英语，不熟悉英国国情，对英国的事务也不感兴趣，不出席内阁会议，甚至长期不在英国居住。那谁来料理国事呢？大臣们有事就自己先商定对策，然后再提交国王。在乔治一世和二世后逐渐形成了一种约定俗成的惯例：国王不出席内阁会议。内阁会议由多数党领袖主持，实际上成为首相。责任内阁制逐渐形成，行政权从国王手里转移到内阁手里。随着责任内阁制的发展，两党制逐渐形成，首相和内阁必须从多数党中选出，大选

---

① 〔英〕休·塞西尔：《保守主义》，杜汝辑译，商务印书馆，1986，第13页。

中获胜的党成为执政党。首相必须经过国家元首——国王的任命，但是首相主要向议会负责。英国政体的分权：议会掌握立法权；首相和内阁掌握行政权；司法权相对独立。国王逐渐处于一种统而不治的地位，成为国家的象征。

议会与国王分权、限制王权，表面看是英国的传统，其实当时是有思想家的理论支持的。这也正印证了休·塞西尔的"向他们推荐新事物的最好办法是使他们相信这是恢复旧事物的活力"。洛克是议会主权论的力倡者。"洛克把国家权力分为立法权、执行权和对外权。立法权由代表人民的议会行使，执行权和对外权由君主行使，执行权和对外权从属于立法权，从而君主从属于议会……议会主权论的本义在于分割君权，限制君权，表达的是革命时期资产阶级对国家和法的基本认知。"① 所以，英国政体的确立与当时英国的思想发展密切相关。

英国君主立宪制政体的权力中心是议会。议会由议员组成，上议院的议员由国王任命，下议院的议员由选民选举产生。近代英国议会的主要权力集中在下议院。通过人民选举出的代表代行管理国家的职能，这就是代议制。

有人说 1689 年以后的英国离民主还远得很，英国的新政治体制无非是寡头政治。18 世纪的英国议员选举仍有严格的财产限制和资格限制。随着工业革命的进行，英国先后进行过多次议会改革，其中最重要的是 1832 年和 1867 年的改革。先后使新兴工业资产阶级和城市男性居民获得选举权。这主要是工业革命过程中，工业资产阶级力量壮大，城市化进程加快所带来的改变。

纵观英国君主立宪制起源、确立和完善，过程漫长、曲折，手段和途径多样，与其经济发展、思想意识以及价值追求和传统密切相关。其中，17 世纪资本主义经济发展和 18 世纪开始的工业革命是其重要的经济基础。"资产阶级建立国家权力就是为了保卫自己的财产关系。"② 社会发展导致制度创新。

---

① 曹沛霖、陈明明、唐亚林主编《比较政治制度》，高等教育出版社，2005，第 83 页。
② 曹沛霖、陈明明、唐亚林主编《比较政治制度》，高等教育出版社，2005，第 90 页。

三　历史教学中教授政治制度史要注意的几个问题

（一）厘清关于政治制度的一些名词

作为中学历史教师，不但要熟知政治制度建立、演变的历史进程，也要懂得政治学角度所说的政治制度。这样有助于教师宏观把握教学内容，透过纷繁的历史现象看到事物的本质，也更有助于帮助学生理解、掌握政治制度演进的历程。

第一，国体。历史上的国家，其国体大体可以分为奴隶制国家、封建制国家、资本主义国家和社会主义国家。国体反映的是国家权力在政治上或实质上的归属情况，即国家成为何种阶级实施阶级统治的工具。

第二，政体。历史上曾出现过的政体，大体可概括为君主制、寡头制和共和制三种类型。凡国家权力的最终归属权或形式上的归属权，属于个人终身享有并且世袭相传的是君主制，包括君主专制和君主立宪制。寡头制指国家权力的最终归属权属于相对封闭的一小部分人所有。国家权力的最终归属权，在法律上属于绝大多数人乃至全体人民所有的就是共和制。不同国体的国家，会呈现出相同或相似的政体，而相同国体的国家，也有可能实行不同的政体。如我们一般会说古代罗马曾经是奴隶制共和国，近代美国是资本主义共和制，近代英国是资本主义君主立宪制。

第三，政权组织形式。在近现代的国家，按照国家权力在议会与政府之间划分权限，可将政权组织形式分为议会制、总统制、委员会制和人民代表制四种基本类型。根据这样的划分，我们会称近代英国的政体是议会制君主立宪制，近代美国的政体为总统制共和政体。

第四，国家结构。国家结构指作为整体的国家与国家的各个组成部分之间的相互关系。在形式上可以分为单一制和联邦制两种基本类型。我们熟悉的单一制是中央集权单一制，联邦制是美国的分权制衡联邦制。

第五，民主制度。民主制度是一种政治制度，它不属于某一种国体，也不属于某一种政体。它是从政治权力来源的角度界定的一种政治制度，其理论基础是人民主权论。在近代西方，资产阶级用其取代封建专制统治。民主制的形式可分为直接民主和间接民主。间接民主以近代的代议制民主为其典范。欧美各国近代政治民主化进程的伟大成果就是资产阶级代议制度的确立和发展。近代民主制的基本原则包括"人民主权原则、代议制原则、分权和分工原则以及法治原则"[1]。

第六，宪政。宪政实质是宪法与政治制度的一种关系。"一方面宪法在规范政治制度的同时，赋予政治制度政治上的合法性，另一方面，政治制度为宪法的实施和宪法精神的实现，提供制度上的支持和保障。"[2] 近代资产阶级革命，是政治制度由人治型政治向宪政型政治转型的转折点，这时"立宪"被看作具有强烈政治意愿的革命手段，是否定旧的专制统治、确立新的民主宪政国家的必然途径。所以，在近代中西方政治制度变革中，"立宪"是必不可少的一项内容。

第七，政党政治。政党政治是近代西方政治制度的重要组成部分。在世界范围内，最早形成现代意义政党的是英国。是在资产阶级革命并建立了代议制政府以后，在广泛推行普选权的基础上逐渐形成政党。政党政治的出现与社会经济生活、政治生活和政治文化密切相关。

（二）不要将政治制度史讲成政治课

历史课上讲述的是政治制度史，而不是政治课上讲的政治制度。怎样在政治制度史的教学中讲出历史味道？一是要提供生动的历史资料，帮助学生了解政治制度确立与演变的历史过程。如在讲解英国责任内阁制形成的时候，补充"不懂英语的国王"的资料，帮助学生理解有一些偶然的因素促成或加速了政治制度形成和完善的进程。二是引导学生将政治制度建立和完善的过程置于历史环境中，来理解这一过程与国情之间的密切关系。

以英国君主立宪制的确立与完善为例，学生在这样的一个历史进程中，能够看到历史传统、经济发展与政治制度之间密切的关系。在继承传统的同时，也在创造着新的传统，光荣革命还在英国无形中开启了一个政

① 曹沛霖、陈明明、唐亚林主编《比较政治制度》，高等教育出版社，2005，第7页。
② 曹沛霖、陈明明、唐亚林主编《比较政治制度》，高等教育出版社，2005，第23页。

治先例，即通过协商、妥协的方法，在议会框架下，法律范围内，和平解决冲突。与此同时，学生可以了解英国君主立宪制，从起源到确立、完善经过了漫长的历程，方式也是多样，有长达半个世纪的暴力革命，更多时候是通过立法和改革的方式。从而"理解从专制到民主、从人治到法治是人类社会一个漫长而艰难的历史过程，树立为社会主义政治文明建设而奋斗的人生理想"。

（三）引导学生多角度挖掘材料含义以区分不同的政治制度

前面我们讲到，不同的国体可能政体相似，相同的国体可能政体不同，或者国体不同政体也不同，但运行机制却有相似的地方。课堂上我们不能大篇地讲理论知识，通常我们要借助具体材料引导学生理解。下面这则材料是老师们常用的一段材料。

丞相王绾说："不设置侯王，便不能镇抚。因此请分封诸位皇子为侯王。"

廷尉李斯说："周朝分封子弟族人非常多，而后代彼此疏远，相互攻击如同仇敌，周天子也无法加以制止。

现在四海之内获得统一，全国都划分为郡和县，对各位皇子及有功之臣，用国家征收的赋税重重给予赏赐，这样即可以非常容易地进行控制，使天下人对秦朝廷不怀二心，才是安定国家的方略。

"分封诸侯则不适宜。"

一般的情况下，通过材料的解读让学生理解秦统一后采用郡县制管理地方。这样使用材料多少有些浪费。我们可以在给出材料的同时，提出问题：从材料中你发现了哪些信息？通常学生会很快得出"秦统一后采用郡县制管理地方"的结论。这时，老师要继续引导学生：秦那个时候，这个结论是怎么得出来的？从而帮助学生认识到，这则材料还暗含一个信息，即决策机制。虽然皇帝总览大权，是决策和行政的最高负责人，但其决策很多时候是建立在集体讨论的基础之上。因此，允许讨论、听取不同的意见并不是民主的本质含义，民主与专制的本质区别除了国体、政体的不同外，还有决策机制的某些方面，即在讨论的基础上，专制是皇帝一人独裁，民主是少数服从多数。

政治制度史是中学历史教学的重点，不论将来历史课程标准如何修改、教材如何调整，这一点是不会轻易改变的。严复先生曾说："制无美恶，期于适时，变无迟速，要在当可。"政治制度的变革与经济的发展、文化的进步共同推动着社会的向前迈进。历史教师在教授政治制度史的过程中不要迷失在纷杂的历史现象中，而要高屋建瓴，引导学生宏观把握政治制度发展的脉络，透过现象看本质。要做到这一点除了阅读历史专业书籍外，还要学习政治学的相关理论知识。但这并不意味着要把这些艰深复杂的理论照搬给学生，而是要依据学生的理解能力、知识水平和生活经验，重新整合历史知识，选取生动的资料，引发学生的兴趣，在学习知识的同时引导学生思考，真正理解学习政治制度史的意义所在。

基于文明演进视角开展中学历史教学

张瑞清*

从文明演进的角度开展历史研究在国内外学术界起源已久，法国年鉴学派代表人物布罗代尔在《文明史纲》① 一书中就强调一种文明的历史，就是对古代材料中那些对今天仍然行之有效的东西的探索。马克垚的《世界文明史》② 一书则侧重研究历史长河中各文明的流动、发展、变化。袁行霈《中华文明史》③ 一书以中华文明的发生、发展与演变作为中国史的主线。与学术界的研究成果相适应，《普通高中历史课程标准（实验）》④ 强调从文明演进的角度构建学科体系。以人民教育出版社版本⑤《普通高中课程标准实验教科书》为例，必修 1 重点体现人类政治文明历程，必修 2 重点体现人类物质文明，必修 3 重点体现人类精神文明。笔者试从文明史、现代化、全球史和社会史四个视角阐述基于文明演进视角开展历史教学。

一 从文明史视角看历史和历史教学

（一）从文明史视角看历史

从文明演进的角度进行历史研究在国际学术界起源已久，法国年鉴学

---

* 张瑞清，北京师范大学实验中学高级教师。

① 〔法〕布罗代尔：《文明史纲》，肖昶、冯棠等译，广西师范大学出版社，2003。

② 马克垚主编《世界文明史》，北京大学出版社，2004。

③ 袁行霈主编《中华文明史》，北京大学出版社，2006。

④ 中华人民共和国教育部：《普通高中历史课程标准（实验）》，人民教育出版社，2003。

⑤ 人民教育出版社版本在下面行文中均简称为"人教版"。

派代表人物布罗代尔曾说："一种文明的历史，就是对古代材料中那些对今天仍然行之有效的东西的探索。它有待解决的问题不在于要告诉人们关于希腊文明或中世纪中国我们所知的一切——而是要告诉人们在西欧或现代中国以前的时代与今天仍旧相关的东西。"① 在这里，布罗代尔强调的是从文明传承的角度阐释历史。在我国，以文明演进视角研究世界历史最具代表性的学者当属马克垚。他认为："文明是人类所创造的全部物质和精神成果，从这个意义上说，文明史也就是世界通史……文明史不同于世界史，就是它所研究的单位是各个文明，是在历史长河中各文明的流动、发展、变化"。② 与此同时，以文明演进视角研究中国历史的著作也相继问世，最有代表性的是袁行霈主编的《中华文明史》。该书以展现中华文明的发生、发展与演变作为中国史的主线。该书强调文明可以按照横向和纵向两个维度分期。从横向来看，"文明可以分解为物质文明、政治文明、精神文明三个方面，这三个方面对应着人类和自然的关系、人类的社会组织方式，以及人类的心灵世界（思想的、道德的、美感的）……这三方面是紧密联系在一起的，物质文明是政治文明和精神文明赖以建立的基础，政治文明和精神文明又反过来推动或阻碍着物质文明的进步。文明的进步有时是这三方面同时推进，有时是某一方面或两方面领先，而其他方面相对滞后。"③ 刘宗绪认为从人类文明演进的视角去看历史，实际上是把握了历史发展的总纲。这是一种境界和高度，也是一种历史观。抱着这样的历史观去认识和研究历史，就把握了真谛，也有利于真正接受祖先留下的历史遗产，有利于总结历史的经验与教训。④

（二）从文明史视角开展历史教学

1. 《普通高中历史课程标准（实验）》（人民教育出版社，2003）强调从文明演进的角度构建学科体系

必修 1 重点体现人类政治文明历程。旨在了解人类历史上重要政治制

---

① 〔法〕布罗代尔：《文明史纲》，广西师范大学出版社，2003，第 44 页。

② 马克垚主编《世界文明史》，北京大学出版社，2004，第 5 页。

③ 袁行霈主编《中华文明史》，北京大学出版社，2006，第 19 页。

④ 刘宗绪：《人的理性与法的精神》，中国社会科学出版社，2003，第 8 页。

度、政治事件及其代表人物等基本史实，学会从历史的角度来看待不同政治制度的产生、发展及其历史影响，理解政治变革是社会历史发展多种因素共同作用的结果；理解从专制到民主、从人治到法治是人类社会一个漫长而艰难的历史过程，树立为社会主义政治文明建设而奋斗的人生理想。

必修2重点体现人类物质文明。旨在说明经济活动是人类发展进程中人类赖以生存和发展的基础，它与社会生活息息相关，并在社会政治、文化的发展中起决定作用。理解历史上不同国家与地区的社会经济发展模式。特别强调以中国为代表的农业文明和西方工业文明对人类的贡献。

必修3重点体现人类精神文明。探讨思想文化在人类历史发展中的重要作用及其影响；认识人类思想文化发展的多样性，不同特色的思想文化相互碰撞、相互交融，共同发展。理解和尊重世界各地区、各国家、各民族的文化传统，增强对祖国传统文化的认同感，树立自觉传承祖国和人类思想文化遗产的意识。

2. 现行高中历史教科书注重从文明演进的角度阐释历史①

（1）以制度文明为核心的必修1。

必修1教材明确指出"本册教科书呈现给同学们的是人类政治文明发展史，内容包括中国和外国的，涉及古代、近代和现代不同历史时期"，"在漫长的人类文明史中，政治活动是人类社会生活的重要组成部分"。必修1的核心内容是制度文明，所以，在教学中要注重自觉运用文明史观整合教材内容，阐释制度文明。

其中，在中国古代史教学中，要让学生体会到中央集权制度作为古代中国政治制度的突出特色，对中国历史产生了深远影响。中国统一多民族国家的形成与发展、国体与政体、官僚政治与行政管理以至文化教育传统，无不与此有着密切的关系。历史教师应引导学生正确评价中国古代中央集权制度的历史地位和历史影响，阐明中国古代中央集权制度存在的合理性。

在讲述古希腊、罗马政治制度时，要特别强调，以雅典为代表的古希腊奴隶制民主政治保证了公民一定程度的自由，为精神文化的发展提供了

---

① 本文以人教版《普通高中课程标准实验教科书》为例。

广阔空间。罗马在扩张征服和统治帝国的过程中，发展出体系宏大而缜密的罗马法律。雅典民主制和罗马的法律为人类政治文明留下了宝贵遗产。

在学习近代西方资本主义政治制度的确立与发展时，要让学生领会，近代以来随着资本主义经济的兴起和发展，资产阶级日益壮大。他们要求冲破封建统治的束缚，建立有利于资本主义发展的政治制度，并为此展开了一系列的斗争。17 世纪中后期，英国资产阶级通过革命，确立了君主立宪制度。大约一个世纪以后，美国获得独立，并建立了资本主义制度，确立了联邦制共和政体。在封建势力比较强大的欧洲大陆，法国通过资产阶级革命确立了共和政体。19 世纪中后期，德国完成了统一，并确立了君主立宪政体。这样，近代西方主要国家的资本主义政治制度得以最终确立并逐步发展和完善。在资本主义制度下，封建时代的君权神授遭到否定，形式上代表民意的议会可以行使立法权，制约政府的行政权、司法权也相对独立。资产阶级代议制是历史的进步。

在学习具有中国特色的民主政治体系时，要指导学生认识到中华人民共和国的成立，开创了中国历史的新纪元，也开启了新中国崭新而漫长的社会主义民主政治建设历程。作为执政党的中国共产党，领导全国人民经过不懈的努力，建立并不断完善了人民代表大会制度、中国共产党领导的多党合作和政治协商制度、民族区域自治制度等，形成了具有中国特色的民主政治。

以文明史视角指讲述该册书的世界近代史上的资产阶级革命和改革、辛亥革命、《联合国家宣言》签署的背景等内容时，在教学重点上与以往传统的教学存在巨大差异，现列举如下（见表 1）。

表 1　文明史视角与传统教学的差异（例说）

内容	传统教学	文明史视角
世界近代史上的资产阶级革命和改革	资产阶级革命和改革的反封建意义和革命性	从资产阶级代议制的确立与发展中认识民主政治对人类文明发展的重要性
辛亥革命	旧民主主义革命	政治制度的现代化
《联合国家宣言》签署的背景	意识形态不同的政治力量及国家可以团结合作	保卫和发展人类文明

（2）以物质文明为核心的必修 2。

在学习古代中国经济的基本结构与特点时，要强调农业的产生为人类文明的进步奠定了坚实基础。我国是世界农业起源地之一。古代中国以农立国，农耕文明长期居于世界先进水平，精耕细作是我国传统农业经济的一个基本特征。伴随着封建土地私有制的确立，农业与家庭手工业相结合，自给自足的自然经济成为中国古代农业社会生产的基本模式。农业的发展，促进了手工业和商业的发展。中国古代的手工业享誉世界，官营手工业的发达和民间手工业的发展构成古代中国手工业的特征。古代商业不断发展，两宋时期，商人打破城市里坊和市的界限，官府取消了交易时间的限制，商业空前繁荣；对外贸易也得到了发展。"重农抑商"作为我国古代的一项经济政策，对于保护农业生产的发展、抑制富商大贾的势力，以及维持社会的相对稳定，都起过积极作用。但是，封建社会后期，"抑商"政策也抑制了工商业的正常发展，阻碍了资本主义萌芽的滋长。明清时期为防止倭寇等的侵扰，几度实行"海禁"和"闭关锁国"政策，使中国错失了由农耕文明向工业文明发展的良机，逐渐落后于世界经济发展的潮流。

（3）以精神文明为核心的必修 3。

在学习中国传统文化主流思想的演变时，要引导学生理解中国的思想文化源远流长，蓄积深厚。儒家思想是中国传统文化的主流思想。它对中国社会、政治和文化等各方面影响深远，是中华民族的宝贵精神财富。同时，它也是世界文明史中极为重要的组成部分。在讲述西方人文精神的起源及其发展时，使学生领会在古代希腊，有些学者把对神的关注转向人间，试图从实际出发探究宇宙万物的本来面目，了解人与人之间的关系。无论是智者学派，还是苏格拉底或柏拉图，他们的思想都蕴含着西方人文主义的萌芽。在罗马帝国灭亡之后的一千多年间，在基督教会的统治下，人文主义思想受到压抑。14 世纪以后，随着资本主义萌芽的不断成长，文艺复兴运动在意大利兴起，并扩展到欧洲其他地方。人们以各种方式宣扬人性的力量，抨击教会的虚伪。随后，宗教改革运动、启蒙运动相继展开，形成了一浪高过一浪的思想解放潮流，猛烈冲击着封建制度和基督教会。科学和理性成为资产阶级建立自己理想社会的思想武器。人文精神是古代西方奉献给人类的巨大的精神文明成果。

总之，如刘宗绪所言"从人类文明演进的视角去看历史，实际上是把握了历史发展的总纲。这是一种境界和高度，也是一种历史观。抱着这样的历史观去认识和研究历史，就把握了真谛，也有利于真正接受祖先留下的历史遗产，有利于总结历史的经验与教训"。① 在教学中，教师可以在文明史观引领下整合必修教材和选修教材，构建合理的学科体系。

二 从现代化视角看历史和历史教学

（一）从现代化视角看历史

从现代化的角度研究历史在国内外学术界由来已久，20 世纪 90 年代逐步推广。有代表性的是塞缪尔·亨廷顿和罗荣渠。在亨廷顿的《现代化》② 和罗荣渠的《现代化新论——世界与中国的现代化进程》中，提出一元多线历史发展观，即在同一生产力水平上可以存在多种社会形态，罗荣渠认为世界历史上曾出现三大生产力，即原始生产力、农业生产力、工业生产力。"这三种不同性质的生产力划分出人类的宏观历史演进的最一般的大阶段：前农业时代即采集—渔猎时代、农业文明时代，工业文明时代。"③ 马克垚主编的《世界文明史》将世界史划分为两大阶段：农业时代和工业时代。马克垚教授认为"从文明的长进程来看，根据生产力的变化发展来划分文明的发展阶段依然是比较科学的合理的办法。文明性质的变化，文明面貌的变化，受到许多复杂因素的影响，但最终说来和它的生产力发展状况有关。人类生产力的发展变化，到现在为止，主要可以划分为农业时代和工业时代这两种时代"。④ 由以上分析可知，从生产力角度划分，人类社会经历了原始社会、农业社会和工业社会三个阶段，真正按"五种社会形态"发展的只是少数地区。现代化是指由传统农业社会向工业社会的变迁过程，是一场全方位的社会变革，涉及整个社会的经济制

① 刘宗绪：《人的理性与法的精神》，中国社会科学出版社，2003，第 4 页。
② 〔美〕塞缪尔·亨廷顿等：《现代化》，罗荣渠译，上海译文出版社，1993，第 334 页。
③ 罗荣渠：《现代化新论——世界与中国的现代化进程》，北京大学出版社，1998，第 72 页。
④ 马克垚：《世界文明史》"导言"，北京大学出版社，2003，第 6 页。

度、政治制度、文化教育、军事、生活方式乃至思维方式等各个领域，其核心包括经济领域的工业化和政治领域的民主化。

（二）从现代化视角开展历史教学

1. 《普通高中历史课程标准（实验）》也注重从现代化视角认识历史问题

必修 1 明确提出"理解从专制到民主、从人治到法治是人类社会一个漫长而艰难的历史过程"。这就能够看出，新课标特别注重研究现代化理论所倡导的政治领域从专制到民主、从人治到法治的历史进程。

2. 现行高中历史教科书注重从文明演进的角度阐释历史[①]

长期以来，很多学者将中国近代史的基本线索概括为"两个过程"，即帝国主义和封建主义相结合，把中国变为半殖民地和殖民地的过程，同时也是中国人民反抗帝国主义和封建主义的过程，主张以这一基本线索作为指导中国近代史研究的重要准则。在以往中国近现代史部分的教学中，教师更多地从政治史的角度阐释历史，以救国与革命为主要线索。但是，如果从现代化角度阐释中国近代史，就会发觉中国的现代化是从传统农业社会向现代工业社会的转变，近代中国经历了从农业文明向工业文明的转型，涉及政治、经济、文化等诸多方面。1840 年以来中国错综复杂的历史，可以用"从传统到现代"这一思路作解释。正像胡绳所言"在近代中国前面摆着两个问题：即一、如何摆脱帝国主义的统治和压迫，成为一个独立国家；二、如何使中国近代化。这两个问题显然是密切相关"。[②] 刘大年先生认为："中国近代 110 年的历史基本问题是两个。一是民族不独立，要求在外国侵略压迫下解放出来；二是社会生产落后，要求工业化、近代化。两个问题内容不一样，又息息相关，不能分离。""没有民族独立，不能实现近代化；没有近代化，政治、经济、文化永远落后，不能实现真正的民族独立。中国人民百折不挠追求民族独立，最终目的仍在追求国家的近代化。"[③] 胡绳和刘大

---

① 以人教版《普通高中课程标准实验教科书》中国近代史部分的教学为例。
② 胡绳：《关于近代中国与世界的几个问题》，《人民日报》1990 年 10 月 17 日。
③ 刘大年：《当前近代史研究的几个问题》，见《刘大年集》，社会科学文献出版社，2000，第 5~7 页。

年所说的近代化和本文提到的现代化的概念内涵基本一致。追求现代化是近代中国的时代主题，革命只是达成目标的一种手段。我们在研究中国近代历史时，既要关照中国仁人志士血雨腥风的革命历程，更要关照革命的最终目标，追求现代化。

在传统的教学中，历史教师会对 1840~1911 年间的太平天国运动、义和团运动、辛亥革命及其他反侵略反封建斗争评价较高。但如果我们按照现代化的角度来研究中国近代史，对辛亥革命的评价就应该是政治上打击了帝国主义，推翻了封建帝制，建立了资产阶级共和国，使人民获得了一定的民主和自由；经济上有利于民族资本主义经济的发展；思想文化上使民主共和的观念深入人心，革除了不少封建陋习；没有完成反帝反封建的任务，在推动现代化方面存在局限性。

笔者要强调的是现代化视角与传统的革命史视角并不矛盾。如果我们兼顾革命史视角和现代化视角来分析中华人民共和国建立的影响，便会得出如下结论：新中国的建立，开辟了中国历史的新纪元，标志着反帝反封建的民主革命任务的完成，为现代化开辟了广阔的道路。政治上成为一个独立自主的国家，进入了人民民主的新时代，建立了中国特色的民主政治制度；经济上建立了新的经济制度，为新民主主义过渡到社会主义，实现国家繁荣和人民共同富裕创造了必要的前提；思想文化上确立马克思主义毛泽东思想为指导思想，为社会主义文化的全面繁荣提供了必要条件。一线历史教师应该吸纳现代化视角与革命史视角的合理成分，有效整合教材。

对人教版高中历史教材 6 本书（必修 1、必修 2、必修 3、选修 1、选修 2、选修 4）中关于 1840~1919 年的全部历史进行如下整合。

表 2　中国近代旧民主主义革命时期（1840~1919）

侵略史	抗争史	探索史
鸦片战争（1840~1842）	太平天国（1851~1864）	新思潮的萌发
第二次鸦片战争（1856~1860）		早期维新派（19 世纪 60 年代） 洋务运动（19 世纪 60~90 年代）

续表

侵略史	抗争史	探索史
甲午中日战争（1894~1895）		戊戌变法（1898年6月11日至9月21日） 清末新政和预备立宪 新文化运动（1915）
八国联军侵华（1900~1901）	义和团 辛亥革命（1911） 反对北洋军阀的斗争	

三　从全球化化视角看历史和历史教学

（一）从全球化视角看历史

20世纪五六十年代以来从全球化的角度研究历史的现象普遍受到学术界的关注，最具代表性的学者是斯塔夫里阿诺斯，他的《全球通史》从全球化视角认识历史，提出"传统的以西方为导向的历史观已不合时宜"，"我们需要一个新的全球视角"。[①] 我国学者吴于廑认为："世界历史是历史学的一门重要分支学科，内容为对人类历史自原始、孤立、分散的人群发展为全世界成一密切联系整体的过程进行系统探讨和阐述。"[②] 他的观点对我国史学界产生了重要影响。人类社会发展的历史就是人类社会横向、整体发展的历史，因此要重视人类间的交往，强调友好交往在人类历史发展进程中的作用。袁行霈认为文明史从纵向可以分为农业文明和工业文明，工业文明开始于18世纪的英国，以蒸汽机的使用为标志；19世纪末20世纪初工业文明向全球扩展。一国内部不同民族之间和国与国之间的文明时有交流与碰撞。"文明的交流，使各文明创造的成果在短期内即为人类共享，而不必再去重新发现，因此使人类文明前进的步伐大大加快，这是使人类文明进步的重要原因。"[③] 冯一下在《走进文明史——高考"文综"

---

① 〔美〕斯塔夫里阿诺斯：《全球通史》，吴象婴、梁赤民等译，北京大学出版社，2005，致读者。
② 吴于廑：《中国大百科全书外国历史卷》序言，中国大百科全书出版社，1990，第3页。
③ 马克垚主编《世界文明史》，北京大学出版社，2003，第8页。

历史试题的新走向》一文中认为，广义的文明，包括人类创造的一切，文明史体系具有最大的包容量，既可贯通古今，又可联系中外，既有自身的特点，又可吸纳整体史范式的核心内容。因为整体化的实质是工业文明将世界变为"地球村"，而这都是文明史要探讨的重要问题。[①] 由此可见，全球化就是从全球的视角探讨横向领域的文明演进，探讨全球各领域文明之间的交流碰撞，在友好交往和碰撞中，整个世界最终由孤立、分散的文明演变成密不可分的整体。

（二）从全球化视角开展历史教学

《普通高中历史课程标准（实验）》渗透了全球史的内容，反映在教科书上，例如人民教育出版社必修 2 中将新航路的开辟、西欧早期殖民掠夺、三次科技革命的内容都以"资本主义世界市场的形成"这条主线去统领。历史教师可对人教版《普通高中课程标准实验教科书》高中教材 6 本书（必修 1、必修 2、必修 3、选修 1、选修 2、选修 4）中关于"新航路的开辟"、"西欧早期殖民掠夺"、"三次技术革命"和"世界经济的全球化趋势"的知识可以进行如下整合。

15 世纪末新航路开辟后，欧洲国家纷纷加入海外探险的行列，这个过程称为地理大发现。新航路开辟引起了"商业革命"，加速了西欧封建制度的解体，促进了资本主义的发展。打破世界各国的相对隔绝状态，世界日益成为一个相互联系、相互影响的整体。以西欧为中心的世界市场的雏形开始出现。

西欧早期殖民掠夺使流入欧洲的财富成为欧洲资本原始积累的主要来源之一，加速了欧洲资本主义的发展。欧洲殖民统治给亚、非、拉美人民带来了深重灾难。世界市场进一步拓展。

工业革命实现了工场手工业到机械化的工厂大工业的飞跃，19 世纪中后期，欧美资本主义国家凭借工业革命产生的巨大生产力，建立

---

① 冯一下：《走进文明史——高考"文综"历史试题的新走向》，《历史教学》2005 年第 10 期。

了以欧洲为中心的资本主义世界市场。

第二次工业革命使世界市场进一步发展，特别是19世纪末20世纪初，广大亚非拉美国家被瓜分完毕，资本主义世界殖民体系最终形成，标志着资本主义世界体系最终确立。世界市场最终形成。

20世纪90年代以来，信息技术迅猛发展，两极格局瓦解，绝大多数国家实行市场经济，特别是1995年世贸组织取代关贸总协定，规范化和法制化的世界贸易体系开始建立，经济全球化趋势加强。经济全球化是历史发展的必然趋势，有利于各国经济的互补，加入经济全球化是各国发展经济之路；但在经济全球化中，发达国家居于有利位置，使南北差距拉大；发展中国家应该积极加入，趋利避害。

全球化进程从15世纪末16世纪初的新航路开辟延续至今。人类社会从分散发展到整体经历了几个重要阶段，即开始时期（以新航路的开辟为标志）、资本主义世界体系的初步形成（19世纪中期）、资本主义世界体系最终形成（19世纪末20世纪初）、经济全球化时期（20世纪后期）。在全球化过程中，政治、文化、经济等因素互动，其中经济和科技因素的作用最为突出。

四　从社会史视角看历史和历史教学

（一）从社会史视角看历史

社会史是历史学发展过程中的分支学科。1944年英国著名社会史学家屈威廉（Trevelyan，G. M.，1876-1962）在《英国社会史》前言中提出："除去政治的人民史就是社会史"，这就表明作者认为社会史不研究政治、军事、经济和文化等制度，这些国家制度是相应的各类专门史研究的内容。法国历史学家雅克·勒高夫在《新史学》中称："历史不仅是政治史、军事史和外交史，而且还是经济史、人口史、技术史和习俗史；不仅是君主和大人物的历史，而且还是所有人的历史。"① 从社会史视角研究历史在

---

① 〔法〕雅克·勒高夫：《新史学》，姚蒙编译，上海译文出版社，1989，第6页。

中国"直到 20 世纪 80 年代才兴起"①。中国著名社会史学家冯尔康认为，"中国社会史是研究历史上人们社会生活的运动体系"，它以"人们的群体生活与生活方式为研究对象，以社会结构、人口、社区、物质与精神生活习俗为研究范畴，揭示它本身在历史上的发展变化及其在历史过程中的作用和地位"。② 社会史是社会学与历史学相结合的产物，与传统史学特别关注历史上的大人物不同，社会史引导人们眼光向下，关注小人物。下层民众开始进入史学家的研究视野，成为史学研究的对象。它"试图通过对社会大众日常生活的探讨揭示出'英雄'们借以出演的历史正剧的社会内容，从而全面而深刻地揭示社会历史运动的必然规律和基本趋向"③。同时，社会史也把研究的视野转向大众日常社会生活的历史，普通老百姓的饮食起居、婚丧嫁娶、风俗民情都是社会史研究的内容。但是过度关注社会史，也容易使主体历史碎化。历史学的研究主体还应当是关乎国运兴衰、民生大计的大问题。史学家司马光所编写的《资治通鉴》是我国古代编年体史书的最高成就。专取"关国家盛衰，系生民休戚"这样的大事，即着眼于国力的强弱、政治的得失。目的主要是发挥"善可为法，恶可为戒"，以史为鉴的社会功能。正如杨共乐所言："历史学研究的是大问题，是与国家、民族和社会发展有密切关系的大问题。历史学是治国安邦的必修课程。"④

（二）从社会史视角开展历史教学

《普通高中历史课程标准（实验）》也在一定程度上从社会史的视角探讨历史教学问题。以人教版为例，必修 2 第五单元特别增设了社会史的内容。第五单元专题名称为"中国近现代社会生活的变迁"，下设三个子目："物质生活与习俗的变迁；交通工具和通讯工具的进步；大众传媒的变迁"。这一单元讲述的是鸦片战争以后，随着西方文化的侵入，中国传统文化开始受到冲击。西装、西餐、欧式建筑以及轮船、汽车改变着中国

---

① 邵雍：《中国近代社会史》，合肥工业大学出版社，2008，第 4 页。
② 冯尔康：《开展社会史研究》，《历史研究》1987 年第 1 期。
③ 王先明：《中国近代社会文化史续论》，南开大学出版社，2005，第 11 页。
④ 杨共乐：《历史学之管理价值》，《史学史研究》2010 年第 3 期。

人的衣食住行，电报、电话、报刊、电影也出现在中国人的生活中。外来文化的冲击和社会政局的更替，使中国的民俗风情发生了巨大变化；新中国的成立，改变了中国的半殖民地状态，人民成为国家主人。几十年间，人民的生活水平有了很大的提高。但由于人口多，国家底子薄，加之"左"的思想干扰，贫穷落后的状态仍未彻底改变；改革开放后，全国各族人民用自己的勤劳与智慧，创造出丰富的物质文化，人民的衣食住行有了根本改观。物质生活的极大丰富，给精神生活带来新的内涵，社会风尚与民俗风情都在发生着变化。这一单元的内容主要反映了在近现代西方生活方式和生活观念的冲击下，近现代中国百姓的衣、食、住、用、行等日常生活的历史演变。本轮新课程改革对社会史内容的开设，给中学历史教学带来了生动的生活气息，极大地激发了学生学习历史的兴趣。

历史教师可以在教学中对人教版《普通高中课程标准实验教科书》6本书（必修1、必修2、必修3、选修1、选修2、选修4）中关于近现代中国的教育、科技与社会生活的内容进行如下整合。

表3　近现代中国的社会生活

内容	鸦片战争后	中华民国成立后	新中国成立后	改革开放后
衣	洋布洋装		生活必需品凭票证供应	菜篮子工程、安居工程
食	通商口岸和大城市出现西餐			
住				
习俗	近代农村落后、封闭	断发易服		
铁路	唐胥铁路；辛亥革命前奠定中国近代铁路网的基本格局。京张铁路		宝成、兰新等	京九线；铁路运营总里程；青藏铁路
水运和航空	70年代李鸿章上海轮船招商局；1909冯如飞机	1920年首条航线开通		
通信	电报；1875年上海招商局架设电话线，开通第一部电话			2003年中国固话和移动电话世界第一
大众传媒	1872年《申报》；电影《定军山》	广播出现在上海、北京	1958年北京电视台建立	1994年中国接入互联网

　　因为中国近现代社会生活的变化与中国和世界形势的变化发展有着密切联系，所以教师必须引导学生深刻理解中国近现代社会生活的变化原因，让学生体会产力水平的提高、社会文明的进步是造成中国近代以来物质生活与社会习俗不断演变的根本原因；鸦片战争、戊戌变法、辛亥革命、新中国成立和改革开放等重大历史事件在中国近代以来物质生活与社会习俗不断演变的历程中一直起着引领作用；西方文明的渗透深刻地影响着中国近代以来物质生活与社会习俗的演变进程。

　　正如黄牧航教授所言："如果不转变史学观念，所谓转变课程观充其量是使教师成为一个更优秀的资料收集者，而所谓转变教学观也很可能就是运用更有效的方式方法把原有的一些陈旧错误的观念加以强化。"① 我们应勇敢地面对新课程推行中的又一次挑战，更新观念，正确把握新课程中的学术观点，推进新课程健康、全面地发展。

---

① 黄牧航：《史学观念的转变与历史高考试题的命制》，《中学历史教学参考》2008 年第 3 期。

高中必修课程"宋明理学"教学分析

李　凯[*]

高中新课程教材必修 3 呈现出中国古代思想史的发展历程，其中"宋明理学"的部分在高中教学中难度最大。该部分不仅学生认为晦涩难懂，连老师也觉得这一课难以驾驭。其中原因，不外乎两点：一是这一部分涉及中国古代哲学若干艰深概念，距离现代社会太远，我们缺乏相应的知识积累；二是对于宋明理学的历史背景教材交代少，宋明理学的面貌只是若干极度凝练的干条，来龙去脉我们难以捕捉。于是这一部分容易流于机械性的灌输；设计的活动往往有些力不从心。笔者试图挖掘这一部分的主线，就若干晦涩、易错的难点展开讨论，就教于方家。

一　挖掘主线

高中历史课程标准必修 3 专题一"中国传统文化主流思想的演变"内容标准的学习要点要求："列举宋明理学的代表人物，说明宋明时期儒学的发展。"宋明理学以怎样的发展脉络呈现，为何呈现出这样而不是那样的特点，这样的要求对于中学教学来说并不低。解决这些问题，势必要对中国古代思想史有更深层次的把握。我们知道，中国学术大体可以划分为先秦子学、两汉经学、魏晋玄学、隋唐佛学、宋明理学、清代朴学等阶

---

*　李凯，北京师范大学历史学院讲师。

段，而儒家思想的主流地位也并非自始至终都是不可撼动的。众所周知，儒家思想至少经历过三次危机。

第一次是在诸子学在秦朝统一之后面临的焚书劫难，儒家首当其冲；在汉帝国建立之后董仲舒在糅合阴阳家、法家、道家的基础上重振儒学，形成了外儒内法的经学独尊地位。第二次是在汉末魏晋南北朝，今文经学流于迷信，古文经学流于烦琐，正统的儒学不能约束人心，在战乱和佛道的冲击下儒学出现第二次危机；经历宋明理学家的诸多努力，在吸收佛教、道教精华的基础上儒学开始第二次振兴，重新成为正统思想。第三次危机是近代西学东渐之后，古代学术的发展走向尾声。宋明理学的展开，就是第二次危机出现后，学者们吸收佛道思想成功从危机走出的过程。汤因比说，"挑战与应战的相互作用不断将文明向前推进，最适度的挑战不仅必须激起受到挑战的一方进行成功的应战，而且刺激对方获得一种将自己推向前进的动力，即从一次成功到新的斗争，从一个问题的解决到另一个问题的提出，从暂时的歇息到展开新的运动，从阴再次到阳"。可见"挑战"——第二次儒学危机的提出，以及"应战"——宋明儒者的应对构成这一课的主线。

（1）"挑战"。第二次儒学危机的来源，无疑主要在于佛道两家思想的冲击。自东汉以来佛道两家在中国大盛，其影响力远远超过了儒家。钱穆先生说："盖儒术衰歇，自晚汉已然，虽以传统尊严，制科所在，注疏词章，仅为利禄。粗足语夫学问之真者，转在彼而不在此也。"足见随着社会的动荡汉末以后儒家的势力基本被架空。一个最典型的例子就是韩愈。唐宪宗元和十四年（819），唐宪宗要迎佛骨入宫内供养三日。韩愈听到后写下名文《谏迎佛骨表》，上奏宪宗，极论不应信仰佛教，列举历朝佞佛的皇帝"运祚不长"，"事佛求福，乃更得祸"，以孔子"敬鬼神而远之"的立场力主皇帝灭佛。但韩愈没能阻挡宪宗迎佛骨，还险些招致杀身之祸。事后韩愈被贬，其行为大大收敛。这个结果说明韩愈的失败，也更说明在这场白热化的儒佛之争中儒家惨败。就统治者而言，儒家对精神世界的关照空间基本被掏空，仅剩下躯壳。

儒学在汉末以后面临的这种尴尬的处境，表面上是被佛道压制，实际上与其自身的种种弊病密切相关。第一，从孔子以来，儒学一直是为政治服务，尤其到汉代董仲舒以来的今文经学，不惜为政治目的把儒家学说改造附会，不管是天人感应还是五德终始，直接论证的是统治者执政的合理性。政治学说毕竟不是学术，虽然带有哲学精神，其逻辑再严密也终究有着诸多为政治服务的工具性的漏洞。随着统治者的没落儒学危机自然出现。第二，正如诸多学者所指出，儒家学说内容庞大，但相当一个时期是一个零碎、杂糅的汇总，其内在的体系性不强，欠缺一个严密的理论体系框架；其内部门户林立，相互抵牾诟病大于切磋促进。第三，自孔子以来儒家学说都以"未知生，焉知死""子不语怪力乱神"为态度，对鬼神、生死、世界本体等问题的探索基本是空白；但社会的动荡与战乱，人们需要彼岸世界的精神慰藉，于是佛教和道教的繁盛自然在情理之中。无疑佛道对儒学挑战，深刻原因在于儒学的内部。

（2）"应战"。"追寻之于孔孟六经，重振淑世之化，阴袭道院禅林之余蓄，而开新儒学之机运者，则所谓宋明理学是也。"既然危机的原因出在儒学内部，儒者就势必要对这些根源进行调整。这一次调整的难度，比汉代学者在秦火的废墟上重振儒学的难度大得多，因为这次复兴不是在白纸上书写文字，而是触及儒学的根本性弱点。所以宋明理学家的应战措施，绝不是只批评佛道的简单层面，而是要处理一系列复杂问题。"宋明儒沿接禅宗，向人生界更进一步，回复到先秦儒身、家、国、天下的实际大群人生上来，但仍须吸纳融化佛学上对心性研析的一切意见与成就。宋明儒会通佛学来扩大儒家，……宋明儒对中国思想史的贡献，正在这一点，在其能把佛学全部融化了。"

首先，宋明儒者的学说和汉代董仲舒等人相比，虽然也是为纲常伦理与封建政治服务，但宋明儒者理论的说服力远远大于汉儒。董仲舒的学说显然过于疏阔附会，其实仲舒思想的主要渊源，只是战国晚年的阴阳家邹衍，更使仲舒思想，由附会而转入怪异，遂使此后的思想界中毒更深。其学说中，对政治服务的工具性的内容远大于学术性内容。但宋明儒者能够很大程度上从学理的角度探索宇宙人生的大问题，能够有勇气探讨"为天地立心，为生民立命，为往圣继绝学，为万世开太平"的理据，能够潜心钻研"格物致知"的法则，能够叩问出"吾心即是宇宙"的道理，这些都说明宋明儒者和政治之间有一定距离。

其次，宋明学者在批判佛道的基础上，依照佛道的理论框架对传统儒学作了重要的整合。①人心人性作为哲学叩问的重要问题，而先秦的心性儒学在汉魏以后隐而不彰。佛教主张明心见性，道教主张修心养性，这一时期远远比儒学走得远。于是在这种压力下宋明理学家把《礼记》中的《大学》《中庸》两篇作为心性之学的纲领，和经书中原先重要性靠后的《论语》《孟子》一起列为"四书"，大讲天理、人欲与人性的善恶（朱熹看到了人性中有恶的因素，王阳明主张性善），以探索心性来解决儒家所面临的困境，完成了先秦心性儒学到宋明理学的发展。②先秦两汉儒学的经典中，许多内容停留在政治伦理的层面，对于世界本源的叩问几乎空缺。宋明儒者在这一点上取法道教，论证天理是宇宙万物的本源。五代末期的陈抟研究太极，北宋的周敦颐、邵雍、张载、程颢和程颐等人继续发展世界本源学说，南宋朱熹集前代大成最后形成理学。陆九渊和王阳明也认同世界本源的学说，认为心即理。所谓格物致知、发明本心都是认识论角度探索本源的方式。这样儒家从本体论到认识论都被宋明理学大大丰富。③宋明理学家继承了唐代韩愈主张的"道统"，即儒家传道脉络系统。韩愈作《原道》，提出"尧、舜、禹、汤、文、武、周公、孔、孟"的传授系统，称自己继承了这一系统的衣钵。程颐在为程颢所作的《墓表》中认同直到程颢才接过这个道统。南宋朱熹认为周敦颐和程氏兄弟上接孟子的思想，而自己继承了周、程思想。这一学说的建立，不仅论证了理学的正统地位，也是对庞大杂糅、门户林立的儒家学说是一次很好的体系疏理。

最后，宋明儒者在批判佛道同时，也吸收了佛道的许多思想。比如太极、理是万物的本源，就直接和道教相关；"存天理，灭人欲"就和佛教中的灭欲如出一辙；"道统"学说就是佛家弟子师承关系的翻版；"格物致知""发明本心"等做法又和佛家的苦行与顿悟有着千丝万缕的联系。这些都不是偶然的，因为二程、朱熹、陆九渊、王阳明这些学者都对佛学有着精深的造诣，甚至他们坦言学说是把佛学改头换面。宋明理学营造的这种空间，虽然不能改变儒家淡化宗教的态度，但毕竟拉近了儒家与佛道的距离，"有了宋明儒，佛学才真走上衰运，而儒家则有另一番新生命与新气象"。

综上所述，佛道对儒学的正统地位提出"挑战"，以及宋明理学家成功"应战"构成了这一课的主线。程朱理学向外探求，陆王心学向内自省，殊途同归，为的都是这个目的，只不过采取的方法不同。两派思想成功地吸纳了佛道精神，把三教合一上升到空前的高度。

二　难点剖析

这一课生涩的概念众多，围绕着以上的主线，需要作一分析。

（一）　三教合一

佛教传入中国和道教兴起都在东汉。魏晋南北朝乱世，人们在痛苦中需要镇痛剂。佛教宣称因果报应，宣传轮回，这些理念是重生轻死的儒家学说的空白。道教土生土长，来自春秋战国的道家思想和神仙方术，鼓吹长生不老。这能使人满足延年益寿的需求，放弃纲常名教的压抑，放任自然性情，也和儒家思想迥异。魏晋南北朝佛道更有市场。但佛道和儒家思想相互融合，都有发展。

佛家思想开始本土化。东汉牟融的《牟子理惑论》就论证儒佛一致，佛称佛道，也讲无为。汉族士大夫认为佛教徒"沙门不敬王者""沙门不敬父母"的情况也大为改变，与儒家伦理相合拍。武则天称帝，就是借助《大云经》鼓吹自己是弥勒佛降生；据说龙门石窟卢舍那大佛就是武则天的形象。道教思想也受到影响。西晋天师道王浮《老子化胡经》就说老子出关后化为浮屠，有的寺院里还有"化胡图"存在。葛洪作为道教大师，在《抱朴子》中也提了"遵道""贵儒"并重的主张。儒家思想也吸收了佛道的因素。东晋士大夫孙绰《喻道论》说周孔救急弊，佛教明其本身。魏晋南北朝一般士人学习儒家经典的同时又研读佛老，佛老思想成为士大夫必备的素质，颜之推的《颜氏家训》就是这样的例子。到隋唐时三教合一（当时并没有这样的语汇，是后人的概括），武则天时代就编过《三教珠英》。这一过程是儒学正统地位打破的过程，也是儒学融入新因素的过程。如果说，魏晋南北朝时期三教还是社会功能的相互补充，隋唐时期已经是你中有我、我中有你了。有学者指出，南北朝起玄学的消退一直到程朱理学的兴起，儒学主导社会意识的动能日益强大，促使三教在隋唐之后朝儒家倾向的势头也越来越明显。这样的环境，恰是宋明理学诞生的土壤。教师在教学过程中势必要把握好这一点，否则对宋明理学的理解将成为空中楼阁。

（二）"格物致知"

这四个字来自《礼记·大学》。《大学》中"格物致知"的解释已经亡佚，是朱熹用自己的理解补上去的；而后世对这一费解的话语解释也是形形色色，这里采用的是程朱理学的解释。今本《大学》中"格物致知"的解释就是朱熹的话。程颐把"格"解释成"穷"，朱熹解释成"极至"，都是探究穷尽。"格物致知"就是"即物穷理"，接触事物穷尽天理。今日穷尽一件，明日又穷尽一件，"积习既多，然后托然自由贯通处"。这里的"物"，主要就是古圣先贤之论，所以最好的办法就是埋头在书斋中，穷经尽典，字斟句酌，经历一系列积累最后能够"贯通"顿悟天理。朱熹一生著书 209 卷，大量整理文献，编纂书籍 210 卷，注释 38 卷，校勘 72 卷，留下了著名的《书集传》《诗集传》《周易本义》《资治通鉴纲目》《四书章句集注》等文献。所以"格物致知"在于明道德之善而不是求科学之真。"如今为此学而不穷天理，明人伦，讲圣言，通世故，乃兀然存心于一草一木、器用之间，此是何学问！"（朱熹《答陈齐仲》，《朱文公文集》卷三九）朱熹之所以这么重视"格物致知"，是因为这是叩问"理"的关键途径，是探索世界本体的重要认识论。这在教学中是难点，是宋明理学整合理论体系的重要因素。

（三）"鹅湖之会"

陆王心学与程朱理学的分歧可以上溯到二程。二程皆主张心性，但程颢（明道，大程子）主"敬"偏重内心，程颐（伊川，小程子）偏重向外"致知"，故此"朱、陆之争，实已孕于北宋诸贤之间"，到"鹅湖之会"分歧全面爆发。南宋时在江西上饶（古称信州）鹅湖寺进行的这次辩论，辩论的两家，就是两派理学大师，朱熹（元晦）和陆九渊、陆九韶（二陆）。"鹅湖讲道，诚当今盛事。伯恭盖虑朱、陆议论犹有异同，欲会归于一，而定所适从……论及教人，元晦之意，欲令人泛观博览而后归之约，二陆之意欲先发明人之本心，而后使之博览。朱以陆之教人为太简，陆以朱之教人为支离。"（陆九渊《象山先生全集》）他们的特征，在相互的责难中就能看出，两派的目的都在于端正人心，朱熹是"支离"，二陆是"太简"。"支离"形容朱熹所持的向外探索天理的学说庞杂繁缛，支离破碎；"太简"形容陆氏兄弟所持的内心反省天理的学说过于简单，粗枝大叶。这一学术讨论虽然不可能达成一致，但意义深远："鹅湖之会，实为两派分帜之始……自九渊后，'浙中象山之学甚旺，由其门人有杨简唱之。不读书，不穷理，专做打坐功夫。假托圣人之言，迁就释意，以文盖之'（《宋元学案》卷三四《陈北溪答陈师复书》）。陆流愈近于禅寂矣。叶水心（叶适）言：'今世学者，以性为不可不言，以命为不可不知，凡六经、孔孟之书，无不牵合其论，而上下其辞，精深微妙，茫然莫测'（《老学丛谈》中之上）。朱流愈陷于支离矣。两派之分，遂以判绝。"我们不难发觉，朱熹、陆九渊都有着佛教的痕迹：陆九渊"发明人之本心"早已"近于禅寂"，而朱熹"泛观博览而后归之约"也和佛教苦行顿悟非常相似。这个典故不仅精当地概括了两派学说的特征与缺陷，还是教师教学中从程朱理学向陆王心学过渡的材料。

（四）"致良知"与"知行合一"

"致良知"之说源于孟子的性善论。《孟子·尽心上》云："人之所不学而能者，其良能也，所不虑而知者，其良知也。"在王阳明来看，"良知"即是人人具有的本能，"只是一个真诚恻怛，便是他本体"（《传习录》中）。"致良知"就是端正意念，将良知推广开来。王阳明著名的"四句教"指出："知善知恶是良知，为善去恶是格物。"他认为的"格物"就是思想观念与行为上"为善去恶"的过程，"致知"就是致内心的"良知"，这与程朱大相径庭。这里他强调"知行合一"，与苏格拉底倡导的"知识即美德"如出一辙。曾有人对王阳明说，有人知道对父当孝、对兄当悌的道理，却不能做到孝悌。王阳明驳斥说："此已被私欲隔断，不是知行的本体了。未有知而不行者。知而不行，只是未知。……就如称某人知孝，某人知弟（悌）。必是其人已曾行孝行弟（悌），方可称他知孝知弟（悌）。"（《传习录》上）实质上，他强调的是懂得美德的人一定能实践美德，否则称不上"致良知"。这是中国儒学史上心性学说的一个新的理论高度，对儒学体系做出了新的贡献。

(五) 理学的弊端

教学中教师都会提到，宋明理学纵然提倡心性道德，但压抑人性、维护专制统治，给社会发展带来巨大障碍。这种概括立足于宋明理学整体。但程朱与陆王毕竟有着很大区别，程朱之弊引发陆王的反动，陆王之弊引发清儒之反动。这恰恰形成了程朱理学、陆王心学、清代朴学的嬗变。从本体论看，程朱理学向外探寻天理，士大夫标榜的内容要求太高，和宋代市民化的生活有很大距离，动辄为天地立心、为生民立命，不如是就不容于士大夫阶层，可这些的确难以做到。即使作为一代宗师的朱熹的作风也颇有瑕疵，这从沈继祖弹劾其十大罪、朱熹迫害政敌严仲友与官妓唐蕊等事件中都有体现。从认识论上讲，程朱理学的难度很大，皓首穷经虽用力众多而收获苦寡。这些无疑都对程朱理学的说服力产生消极影响。在商品经济、市民思想越发活跃、人心越发难以束缚的宋明社会中，这种高不可攀的思想就显得与环境格格不入，于是人们质疑其正确性也是自然。陆王心学的出现，恰恰是要挽救程朱的不足；虽然统治者仍旧重视程朱理学的正统地位，可是心学用简易可行与世俗化的方式鼓吹天理在我心，人人可以成尧舜，这显然有着巨大的市场。但心学的风靡，带来学风乃至社会风气的浮夸与空洞。士大夫不认真读书，不钻研实际问题，空言心性，空谈误国。于是自顾炎武以来的清儒就极力主张实学、主张考据，整理文献研究实际问题，纠正心学带来的弊端，最终形成清代最有影响力的朴学。这样的破与立，正是衔接这一单元众多知识的体系上的线索。

三　教学建议

这一课的难度较大，在教学中应该注意以下几点。首先，思想史的讲授不同于其他知识，不仅要注意历史环境对思想的影响，还要注意思想史本身的内在逻辑。如三教合一影响到宋明理学的诞生，程朱理学的弊端影响陆王心学的反动，陆王心学的弊端又影响后世学者的反动，等等。如果缺失这种逻辑，整个思想史内容会是散沙。其次，枯燥的哲学概念，如"格物致知""致良知"等，应该注意概念的深入浅出，食不厌精；学生做到理解记忆，防止生搬硬套、囫囵吞枣。最后，贴标签式的做法应淡化，早年学术界一度以"客观唯心主义""主观唯心主义"的概念套在程朱理学与陆王心学上，方凿圆枘，许多理学的合理性因素被忽视。在教学中，理解内容比非黑即白的定性更重要。

文化史视阈中的近代科技史教学立意建构

——以人教版必修3《近代以来世界的科学发展历程》为例

赵玉洁[*]

"近代以来世界的科学发展历程"是人教版必修3的第4单元（以下简称本单元），本单元包括第11课《物理学的重大进展》、第12课《探索生命起源的奥秘》和第13课《从蒸汽机到互联网》。本单元对应的是高中历史课程标准历史（Ⅲ）模块的第7专题（以下简称本专题）。根据课标规定，本专题包括史实和史识两个层次的学习目标，就本单元而言，史实层面的学习目标是了解近代科技史上取得的重大成果和重要人物；史识层面的学习目标是要理解和认识"经典物理学对自然科学的意义""量子力学和相对论的意义""科学与宗教在人类起源问题上产生分歧的根源""说明科学进步对社会发展的作用"。显然，认识和理解科学技术进展与人类思想文化和社会发展的关系，是相关教学的重点和难点。课标对本单元学习目标上两个层次的要求以及科技史与历史学在学科背景上较大差异，加大了本单元在教学处理上的难度，本文将从教学立意建构的角度，谈谈作为文化史重要组成部分的近代科技史的教学思考，以求教于学界同人。

一 近代科技史教学的困顿

近代科技史作为高中历史学习的基本内容之一，既要厘清与历史学科背景差异较大的科技发展史脉络，又要把握科技与社会、人文的内在关

---

* 赵玉洁，江西师范大学历史文化与旅游学院副教授。

系，有机呈现两个层次的学习目标，教学处理确实不易把握。如果说，清晰地处理属于史实层面的近代科技发展历程已属不易的话，那么要达成史识层面的目标即近代科学技术史与人类思想文化和社会发展的关系，就更不容易。主要表现在《物理学的重大进展》一课如何在教学中引导学生去追问、思考"近代科学为何首先以经典力学为突破"或"实验何以如此重要以致成为古代科学与近代科学的分水岭"，结果是同学们只能"知道"而非"认识"经典力学在近代自然科学理论发展中的意义；在《探索生命起源的奥秘》一课的教学如何引导学生去思考并解答课标关于概括科学与宗教在解释生命起源或人类起源问题上的根本分歧；在《从蒸汽机到互联网》一课如何避免与必修2中的"工业革命"一课趋同；等等。如果上述问题不解决，理解和认识"经典物理学对自然科学的意义""量子力学和相对论的意义""科学与宗教在人类起源问题上产生分歧的根源""说明科学进步对社会发展的作用"等史识层面的教学目标将难以达成。

如何破解这个问题？本文认为，将科技史置于广阔的文化史视阈中，全面理解和把握科技与人文的密切关系，在此基础上，寻找切合课标、适合学情、紧扣教材的文化史视点，将近代科技史的深刻认识深入浅出地体现在教学立意中，并以此统领教学设计，当可获得令人较为满意的教学效果。

二　把握教学层次的文化史视阈

从课标对近代以来世界科学发展历程的规定看，如前所述，它包含两个层次的学习目标；从教材内容的选取和设计来看，它包含从古代科学向近代科学、从发现以求知到发明以致用的演进过程；从科学发展自身的特点来看，科学世界本身也是一个十分丰富的人文世界。科学发展依赖良好的社会环境和人文背景，需要社会人文因素的参与；反之，社会人文发展很大程度上也取决于科学的进步。只有将近代以来科学发展历程置于纵向的历史文化传统、横向的特定社会人文背景以及深层的科学家的理想、信念、意志、兴趣、激情等文化史视阈中，才能深切理解、合理解释近代以来世界的科学历程，才能使科技史课堂彰显历史学科的价值与魅力。

　　纵向把握西方传统文化对于近代科学技术发展历程的关联。包括科学技术史在内的人类历史都经历了从低级到高级的发展过程。"人是一种悬挂在自己编织的意义之网中的动物，文化就是这样一些由人自己编织的意义之网"，"人的思想、人的价值、人的行动甚至人的情感，都是文化的产物"。可见，文化既是人的创造活动的成果，也是人的创造活动本身。进而，以往的文化传统影响并制约着以后历史中人的创造活动与创造成果，科学技术也不例外。近代以来世界的科学发展历程，必然受到古代科学、思想意识的影响。"《天体运行论》扉页的左页印有柏拉图的名言'不懂几何者莫入'"；解剖学创始人维萨留所说"人是艺术品，上帝就是艺术家……男人和女人都体现了艺术家的设计思想……提示设计者的思想和意图就是解剖学家的使命"是古代文化思想意识对近代科学影响的最生动注脚。

　　横向把握近代西方社会人文与近代科学技术发展的关联。文化是一个包含多层次、多方内容的统一的系统，或者说是由许多要素形成的有一定结构的系统。在这个系统中，文化按其所面对的问题可分为三个方面，即人和自然关系的方面，人与社会关系的方面，人自身精神与肉体的方面，科学、技术、政治、法律、文学、艺术等按其内容的侧重分别属于这三个方面，哲学、宗教处于核心的地位。基于这种观点和方法，文化史的研究不是依据个别的、零散的事实，而是将事实整理为彼此关联的诸要素，在诸要素的相互作用下建立一个自身完备的结构总体。唯物史观认为科学技术的出发点是人的经济活动，认为人与自然的关系是物质生产实践中形成的，但同时它又始终是一种社会性的关系，是处于一定社会关系中的人同自然的关系，科学技术是一定社会关系中的人同自然对话即发现自然、描述自然和适应自然、改造自然的过程和产物，科学技术实践体现着一定社会人与自然的关系、人与社会的关系以及人与其意识的关系。科学技术是各种社会因素交互作用和各种意志合力作用下发展的。"如果有望远镜，托勒密不会创立日心说""技术是人类意志驾驭自然的物化方式"都是科学技术与各种社会因素之关系的形象注脚。

　　深入把握重要科学家个人的思想意志对近代科学技术发展的特殊作用。西方分析的历史哲学认为"历史不过是一群有思想的人干的事"，科技史尤其如此，科学离不开对真理的追求和向往，离不开敢于怀疑、勇于批判的真知灼见。要理解科学技术史，不仅要关注科学技术发现、发明本身，还要透视科学技术发现发明背后的"思想"。马克思强调"瓦特的伟大天才表现在，他在1784年4月获得的专利说明书中，预见到蒸汽机的一切可能用途，并指出利用它来建造机车锻造金属的可能性"；另一些科学家强调"发明是一回事，会不会经营发明是另一回事"，都是有力的证明。

当我们将近代科学技术史置于上述三个维度的文化史视阈中时，我们不仅可以"看到"而且可以"看透"近代以来世界科学技术所取得的一系列重大成果及其背后的思想文化。为达成课标所规定的基本教学目标、体现历史科学魅力与价值，迈出了实质性的步伐。

三 建构教学立意的文化史视点

毕竟，历史课堂不是历史研究的翻版，教师的理解更不能代替学生的学习和思考，教学设计不必也不可能是鸿篇巨制的理论专著。在深入理解科学技术史背后的"思想文化"之后，需要找到合适的文化史视点、建构合理的相关教学立意，以统领教学设计。

找寻合适文化史视点的有效路径，就是在宽广的文化史视阈下，将上述研究和学习科技史的三维视角聚集于所要解决的核心问题。根据课标要求，本单元要解决的核心问题必须是也只能是"近代以来世界的科学进展与人类进步的关系问题"，由此，本单元的教学立意即可确定为：人类与自然对话的过程漫长而曲折，科学技术是人类与自然对话的重要桥梁，它与一定的社会环境和人文因素相互作用。近代以来世界的科学技术，是在对未知真理不断探究精神的支持下、在近代特定的社会历史条件与思想文化因素交互作用下发展进步的；科学技术的发展，改变着人对自然、社会乃至科学技术本身的态度。

明确了本单元的核心问题和教学立意后，具体到每课的核心问题和教学立意也就迎刃而解。

第11课《物理学的重大进展》要解决的核心问题是"探究精神、思想解放、物质条件等与物理学近代化和现代化的关系问题"，即将课标中要求的"认识经典物理学对于理论科学的意义"聚焦在研究手段的转型上，实验较之数学与逻辑的方式更加客观、更加接近客观真理，更符合科学求真求实的精神，它对于追求真理而言如此重要，以至成为近代理论科学的基石。将课标要求的"相对论与量子力学的意义"聚焦在对世界看法的改变上，如果说用简单法则或机械运动解释世界的经典力学给社会带来理性和规则，那么微观世界运动形式的复杂和无规律则带给社会多样性和包容性。物理学的进展就是这样与社会、人文交互作用。由此，本课的教学立意可确立为：对客观真理探究的冲动深深根植于西方文化传统，数学、逻辑都曾是西方历史上探究和认识客观真理的手段与方式。文艺复兴后对客观真理的探究进入崭新阶段，近代物理学、现代物理学先后诞生的同时奠定了理论科学最本质的特征——以实验为基础以数学为表达。本课以近代物理学对客观真理的探究历程为线索，了解近代以来物理学在客观真理探究中取得的辉煌成就，感受社会、人文因素与物理学进展的相互作用，深入理解经典物理学、相对论、量子论的深层意义。

第12课《探索生命起源的奥秘》要解决的核心问题是"探究精神如何将生物学从服务信仰推向排除上帝"，即将课标明确要求的"概括宗教与科学在人类起源上的根本分歧"聚焦在达尔文进化论诞生的过程之中，既让同学们理解科学曾服务于宗教，宗教也曾借助自己的力量使科学得到发展，又让同学们明白宗教和科学是在不同的社会历史条件下产生的两种不同的对世界的解释方式。如此，既达成课标所要求的基本目标，又不必过于复杂地涉及宗教与科学的关系问题。由此，本课的教学立意可确立为：生命起源是人类自我认识的亘古之谜。中世纪西欧基督教万流归宗的地位，使神创万物成为普遍信仰。文艺复兴以来，伴随着思想解放、先进工具的出现，在人们试图用新工具和新方法进一步理解神创万物，在此过程中，生理学、细胞学、进化论先后诞生并不断完善，直到将神从生命起源中的主角位置上排除。本课将以宗教信仰与生命科学的关系为线索，考察生命奥秘的探索历程，理解科学与宗教在人类起源问题上产生分歧的根源。

第13课《从蒸汽机到互联网》所要解决的核心问题是"科学技术社会化背后的推动力"问题。科学技术社会化是科技对人类社会发生影响的前提，要达成课标所规定的"理解科学技术的发展对人类社会发展的作用和网络信息技术对人类社会的影响"，必须聚焦于科学技术社会化及其背景的推动力上。近代以来，生产方式的改变，人对提高生产效率的追求，不断推动科学技术社会化，直至科学技术成为第一生产力，反之，科技社会化又为科学的进一步发展提供更先进的研究设备、更大规模的研究群体。如此，既能实现课标的要求，又不至于成为又一堂"工业革命"。由此，本课的教学立意可确立为：科学技术史是人类社会与自然对话的历史。科技活动及其成果的本质是社会性的。把科技成果普及社会中，服务于生产生活、促进人类社会发展体现了科学技术社会性的本质特征。从蒸汽时代到电气时代再到信息时代，人类对自身发展的追求推动着科学技术不断社会化，科学技术社会化程度加深反过来推动科学技术更加迅猛的发展。本课以科技社会化为线索，让同学们感受科技社会化过程中科学家们的执着与追求，认识科技成果社会化背后的真正推动力。

简言之，近代科学技术史是中学历史教学的重要内容，也是不易把握的难点。围绕课标要求，既要让学生从史实层面了解近代科技史上取得的重大成果和重要人物，又要让学生从史识层面认识把握科技进步与人类思想文化和社会发展的关系。为此，教师必须加强史学理论学习，提高史学修养，以宽广的文化史视阈把握教学层次，以合适的文化史视点建构教学立意，进而，使近代科技史教学成为中学生学习科技史知识，拓展人文视野、训练史学思维的园地。

《新潮冲击下的社会生活》教学思路

吴 波

《新潮冲击下的社会生活》是岳麓版高中历史必修Ⅱ第13课的教学内容，许多教师感觉本课内容较多，比较散乱。在教学过程中，多数教师往往依据知识点出示材料，列举现象，不能触及事物的本质和规律，教学内容比较浅显，深度不够。因此，"散""多""浅"是该课教学容易出现的问题。笔者曾指导一位青年教师针对该课教学进行过潜心研究和实践，下面谈谈教学过程中解决"散""多""浅"等问题的做法和思路。

一 "散"——分类整理

在岳麓版教材中，《新潮冲击下的社会生活》一课包括六个子目：竞尚洋装、断发与不缠足运动、异味争尝、洋房与里弄、读报刊与看电影、礼仪的革新。这六个子目的排列顺序没有规律，显得比较散乱。我们经过研究，决定在教学过程中采取引导学生进行分类整理的方法加以解决。

教师在课前给学生下发了表格，要求学生预习该课内容，将相关知识进行整理，填写在表格中。在教学过程中，教师首先提出问题："同学们在预习《新潮冲击下的社会生活》一课时，有什么感受？"学生谈了很多感受，其中有些学生觉得该课内容多，比较乱。针对学生的这种看法，教师在课件中按教材顺序展示了该课的六个子目，而后布置任务："本课内容包括六个子目，这六个子目的排列比较散，如果将这六个子目进行分类整理，你觉得怎样整理比较合适？"学生进行了一段时间的思考后，提出了自己的想法。从教学现场看，学生的分类方法与教师预设的分类方法不完全一致，教师在让学生阐述分类理由并进行了交流之后，展示了自己的分类结果，并提出了问题："同学们谈了自己的分类结果，老师也对这六个子目进行了分类。我将本课内容分为物质生活、社会习俗和大众传媒三类，请同学们思考一下，本课的六个子目分别可以归到哪一类中？"经过师生之间的交流，最后形成共识："竞尚洋装"、"异味争尝"和"洋房与里弄"三个子目可以归到"物质生活"中，"断发与不缠足运动"和"礼仪的革新"两个子目可以归到"社会习俗"中，"读报刊与看电影"一个子目可以归到"大众传媒"中。

之所以采取上述方式进行教学，主要出于以下三个方面的考虑。

首先是引导学生建构知识。现代教育观认为，历史教学是建构历史知识的过程。[1] 从学生学习历史的角度上讲，教学内容的逻辑越严谨、合理，就越有利于学生进行理解和认识。[2] 在本课教学中，任课教师引导学生将教材的六个子目进行分类整理，归为三类，这样就形成了本课的知识结构，有结构的知识学生容易总体把握，并且为后面进行探究学习提供了铺垫。在建立本课知识结构的过程中，我们研读了课程标准，在《普通高中历史课程标准（实验）》中，历史（Ⅱ）第四个学习主题"中国近现代社会生活的变迁"提出了"了解近代以来人们物质生活和社会习俗的史实""说明大众传播媒体的发展为人民生活方式带来的巨大变化"[3] 等内容标准。依照上述内容，任课教师将本课知识分为"物质生活"、"社会习俗"和"大众传媒"三类。

其次是培养学生的逻辑思维能力。史事的归纳和演绎是重要的历史逻辑思维能力，归纳是由个别到一般，由事实到结论的推理方法；演绎是由一般到个别、由一般原理到个别结论的推理方法。[4] 在本课教学过程中，

---

① 朱汉国、郑林主编《新编历史教学论》，华东师范大学出版社，2008，第63页。
② 于友西主编《中学历史教学法》（第3版），高等教育出版社，2009，第186页。
③ 中华人民共和国教育部制订《普通高中历史课程标准（实验）》，人民教育出版社，2003，第11页。
④ 赵恒烈主编《历史思维能力研究》，人民教育出版社，1997，第93页。

教师先是引导学生对教材中的六个子目进行分类，意在培养学生的归纳能力；而后教师展示自己的分类标准，引导学生将六个子目归到不同的类中，意在培养学生的演绎能力。在这个过程中，由于教材的六个子目比较简洁，围绕其进行归纳和演绎的逻辑思维能力训练相对比较简单，学生很容易操作，因而会产生成就感，能够加深学生对归纳和演绎能力要求的理解和把握，有利于以后进行类似的思维能力培养活动。

再次是对学生进行学法指导。英国历史教育家汤普森指出："学校的历史学习，不是把焦点集中在历史本身或发生了什么，而是集中在我们如何具有对历史的认识。最重要的是接触和反应探究的过程、获得知识的方法（或者方法的重要方面），其次才涉及历史探究的成果，即历史的实际情况及其发展。"[1] 因此，学法指导对于学生的历史学习具有十分重要的作用。在学生的学习过程中，阅读是一种十分重要的方式，对阅读内容进行分类整理是获取有效信息的重要方法。在本课教学过程中，教师引导学生在阅读教材内容的基础上进行分类整理，体现了学法指导，不仅对学生在校期间的阅读学习具有十分重要的引领作用，而且有利于学生走上社会后的自主学习，对于学生的长远发展是有利的。

二　"多"——重点突破

在岳麓版教材中，《新潮冲击下的社会生活》一课包括八页内容，按照"物质生活"、"社会习俗"和"大众传媒"分成三类，每一类内容（尤其是前两类）也很多。我们经过研究，决定采取重点突破的方法加以解决，分别选取"物质生活"类别中的"竞尚洋装"、"社会习俗"类别中的"断发与不缠足运动"、"大众传媒"类别中"读报刊与看电影"子目中的"读报刊"部分，进行重点突破，教材中其他内容进行简略处理。下面介绍"竞尚洋装"一目是如何进行重点突破的。

在学生依据预习结果介绍了"竞尚洋装"一目的知识要点之后，教师首先出示了图片、文字和视频材料，展示了清末民初"百姓服装之变"、

---

[1]　于友西主编《中学历史教学法》（第 3 版），高等教育出版社，2009，第 251 页。

"官场服装之变"和"军队服装之变"。在"百姓服装之变"中介绍了男子服装由长袍马褂到西服与中式服装"混搭"的演变，女子服装由旗装到旗袍的演变；在"官场服装之变"中介绍了由清朝补服到民国初年中山装的演变；在"军队服装之变"中介绍了由 19 世纪清朝军队的服装、20 世纪初编练新军时清朝军队的服装到民国初年军队服装的演变。在讲述了服装演变的具体知识之后，教师提出问题："清末民初服装变化呈现怎样的特点？"经过师生交流，归纳出"中西兼容、新旧兼存"的特点。在此基础上，教师再次提出问题："请结合以前所学知识思考，哪些因素影响了清末民初服装的变化？"经过课堂讨论和教师引导，学生认识到随着外国的入侵和中国社会的变革，西方的生活方式、思想观念等因素影响了近代中国服装的变化。

之所以采取上述方式进行教学，主要出于以下三个方面的考虑。

首先是增强学生对所学知识的感知。在历史学习过程中，学生若没有感受到具体、形象的历史，不能形成历史的表象，很难形成历史的概念和认识历史的本质，因此历史教学的感知环节是非常重要的。[1] 由于本课教材内容知识点多，如果教师面面俱到进行讲述，受教学时间等因素的限制，每个知识点的内容不可能丰富、形象、生动，学生不仅感受不深，而且会产生厌烦情绪。在本课教学中，任课教师选取两个子目和一个子目的一部分的内容进行重点突破，为出示多样性的材料进行生动的讲述提供了时间和空间。从"竞尚洋装"一目的教学中可以看出，教师在讲述时展示的材料丰富多样，增强了学生对所学内容的感性认识。

其次是加深学生对所学知识的理解。学生的学习，是以掌握知识为主要任务的活动，而理解则是掌握知识的关键，历史教学过程中的理解这一环节，就是使学生的认识从历史表象进而形成历史概念，通过历史的思维活动，认识历史事物的内在联系、关系、本质以及规律，并对历史的问题作出判断、论证。[2] 由于本课教材内容知识点多，如果全部进行探究式教学不仅没有时间，也不可能深入，还可能给学生造成理解上的困难。在本

---

① 于友西主编《中学历史教学法》（第 3 版），高等教育出版社，2009，第 134～135 页。
② 于友西主编《中学历史教学法》（第 3 版），高等教育出版社，2009，第 135 页。

课教学过程中，任课教师采取重点突破的方式进行教学，就为引导学生深入思考问题提供了可能。在"竞尚洋装"一目教学中，教师引导学生在对清末民初服装演变形成感性认识的基础上，通过设置问题组织学生进行理性思考和讨论，概括服装演变的本质特点，分析变化的原因，在本课内容与以前学生所学知识之间建立起联系，在探究的过程中培养了学生的历史思维能力，加深了对本课所学内容的理解。

再次是体现新的教材观。在课程改革背景下，新的教材观认为历史教师应该用教材教，而不是教教材，要根据学科知识的特点和学生的认知水平，主动对历史教材进行重组、优化和丰富，即调整、补充或开发教材。① 在本课教学过程中，任课教师针对教材内容知识点多的状况，选择重点进行突破，体现了对教材内容进行调整。在"竞尚洋装"一目教学中，教师按照"百姓服装之变"、"官场服装之变"和"军队服装之变"，分门别类提供了许多新材料进行讲述，并且提出问题引导学生进行探究，不仅体现了对教材内容进行重组、优化和丰富，而且体现了对教材价值的开发，发挥了教材内容对于培养学生历史思维能力的作用。

三 "浅"——拓展延伸

针对《新潮冲击下的社会生活》一课容易出现因单纯进行具体知识的传授而造成教学内容浅显的问题，我们经过研究，决定在"分类整理"和"重点突破"两个环节的基础上，通过对教学内容进行拓展延伸，加深学生的理解和认识。

在对"物质生活"类别中的"竞尚洋装"、"社会习俗"类别中的"断发与不缠足运动"及"大众传媒"类别中"读报刊与看电影"子目中的"读报刊"部分进行重点突破之后，教师提出了问题："我们分别分析了影响清末民初物质生活、社会习俗和大众传媒领域变化的因素，大家归纳一下，哪些方面的因素影响了清末民初社会生活的变迁？"经过交流，总结出清末民初时期政治、经济和思想文化等方面的变化引起社会生活的

---

① 朱汉国、郑林主编《新编历史教学论》，华东师范大学出版社，2008，第 131 页。

变迁。之后，教师再次提出问题："由清末民初时期政治、经济、思想文化的变化引发社会生活的变迁，我们能够得出怎样的认识？"在学生发表了见解之后，教师对学生的观点进行了总结和提炼："通过进行深入分析，我们认识到，近代社会生活的变迁是当时中国社会发展变化的反映，是中国社会近代化发展的反映。"在此基础上，教师进一步指出："因此，我们在学习近代中国社会生活变迁时，应该关注其背后深刻的社会背景因素。同样，同学们在观察当今的社会生活变化时，也要学会思考这些变化的社会背景因素。"

之所以采取上述方式进行教学，主要出于以下两个方面的考虑。

首先是提升学生的历史认识。历史教学的本质是引导学生通过对话和交流形成对历史的认识。[①] 课程目标也提出了"初步认识人类社会发展的基本规律，学会用科学的理论和方法认识历史和现实问题"[②] 的要求。因此，引导学生透过历史现象认识历史本质和规律是历史教学的一项重要任务。在本课教学中，任课教师引导学生在归纳影响近代社会生活变迁因素的基础上，得出了"近代社会生活的变迁是当时中国社会发展变化的反映，是中国社会近代化发展的反映"的结论，透过表面现象，揭示了近代社会生活变迁的本质和规律，深化了历史教学内容，提升了学生的历史认识，体现了高远的教学立意。

其次是发挥历史教学的教育功能。思想性是历史学科教学的突出的特色，历史教学的思想性原则，要求教师发掘教学内容的思想教育因素，通过教学提高学生的思想修养和人文素养。[③] 在本课教学中，教师在引导学生认识近代社会生活变迁的本质和规律之后，进一步提出了在观察当今的现实生活变化时，应该思考社会背景因素的观点，将历史教学与社会现实相结合，为学生观察和思考社会现实问题提供了思路，有利于提升学生的历史意识，促进学生的长远发展，发挥了本课教学内容的教育功能，进一步深化了教学立意。

---

① 朱汉国、郑林主编《新编历史教学论》，华东师范大学出版社，2008，第63页。
② 中华人民共和国教育部制订《普通高中历史课程标准（实验）》，人民教育出版社，2003，第4页。
③ 于友西主编《中学历史教学法》（第3版），高等教育出版社，2009，第141页。

　　以上从"分类整理""重点突破""拓展延伸"三个方面介绍了解决岳麓版高中历史必修Ⅱ第13课《新潮冲击下的社会生活》教学中容易出现的"散""多""浅"问题的思路。从本课的教学思路中可以看出，在历史教学中教师应该依据教育教学理论，结合学科特点和课程目标，深入挖掘教材内容，进行精心设计和实施。只有这样，才能解决教学中的困惑和问题，发挥历史教学的育人功能。期望本课的教学思路能够起到抛砖引玉的作用，为历史教师深入开展教学研究提供一定的借鉴。

遗址类博物馆历史情境教学与中学
历史研究性学习管窥

——北京大葆台西汉墓博物馆历史模拟教育实验的启示

马立伟*

博物馆的教育职能自其诞生之日起便与学校教育结下不解之缘，发展至今，虽各有千秋，但仍然彼此契合、相得益彰。新一轮历史课程改革对中学历史研究性学习高度重视，而遗址类博物馆因其独有的文物、遗址、遗存等教育资源，别具特色的教学方式为丰富中学历史研究性学习的教学方式与学习方式的理论内涵，拓宽其外延，加强学生的历史意识，提高其历史思维能力，传承优秀传统文化提供了良好的教育途径，北京大葆台西汉墓博物馆的历史模拟教育实验中的历史情境教学法在这方面做出了有益的尝试，取得了较好的社会效益。

一 遗址类博物馆历史情境教学理论概述

（一）研究现状

目前，博物馆情境教学尚未形成理论体系，不过已有不少博物馆界的研究者越发关注这一问题。如 2008 年在《试论博物馆陈列中的互动体验展示》一文中，作者在分析博物馆教育传统展览模式不足之处的基础上，通过实地走访香港历史博物馆、首都博物馆和上海科技博物馆及江浙周边地区的大中型博物馆，研究各馆互动展览围绕主题，

---

* 马立伟，北京大葆台博物馆副研究员。

运用各种多媒体技术手段、借助大众传播学和教育心理学设计教学情境，开展博物馆与观众双向传播学习模式的做法，还介绍了美国博物馆对互动展示的评估方法，和对博物馆互动体验展览的教育情景设置的成功经验；2012 年，《方式决定成效：情境创设下的博物馆儿童教育》一文则以故宫博物院的青少年教育活动为例，提出博物馆及其教育人员应在激发儿童学习兴趣和探索精神、尊重儿童认知发展规律的基础上，充分利用教育资源，选择适当的教育方式，创设合理的教育环境，采取"让孩子动起来、文物动起来、思维动起来"的教育方式，促进儿童身心的健康发展；2014 年，有研究者对博物馆体验探究式教育项目进行专题论证，提出该项目是与学校教育课程契合、让学生在博物馆设计的游戏中体验并探究知识，而博物馆也应在制度、人才和资金等方面加以保障；同年，陈莉斯在《博物馆教育移动学习活动的教学设计模型研究——以重庆红岩革命历史博物馆为例》一文中对博物馆教育学习活动中观众参观收益、参观行为、观众吸引度和博物馆宣传力度等方面问题进行调研和分析，提出开展基于移动设备的博物馆教育移动学习活动，帮助观众"深度游"，增强其"体验感"，优化学习结果并构建其教学设计模型；2015 年，武冰星的《博物馆教育中的非正式学习环境模型构建研究》一文关注博物馆教育在非正式学习环境中，以活动理论、情境认知理论和分布式认知理论等新的学习环境理论为指导的教学模式，并从非正式学习者、虚实结合的博物馆情境、学习内容、学习支架和学习共同体五方面阐述各个要素功能以及彼此间的相互作用，构建一种现实的学习环境与网络的学习环境结合、非正式学习与正式学习融合的模型，促进学习效果、效率、效益的最大化；杨秋在《探究·体验·拓新——博物馆教育范式的时代转向》一文中，通过对近代公共博物馆教育的回顾，研究以参与体验为主的主题教育、手工制作及情境体验项目的创设、艺术展示审美体验和课程教育的体系化空间等问题。

综上，博物馆界对情境教育的理论研究已悄然兴起，研究视角多集中于馆校教育资源结合方面，对情境教学的理念、方式、效果等进行探讨，但尚未形成较为规范的理论体系。故有必要在梳理以往研究成果的基础上，构建该理论的框架体系。

（二）基础理论

情境教学法是由英国语言学家于 20 世纪 30 年代提出的，是基于教育心理学理论发展起来的。关于历史学科情境教学法的理论问题，有研究者指其是来源于瑞士心理学家提出的建构主义学习理论中的实例式教学模式，其观点认为"知识不是通过教师传授得到的，而是学生在一定情境下，借助他人（包括教师和同学的帮助），利用必要的学习资料，通过意义建构的方式而获得……这种教学要求建立在有感染力的真实问题或真实事件基础上"。遗址类博物馆的历史情境教学法理论一方面要以博物馆学理论为核心，另一方面要借鉴教育心理学与中学历史教学心理学等理论。现从其概念、特征、主体与客体和相关理论等问题初步构建并阐释其理论体系框架。

1. 概念

（1）情境教学。

情境教学属教育心理学概念，在基础教育中，"情境教学是通过一定的事件的形象描述或一定的环境的设置、模拟，激发学生的情感和思维，使学生产生如历其境的逼真感，以达到一定的教育目的。换言之，这是一种结合教材内容，通过图片、音乐、语言描述和动作演示等手段，创设有关情境，使学生在特定的情境中不仅获得大量生动、形象的具体表象，而且受到特定气氛感染的教学方法。这种方法进行的教学，使情感与认识过程统一起来，充分利用认知中的情感因素，可以收到单纯感知所得不到的结果"。因此，情境教学法是教育者在有情有境的教育环境下实施旨在用学生的感性认识和情感认同，优化其知识和技能的认知结构，形成理性认识并实现教学目的的教学方法。

（2）遗址类博物馆历史情境教学。

历史情境是历史事件与历史人物所处的活动时空、范围和相关历史背景，博物馆历史情境指博物馆有意识地为观众创设某一阶段的历史活动时空、人文环境和历史氛围；遗址类博物馆历史情境教学指博物馆依据博物馆学、教育心理学和历史教学心理学等理论，以馆藏资源为基础，有机地与相关教育资源共享或衔接，在博物馆历史情境中，由教育工作者有计划、有组织、有目的地对观众（本课题的观众特指中学生观众），进行的教学活动，以使观众获取知识和技能，实现博物馆的社会教育目的，为其赢得社会效益和经济效益。

2. 特点

博物馆历史情境教学具有以下特点。

（1）教学时空的灵活性，即指博物馆教育属非正规教育，其历史情境教学在时间和空间上不拘泥于固定的时间和地点，可以定期或不定期地变化。

（2）教学环境的逼真性，即指博物馆创设的环境是按照特定历史时期的背景文化、设施、设备创设的，可使观众产生身临其境的相对真实感。

（3）教学内容的丰富性和活态性，即指博物馆的馆藏资源是一部活态的百科全书，包罗万象，海纳百川，可以活化往复性的历史事件或人物。

（4）教学方式的多样性，即指博物馆可根据其教学资源开展不同方式的教学，如启发式、讲授式、谈话式、实物教学、直观教学和多媒体教学等。

（5）教学效果的时效性，即指该模式可使观众在短期内体会到教学效果，亦可使博物馆收到预期的教育效果。

3. 主体与客体

（1）主体。

在博物馆历史教学情境教学过程中，教学主体是博物馆的教育工作者，他们既具有博物馆学专业知识和技能的储备，又具有一定社会教育经验，在教学中起主导作用。

（2）客体。

客体指参加博物馆教育活动的中学生观众，他们在教学中具有较强的自主性和参与性。

（3）主体与客体的关系。

上述二者的关系是以博物馆历史情境教学为介质而形成的相互作用、相互联系，你中有我、我中有你的关系，在一定条件下可以互相转换，即主体的地位和作用体现在为客体教学的过程中，是博物馆文化信息的输出者和传播者，而当客体参与活动时，主体则起辅助客体的作用，客体转化为主体。

4. 相关理论

（1）博物馆教育学理论。该理论指博物馆以文物藏品等实物进行陈列，借助其他辅助形式和教育方法对观众进行的直观教育活动。它是集实物教学与情境教学于一体的理论，即博物馆既可向观众展示实物、讲解其历史文化信息、科学、考古和艺术价值，又可以展览陈列的情景、教育空间或创设情景等方式为观众讲解、演示、教授文物藏品的用途或制作工艺，让观众感受历史情景，参与并陶醉其中。

（2）历史学科理论。该理论是研究如何使学生"以史为鉴"、"古为今用"、"合理预见历史发展"和"开阔眼界、培养智能、完善人格"，发挥历史学科社会价值的理论。

（3）中学历史教学心理理论。该理论是以研究中学历史教学和学习心理学为对象，探讨在心理学理论指导下，学生的历史认知、思维能力、学习动机和教学模式等方面的内容。

（4）教育心理学理论。教育心理学是研究人们在教育活动中的心理现象、特征和发展规律的科学，与本课题相关的理论包括情绪心理学理论、反映论、相似论和意识心理理论等。

①情绪心理学理论。该理论是研究情绪的科学，认为情绪的构成包括三种层面：在认知层面上的主观体验，在生理层面上的生理唤醒，在表达层面上的外部行为。当情绪产生时，这三种层面共同活动，构成一个完整的情绪体验过程。博物馆情境教学法就是在教育活动中创设优良的情景，激发观众积极主动的主观体验和学习兴趣，使之产生愉悦健康的生理反应，从而促进其认知活动的张力，提高认知效果，并外化为学习行为。

②反映论。该理论是马克思唯物主义认识论，即人的认识源于人脑对客观事物的反映，人在认识事物时，并非是消极被动的，而是具有主观能动性。博物馆通过对历史情境和氛围的创设与优化，使观众置身于特定的情境中，进而影响其认知心理，强化其对客观环境的意识，发挥其主观能动性。

③相似论。该理论属物理学范畴，是通过模型试验确定"模型"与"原型"的相似程度、等级等，后拓展到思维科学和认知领域。博物馆就是利用情景（即模型）与历史（即原型）之间的同一性和相似性，结合观

众的知识经验、结构和体系创设场景，刺激观众大脑中的相似块（知识单元）增加，提高相似性思维能力。

④意识心理理论。该理论注重研究人对于客观事物的有意感知、再现、想象、体验和无意识活动对认知的影响。博物馆利用其与教育之间的逻辑关系再现历史，让观众感知历史、有意体验历史情境。

二　中学历史研究性学习概述

2002 年 4 月，教育部颁布的高中《历史教学大纲》要求"要注意培养学生的创造性学习能力，使学生进一步掌握和运用学习历史和认识历史的基本方法，增强学生自主学习和探究的能力；指导学生搜集和整理与学习相关的历史资料，培养学生解读、判断和运用历史资料的能力……"自此，学界开始注重研究性学习的研究。目前有关这方面的理论成果较多，有研究者认为"研究性学习本质上是一种学习方式，是指学生在教师的指导下，以类似科学研究的方式去获取知识和应用知识的学习方式。研究性学习具有自主性和独立性、亲历性和过程性、综合性和合作性、开放性和多元性的特点"；也有学者将建构主义理论与研究性学习理论相结合，探讨中学历史研究性学习的模式；还有观点关注制约中学历史研究性学习实施的因素；更有权威人士从研究性学习的类型、史学认知目标、史学理论与方法论目标、行为目标等方面入手，以问题式研究性学习模式为例，深入研究该理论；一些学者则通过案例法，以中国近代史实施研究性学习为例深入研究该理论的内涵、特点、基本目标、要求和主要方式。

研究性学习是为改变应试教育中教师填鸭式的教学方式以及学生被动接受知识信息的不足，倡导"以学生发展为本""灵活运用多样化的教学手段和方法，为学生的自主学习创造必要的前提"的课程理念，强调对课程实践性的评价，其内容主要包括探究学习、自主学习和合作学习等。探究学习指学生通过对历史课和社会生活中的某个课题进行独立探究，从中发现问题，分析和解决问题并汲取知识和技能，选择正确的情感、态度和价值观的探索和创新活动；自主学习是学生自主管理其学习目标、计划、方法和评价方式的活动；合作学习指学以小组或团队为单位，各自分工，共同完成学习任务的互助性学习活动。

可以说，中学历史研究性学习的主旨即是鼓励学生在学习书本知识的同时，要走出学校，在社会实践中学习历史、感悟历史，这也为相关文化教育机构与学校共同关心和构筑科学的历史教学方法提供了广阔的空间。

三 大葆台西汉墓博物馆历史模拟教育实验的历史情境教学

（一）历史模拟教育实验简介

大葆台西汉墓博物馆是我国第一座汉代墓葬博物馆，1983年建成开放，该遗址是西汉广阳倾王刘建及其妃子墓，展陈内容包括墓葬原址、出土文物和史称"梓宫、便房、黄肠题凑"的葬制结构。地宫遗址及车马遗迹是目前国内唯一在原址保存最完好的大型汉墓遗址，对研究西汉帝王葬制、车马殉葬制及西汉时期的北京史均有重要价值。

自1994年起，该馆利用其独特的馆藏资源开发了模拟考古等项目，与学校教育进行衔接，取得了良好的社会效益。2003年后，为适应中学历史新课程改革的需要，又以"中学历史实践课"为蓝本开发了"历史模拟教育实验"项目。所谓"历史模拟教育实验"即指博物馆凭借馆藏资源和中学历史课程资源有机衔接，紧密结合中学历史教材，在博物馆内为学生提供历史场景、创设历史情境，通过历史模拟法使历史贴近学生生活，形成历史意识和认知方式、方法的教学活动，包括参观基本陈列及出土文物展、模拟考古、投壶礼仪、书写竹简、汉剧表演等活动，把历史课延伸到博物馆，大大提高了学生研究性学习的效果。

（二）历史情境教学模式

1. 教学模式

大葆台西汉墓博物馆的历史情境教学模式主要包括如下内容。

（1）实物展示情境法。

该法指博物馆紧密结合中学历史教材中有关西汉社会政治、经济、文化和社会生活等内容，其基本陈列以墓葬遗存和文物等实物为中心，并配有相关背景，以展示汉代特定历史情境下的墓葬结构、文物藏品如"黄肠题凑"葬制、渔阳铁斧、五铢钱和玉舞人等文物中所蕴含的历史信息和知识内容，使学生对汉初的中央集权政治、封建等级制度、手工业、农业和文化发展等知识有了感性认识，在增长知识的同时，也为古人的智慧折服，增强了民族自豪感。正如学生在历史小论文中写道的："'黄肠题凑'是一个伟大的工程……现在我们能看到它也是当时工人的杰作……我为我是一个中国人而感到自豪和骄傲！"

（2）画面再现情境法。

该馆为了强化学生学习历史的画面感和真实感，在馆内为"投壶礼仪"活动建起投壶厅，在厅内按汉代风格布置编钟、编磬、汉画像砖、漆塌和投壶用具等，复原投壶游戏，学生依照先秦投壶礼仪，身着汉服参与活动，乐在其中；此外还在"书写竹简"活动中悬挂唐诗宋词供学生欣赏和模仿，分发竹简进行临摹；在"模拟考古"活动中，仿照田野考古的模式按 1∶1 的比例设置 16 个探方，将仿制文物埋于其中，周边挂有六朝器物图解，学生可将挖出的"文物"与之对比，了解文物的时代特征、纹饰、造型和考古信息，整个活动充满画面感。学生在活动中初步了解了文物考古知识，增强了文保意识，切实体会到了收获知识的快乐。

（3）音像视频渲染情境法。

该馆在学生活动时，选取相关音像视频资料创设仿古情境，如在展厅放映放《上下五千年·张骞通西域》、《上下五千年·造纸术》、《广州南越王墓》、DISCOVERY 之历史传奇、大葆台汉墓发掘录像等音像视频资料；在"投壶礼仪"活动中，播放投壶雅乐，使学生在听觉和视觉作用下学习历史知识。

（4）表演体验情境法。

该馆依照中学历史教材中东方朔进见汉武帝的故事编制历史小剧本，推出"汉剧表演"活动，活动时学生分组进行表演，这样，学生对教材中的角色便产生了亲切感，很自然地加深了内心体验。

（5）语言描述情境法。

该馆教育人员在活动中都会伴以语言描绘与肢体演示，这对学生的历史认知活动起着一定导向性作用。他们在学生参观前制作课件，到学校预先讲授参观内容和历史知识，发放《参观手册》、知识问卷和活动后撰写小论文的参考题目。如在"投壶礼仪"活动中，讲解教师给学生阐述投壶的来源、操作规则、程序以及其思想内涵等，课后出问卷进行反馈；在"模拟考古"活动中，讲解教师事先为学生普及考古学的初步知识、考古工具的使用方法、挖掘文物的要求、鉴别文物的方法和保护文物的重要意义；在"书写竹简"活动中，也会在讲解中国文字演变历史的基础上开展活动。这种语言描绘提高了学生感知的效应，使历史情境更加鲜明，且讲解人员富有感情色彩的情绪会作用并刺激学生的感官兴奋度，强化其主观感受，促进其进入特定的情境中，既增加了学生的知识，也增长了见识，使其亲身体验到历史知识的乐趣。如有同学撰写"从竹简到电脑的历程"，对中国的文字载体进行论述。

（6）问题启发情境法。

博物馆在开展活动前，会设计或提问一些教学中的重点和难点问题，如在讲授"投壶礼仪"前，教育人员会提问学生是否知道中山公园里一座十字形小亭子的名字、其建成年代及相关历史以及国外的投壶历史等，从而引出投壶礼仪的内容，这样一方面拉近了历史与现实之间的距离，拓宽了学生的历史视野，另一方面为学生提供了投壶的情境，有利于运用启发式教学使学生了解投壶礼仪的历史沿革和复兴这一已经消失的古代礼仪的意义。

（7）历史想象情境法。

卢梭曾说："进入人类理性的所有的一切东西，都是通过感觉实现的。"教育者在教学中，用语言描述文物和相关历史背景，让学生的视觉和运动知觉兴奋起来，如在玉舞人的造型时，教师会生动地描绘其婀娜的身姿、优美的线条，并联想赵飞燕的曼妙舞姿，让学生想象汉代宫廷生活的奢华，为学生创设想象情境，产生探求知识的情感。如学生根据文物特征和自己的想象画出玉舞人和马踏飞燕。

2. 实施原则

博物馆在实施教学时需遵循以下原则。

（1）尊重历史原则。历史学科的特点是往复性与深刻性，在实施情境教学时，教育人员要本着尊重史实、端正史观的态度，客观合理地选择主题，创设情境。

（2）寓教于乐原则。在实施情境教学时，不能为了取悦学生而一味强调博物馆的娱乐功能、忽略了教育功能，而是要营造轻松愉快的情境和健康向上的气氛，引导学生的问题意识，使其不断探究和发现，并乐在其中，从而提高思维过程的质量。

（3）情境交融原则。此指教育人员在教学时应热情饱满，感情充沛，晓之以理、动之以情，学生的情绪也会因此在教学过程中不断升华，与模拟场景和教学环境交相辉映，达到寓情于景、即景生情的境界。

（4）智力与非智力统一原则。此指在教学中要在发展学生智力的同时，激发学生持续性学习的动机，张弛并蓄，既严肃又活泼，既集中注意力，又轻松愉快地展开想象，变被动学习为主动认知和积极参与，使情境达到联动性的效果。

（5）形象思维与抽象思维结合原则。教育者要善于捕捉学生思维活动的最佳心理期，及时调动其形象思维的联想、想象等活动，使其由浅入深、由表及里地从活动中抽取、演绎出对教育活动和历史教材内在思想的理解以及蕴含的深刻哲理，并进行理性的价值判断。

3. 功能

历史情境教学的功能主要表现在以下几个方面。

（1）益智功能。

历史情境教学因其仿真性和再现性，为学生提供特定情境和历史线索，促进其认知结构的优化，提高其认知能力和学习效率，使其感性认识和形象思维上升为理性认识与抽象思维，有利于学生的智力发展。

（2）暗示功能。

历史情境教学在学生活动的历史场景和具象中，潜移默化地给予学生积极的心理暗示，刺激学生的感官功能，使其大脑皮层处于兴奋思考状态，在潜意识或无意识作用下，自然而然地进入情境之中，进而实现教学目的。

（3）启迪功能。

历史情境教学对于启迪学生的历史思维、历史意识和创造性思维的培养起到积极作用，能够使其在再现的历史情境中陶冶情怀和爱国主义情操，净化心灵，培养高雅志趣，产生良性的情感体验，用外在的感染力强化其认知功能。

（4）美育功能。

历史情境教学运用复现式方法开发和利用学生历史思维的特点和认识规律，将教育人员美妙的语言、美好的情感、相对真实的情境与学生的情感、态度、精神融为一体，培养学生的审美情趣和追求真善美的价值观，丰富学生的精神生活和文化生活，构筑良好和谐的馆校师生关系，具有一定的美育作用。

由于博物馆运用了先进的教育理念和较为科学的情境教学法，激发学生的探究、合作与自主学习积极性，提高学生学习历史的兴趣，因而受到广大师生的一致好评，该馆学生观众流量也不断攀升，如 2009 年学生观众情况即可见一斑。

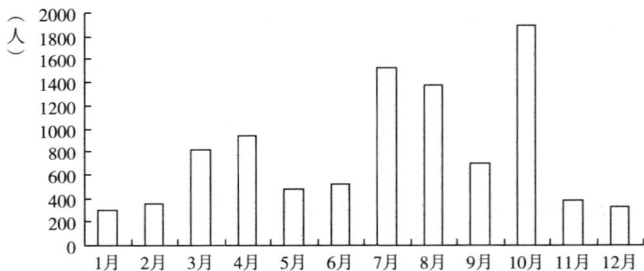

图 1　2009 年度北京市大葆台西汉墓博物馆学生观众人数统计

说明：依据表的统计数据，该馆 2009 年学生观众接待量为 9600 人，既有团体观众也有散客，其中 1 月份和 2 月份因是学生考试和寒假阶段，人数较少，且该馆模拟考古活动为户外活动，一般在气候回暖时开展；3 月和 4 月受学校春游影响，人数略有回升；5 月和 6 月再次受学生考试的影响而进入淡季；7 月和 8 月是学生暑期时间，数字直线攀升；9 月学生开学后人数下降；10 月，北京市社会大课堂轰轰烈烈开展后，该馆亦创下年度接待学生最高纪录；11 月和 12 月的人数与 1 月和 2 月基本持平。

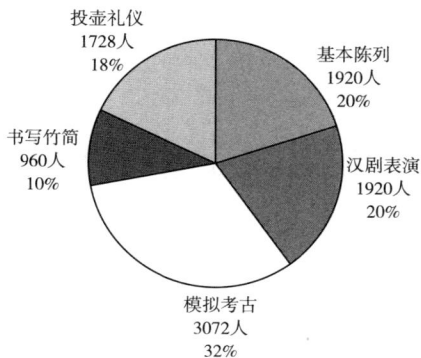

图 2   2009 年大葆台西汉墓博物馆历史模拟教育实验项目学生观众人数及比例示意图

说明：图是在 2009 年观众人数统计的基础上，对各项教育项目参加人数和所占比例的示意图，"基本陈列"是该馆的常设项目和固定展览，因其专业性过强，故参观人数不多，为 1920 人，占 20%；"模拟考古"是该馆的品牌项目，自推出后一直受到广大青少年观众的喜爱，因此参加人数最多，为 3072 人，占 32%；"投壶礼仪"因其教育性与趣味性并举，参加人数 1728 人，占 18%；"书写竹简"因用毛笔在竹简上书写有一定难度，人数较少，为 960 人，占 10%；"汉剧表演"因融艺术性与历史情节，也很受欢迎，参加人数为 1920 人，占 20%。

四   结语

托尔斯泰曾说："如果学生在学校里学习的结果是使自己什么也不会创造，那他的一生永远是模仿和抄袭。"大葆台西汉墓博物馆的历史情境教学法就是要让学生将历史课内的知识与课外实践有机结合，努力培养学生的历史思维、知识迁移和动手实践能力，充分发挥学生的想象力和创造力，为中学历史教育利用社会教育的力量提高学生学习历史的效率提供了一条崭新的道路。

论数字故事在历史教学中的应用

陈　倩[*]

一　历史数字故事的发展现状

数字故事最初由上海师范大学黎加厚教授从国外引入，2012 年数字故事网站建成（www.shuzigushi.com），历史数字故事逐渐成为一种广泛使用到历史教学中的教学手段和方式被大家接受。故事叙述的呈现开始从传统的"用声音和姿态来分享故事"，逐渐演变为背景音乐、图片、字幕、视频等多元素材有机结合并以多媒体信息技术来呈现的一种可视化展现方式。这一观念在当下已经不再是学者的个人见解而是已经得到了历史教育者的普遍认同，换句话说就是使故事叙述数字化了。历史与故事的天然关系，以及"讲历史离不开讲故事，讲细节"[①] 教育观念的普及，使得历史数字故事成为历史数字化教学实施过程中的有效手段，逐步被大家认同和采用。

二　历史数字故事的选题原则

要科学使用数字故事，前提是创作出的历史数字故事符合教学的实际需要。因此选题尤为重要。需要明确的是历史故事不等同于故事，历史故

---

* 　陈倩，西华师范大学历史文化学院副教授。本文为西华师范大学校级精品资源共享课程项目"翻转课堂试点项目"阶段性成果。

① 　2012 年四川师大举办的高校历史教师国培班，聂幼犁多次提到要给学生有生命的课堂，要给学生讲历史的细节和采用讲故事的教学方法。

事是指以历史内容为主的故事。它分为历史人物故事和历史事件故事。比如，讲《鸦片战争》中林则徐的故事，《洋务运动》中李鸿章的故事，《辛亥革命》中孙中山的故事。此外，在历史事件中蕴藏历史细节和道理，所谓"小故事，大智慧"，它有助于揭示历史的具体性和情境性，加深学生的理解和感悟。如商鞅变法、虎门销烟、戊戌变法等历史事件。而对于历史教师而言，最便捷的取材途径就是从历史教材中就地取材。通过长期实践，笔者认为历史数字故事的选题需要遵循"两原则，四步骤"。第一个原则是以教学内容为核心进行主题选择；第二个原则是围绕教学对象进行风格确定。这两个原则实际上就是教学中经常提到的"以学定教"原则，历史数字故事属于历史教学资源，因此在使用过程中它也属于课堂教学中的一部分。如果违背了这两个大原则，很有可能出现制作者耗费了时间和精力，制作出了精美的数字故事却无法在教学中使用的尴尬。这种情况在实际制作中并不少见，以笔者所在工作室的作品创作为例，就曾出现过一个小组通过努力和反复打磨制作出了一个以讲述三代女子命运的"三生三世"的数字故事，制作精美，情境动人，但是由于没有围绕选题的原则，最终无法运用到实际教学中，只能作为一个数字故事作品欣赏，而不能成为历史数字故事。

历史数字故事的制作步骤可以从以下四个方面进行。首先，教学需求分析。在制作历史数字故事之前，一定要反复斟酌在教学中是否需要引入历史数字故事，历史数字故事可以成为数字化教学中的一个组成部分或者重要元素，但是绝对不是每节历史课构成中的必需。其次，使用目的分析。在制作前，需要明确它的使用目的，是为新课导入服务，还是为教学过程服务，或者是为了结课或者知识点复习。不同的教学需求其制作方式和选材方向是不同的。再次，教学对象分析。要根据初高中学生的认知特点和学习兴趣来选择制作的方式。比如初中、高中都会涉及鸦片战争这一主题，在制作历史数字故事的时候，笔者建议针对初中生可以选择历史人物林则徐的故事作为制作蓝本，在技术上最好使用 Flash 动画；而对于高中生最好选择鸦片战争这一历史事件作为制作蓝本，在技术上可以采用更高层次的会声会影。最后，还需要考虑到历史数字故事的发行和使用。作为教学视频资料，其制作是需要耗费教师时间和精力的，单凭个人的努力已经很难在信息化时代形成力量，也不利于历史学科数字化教学的发展，因此最好的方式就是集体合作共同制作并分享作品，而作品的发行和使用就需要对作品进行文件格式及使用方面的规范化。

三 "数字故事"与"微课"的适用范围

近年来，在历史数字化教学的发展进程中，除了数字故事之外，微课的发展势头不可小觑。二者对教学的帮助各有特点，但笔者认为在具体教学活动中，对"数字故事"和"微课"的选择和使用，需要根据不同的学科特点以及教学内容进行具体分析。以学科类别而言，我们暂且将其笼统地分为文科与理科。文科课程的学习特点主要为记忆量大，需要理解的内容较抽象。在情感的培养和教育上，更多地需要潜移默化；文科的知识点很多相互关联，但又散落于不同的学习板块上，需要通过长时间的学习，进行梳理才能形成一张领域宽广的思维的网络。而理科的学习特点具有渐进性、逻辑性，注重技能和思维能力的培养，需要循序渐进，注重知识点之间的联系和课后大量的习题练习和不断巩固。文理科在学习方式上的不同特点，决定了教师在教学中应该采用不同的教学方法和手段。

"数字故事"与"微课"的不同在于"数字故事"的最大特点是能利用现代信息技术整合文字、图片、音乐、视频、动画等多媒体元素，创造可视化故事。故事内容的情节性容易引起学生的注意；情节的趣味性容易激发学生的兴趣；趣味中的启发性容易引发学生思考；启发后的教育性容易使得学生接受。让学生在浓郁的教学情境中轻松变抽象为形象，更好地达到教学目的。可以说数字故事的"共情感""娱乐感""意义感"等与情境教学的有"情"之"境"相吻合，所以运用"数字故事"创设教学情境，对于文科的教学而言将更有利于情感目标的达成，起到事半功倍的教学效果。而"微课"的小而微，更适合理科中某一知识点的讲授，却不利于文科教学中思维网络的形成。因此，笔者认为在文科教学中大可不必追赶微课的风潮，而是在已有的基础上，继续开发和挖掘"数字故事"形成自己的教学风格。

四 历史数字故事的实践——以历史数字故事《自由之路》①的制作和运用为例

数字故事的作用是辅助教学，不是简单的视频剪辑，因此在时间长度上要做好把控，控制为 3~5 分钟，不要超过 8 分钟。下面以西华师范大学历史文化学院青蓝历史数字故事工作室的作品《自由之路》的制作和教学运用为例进行具体的分析。

（一）教学构思与实践

1. 课标分析

课标要求"说出美国 1787 年宪法的主要内容和联邦制的权力结构；比较美国总统制与英国君主立宪制的异同"。课标中没有提到 1787 年宪法制定的背景，但要吃透该课知识点，完成课标要求，就必须了解。

2. 本课的地位和作用

本课在近代西方民主政治的确立与发展这一专题中，主要讲述了美国民主共和制的确立和发展，是人类在政治制度道路探索上的新方向，对近代西方民主政治发展起到了重要作用。

重点：掌握美国 1787 年宪法的主要内容，分析宪法对美国的作用。

（二）学情分析

本课教学对象为高一学生。问卷显示：学生在初中时对近代欧美国家的民主制度了解不多，通过专题六的学习，对民主政治有了一定认识，可学生普遍认为本专题的内容枯燥，学习兴趣不太高，学生希望老师用生动有趣的形式来教授本节课。希望教师在讲解过程中通过再现生动的历史画面，运用通俗易懂的语言来启发和点拨。

难点：比较美国总统制和英国君主立宪制的异同。

---

① 电子版作品可以在中学历史教学园地视频类栏目免费下载。

（三）教学目标

学生通过学习美国 1787 年宪法制定的背景、内容、经历，小组探讨史料分析，逐步提高通过多种途径获取历史信息的能力，逐渐步养成通过历史情境分析解决历史问题的能力，认识到美国民主政治来之不易，是不断创新的结果，理解人类社会发展的统一性和多样性，学会尊重不同民主文化传统。

（四）教学设计思路

1. 故事梗概介绍

《自由之路》的选材来自人民版必修 1 专题七《美国 1787 年宪法》，主人公为虚拟历史人物 Stefan，身份为"普通美国士兵"，生活于 19 世纪的美国，通过回忆其家族及个人发展经历，自然地贯穿了独立战争、美国建立、南北战争、1787 年宪法制定等内容，串联起了该课所有知识点。

2. 导入新课

采用数字故事导入法，播放 Stefan 家族及其身份背景，激发学生的好奇心及求知欲，迅速导入该课。

设计意图：古代大教育家孔子曾经说："知之者不如好之者，好之者不如乐之者。"让学生产生浓厚的兴趣对学习具有非常重要的促进作用。因此，能否调动学生学习历史的兴趣可以说是一次课堂教学成败的关键。引起学生学习历史的兴趣，形成学习历史的动机，增强历史教学的吸引力，是历史教学首先要解决的任务。中学阶段的学生，好奇心重，教师要善于利用他们的求知心理，在开场时想方设法提出问题、设置悬念，让学生迫切地想了解新课内容。数字故事导入法就是新课开场的方式之一，在新授课中采用设置有"悬念"的历史数字故事导入，有利于刺激学生视听将其精力揽到课堂，提升课堂教学效率，完成教学目标。

3. 教学过程

重新剪辑处理数字故事，根据教学需要将其剪辑为三段，第一段主要讲述 Stefan 家族前往北美大陆的原因及独立战争爆发的原因。该段主要运用到教学中的第一小节"年轻美国的窘境"，教师可以从 Stefan 的视角，将 Stefan 的经历与美国的窘境相结合，同时运用相关的史料进行分析，在教学过程中教师可以结合故事人物的经历和史料层层设问，比如提出：Stfan 家族为什么要到达北美，到达北美大陆后他们的处境，独立战争爆发的原因是什么等等问题，达到引人入胜的效果。

接下来在学习第二小节"制约权力、平衡利益"和第三小节"从邦联到联邦"时，运用第二段数字故事，该段故事通过 Stefan 的参战经历以及制宪会议的召开来渲染宪法诞生的背景，分析宪法对美国的作用。在讲授内容和作用时，教师可根据实际情况用举例子的形式描述一下 Stefan 对宪法内容如"三权分立、联邦制"的感受和认识，以及宪法给他的生活带来的改变，这样在教学中既紧扣了故事主人公 Stefan，同时使学生较容易理解宪法的内容和作用，很好地抓住了本堂课的教学目标，以此突破教学重点。

设计意图：重点、难点是教学中的重头戏。而该课的重点和难点内容，的确存在着理论性较强的问题，只有历史结论而没有或略于过程说明。学生往往会对这些内容感到枯燥、生涩，很难理解。而中学生学习历史以感知和了解为主，不宜涉足过多枯燥且理论性强的概念及知识，否则将使他们很快丧失学习历史的兴趣。对此我们可以有针对性地采用历史数字故事融入教学中，用数字故事来为教材中的重点难点服务。这样既可以活跃课堂气氛，又可以在一定层面上扩充学生的知识面，提高课堂有效性。

4. 结课

该课可以将突破教学难点放到结课环节，结合课本的第四小节进行讲解，运用第三段数字故事：通过 Stefan 给同学们呈现的结语引发学生们的反思，从而达到情感升华的目的，完成情感目标。在此部分可以以提问的方式过渡到对美国总统制的讲解，采用表格的形式比较美国总统制和英国君主立宪制的异同。

设计意图：课堂小结是一堂课的点睛之笔。要做到古罗马诗人奥维得所描述的那样"凡事的收尾贵如皇冠"，这样才不会影响到整体的教学效果。通过采用历史数字故事进行小结，教师引导学生对其分析、思考，不仅巩固了学生对新课所学知识内容的掌握，也使学生学到了一些分析、解决历史问题的基本规则和方法。并通过对这些规则和方法的运用，提高学生分析解决问题和知识迁移的能力，使学生摆脱传统那种靠死记硬背来接受知识的方式，变被动为主动，促进学生历史思维能力的锻炼和提升，养成主动探究式的学习习惯。

在运用数字故事进行教学设计的时候，一定要考虑以下几个方面，首先是整体性原则，教学设计应该从对学习者、教材及教学内容分析开始，进而设计三维目标、教学策略、教学媒体和教学过程，最后还需要进行教学评价。各要素必不可少、密不可分、互相依托、互相关联，是一个整体。

五　结语

何成刚老师曾说过："如果把一堂课作为一场戏来看，教学设计则是一步具有可操作性的分镜头剧本。"而数字故事无疑是真正可以实现分镜头的教育信息手段。在信息化时代背景下，能够运用到教学中的网络资源是海量的，资源的丰富性并不代表在教学设计中要全盘使用，运用到教学中的数字故事就是从海量资源中精挑细选再次创作的果实；而在实际教学使用中，依然需要精益求精，还要继续根据教学需要进行剪裁和打磨。只有这样，加入了数字故事的历史教学课堂才会呈现出与常规课堂不同的色彩，获得学生的认可。

此外，随着数字故事引入教学，也必将带来新的教学改变。情景的营造对历史背景的重视，使得三分钟之内的导入要求可能会打破；随着对情态目标的提出与实践，对结课部分的时间分配也会有所偏向。对数字故事运用的探讨还未穷尽，在网络名词、信息概念扑面而来之际，笔者认为继续深入和挖掘已有的资源和技术也尤为重要，希望能够有更多的老师运用和参与探讨。

中学历史课如何调动学生积极参与

——以罗斯福新政为例

约瑟夫·卡勃 撰　倪滕达 译 *

　　非常感谢能有机会让我分享美国历史教学方法。很荣幸能来到中国和美丽的北京。我希望此次会议的交流能够全方位推进历史教学。我特别急切地想把在这里学到的与我的美国同事交流，更加迫不及待地想与我的学生分享此次访问的经历。

　　我担任七年级、八年级的历史老师有 18 年的时间了。七年级、八年级的学生群体年龄是 11~14 岁。我任职的中学包含六年级至八年级，学校位于纽约州的小乡村社区斯普林维尔（Springville）。斯普林维尔距离布法罗有 40 分钟车程，距离尼亚加拉大瀑布有 1 个小时车程，到加拿大多伦多有 2 小时车程，到纽约需要 6 个小时。在我所任职的学校，学生每天上历史课的时间是 42 分钟，相当于一周 210 分钟。全美的中学历史教学，基本上是每周 210 分钟。在美国历史学科属于社会科学中的一项，其中也包括公民学、经济学和地理学。在接下来的演讲中，我将其称为"历史教育"，但请注意这其中也包括我刚才提到的社会科学的其余部分。

　　在美国，历史教育的基本目标是培养了解过去以及周围世界的、具有参与性的公民。从历史的角度来看，免费公共教育普及，是因为社会需要受过教育的、了解相关知识的选民。教师们通过学习历史、时事，以及通过鼓励学生参与政治，来促进学生成为良好的公民。

---

　　*　约瑟夫·卡勃（Joseph Karb），美国纽约斯普林维尔中学（Springville Middle School）初中社会科学教师；倪滕达，北京师范大学历史学院讲师。

公民参与是历史教育的主题，最近逐渐成为最重要的内容。这里可以采用多种教学形式，例如学生给政府官员写信，或者就最近发生的事件向另一个班级发表演讲。有时我会给学生布置作业，让学生就他们关心的事情拍一个小视频，或者协助某个试图改善社会问题的社会组织。高中学生往往需要参加政府会议，以及净化环境或者帮助贫困人群的社区服务活动。

很多年来的美国历史课都是由教师讲课、学生记笔记以及最终的小论文或考试构成。学生们被当作灌输知识的容器，几乎没有空间进行历史思考。在过去的 15 年中，我们已经见证了一个真正的转变：从传统的讲授到学生在学习过程中的积极参与。当然讲授依然是有价值的——我有时也会进行讲授——但是以学生为中心的学习经验正在成为历史课的原动力。这些学习经历包括允许学生提出观点的历史调查、小组合作、辩论、模拟审判或者学生剧等活动。

确定历史课的教学内容首先要根据纽约州提供的历史学科内容指导方针，美国的每个州对于本州的教学都拥有很大的控制权。美国宪法规定各州教育自主管理，但是各州通常会采用相似的教育标准。我们国家历史课程在每个年级应当教授哪些主题差异不大。我们确实有一部国家标准文件，但是这部标准仅指出了学习历史的一些技能，分析主要资料，阅读地图，或者写一个小论文。国家标准并没有明确的历史课程内容，而且各州也可以不采纳这份标准。尽管各州的教育相互独立，主要的历史教育主题还是会在全国有所统一，但在教授年级和程度等细节有很大的不同。

纽约州的建议课程中，我所需要教授的主题是有关大萧条。主要话题如下，并提供更多明细详细的子题目。

大萧条：20 世纪 30 年代美国产生的经济危机和环境灾难导致民众生活艰难，关于政府应当扮演什么角色的讨论中，罗斯福总统建立并强化了政府干预经济和社会的角色。

由此我开始考虑关键概念和材料如何吸引学生。初中学习阶段，我认为学生应该积极主动参与他们的学习，主动学习可以采取多种不同的形式，比如学生可以根据自己研究的剧本演出历史剧，或者学生们根据自己的研究来扮演律师参加法庭辩论。我认为主动学习是学生学习历史的原动力，同时也能够鼓励不喜欢学习历史的学生积极参与。当然我也会花一些时间来讲授和讨论主要观点，但是历史学习的引擎就是以学生为中心的学习和历史辩论。

同时对于学生的动脑去思考他们所学习的内容也是很重要的，我们期望学生学会分析主要的材料，设法解决历史上的重要思想，接受历史的经验并且与现代社会相联系。

对于大萧条这一单元以模拟股票行情作为导入，在可能的情况下我会选择相关的学习经验来导入新单元的学习，这样可以使学生们对于本课的兴趣处于峰值。在模拟的股票市场上学生用虚拟钱来买进卖出股票的导入环节中，一开始学生们只知道正在学习股票市场是因为其在 1920～1930 年是很重要的。在我的课堂上学生们分别扮演银行家、股票经纪人和投资人的角色。我会给扮演投资人的学生 2500 美元，扮演投资人的学生既可以向股票经纪人购买股票，也可以将钱存入银行。三课时中学生们会将贸易的净值记录到资产组合表格，我也会每天随机增加股票的价格，银行会用学生们的押金来购买股票，并提供保证金贷款来保证学生购买其他股票。模拟股市的最后一天，我大幅降低了股票的价值导致股市崩盘，学生们愤怒地意识到他们的股票价值已经消失了，而且银行也处于危机中。很快银行破产，银行贷款也随之告急，一部分学生失去了他们的存款。模拟股市的活动尝试复现了导致 1929 年股市大跌和大萧条发生的原因。通过报告这次模拟股市大跌的情况，学生可以将本次的经历和 1929 年的历史相联系。

模拟股市之后，学生需要自己编写一个生活在大萧条时期的日记，提供了几个人物作为选择以及当时的原始材料作为编写日记的资源。然后他们创设的角色是一个需要在救济厨房中生活的人。我们还在学校外建了一个胡佛小屋并将学校图书馆改造成救济厨房。学生们穿着 20 世纪 30 年代的服装，扮演大萧条时期失业的美国人。我们请了一个专业演员来演奏大萧条时期的音乐，讲述当时人们坐火车找工作的故事。学生们吃救济食物扮演自己创设的角色并向慈善工作者讲述自己的经历，这个活动的目的是让学生们理解多数美国人在大萧条时期的生活困境。接下来我们会用两天的时间在课堂上讨论记录这几天所学的内容。

但是从这里我们会有基于当前已被大多数州采纳的一些问题，纽约州也采纳名为 C3 的新国家标准。C3 国家标准提出了一种在课堂上探究的想法，这是一个相对简单的历史探究学习过程，但是新标准最重要的问题是有关教师如何避免在课堂上进行历史探究缺乏合理性。下面是 C3 国家标准的描述。

1. 首先我们要以一个能够较好引人注目的问题来开始教学。

2. 找出历史材料作为证据帮助学生回答问题，中学生需要教师出示大部分学生回答问题需要的材料。

3. 像一个历史学家、经济学家或地理学家一样来分析材料。

4. 在分析问题的基础上进行阐述，并且利用材料来支撑观点。

5. 最后用你的发现和学习进行公民活动。

这个探究出于吸引学生兴趣，并能将学生对于该话题的兴趣推到最高。例如，其他单元的学习问题是林肯真的想要解放黑奴吗，或是法国大革命成功了么。我们现在学习的是大萧条，我提出的问题是"新政是一个好政策么"。介绍问题之后，我尝试帮助学生通过讨论政府人民中应当扮演何种角色来思考这个话题。这之后学生通过支持观点的材料来进行交流，第一个支撑问题是："什么条件导致大萧条爆发？"这个问题要求学生将罗斯福新政置于当时的历史背景探讨。通过探究了解新政之前的情况学生们可以了解到造成新政实施的一系列事件。每个问题都会让学生分析材料形成支持性观点，并最终以论文的形式完成任务。针对我提出的这个问题，学生需要列出大萧条爆发的条件。学生们合作来完成，材料包括胡佛总统个人主义的演讲，一份从 1929 年 10 月 27 日报纸上摘录的股市暴跌文章以及大萧条时期消费者贷款情况的图表。

第二个需要论据支撑的问题集中在新政的具体细节："罗斯福新政创造了哪些工程项目？"此问题的解决最终根据罗斯福总统的演讲来制作图表表示罗斯福新政已完成。活动中 4 个学生为一组并在班上分享他们的图表。

第三个问题的设计是让学生分析新政的积极影响和消极影响："罗斯福新政的积极影响是什么？"学生的任务是根据 20 世纪 20 年代美国失业人数、新政中的公共工程管理项目、社会保障项目的建立以及普通美国人对于新政的看法这四份材料将新政的积极影响列在 T 型图中。

第四个问题是聚焦于对新政的批评："罗斯福新政的消极影响是什么？"学生们将根据反对新政的社论漫画，有关 1929～1950 年国家债务在国民生产总值中所占百分比，普通美国人对于新政的负面观点这三个材料来完成 T 型图。在分析完所有的材料后学生们会对"罗斯福新政是否是个好政策"这个问题产生争论。学生们的论点较多，可以归结为如下几例。

罗斯福新政不是好政策，因为强有力的政府对于改善经济是无效的。

罗斯福新政是好政策，因为强有力的政府可以改善经济。

在大萧条时期政府采取强有力的措施是可以理解的，但是当经济恢复到良好状态时政府应当改变强有力的政策，采取遏制政府的原则。

在辩论中，学生们需要解释原因并且用材料来支撑观点。我在这次任务中采用了论文的形式，还有其他很多形式可以探讨出结论，如制作视频、海报。

课堂探究的最后一步是综合学生所学知识促使学生学会如何成为一个合格的公民。这些涉及学生将所学知识与现在相联系并在更广的范围内与他人分享观点。同时这个活动也可以通过个人、小组学习和班级活动完成。学生学习如何做一个合格公民，可以在学校或更大的社会组织中进行。针对大萧条这一单元的学习，将相同观点的学生分在一个小组内，让他们给本州的参议院写一封关于政府规模看法的信，信件包括探究的具体例子。最终学生给参议院发送了电子邮件并得到了很好的回复。

以上是我针对大萧条单元进行课堂探究的过程，基于我们所教授的主题设计了一些全年的活动和探究。

很感谢能给予我机会与各位分享历史教学方法。当我思考我们的职业时，我常常会想到大屠杀幸存者格尔达·韦斯曼·克莱恩曾说过：对教师我永远心存感激，我知道这份工作常常会令人感到沮丧，但是请记住有一天你可能会点亮某个人头脑中的智慧之光，他可能有助于世界和平，发现治愈癌症的疗法，或者创作一本儿童名著。教育是最重要、最崇高的职业，教师就像启明星，从事这份职业的人们都值得最崇高的敬意。

感谢各位所做的一切，并感谢大家给予我机会参加如此重要的历史教学会议。

高考综合改革下历史教学
应有的坚守与改变

张逸红*

　　正在走来的新高考和《高中历史课程标准》是与新课程相衔接的一项系统工程。一线教师和教研员，一方面，要深入正面解读改革方案，把握重新修订后的课程标准精神，放大其有利因素；另一方面，要研究高校招生科目的要求，比较高考改革方案与现行课程计划和教学实践，哪些是历史教育一致的本质要求，如何做得更好、更扎实到位，哪些是高考改革倒逼下应该做的必要调整和改变，从而厘清未来教学中应有的坚守与改变。

一　高招专业导向对中学历史课程提出的要求

（一）高招专业导向的统计与分析

1. 高考方案与中学历史课程的相关点

　　2014 年 9 月，国务院颁发《关于深化考试招生制度改革的实施意见》，12 月教育部颁发《关于普通高中学业水平考试的实施意见》，拉开新一轮高考改革的帷幕。按照文件精神，"学业水平考试主要检验学生学习程度，是学生毕业和升学的重要依据"，它明确把学业水平考试纳入高考的轨道。为此，上海市和浙江省作为高考综合改革试点，分别出台的方案规定："高中学业考试将分别采用合格和等级方式来呈现考试成绩，等级赋分的

---

　　*　张逸红，北京市西城区教育研修学院高级教师，教研员。

成绩既用于评定学业水平，又作为高考成绩的一部分。"

新高考方案中，计入高校招生录取总成绩的学业水平考试 3 个科目，在思想政治、历史、地理、物理、化学、生物等科目中选择，并以等级方式呈现。沪浙两个改革方案关于高校招生录取中选考科目的要求是一致的，"最多不超过 3 门。学生满足其中任何 1 门，即符合报考条件。高校没有确定选考科目范围的，考生在报考时无科目限制"。

2. 高校招生选考历史科目的统计

大学的根本任务是培养人才，其招生是为大学挑选要培养的人。为此，高校制定选考科目主要依据自身的办学特色和定位，以及不同学科专业人才培养的需要。

下文以部分北京高校在浙江省招生的要求，并结合上海市的情况做一个简要的统计分析。2017 年约 1400 所高校拟在浙江省招生，首次公布的选考科目范围涵盖 2.37 万余个专业（类）。其中，各高校所有专业（类）中，不限选考科目占 54%，设限选考科目占 46%。各校提出选考科目要求的专业（类）中，各学科涉及设限专业（类）的百分比如表 1 所示。

表 1　各学科及设限专业百分比

科目	物理	化学	技术	生物	历史	地理	政治
百分比（%）	81	64	36	32	19	15	13

由表 1 可知，在浙江省招生的高校中，历史科目在传统文综中涉及的专业最多。从上海各高校汇总的情况看，37 所本科高校共设置专业（类）1096 个，大部分高校对于选考科目较少限制，但仍有 41 个专业涉及历史科目，略低于地理（47 个），远高于政治（26 个）。较改革之前的文理分科，选学历史的学生在专业上有了更大的选择空间，可以发挥自身的兴趣和特长，更好地服务于国家、社会，个体的发展。

3. 高校专业对历史科目的要求

（1）历史学类专业。

历史学是有明显单一科目属性的专业，对于考生史学方面的知识积累和思维水平等有较高的要求，以便更有针对性地锁定目标生源，提高选拔效率。大体看，选考历史科目的设置有以下三种情况（见表2）。

表 2　选考历史科目的设置情况

科目数量	报考科目	举例
1门	历史	北京大学历史学类专业（中国史、世界史、外国语言与外国历史） 清华大学艺术史论专业 清华大学社会科学试验班
2门	历史、政治	中国人民大学人文科学试验班
3门	历史、政治、地理	复旦大学历史专业 首都师范大学历史学（文化遗产）专业

此外，以上海同济大学、华东师范大学为代表，对于历史学类专业无选考限制。其优点在于给予考生更多的选择余地，但其不足也明显，不利于促进高校历史专业教育质量的提升和专业的建设。

（2）非历史学专业。

对于没有明显单一科目属性的专业，从目前统计的数据看，要求单一1门为历史科目或3门中有一门为历史科目，而没有2门之一是历史科目的情况。

①语言类专业。具体包括汉语言文学专业和外国语专业。前者如北京外国语选考1门历史、北京语言大学选考3门之一是历史。后者如中国人民大学、北京外国语大学、上海海关学院等高校，涉及专业包括英语、德国、法语、日语、西班牙语、葡萄牙语等，选考3门中有历史。

②其他相关专业类。其他相关专业中，还可以再细分为三大类。一是人文社会科学类专业，多要求选考历史，如法学、国际政治、财经类，传媒、社会学、文艺类等大类。二是传统视野中的艺术类专业，少数要求选考历史科目，如解放军艺术学院的音乐学、舞蹈学、表演、戏剧影视文学、绘画等专业。三是原先的理科专业或是文理兼收的专业，在打破文理分科后，有部分学校提出选考历史，如天津大学的工业设计、建筑学和城乡规划等专业，北京经济技术职业学院的计算机应用技术、会计、市场营销，以及会展策划与管理等专业。

（二）选考历史科比例较大的原因分析

由以上统计数据可知，高校相关专业中，选考历史科目的比例在传统文综里是最多的。这反映了社会主流、知识精英阶层对于历史学科的认可与期望，有助于历史教学摆脱应试倾向，回归历史教育的本质。而我们更要思考的是历史学科凭什么脱颖而出，底气和软肋何在。笔者认为主要有以下原因。

1. 历史课程目标的定位——历史学科核心素养

重新修订的高中各学科课程标准，依据较新的教育研究成果，提炼出以学科核心素养为核心，并以核心素养为纲，选择和构建课程内容；对核心素养和具体的教学目标进行水平划分，对教学内容进行结构设计，从而形成基于核心素养的学业质量标准。

而历史学科核心素养是学生在学习历史过程中逐步形成的具有历史学科特征的思维品质和关键能力，是历史知识、能力和方法、情感态度和价值观等方面的综合表现。历史学科核心素养具体包括时空观念、史料实证、历史理解、历史解释、历史价值观五种。

历史时空观念源于客观史实的特性，即任何客观史实，都发生在具体的时间和空间内，并有其具体的背景。证据意识源于史学研究的史料性，即史料是得出历史结论的证据，更是印证历史结论的证据。人们通过多种不同的方式描述和解释过去，对历史的解释是多样的。历史价值观的现实意识源于史学研究的目的性，即研究历史，就是为了解决现实问题和更好地走向未来。"人们不会无缘无故地去回忆和认识过去的事情；人们认识历史的根本目的是为了解决现实生活中的种种问题，历史学家就是一些为解决现实问题而到历史领域中去寻找答案的人。"[1] 英国著名史学家爱德华·卡尔有类似的看法："只有借助于现在，我们才能理解过去；也只有借助于过去，我们才能充分理解现在。使人理解过去的社会，使人增加掌握现在社会的能力，这就是历史的双重作用。"[2]

① 张耕华主编《历史哲学引论》，复旦大学出版社，2004。
② 〔英〕爱德华·卡尔：《历史是什么》，陈恒译，商务印书馆，1981。

2. 高中历史课程的作用——对于学生个人、社会发展的重大作用

从课程性质看，高中历史课程是"用历史唯物主义观点阐释人类历史发展进程和规律，进一步培养和提高学生的历史意识、文化素质和人文素养，促进学生全面发展的一门基础课程"。[①] 高中历史课程属于人文社会学科，尤其关注文化素质和人文素质，它以提高学生的历史意识、文化素质和人文素质来促进学生全面发展。因此，高中历史课程的作用，站在全体中学生的角度讲，在于"培养学生健全的人格"。而区别于其他人文社会学科，历史学科的独特价值在于它能培养学生的历史意识。这是历史学科独特的、不可替代的作用，即帮助学生学会从历史的角度去观察和思考社会与人生，从历史中汲取智慧。

高中历史课程的作用，站在现实的角度讲，在于"唤起学生对于中华民族以及全人类的历史命运的关注"。现实是由历史发展过来的，研究历史上的人与人、人与社会、人与自然的关系，有助于学生正确处理现实的人与人、人与社会、人与自然的关系。

站在历史的角度，在于"总结人类历史的经验教训，继承人类的历史文化遗产"。这就要求学生着重了解不同的民族对于人类文明做出的贡献，并努力认同和传承人类文明的优秀传统。

3. 中学历史课程内容——公民必须具备的基本历史知识

高中历史课程定位于为进一步（相对于初中而言）提高全国国民的素质而设置的基础课程。一方面，从中学历史课程内容看，公民必须具备的基本历史知识。历史是文科里知识面最广的一科，或多或少涉及文科类大多数专业。从上文对高校专业的分析可印证这一点。例如，语言类专业选择历史学科的主要原因在于，语言是一门工具，必须有相应的历史文化作为内容的载体，而历史学科就会涉及英国、法国、德国、西班牙等国的历史与文化。因此，课程内容的选择应符合高中学生的认知水平及社会对于高中学生基本素质的要求，同时，避免专业化、成人化倾向。

另一方面要在兴趣和信心上下功夫，让历史学科成为学生爱学、想考

---

① 中华人民共和国教育部制订《普通高中历史课程标准（实验）》，人民教育出版社，2003，第 1 页。新的课程标准也基本采用此表述。

的科目。"让考生选自己想学且自己认为学得好、感兴趣的科目进行考试，考自己所长，考自己所好，从源头上推进素质教育。"①

综合以上分析，历史教育无论是对国家、对社会还是对学生个人的健康发展都是非常重要的。因此，在教学中，教师要在专业上下功夫，让学生真正学到他们感兴趣和希望学到的、将来有用的内容，让学生能在历史课中真正体会到专业的特色和价值，让学生主要因为专业兴趣和理想而选择历史科目。

二　新高考方案、新高中历史课程计划与
北京市现行课程计划的比较

当前中央深化教育改革的背景下，2014 年 3 月，教育部颁发《关于全面深化课程改革落实立德树人根本任务的意见》，为了将"立德树人"落到实处，组织研究提炼出各学段学生发展核心素养体系，用于指导课程标准的修订。

（一）　高中历史课程的安排

目前，除了少数自主命题的高中示范学校外，北京市大部分高中校的课程安排大致如下：全体学生高一至高二依次学习 3 门必修模块，即政治、经济和思想科技文化；每个模块的教学时间为一学期，每周 2 课时；学习结束时进行模块测试。高二上学期会考后，理科生基本结束历史科目的学习，文科生则继续选学《历史重大改革回眸》和《中外历史人物评说》两个模块。

依据新修订的《高中历史课程标准》，以上课程安排预计会有较大的改变。即全体学生必须完成的必修内容共计 4 学分，每周 2 课时，在第一学年完成教学。选考历史学科的学生，继续学习选修 I 部分三个模块的内容。

---

① 余靖静：《浙发布新高考方案扩大教育的选择性为核心理念》，新华网，2014 年 9 月 19 日，http：//www.xinhuanet.com。

对策一：初中历史教学要承担起一定的责任，做好初中与高中的衔接。初中三年是学生较系统地学习中外历史的时期，如果我们的教师照本宣科，课堂死气沉沉，教学活动单一，学生死记硬背对付考试。那么到了高中，则很难吸引学生主动选择历史学科。

对策二：高一上学期，确定选考科目之前，历史教学既要体现知识结构性、完整性和发展性，更要控制难度。教师如果讲得太深，试题过难，学生误认为学不会或"考不出高分"，可能会挫伤一些原本要选考历史的学生的积极性，也会给那些不选考历史科目的学生增加额外负担。讲得简单，没有一定的学科专业深度，也会影响到一些学生对历史课的兴趣度。

对策三：走班是形式，教学内容的选择是走班制的支撑。学生在高一上学期基本确定历史课为选考科目后，可以在选和不选的学生群体中，开始实施分类走班教学。对于必修内容，因为考查的内容和要求有所不同，教师需要把握好必修模块的分层分类教学。对于选修内容，一旦纳入学业考试，作为高考录取的标准之一，就将成为考查的一部分。因此选考历史科目对学生来说，由选修变为必选的科目。

（二）会考与合格考

会考是由政府设立的、统一标准的水平考试，侧重考核学生是否达到有关学科高中毕业合格标准，也是检查和评价高中学科教学质量的手段之一。[1] 以北京为例。通常情况下，在高二上学期结束时，学生参加北京市组织的历史会考。会考的等级标准分为 A（优秀）、B（良好）、C（合格）和 D（不合格）。考生成绩达到及格以上等级可获得《北京市普通高中会考合格证》，会考成绩记入《高中学生综合素质评价手册》。现行会考试卷的难度系数在 0.75 左右，主要考查必修内容的学习状况，其特点是区分度比较低。

参加合格考的对象也是全体学生，考查范围也将限于必修模块的内容，依照"随学随考随清"的原则，时间也将提前至高一结束时进行。考试只分"合格"和"不合格"两等，考试难度推测将基本持平。

---

[1] 北京市教育委员会编《2015北京市普通高中会考考试说明》，北京出版社，2015。

对策一：合格考是水平考试，在内容上应当紧扣教学、注重基础。合格考科目定位不当将导致师生提高备考强度，迫使命题绝对难度上升，形成恶性循环，不断强化的备考力度导致学生负担过重，知识和技能等却未必获得相应的提高。正如北京四中刘长铭校长说的："没有必要把这么多时间花在考试训练上。"

对策二：合格考坚持多元评价，提升综合素质。

新课程倡导"立足过程，促进发展"的评价，在《高中历史课程标准》中列举了如下一些有效的方法。

（1）学习档案。通过建立历史学习档案，对学生的历史学习进行全面客观的评价。档案内容主要包括：考试成绩、历史习作、调查报告、历史制作、历史学习过程中的各种表现，师生和家长的评语等。

（2）活动类。一是历史习作。通过撰写历史习作，重点考查学生的历史思维能力、语言文字表达能力、收集和处理信息能力等。二是历史制作。通过制作历史模型、编绘历史图表和制作历史课件等活动，可以考查学生的动手与动脑的综合能力。三是历史调查。通过丰富多样的历史调查活动，可以考查学生综合运用历史知识分析和解决问题的实践能力。

（3）考试。历史考试是学习的一种评价方式，主要形式包括笔试和口试，运用这些考试形式时，要注意其科学性、有效性和多样性的统一。

整体来看，历史教师要转变目前过于重视纸笔测试的方式，多采用活动类的评价方式，并以学习档案的方式保存下来，有利于对学生的历史学习进行长期、稳定的综合考察和较为全面的评价，最终促进学生进行综合素养的评价。

（三）高考与等级考

改革前，北京的文科生到高三结束时参加文综高考。其中，历史学科内容涉及 3 门必修加 2 门选修，在文综总成绩中占 100 分。新高考方案与传统的文综高考相比，变化较大的是两处。

1. 等级考的时间较之前的高考将会提前

选考历史的学生或同时考加试题（如浙江方案），或继续学习然后参加等级考（如上海方案）。考试时间只能安排在高二下学期，最晚至高三上学期，不可能放至高三下学期与语、数、外等科目同时进行。

2. 试题要有一定的区分度，难度将会有所下降

等级考科目重点考查进入高一级学校继续深造所必备的学科知识与能力，成绩要计入高考总分，这就要求试题有一定的区分度。同时，在考试内容仍是必修加部分选修的情况下，难度将会有所下降，"难度作为评价试题质量最重要、最基本的量化指标，不仅对学生的及格率有非常大的影响，也直接影响试题的区分度、信度和效度，对普通高中学科教学有很强的导向作用"。① 一方面，高考综合改革新方案实施后，受高校招生的需要和学生兴趣的影响，历史学科可能成为选择率最高的文科类学科。另一方面，近年北京历史高考难度一直稳定偏高，在 0.5~0.55 之间，过低的难度不利于学生选择历史科目，也不利于进行等级的评定。

对策一：对相应的能力要求进行准确解读，求得"守正出新"。

目前，无论是会考命题还是高考命题，都秉承"能力立意"的指导思想。《北京市高中会考纲要》规定：能力测试分为识记、理解和应用三个能力层次。北京市高考文综考试说明规定，能力要求分为"获取和解读信息""调动和运用知识""描述和阐释事物""论证和探讨问题"四个层次，并细化为 12 种具体能力要求。显然，会考与高考由于考试定位的不同，能力要求与表述也相差较大。

对策二：坚持把"能力立意"贯彻于历史课堂教学与日常测试中。

基于学科主干知识的能力、方法与思维的养成与考查，既体现深化基础教育素质教育的要求，也符合高中历史学业水平考试与新高考改革的趋势。而能力的培养是一项长期的细致的过程，要求教师要有整体地设计和具体的步骤。

此外，新高考方案有"一考核"——综合素质考核。《加强和改进普通高中学生综合素质评价的意见》将学业水平和社会实践等纳入评价内容、评价程序方面，要求写实记录，形成档案、材料，将学生综合素质档案提供给高校招生使用。历史学科在这方面也应有所作为。

---

① 曾桂兴主编《标准化考试常识》，四川教育出版社，1987，第 72~78 页。

三 师德修养和教学方式是影响学生选择的最重要因素

此次高考改革最大的核心价值是"选择"。[①] 教师要引导学生逐步学会选择，并对自己的选择负责。

（一）影响学生选择历史科目的因素分析

新高考改革方案中，考生志愿由"专业+学校"组成，因此，考生在选择选考科目时必须考虑职业规划、专业偏好，以及高校确定的专业选考科目范围。而处于成长阶段的学生，影响其选择的因素很多。有研究者统计的一些数据，具有一定的参考价值。[②]

表 3 选择历史作为选考科目的理由（多选）

理由	对该科有浓厚兴趣	有较大的高校专业选择性	成绩好而选	觉得自己其他学科更弱"被迫选择"	该学科"将来有较强的职业竞争力"
百分比（%）	67.35	43.9	38.27	39.4	32.65

由表 3 可知，学习兴趣和高校的专业选择对他们影响较大。对历史学科有浓厚兴趣的学生占 67.35%，历史学科"将来有较强的职业竞争力"占 32.65%；高校的客观要求占 43.9%。

表 4 影响因素所占比例

	任课教师	班主任	家长	其他同学
百分比（%）	12.38	1.5	9.01	4.69

影响学生选择的主观因素中，受学科任课教师的影响最大，其次是家长。在考试内容和方式大致不变的情况下，"亲其师，信其道"，能够对历史学科感兴趣，无非是受教师的师德修养和教学方式、教学风格的影响。

---

① 卢起升："上海高考综合改革方案要点和实施"讲座，2015 年 6 月。
② 王能靠：《关于"高考新政"下历史学科走向的思考》，《中学历史教学参考》2015 年第 2 期。

（二）师德修养的提升和教学方式的转变

高尚的师德修养应立足于教师职业理想的追求和敬业爱岗精神，立足于学生成"人"的追求和关爱学生的热心，立足于一丝不苟的教学态度。[①]历史教师要教好学生、发展学生，除了具备驾驭课堂教学的能力和综合、广博的知识结构外，还要强化以学生为主体的意识。为此，无论是走班制还是班级授课，在教学方式方面，仍然要坚持新课程提倡的两点：一是学生主动参与教学过程，自主探究、合作交流和操作实践都是重要的学习方式；二是教师主动转变教学方式，创造性地探索新的教学途径，改进教学方法和教学手段。

教师的教学风格和特色体现在教学中的每一个环节，如教学语言的简洁幽默，富有表现力；生动形象富有吸引力，抑扬顿挫，富有感召力；如活跃思维、促进思考的启发式教学，投入激情、潜心感受的情境教学，发现问题、解决问题的发现教学；等等。

总之，新《高中历史课程标准》、新高考改革方案给中学历史教学带来了新的挑战。促使我们从社会培养人才的新视角，反思当前的历史课程与教学。在新旧高考改革方案、新旧历史课程标准在衔接和推进的过程中，反思当前的历史课程与教学应有的坚守和改变，我们追求的是既要突破，又要平稳、渐进和有效。

---

① 徐阿根："关于教师教学特色的思考"讲座，2015 年 6 月。

孔子"《春秋》教"及其启示

历史教育的传统在我国源远流长[①]。而提及历史教育,"孔子与《春秋》"便似乎是我们始终无法绕过的一个重要话题。孟子称《春秋》"其事则齐桓、晋文,其文则史",并引孔子之言曰:"其义则丘窃取之矣。"[②]后世更有学者将孔子视为"中国史学之父",认为他所作《春秋》乃是"中国正式第一部历史书"[③]。无论人们对此有无争议,孔子行《春秋》之教一事却难以被抹杀,而其思想源头则可追溯至上古三代的史鉴意识。《春秋》体现的儒家观念、书法义例奠定了传统史学的基调,并对当今的中学历史教育具有重要启示。

一 三代历史教育之传统

人类的存在,在时间中的展开,即为历史。远古的先民们在对自身命运的关注中,萌生出原始的历史意识。三代时期,随着史鉴思想

---

[*] 李燕,北京教育学院教师教育人文学院讲师。

[①] 历史教育有广、狭义之分,它在广义上指以历史为内容、以教育为手段和目的的各种活动,在狭义上则专指各类学校历史学科的教育活动。本文所说的"历史教育"是就其广义概念而言,涉及中学历史学科的教育活动时,则专以"中学历史教育"指代。

[②] 杨伯峻主编《孟子译注》,中华书局,1960,第192页。

[③] 钱穆、朱本源等学者皆持此说。钱穆主编《中国史学名著》,生活·读书·新知三联书店,2005,第17页;朱本源:《孔子诗学观念的现代诠释》,《史学理论研究》1994年第3期。

的丰富，历史教育的传统逐渐形成。春秋中后期以来，危机和内乱并生，人们不禁要考虑如何收拾历史遗散，重整礼乐秩序，孔子的"《春秋》教"也正是基于此而展开。因此，有必要对古代的历史教育传统追本溯源。

早在文字产生之前，先民们即以口耳相传的方式，对本部族始祖诞生、先祖与自然界及各种社会力量抗争的英雄事迹加以传颂，从而形成各种神话传说。梁启超对"初民演史"的场景曾这样描述："当人类之渐进而形成一族属或一部落也，其族部之长老，每当游猎斗战之隙暇，或值佳辰令节，辄聚其子姓，三三五五，围炉藉草，纵谈己身或其先代之恐怖，所演之勇武……其间有格外奇特之情节可歌可泣者，则蟠镂于听众之脑中，湔拔不去，展转作谈料，历数代而未已，其事迹遂取得史的性质……史迹之起因罔不由是。"① 这些神话传说不同程度地保留了人类口头"编纂"的历史内容，反映出先民们初始的历史意识。②

殷商时期，人们已有意识地记录历史，《尚书·多士》曰："惟殷先人有册有典，殷革夏命。"③ 西周统治者从小邦周战胜大邦殷的现实中，体会到以史为鉴的重要意义。《酒诰》引古人之言曰："人无于水监，当于民监。"④《召诰》曰："我不可不鉴于有夏，亦不可不鉴于有殷。"⑤ 从《周

---

① 梁启超主编《中国历史研究法》，东方出版社，1996，第 9 页。
② 在神话、传说与历史的关系问题上，学界大致存在三种意见：第一，神话和传说就是历史；第二，神话传说包含着史实，或历史记载中包含着神话传说；第三，神话传说并非历史或完全与历史无关。中国学者大都认同本国原始历史意识与神话传说存在密切关系，但在表述时却多以"传说"作为中国原始历史意识的源头，并对"神话"与"传说"作不同程度的区分。近年来，随着考古学、历史学、民俗学等多学科综合研究的发展，国内外学者致力于"神话历史"的理论构建与实践探索，并认为神话、传说与历史表现出多样性、层次性的关系。基于此，本文提及"神话""传说"时一般不作过度区分。以上见何顺果、陈继静《神话、传说与历史》，《史学理论研究》2007 年第 4 期；于玉蓉《从"神话与历史"到"神话历史"——以 20 世纪"神话"与"历史"的关系演变为考察中心》，《民俗研究》2014 年第 2 期。
③ （清）孙星衍注疏，陈抗、盛冬铃点校《尚书今古文注疏》，第 20 卷，中华书局，2004，第 429 页。
④ （清）孙星衍注疏，陈抗、盛冬铃点校《尚书今古文注疏》，第 16 卷，中华书局，2004，第 381 页。
⑤ （清）孙星衍注疏，陈抗、盛冬铃点校《尚书今古文注疏》，第 18 卷，中华书局，2004，第 398 页。

诰》诸篇来看，周人围绕"敬德保民"这一核心，已形成较为系统的史鉴思想。① 他们意识到历史可以辅助礼乐教化，并日益重视史官的作用。② 史官不仅负责史册编修、公文起草等事务，还具体参与社会政治生活。如《国语·周语上》曰："故天子听政，使公卿至于列士献诗，瞽献曲，史献书，师箴……瞽史教诲，耆艾修之，而后王斟酌焉，是以事行而不悖。"③ 应当说，"史献书"以行劝谏与史官"掌官书以赞治"的职能性质是分不开的④。不仅如此，由于三代时期"学在官府"，而"官师不分"，史官还向贵族子弟传授知识，使历史教育成为一种经常性的学校活动。⑤

在这种背景下，史官纪事不仅"君举必书"，还通过一定的"书法"以行劝诫。随着史册编修的繁荣，以《春秋》命名的史书大量出现⑥，并

---

① 有学者将西周鉴戒理念分为"以天为鉴""以事为鉴""以史为鉴"等部分。见晁福林《改铸历史：先秦时期"以史为鉴"观念的形成》，《史学史研究》2010 年第 2 期。

② 一般认为，史最初为神职性职官，掌管祭祀、卜筮等事务，后来才出现巫、卜、祝、史的分化。甲骨文中已出现"作册""史""尹"等名称，西周时已设置专门的史官系统。春秋时期，史官职能仍保留了神职性的职责，但更侧重于掌管文献、宣达王命、纪事编史等现实人事。见林晓平《春秋战国时期史官职责与史学传统》，《史学理论研究》2003 年第 1 期。

③ 徐元诰撰，王树民、沈长云点校《国语集解》，中华书局，2002，第 11～12 页。

④ （清）孙诒让撰，王文锦、陈玉霞点校《周礼正义》，第 6 卷，中华书局，1987，第 193 页。劝谏为政者的传统至迟出现在夏代，《左传·襄公十四年》晋师旷谓《夏书》曰："遒人以木铎徇于路，官师相规，工执艺事以谏。"《国语·晋语六》范文子亦曰："吾闻古之言王者，政德既成，又听于民。于是乎使工诵谏于朝，在列者献诗，使勿兜，风听胪言于市，辨妖祥于谣，考百事于朝，问谤誉于路，有邪而正之，尽戒之术也。"以上见杨伯峻主编《春秋左传注》（修订本），中华书局，1990，第 1017～1018 页；徐元诰撰，王树民、沈长云点校《国语集解》，中华书局，2002，第 387～388 页。

⑤ 我国原始社会末期已出现学校的萌芽，夏商时期有小学、大学之分。西周学校分为国学、乡学两类，形成了较为完善的教育体制。如《孟子·滕文公上》曰："夏曰校，殷曰序，周曰庠；学则三代共之，皆所以明人伦也。"《礼记·王制》曰："有虞氏养国老于上庠，养庶老于下庠；夏后氏养国老于东序，养庶老于西序；殷人养国老于右学，养庶老于左学。周人养国老于东胶，养庶老于虞庠。"郑玄注："皆学名也。异者，四代相变耳……上庠、右学，大学也，在西郊。下庠、左学，小学也，在国中，王宫之东。东序、东胶亦大学，在国中，王宫之东。西序、虞庠，亦小学也，西序在西郊，周立小学于西郊。"以上见杨伯峻译注《孟子译注》，中华书局，1960，第 118 页；（汉）郑玄注、（唐）孔颖达等正义《礼记正义》（全 2 册）附校勘记，第 13 卷，第 264 页。

⑥ 如鲁、燕、齐、宋等国史书均称《春秋》，当然也有不称《春秋》的，如晋之《乘》，楚之《梼杌》。"春秋"作为国史名称的由来说法不一，而以杜预说影响最大，其曰："史之所记，必表年以首事，年有四时，故错举以为所记之名也。"以上见（清）孙诒让撰，王文锦、陈玉霞点校《周礼正义》，第 6 卷，中华书局，1987，第 223 页；（转下页注）

被应用于教学。晋悼公以羊舌肸习于《春秋》，可以观其德义，"以其善行，以其恶戒"，"使傅太子彪"。[1] 申叔时亦曰："教之《春秋》，而为之耸善而抑恶焉，以戒劝其心。"[2] 春秋后期，礼崩乐坏，官学失守，孔子基于三代传统而行"《春秋》教"，正是看中了《春秋》的历史教化功能。

二 孔子"《春秋》教"之内涵

孟子曰："世衰道微，邪说暴行有作，臣弑其君者有之，子弑其父者有之。孔子惧，作《春秋》。《春秋》，天子之事也；是故孔子曰：'知我者其惟《春秋》乎！罪我者其惟《春秋》乎！'……孔子成《春秋》而乱臣贼子惧。"[3] 孔子忧惧道之不行，遂据鲁史而作《春秋》[4]。然则《春秋》究竟蕴含了何种"微言大义"，以至于孔子自称"知我罪我其惟《春秋》"、孟子断言"孔子成《春秋》而乱臣贼子惧"？

事实上，这点从该书体例及断限上就可见端倪。《春秋》以鲁国十二公为序，用不足两万字记载了两百四十余年史事，描绘出春秋时期的天下

（接上页注⑥）程俊英主编《诗经译注》，上海古籍出版社，2012，第349页；徐元诰撰，王树民、沈长云点校《国语集解》，中华书局，2002，第33页；（春秋）左丘明撰、（晋）杜预集解、李梦生整理《春秋经传集解》，凤凰出版社，2010，第1页。

[1] 徐元诰撰，王树民、沈长云点校《国语集解》，中华书局，2002，第415页。

[2] 徐元诰撰，王树民、沈长云点校《国语集解》，中华书局，2002，第485~486页。

[3] 杨伯峻译注《孟子译注》，中华书局，1960，第155页。

[4] 关于孟子此说，战国至汉代皆无异议。唐代始有杜预等人提出孔子于《春秋》只是"从而修之"。近代以来，更有学者彻底否定孟说，其理由大致有四：一则此说不见于《论语》，战国诸子中唯孟子提及；二则《左传》言孔子"修"《春秋》，孟子说孔子"作"《春秋》，这与孔子自谓"述而不作，信而好古"相矛盾；三则《鲁春秋》早于孔子出现，文字与今之《春秋》大体相同，今本《春秋》或为《鲁春秋》；四则《春秋》文辞简略如"流水账簿"，并无所谓"微言大义"。其实，作为孔门弟子选编的语录体文献，《论语》未载并不能证明孔子就未作《春秋》，而战国诸子对此虽未提及却均无异辞，同样耐人寻味；至于"修"、"作"与"述而不作"的矛盾，更不宜拘泥地加以理解，李学勤先生指出，其间有"本于旧作"与"终成新书"、"孔子自谦"与"弟子尊崇"的分别。见李学勤《缀古集》，上海古籍出版社，1998，第18~19页。孔子据鲁《春秋》而作《春秋》，二书有同有异；《春秋》文辞简略并不能成为否定孟说的理由。此外，关于《春秋》性质，学界也有不同意见，这关涉到对中国传统经史关系如何理解的问题。从文本及思想来看，《春秋》具有亦经亦史的性质。随着研究的深入，"孔子作（修）《春秋》""《春秋》亦经亦史"逐渐成为学界共识。

大势。它在内容上以鲁国为主兼及他国，涉及征战、会盟、朝聘等活动；在形式上寓褒贬于文辞，同记战争就有"侵""伐""征"等字眼，同记杀人又有"杀""弒""歼"等用法。因此，《左传》曰："《春秋》之称，微而显，志而晦，婉而成章，尽而不污，惩恶而劝善，非圣人，谁能修之?"①

从断限来看，《春秋》始于鲁隐公实有深意。② 隐公处于周天子式微之际，其时郑国内战，卫国弒君，郑周交战，王权崩溃；隐公长而贤，摄政数载而被其弟桓公弒杀，从而成为首位被弒的鲁君，鲁国历史此后便进入了特殊时期。凡此种种，莫不昭示出"臣弒君、子弒父"的无道乱象和西周一统天下局面的结束。《春秋》以隐公始，正体现出孔子"拨乱世反之正"的政治教化意图③。哀公十四年，本应"有王者则至，无王者则不至"的麟，却"不当至而至"，孔子将其视为"王道"理想破灭的象征，遂叹曰："吾道穷矣!"④ 可见《春秋》止于哀公十四年"西狩获麟"同样有其深意。

作为"礼义之大宗"⑤，《春秋》突出体现了重礼正名的思想。在众多祭礼中，郊禘之礼有着非同寻常的意义。孔子说："明乎郊社之礼，禘尝之义，治国其如示诸掌乎!"⑥ 《春秋》共记载了13例违反郊禘之礼的行为，如僖公三十一年曰："夏，四月，四卜郊，不从，乃免牲。犹三望。"《左传》以郊为鲁国祭天的常祀，本来"礼不卜常祀"，卜而不从，不郊而

① 杨伯峻主编《春秋左传注》（修订本），中华书局，1990，第870页。
② 关于此点，历来存在多种说法。如《公羊传·哀公十四年》曰："《春秋》何以始乎隐？祖之所逮闻也，所见异辞，所闻异辞，所传闻异辞。"晋代杜预称："周平王，东周之始王也。隐公，让国之贤君也。考乎其时则相接，言乎其位则列国，本乎其始则周公之祚胤也。若平王能祁天永命，绍开中兴，隐公能弘宣祖业，光启王室，则西周之美可寻，文武之迹不坠。是故因其历数，附其行事，采周之旧，以会成王义，垂法将来。"此外，又有"救周之弊、革礼之失""正君臣之义"诸说。但无论何种意见，皆认同《春秋》始隐具有深刻的象征意义。见刘尚慈主编《春秋公羊传译注》（全2册），中华书局，2010，第650页；（春秋）左丘明撰、（晋）杜预集解、李梦生整理《春秋经传集解》，凤凰出版社，2010，第3页。
③ （西汉）司马迁：《史记》卷130，中华书局，1982，第3297页。
④ 刘尚慈译注《春秋公羊传译注》（全2册），第650页。
⑤ （西汉）司马迁：《史记》卷130，中华书局，1982，第3298页。
⑥ （汉）郑玄注、（唐）孔颖达等正义《礼记正义》（全2册）附校勘记，卷52，第885页。

免牲，又举行望祭，是皆为非礼之举。① 《公羊传》以"求吉之道三"，三卜为礼，四卜则非礼；况且鲁郊非礼，则卜郊亦非礼。② 《穀梁传》则曰："夏四月，不时也。四卜，非礼也……乃者，亡乎人之辞也。犹者，可以已之辞也。"③ 三"传"虽存分歧，但都指出《春秋》书此事是因其于礼不合。此外，《春秋·文公二年》还记载了"跻僖公"一事。根据《左传》，僖公入继闵公，按照"次世之长幼、等胄之亲疏"的昭穆制度④，闵公享祀之位应在僖公之上，而时任鲁宗伯的夏父弗忌却借故将僖公升于闵公之上，因此《春秋》对此"逆祀"之举加以谴责。

孔子主张为国以礼，而礼治首要在"正名"。据《春秋》经传记载，卫太子蒯聩与灵公夫人南子交恶，欲杀南子未遂后，出奔宋、晋。灵公去世后，蒯聩之子辄被立为君，由此引发了长达二十余年的君臣父子名分之争，致使卫国政局长期动荡。所以当子路问道："卫君待子而为政，子将奚先？"孔子答曰："必也正名乎！""名"即名分，正"名"即正"实"，孔子认为，"名正"则言顺而事成，继而礼乐刑罚得当、百姓各得其所。清人刘宝楠指出，《春秋》记此事既谴责了二人行为，又理顺了君臣父子关系，从而实现了"两治"。⑤

孔子曰："入其国，其教可知也。其为人也……属辞比事，《春秋》教也。"郑玄注："属，犹合也。《春秋》多记诸侯朝聘会同，有相接之辞，罪辩之事。"孔颖达疏曰："属，合也；比，近也。《春秋》聚合会同之辞，是属辞；比次褒贬之事，是比事也。"⑥ 孔子基于前代书法传统，缀合文辞、排比史事以行褒贬，形成了特定的"《春秋》笔法"，"属辞比事"也成为"《春秋》教"的显著特点。如《春秋·僖公二十八年》，晋文公于温地大会诸侯，且以臣子的身份召周襄王前来，孔子认为"以臣召君，不

---

① 杨伯峻主编《春秋左传注》（修订本），中华书局，1990，第486~487页。
② 刘尚慈译注《春秋公羊传译注》（全2册），第270页。
③ （清）廖平撰、郜积意点校《穀梁古义疏》，4卷，中华书局，2012，第307页。
④ 徐元诰撰、王树民、沈长云点校《国语集解》，中华书局，2002，第164页。孔子在批评臧文仲时，也将其纵容"逆祀"视为过错之一，其曰："臧文仲，其不仁者三，不知者三……作虚器，纵逆祀，祀爰居，三不知也。"见杨伯峻主编《春秋左传注》（修订本），中华书局，1990，第525~526页。
⑤ （清）刘宝楠撰、高流水点校《论语正义》，中华书局，1990，第517~519页。
⑥ （汉）郑玄注、（唐）孔颖达等主编《礼记正义》（全2册）附校勘记，卷50，第843页。

可以训",所以记为"天王狩于河阳","言非其地也,且明德也"①,表达了尊王攘夷的政治思想。当然,由于《春秋》"文约旨博",还需借"三《传》"彰显大义。对此,前贤时哲结合《春秋》经传,从"大一统""尚德重民""张三世"等角度抉发已多,兹不赘述。

三 "孔子作《春秋》"之启示

孔子借史以明义,言义而未离史,奠定了中国传统史学的基调。西汉司马迁以"继《春秋》"为己任,"拾遗补蓺,成一家之言,厥协六经异传,整齐百家杂语"而成《史记》。此后,历代史家借史实以明纲纪,自觉担负起"有益世教"的使命。可以说,孔子作《春秋》对后世有着深远影响,这种影响自然也及于今天的历史教育。具体到中学历史教育而言,它旨在培养和提高学生的历史素养,而后者是"通过日常教化和自我积累而获得的历史知识、能力、意识及情感价值观的有机构成与综合反映",并表现为从历史和历史学的角度发现、思考及解决问题的"富有个性的心理品质"②。对此,我们可从"孔子作《春秋》"获得重要的历史启示。

如前所述,《春秋》采取了"尽而不污"的撰述原则。所谓"尽而不污",是指如实记录史事、即事以显义。③ 孔子十分注重对历史文献的考证,他曾说:"夏礼,吾能言之,杞不足徵也;殷礼,吾能言之,宋不足徵也。文献不足故也。足,则吾能徵之矣。"④ 由于历史具有不可逆性,人

---

① 杨伯峻主编《春秋左传注》(修订本),中华书局,1990,第473页。
② 吴伟:《历史学科能力与历史素养》,《历史教学》2012年第21期。
③ 杜预曰:"为例之情有五……四曰尽而不污,直书其事,具文见意,丹楹刻桷,天王求车,齐侯献捷之类是也。"见(春秋)左丘明撰、(晋)杜预集解、李梦生整理《春秋经传集解》,凤凰出版社,2010,第2页。以往论者多谓《春秋》曲笔回护,实则是对《春秋》"笔法"的误读。如《春秋·桓公二年》曰:"宋督弑其君与夷及其大夫孔父。"按例,"凡弑君,称君,君无道也;称臣,臣之罪也。"据《左传·桓公二年》,"宋督攻孔氏,杀孔父而取其妻。公怒,督惧,遂弑殇公。"则宋督实杀孔父在前而弑君在后,而"君子以督为有无君之心而后动于恶,故先书弑其君",此即"臣之罪"。所谓"君无道",则指宋殇公即位之后,"十年十一战,民不堪命"。以上见杨伯峻主编《春秋左传注》(修订本),中华书局,1990,第678、85页。可见,《春秋》并未因殇公为君而讳其名,前述杜预所举之例亦属此类。
④ 杨伯峻主编《论语译注》,中华书局,1980,第26页。

们对历史的准确认识就必须建立在充分占有和科学运用相关史料的基础上，史料实证的重要性也就不言而喻。而翻检目前的教科书，却存在与客观史实不符的历史叙事现象①，甚至出现对原始史料误读的情况。如在介绍王阳明心学思想时，有的教科书称引其言说："你来看花树，它才存在；你不去看，山中的花树就不存在。"而查此则史料原文，其曰："你未看此花时，此花与汝心同归于寂。你来看此花时，则此花颜色一时明白起来。便知此花不在你的心外。"② 教科书所言与著者本旨相去甚远，势必对学生认知产生误导。因此，中学历史教育应借鉴《春秋》"尽而不污"的撰述原则，在教科书编纂及教学过程中，综合运用文献、图片、图表、实物等资料多角度呈现历史，并以"求真""谨严"的态度处理历史信息。唯此，才有可能实现对历史事实的准确理解和判断。

中学历史教育承担着人文化育的重要任务，在这点上，《春秋》体现的"辨事明道"教化功用同样值得借鉴。早在21世纪之初，就有学者呼吁"追寻历史教育的本义"，于课程功能上凸显公民教育的宗旨，于课程性质上凸显人格教育的宗旨。③ 而从实际情况来看，由于受教师专业素养、学生文化积淀、教育考试政策等主客观因素的制约，中学历史人文教育功能的发挥仍然显得任重道远。对此，应从加强教师培训、完善教材编纂、深化教学改革等方面入手，通过内容丰富、形式多样的学科教育，使学生深入了解世界历史发展大势和人类文化传统，学会从历史的角度观察和思考社会人生，增强对本国、本民族文化传统的认同感，并提高对是与非、善与恶、美与丑的识别判断力，树立科学的世界观、人生观和价值观，从而有效提高自身的历史素养。

此外，孔子采取"属辞比事"的表达方式，使"《春秋》教"呈现出内容与形式的高度统一，这对今天的历史教育同样具有启发意义。如有专

---

① 何成刚：《努力提升历史教科书编写的史学水平——新版高中历史教科书读后的一点感想》，《历史教学》2006年第2期。

② 人民教育出版社、课程教材研究所、历史课程教材研究开发中心主编《普通高中课程标准实验教科书·历史3》（必修），人民教育出版社，2007，第18页；（明）王守仁撰、吴光等编校《王阳明全集》3卷，上海古籍出版社，2014，第122页。

③ 赵亚夫：《追寻历史的本义——兼论历史课程标准的功能》，《课程·教材·教法》2004年第3期。

家提出，目前我国高中历史课程和教学中存在教科书叙述历史发展脉络清晰度不够、必选修历史教学内容重复、历史教学内容总量偏大、难度偏高等问题，对此应从修订完善历史课程标准、加强对高中教学的专业性支持、提高历史教科书编写质量等方面入手。[①] 就教科书编纂而言，应在专业课程标准的指导下，按照时序性原则，根据历史知识的逻辑顺序与学生学习的认知特点，对课程内容适当调整，并采用学生易于理解和接受的编写方式，以切实提升他们的时空观念、发展意识及表达交流能力。

在全球化背景下，培养合格公民业已成为世界各国学校教育的重要目标。作为学校教育的重要组成部分，中学历史教育旨在培养和提升学生的历史素养，进而有助于现代合格公民培养目标的达成。就此而论，孔子作《春秋》实有重要的借鉴意义。

[①] 朱汉国、何成刚：《关于高中历史课程标准修订的若干建议》，《基础教育课程》2013 年第 4 期。

新世纪以来中国大陆历史学业评价改革的回顾与思考

姚锦祥[*]

20世纪90年代，我国一些历史教育论著中就涉及学业评价的内容[①]，但那一时期人们所关注的主要是考试，尤其是高考试题和应试技巧的问题。2001年以来，随着初中、高中历史课程标准"评价建议"的提出和海外研究成果的介绍，我国中学历史学业评价改革在课堂评价、校外考试评价和高校入学考试评价方面都取得了一定的进展。

一　课堂评价改革

课堂评价是促进学生学习的基本手段，也是诊断和引导课堂教学的重要工具。课外作业是课堂教学的延续，课外作业评价可看作课堂评价的一部分。

20世纪末以来，对课堂教学有促进作用的表现性评价的研究和实践活动在发达国家形成了高潮。新世纪的最初几年，我国学者从多个角度对历史学科的相关成果作了介绍。有的从课程评价与课程实施关系的角度梳理了历史教学评价理论发展的过程，概括了国外所盛行的一些

---

[*]　姚锦祥，南京师范大学教师教育学院副教授。

[①]　金相成主编《历史教育学》，浙江教育出版社，1994，第220~233页；赵亚夫主编《中学历史教育学》，中国建材工业出版社，1997，第246~313页；聂幼犁主编《中学历史教育论》，学林出版社，1999，第113~156页。

观念和做法，如评价与课堂教学紧密相连、关注过程性评价、评价在于促进课堂教学和学生学习等，并指出了"历史教育评价朝着多元化、人性化方向发展"①的趋势。还有学者以案例的形式，设计了基于表现性评价的历史活动及其"表现性评价的量表"②，为课堂评价和课外作业评价提供了参照物。

表现性评价是我国中学历史课堂评价改革的着力点。有的地区早在2002年确定的"学习档案"评价实验中，就列出了诸如"陶艺制作"和"自编历史小短剧"等有助于学生参与课堂的12类活动，并在《亚洲经济》等研讨课中将专题讨论作为表现性任务制作了评价量规，总结了评价方式和实施策略。③有的老师将讨论课设计为可观察和评价的表现性活动，以评价量规为工具通过自评、互评等方式引导学生学会高质量地讨论，并认为这能够"帮助学生了解预期的行为表现"，"规范和组织学生的讨论过程"，"促进学生评价、反思讨论的过程和学习成果"。④提问活动的改善是课堂评价改革的重要方式，有人在批评教师提问不妥做法的基础上，建议通过《课堂提问检核表》的制作提示自己精心设计问题，注意对学生的答问做出恰当的评价。⑤课堂上以怎样的方式评价学生，如何回应学生的答问等课题在一定范围内有所实验，并归纳了延迟评价、赏识激励、启发引导和鼓励创新等策略。⑥怎样评定学生课堂表现的成绩也是课堂评价的重要内容。有的总结了学生合作评价和教师评价等多途径并行的方法；⑦有的利用过程性评价表等工具，将学习过程不同时段、不同任务划分为若干评价要点，注重课堂的全过程评价。⑧有的老师通过建立课堂、学习活动日常奖励机制，观察学生的课堂学习和活动表现，及时奖励，并将成绩纳

---

① 张静：《国外历史学科学业评价的研究与发展》，《历史教学》2003年第8期。

② 黄牧航：《历史教学与学业评价》，广东教育出版社，2005。

③ 张静：《新课程下中学历史学科学业评价初探》，《历史教学》2004年第9期。

④ 张文燕：《初中讨论课中的表现性评价》，《历史教学》2009年第4期。

⑤ 陈伟国，何成刚：《历史教育测量与评价》，高等教育出版社，2003，第60~66页。

⑥ 李学敏：《初中历史课堂教学评价语言的实效性策略》，《天津教育》2011年第2期。

⑦ 陈维坚：《以多元评价促思维提升，以思维提升促主动发展》，《中学历史教学》2011年第7期。

⑧ 施小红：《发展性评价：促进教学质量提升的理念与策略》，《江苏教育研究》2011年第28期。

入学习档案中。有的还制定了"等级评分表"，教师在引导学生参与课堂的同时，通过"等级评分"的方式，及时总结并做出适当评价。① 教师采用怎样的语言评价学生、如何回应学生的答问等问题也在一定范围有所实验。

课外作业评价的改革主要与作业的设计、批改和反馈内容有关。有人主张，历史作业应当有"辩论式"、"故事式"、"论文式"、"推论式"和"调查式"等不同的类型，以体现评价的激励性、趣味性和灵活性特点。② 有人在批评课堂教学和课后作业"两张皮"现象的基础上，倡导一种"互动—生成"式作业，主张在作业问题的提出和解决的过程中，实现学生的自主性参与以及师生之间、学生之间的合作互动，以体现学生在作业中的主体性地位和功能。③ 作业批改是了解和检查学生学习的窗口，有的主张不能对作业进行简单的对与错的判定，应依据学生的学习情况、作业难度和完成情况，采用"眉批"的方式进行，并认为"眉批"的"点"不能太多，应抓住主要问题作正面的引导，注意培养学生发现问题、分析问题的能力。④ 有的老师结合教学实践提出了作业改革的目标，即在活动形式上要从机械死板走向活泼多样，内容上要从单向封闭走向多维开放，实施方式上要从独立完成走向协同合作，评价上要从刻板简单走向激励多元，以此朝着"立足过程，促进发展"的方向转变。⑤ 有的还结合教学案例探讨了平时作业开放式评价的原则、方法和注意问题，并以历史学习的认知能力、思维能力和创造能力为考查对象，介绍了相关的测量目的、方法以及成绩认定的方法⑥。

新课程实施以来，发展性课堂评价的理念为多数人所接受，表现性评价的策略在一些地区进行了实验，但成效有限。一是改革的对象主要在初

① 何丽燕：《用"等级评分"优化课堂讨论的实践与思考》，《中学历史教学参考》2010年第1期。
② 陈杰：《历史作业的创新设计》，《中学历史教学参考》2000年第1期。
③ 王生：《新课程："构建互动—生成"生成式作业观》，《中学历史教学参考》2004年第8期。
④ 徐世德：《历史作业的"眉批"：不应遗忘的角落》，《中学历史教学》2005年第9期。
⑤ 吴磊：《新课程理念下高三纸笔测试的四个变化——发展性课堂评价的实践探索之四》，《中学历史教学参考》2008年第1期。
⑥ 白幼蒂：《历史学科的开放性学习评价》，《中小学教材教学》2004年第5期。

中，高中很少涉及，实验的范围和受惠的人群不多；二是改革的内容以问题设计为主，涉及教师如何反应和应对的问题甚少；三是改革的成果比较零碎，缺少整体研究。

二　校内考试评价改革

20世纪90年代，有人对历史考试有过这样的评价："方式过于单一，一般只限于闭卷书面考试一种；内容侧重历史知识的记忆；方方面面过于看重分数；从初一到高三，各种考试都照搬高考历史的模式。"[1] 新课程实施以来，人们采取了以下一些应对措施。

一是开放式考试的引入。有的老师在期末考试时，采用"历史名词解释"、"历史现象分析"、"历史人物评价"和"乡土历史"等多种题型，允许学生用一周时间、以开卷的方式完成。学生们对此很高兴，积极投入"应试"的活动之中："勤翻两册教科书，上网查资料，借书刊参考，请教社区长者。"[2] 有的地区经过几年的探索，提出了初中毕业实施多种开放式考试的能力目标要求和评量要求，制定了"系列性的、操作性强的各种方案或实施意见"，[3] 还对高中历史必修模块中的"开放性试题的评分方法"，以及"如何克服开放性试题评分标准的随意性与主观性的弊病"[4] 进行了实验。开放式考试使单一的笔试变得多元化，创设了适合学生全面发展的考试环境。

二是纸笔测试命题方式的改革。有的老师从改革"中考"试题内容和题型的角度出发，提出了"让评价成为推进课程改革动力"[5] 的做法。有的从呈现方式层次性、试题内容现实性和答案开放性等方面概括了"情感型试题"的基本特征，总结了据此确立试题主题、设计多项细目表和相关

---

① 冯一下：《考试改革——历史教学改革的一个急迫课题》，《中学历史教学参考》1996年第8期。

② 周明南、邹敏华：《历史，可以这样考》，《历史教学（中学版）》2007年第12期。

③ 何琼：《多一把尺子，便多一批好学生》，《课程·教材·教法》2004年第1期。

④ 何琼：《高中历史必修模块学生学业评价的研究与实践》，《课程·教材·教法》2006年第3期。

⑤ 陆安：《让评价成为推进历史课程改革的动力》，《中学历史教学参考》2004年第9期。

问题等步骤和方法。① 有的指出了初中毕业考试"活"而不难的试题的特点，认为这样的试题不是在"难"上下功夫，而是在"活"上做文章，"使学生在完成考试的时候有一种欣悦的成就感"②。也有学者提出了初中毕业考试和升学考试合卷、试题从易到难提供不同层次考生选择的"一考分层"，以及尝试"一页开卷"和评价多源等建议③。

三是学期评分方式的变革。学生的学期成绩，有人认为应当按其参与课堂教学、完成课外作业和期终考试等情况分比例折算而成。④ 学期成绩的评定，有的认为应当自评和他评相结合，以 A、B、C 等级制加评语的方式呈现。⑤ 有的地区逐步建立了"评价项目多样化，评价内容多元化"的初中历史学期成绩评定体系，这一体系由基础知识、应用能力的考查和平时成绩三部分组成。基础知识的考查采取闭卷考试方式，占 50%～60%；应用能力实行开放式考试，占 30%～40%；学生参与教学过程的记录作为平时成绩，占 10%。⑥ 对高中历史模块的考核方法也有过讨论。有的认为，高中学生历史学业的完成，先要在过程性和终结性评价的基础上获得模块考核的学分，并通过闭卷考试取得毕业水平测试所规定的合格成绩。⑦ 有的认为，学生每个模块的学分应当由其参加纸笔测试和过程性评价的成绩综合而成。纸笔测试采用闭卷和开卷相结合的方式，闭卷部分以 70% 为宜，适当增加开放性试题；过程性评价以一学期一次为宜，侧重于"过程与方法""情感态度与价值观"的考查，成绩在学生自评、小组互评和教师评价的基础上综合而成⑧。

学期和毕业考试与怎样评价学生在一个学期或初中、高中学段的

① 刘俊利：《基于情感、态度、价值观主题的试题初探》，《中学历史教学》2006 年第 11 期。
② 李丹：《命题中的换位思考——长春市历史学科初中毕业生学业考试题例式简析》，《历史教学问题》2007 年第 2 期。
③ 杨向阳：《评价，把历史教学引向哪里——关于历史学科初中毕业、升学考试的改革》，《历史教学》2003 年第 5 期。
④ 黄明坤：《初中历史新课程评价方式改革的探索——来自课改一线的实践》，《中学历史教学参考》2004 年第 10 期。
⑤ 陈维坚：《以多元评价促思维提升 以思维提升促主动发展》，《中学历史教学》2011 年第 8 期。
⑥ 何琼：《多一把尺子，便多一批好学生》，《课程·教材·教法》2004 年第 1 期。
⑦ 黄牧航：《论高中历史科学业评价体系的建构》，《课程·教材·教法》2009 年第 5 期。
⑧ 魏恤民：《高中新课程历史模块考核方式探讨》，《历史教学问题》2007 年第 3 期。

表现有关，涉及评价的标准、工具和方法等问题。新课程实施以来，关注学生的全面发展、重视过程性评价的观念为多数老师所认同，与新课程理念相适应的评价标准、内容和方法也在一定范围内有过实验。但改革进程缓慢，知识考查依然是各种考试命题的基本特点，学期成绩主要决定于期终考试的笔试内容，过程性和表现性评价并未获得应有的地位。相关的研究成果也不平衡，总体上以试题研究为主，与评价体系、评价标准有关的成果较少。参与评价实践改革的面较窄，很少见到全省区的改革成果。

三　高校入学考试评价改革

高校入学考试也是学业评价的一种手段。十多年来，我国历史学科高考命题在考查目标、题型功能、考查内容和方式等方面都取得了一定的进展。

第一，命题目标和指导思想的变化。1992 年公布的《考试说明》提出了历史学科的十条能力要求，其后又从"再认、再现历史知识"、"材料处理"、"历史阐释"和"文字表达"四个方面作了归类表述。这些能力要求"包含了知识、理论、材料信息处理、语言这四种能力因素，反映了考查历史思维能力的总精神"。[1] 能力评价目标的提出，有利于消除命题工作的盲目性，有利于沟通教学和考试双方的联系。2007 年，广东和海南两省率先进行了课程标准条件下高校招生的历史科目考试，教育部考试中心为此颁发了四方面十二条要求的课程标准版《考试大纲》[2]。与此同时，各省区配合课程标准和考试大纲也制订了各自的教学要求和考试说明，历史学科命题标准的研究有了一定的进展。20 世纪 90 年代，历史高考命题的指导思想就从"知识立意"转向了"能力立意"。21 世纪以来，经历文科综合考试以后的高考尝试遵循课程标准的要求命题，有人认为这是"立足于公民价值观的考查"，可称为"价值立意"，也有人将其表述为"问题立

① 刘芃：《历史学科的教育与测量（二）》，《历史教学》1994 年第 12 期。
② 教育部考试中心主编《2008 普通高等学校招生全国统一考试大纲（文科·课程标准实验版）》，高等教育出版社，2008。

意"或"素养立意"①。

第二，题型功能和试题内容的改革。在高考命题的实践过程中，我国历史学科不同的题型被不断地改造、运用与调整。人们认识到，选择题可以考查历史学科的深层能力，其关键在于用科学的思想方法把历史事实置于个体与整体、特殊与一般、表象与实质等一系列思维范畴当中，只有这样技术上才会有突破②。历史材料 1989 年首次在高考试卷中出现以后，人们意识到不同材料及其设问对突破"以本为本"的束缚和防止命题的模式化有重要作用。21 世纪以来，90%左右的历史高考题以材料题的面貌出现，说明材料题创设新情境、新问题的功能得到了有效的利用。问答题的研究，人们最初热衷于"大跨度、高概括"和"小切口、深分析"的命题方式，近年来转变到对论述题特有功能的挖掘上。与此相关的主观题评分方式的研究也进入人们的视野，分等级评分法和"SOLO"层次结构式评分法纷纷出现。

高考试题的考查内容一直具有关注历史基础知识、重视唯物史观的指导和联系现实生活等特点。新课程实施以来，内容考查的变化主要表现在三个方面，试题内容与课本的关系最初是"以本为本"，以后"渐行渐远"，试题对课本的依赖性逐渐削弱；试题内容的解释体系呈现出多元化的趋势，阶级斗争史范式主导的局面不复存在，文明史观、全球史观和现代化史观等范式得到广泛的应用；试题内容的价值取向从文明的传承发展到公民教育，考查过程被赋予了人文教育和公民教育的新职能③。

第三，试题的分析与评价研究。长期以来，人们对高考试题进行了多角度的分析与评价。有的从试题对中学教学影响的角度上展开，分析试题的内容和命题方式，从中找到与之相适应的教学方法；有的从考生答题的结果反馈命题和教学的问题④；有的从认知心理学的角度分析考试的内容

① 冯一下：《曲折难忘的历程——高考历史命题改革 30 年》，《中学历史教学参考》2007 年第 7 期。
② 刘芃：《论题型》，《历史教学》1996 年第 3 期。
③ 黄牧航：《从教育测量走向教育评价——论新课程改革后高考考试评价制度改革的趋向》，《中国考试》2009 年第 5 期。
④ 姚锦祥：《从学业水平测试看高中历史新课程中的教学问题》，《历史教学（中学版）》2007 年第 6 期。

和方式，探析教育心理学在高中历史考试中所起的作用。[1] 也有学者从比较的角度展开，如上海卷与全国卷的命题风格[2]、学科卷与文科综合卷历史命题的方式，以及大陆与台湾历史命题的差异等。以往那种"考了什么—怎么考的"应试式的试题分析思路，正在被"怎么考的—为什么这样考—还可以怎样考"的评价思路取代，这是试题分析和评价的进步。

第四，高考命题与教学关系的研究。20 世纪 90 年代，随着历史高考命题方式的变革和试题难度的提高，教学与考试之间的矛盾加剧。对此，人们提出了多种协调与解决的方法。有的主张首先要从转变教学思想和提高教师专业素质方面做准备；有的主张从教、考双方寻求共同点。也有人认为，处理好两者的关系首先要对考试与教学各自的目标、内容和方式的特点有明确的认识，"考试的能力要求和教学目标的关系是核心问题，其中涉及的命题指导思想、题型、评价等因素都与此有关"。[3] 新课程实施以后，人们对高考命题是否要依据课程标准的问题有过不同的意见。[4] 有的学者认为，一"标"多"本"的高考命题，关键问题在于命题者如何坚定以学生发展为本的思想，树立以课程标准为准则的观念，并能够熟悉课程改革的主要目标和实践情况，提升立意高度，改进设计思路、革新处理技术和转变操作习惯。[5]

21 世纪以来，历史高考改革的目标、内容和方式都在发生着变化，但命题实践中仍然有许多问题需要解决。如命题"双向细目表"的编制，历史知识落实得较为妥帖，而能力的考查则较为滞后，凭经验和感觉命题的现象还有一定的市场。"这种命题中的随意性问题，既影响了试题命制的质量，也难以推动以能力为中心的考核目标与要求的变革和完善。"[6] 再如，综合素质评价的实效、命题内容和方式的科学化，以及学校成绩与大学入学考试成绩相结合等问题也没有找到有效的解方法。

---

[1] 胡谊、顾春梅:《上海高考历史学科试卷的认知分析——心理学角度》，《历史教学问题》2006 年第 5 期。

[2] 冯一下、李洁:《京派与海派——高考历史全国试题与上海试题比较研究》，《历史教学》2004 年第 3 期。

[3] 刘芃:《现代教育测量启示》，《历史教学》1998 年第 11 期。

[4] 穆易宁:《新课标下高中历史学科考试测量命题改革》，《历史教学》2005 年第 4 期。

[5] 聂幼犁:《高考必须从实际出发，完善和推进课程改革——一"标"多"本"下高考改革的思考》，《历史教学》2005 年第 10 期。

[6] 姚锦祥:《历史教育考试研究》，东北师范大学出版社，2008，第 63 页。

四 历史学业评价研究方向展望

随着中学历史课程改革的深入，现有考试评价体系中存在的诸多问题逐渐浮出了水面，认真对待并找到解决这些问题的方法是当前中学历史教育改革面临的基本任务，也是中学历史学业评价研究的方向。

其一，评价与教和学的一致性问题。传统观点认为，评价是教学之后的一个环节，评价与教学是分离的。近年来，学界逐渐接受评价是教学一部分、评价与教学各环节紧密相联的观点。有的教师在备课阶段就考虑评价的问题。有的老师开始借鉴西方国家逆向教学设计的方法，尝试以评价引导教学，即先在分析内容标准的基础上，"设计恰当的教学目标"和"编制确保教学目标实现的测试评价方案"，[①] 并据此设计学习过程与教学。评价应该是促进教学和学习的动力，而不是"跟着车头走的车厢"。要使课堂评价的这一功能得到充分的发挥，仍有一些亟须解决的课题，如课堂评价与课外作业评价设计和实施的理论与技术问题，"教—学—评"一体化的教学实证问题，以及课堂评价与教师专业发展的问题，等等。

其二，基于课程标准评价的问题。"如果学生学业成就评价指向于学生学习的改善，那么它必须基于课程标准，因为课程标准提供了对学生学习的期望，基于标准的评价能够反映学生当前的学习状态与标准的期望之间的差距。"[②] 学业评价的第一步是要把学习目标具体化、学习的内容和要求变得可测量，使其能作为评价的依据。但目前我国的初中、高中历史课程标准相关内容的表述比较抽象，难以作为评价的标准使用。怎样保证评价与课程标准相一致的问题引起了多方的关注。如有的单位以课程标准为依据，研究开发了历史学业"评价的内容标准"、"评价的工具和方法"以及"评价样例"[③]。这为教师分解细化内容标准，进行基于课程标准的学业评价提供了方法指导。有的学者通过对课程标准的细化、充实和完善，从

---

① 陈志刚：《基于标准的历史教学设计特点与操作》，《历史教学》2014 年第 9 期。
② 崔允漷主编《基于标准的学生学业成就评价》，华东师范大学出版社，2008，第 109 页。
③ 人民教育出版社、课程教材研究所等主编《初中历史学业评价标准（实验稿）》，人民教育出版社，2012。

认知行为标准、价值观指引和表现性评价指引以及内容示例方面，制订了"高中历史科学业评价体系的评价标准"[①]。这些成果为课堂评价和考试评价奠定了基础，也为一线教师和研究者提出了更为深入的研究课题，如怎样理解教学目标与评价目标的关系，如何制订一个学期、一个单元和一课的评价目标与标准，如何确定和实施评价标准与内容标准的一致性。

其三，历史学业评价体系的实证研究问题。长期以来，在纸笔测验为我国主要考试形式的背景下，历史学科高考成绩成了检验历史教学和学习程度高低的标志。这种以应试教育为特征的单一的评价标准，不仅与我国中学历史学业评价方式和工具落后有关，也与评价制度有关。如何建立一套包括课堂评价以及学期考试、毕业考试和高校入学考试评价在内的评价体系，需要借鉴发达国家的经验，也需要教学实践的检验。评价与教学的一致性问题和基于标准的评价等问题的解决，同样离不开一系列的实证研究。其中，表现性评价的实证研究尤为重要，如历史制作、历史调查和历史小论文等评价方式，既要对其评价功能有确切的了解，对其评价量表的制作也要有一定的专业水准。加强教学实验是解决这一问题的主要途径。

---

① 黄牧航主编《高中历史科学业评价体系研究》，长春出版社，2011。

历史教师的专业发展

聚焦教师的深层行动指令

——建立与强化历史师范生教育信念的实践探索

杨朝晖*

一　转向建立和改进教师的深层行动指令

长期以来，人们将教师专业发展的关注点聚焦在如何补充其学科专业知识和教育教学技能等外显的行为上。然而，近一个时期以来，人们对教师专业发展的关注点已从外显的行为、技能向更加内隐然而又更加关键的深层认知因素转变。这种深层的认知因素，有的学者把它称为"教师的深层行动指令"①。这些深层的行动指令包括信念、认同、意向、默会的教师实践性知识等。

在心理学上，信念被认为是个体对于有关自然和社会的某种理论观点、思想见解所持有的一种坚定不移的看法②。研究证实，在特定的社会文化背景中，人们形成自己独特的信念和思想，无论意识到还是没有意识到，其都在影响着人们的活动③。因此，信念被认为是人们认识世界和改造世界的精神支柱，是从事一切活动的激励力量。信念一旦确立以后，就会决定个体成长与发展的方向、速度和效果。

近年来，"教师认同"研究也成为西方教师教育研究的一个热点。有

＊　杨朝晖，首都师范大学副教授。

①　黄希庭：《心理学》，上海教育出版社，1997。

②　俞国良、辛自强：《教师信念及其对教师培养的意义》，《教育研究》2000 年第 5 期。

③　周成海：《导正教师认同：教师教育的重要使命》，《中国教育学刊》2007 年第 11 期。

关教师认同最简单而通俗的定义就是教师如何界定"我是谁"的问题。研究者普遍认为，认同是教师改变的内在基础。导正教师认同是教师教育的重要使命。①

与认同联系比较密切的一个概念是"意象"。教师意象的概念最早由艾尔贝兹在对教师的实践性知识的研究中提出，她认为教师的知识框架从抽象到具体分为三个层次：意象、实践原则和实施规则。其中教师意象是教师的智力脚本或隐喻，它作为一种深层的认知结构，对教师的教学行为产生制约性影响。举例来说，假如一位体育教师持有"教师像是魔术师"的意象，那么他的"实践原则"就可能是"营造愉快的上课氛围"，而他的"实施规则"就有可能是做游戏、讲笑话等具体的做法。按照艾尔贝兹的观点，教师意象是教师的教学的深层指令，要真正改变教师的教学，必须从修正教师的意象入手②。

然而，更具有包容性的研究还是有关教师实践性知识的研究。实践表明，教师的实践性知识是教师专业发展的主要知识基础，在教师工作中发挥着不可替代的作用。它不仅对教师所遭遇的理论性知识进行筛选，并在教师解释和运用此类知识时起重要的引导作用；它具有强大的价值导向和行为规范功能，指导甚至决定着教师的日常教育教学行为③。

关于实践性知识的内涵，不同的学者给出了不同的定义。艾尔贝兹认为，教师的实践性知识是指教师以其个人的价值、信念统整其所有的专业理论和知识，并且依据实际情景为导向的知识④。康纳利和克兰迪宁认为，教师的实践性知识就是教师的个体性经验，它蕴含在教师现实工作实践中，存在于教师的过去经验中和未来的教学计划和活动中⑤。陈向明认为，"教师的实践知识是教师真正信奉的，并在其教育教学实践中实际使用的

①　周成海：《导正教师认同：教师教育的重要使命》，《中国教育学刊》2007 年第 11 期。

②　L. Elbaz, "Teaching Thinking", *A Study of Practical Knowledge*, London：Cro. Helm, No. 5, 1983, p. 67.

③　陈向明：《实践性知识：教师专业发展的知识基础》，《北京大学教育评论》2003 年第 1 期。

④　L. Elbaz, "Teaching Thinking", *A Study of Practical Knowledge*, London：Cro. Helm, No. 5, 1983, p. 67.

⑤　〔加〕F. 迈克尔·康纳利、D. 简·克兰迪宁：《教师成为课程研究者——经验叙事（第二版）》，浙江教育出版社，2004。

或表现出来的对教育教学的认识。教师的实践性知识构成包含 6 个方面的内容：教育信念、自我知识、人际知识、情景知识、策略性知识和批判反思知识。其中教育信念在教师的实践性知识中占据中心地位①。

总之，无论是关于信念、认同、意象的研究还是关于实践性知识的研究，人们对教师专业发展的关注点已经从关注"什么样的知识对于教学是必要"问题，进而关注"教师实际知道些什么"，更加强调教师发展的自主性与建构性，强调培植起教师自我的"反思"的意识，以促使其对于自己、自己的专业活动，直至相关的物、事有更为深入的"理解"，不断发现其中的"意义"和自我认知深层行动指令发现与修正。由此，这些研究成为我们指导实践的重要指针和依据。

二 聚焦"历史教育价值功能"的认知与认同

对于师范生而言，建立和改变其深层行动指令的内容有很多，如建立什么是好的教师、好的课堂、好的教育的价值尺度，建立对于自己做一名历史教师的职业认同，建立关于教与学的正确意向，等等。但是，在众多的深层行动指令中，笔者认为，建立起历史教育学科功能与价值的正确认知，是最为重要也最为迫切的任务。原因如下。

第一，对学科教育价值与功能的认知与把握是进行历史教学的前提。

所谓对学科教育价值与功能的认知是指人们对于所教学科在对学生发展中所发挥出何等作用与影响的认知与判断。它不仅反映了历史教育工作者对于本学科性质的认知和整体把握，也反映了历史教育工作者对于自身工作价值意义的自我认同与判断。因此，笔者认为，对这一问题的理解与认同，在历史教育中带有方向性和根本性的作用。不同的认知会导致不同的教育教学行为。

在现实中我们看到，不同的人处在不同的时代，站在不同的角度，对于历史教育的功能有不同的认知。如在 20 世纪 80 年代，受意识形态的影

---

① 陈向明：《实践性知识：教师专业发展的知识基础》，《北京大学教育评论》2003 年第 1 期。

响，人们更多地站在社会本位的立场来思考历史教育的功能，将爱国主义作为历史教育的核心。其中以白寿彝为代表，他在中国教育学会历史教学研究会第二届年会上讲话时说，就我们历史教学来说，我想有三件事情可能是进行爱国主义教育最重要的事情：第一是培养孩子们的历史感；第二是培养孩子们的时代感；第三是培养孩子们的民族自豪感。这三个"感"要做得好，首先是我们当教师的，自己要有很好的"感"才行。这对我们本身来讲，是进行教育也是接受教育的机会，还需要很大的努力。[①]

随着改革开放，受西方价值观念的影响，人们开始关注公民教育。齐健、赵亚夫合著的《历史教育价值论》认为，历史教育的显性功能是实现公民教育，历史教育的本质是进行人文教育，历史教育的核心目标是追求个性教育，历史教育的推动力则为创新教育。[②] 王铎全著《历史教育学》认为历史教育的社会功能有：教育功能（如爱国主义、民族自豪感、民族优良传统教育、社会发展规律、世界观人生观教育等），政治功能（如鉴往知来，垂训后世，"纵观过去，考察当前，预见未来"），文化功能（提高文化素养，培养历史意识、历史思维、历史方法等），同时还认为历史教育兼具德育和美育功能。[③] 可见，站在不同的视角，人们对历史教育功能的理解是不同的。笔者搜集自 20 世纪 80 年代以来有关著作和论文发现，人们对于中学历史教育价值和功能的认知可谓"五花八门"。如果按照目标取向进行归类，学者们提及了如下一些角度。

表1　按目标趋向划分的历史教育价值功能

知识层面	续存文化，提高知识素养
能力层面	历史思考力，创新思维力，价值判断力，社会适应力，批判力，问题解决力，自主力，资政资治，等等
情感态度价值观层面	爱国主义精神，民族精神，德育功能，美育功能，国际意识，民主意识，忧患意识，经济意识，灾难意识，环境意识，遗产保护意识，法制意识，公民教育，人格教育，人文精神教育，等等

---

① 白寿彝：《怎样在历史教学中进行爱国主义教育》，于友西主编《中学历史教学法》，高等教育出版社，1988。
② 齐健、赵亚夫：《历史教育价值论》，高等教育出版社，2003。
③ 王铎全：《历史教育学》，上海教育出版社，1989。

如此众多的认识说明历史教育所承载的教育价值功能是非常多样的。但是，究竟哪些功能是最本质或最重要的呢？看来人们对于历史教育价值功能的认识还存在很多分歧。

第二，对历史教育功能本质认识存在模糊不清的现象。

人们对于历史教育价值功能的认识存在分歧，一方面说明学界关于这一问题的研讨还不够深入，另一方面也说明，对于历史教育的本质功能认识还存在很多模糊不清的问题。比如如何认识历史学科的本质属性；历史学科与历史教学学科的功能有何不同；如何认识中学历史教育的本质；中学历史教育的特征是什么；各种价值功能之间是什么关系；如何进行有关价值功能的科学分类；等等。

对这些问题认识的模糊，其实在中学历史教学的课堂中也明显地显示出来，其主要表现为教师在教学设计中不能清晰地知道和表述自己这节课到底在教什么。也就是说，很多教师所上的课是缺少灵魂的课，是缺少教学立意的课。没有灵魂的课就会让一堂堂的历史课成为浪费学生青春和耗费师生生命的消磨场。正如一位学生描述自己的历史课堂场景："我对历史的学习产生了厌烦的心理，不知怎么就是不想学了。老师只是注重课文的讲解，死板无味，缺乏兴趣。我们听得昏昏欲睡，课堂被教师弄得死气沉沉。同学们就像一只只小绵羊，一点也不活跃。现在已经立夏了，天气越来越热，困神会经常缠绕着同学们，使大家直打瞌睡，根本提不起精神上课。这样，老师只顾哇啦哇啦不住地讲，也许是件好事——催眠曲。"

第三，在师范教育中，历史学科教育学专业并未对此问题给予足够的重视。

笔者从众多专著和论文的检索中发现，尽管人们对历史教育的功能认识阐发有很多观点，但都是站在某一角度阐发中学历史教学对于中学生成长和发展的意义。站在教师或师范生的角度来阐发了解和理解历史教育功能的意义则很少，可以说几乎没有涉及。这也可在师范生自己的体验中反观一二。如一位师范生在随笔作业中写道："通过三年的历史学习，尤其是在史学概论课上的思考，我们已经基本清楚了为什么要学历史，而为什么要教历史，还没有认真地思考过。可是，作为将来的历史老师，如果我们自己都没有想清楚为什么要教历史的话，恐怕今后的教学很难令学生信服。"

综上所述，建立和改进师范生有关学科教育价值和功能的正确认知，无论对于学生的发展而言还是对于教师自身的价值感和职业认同而言，都具有非常重要的现实意义。

三　依托教师技能课程的实践努力

鉴于以上认识，笔者从2006年起，以历届师范生教学技能课程的导言课为平台，通过"故事分享，自我澄清；相互碰撞、互动分享；系统梳理，深化引领；导言设计，实践内化"等步骤手段，对师范生的历史教育功能认知与教育信念建立进行了持续的打造和强化。

（一）故事分享，引发思考

在每一次教学技能课的起始课程环节，笔者一般会设计"故事分享"环节。在这一环节中，主要任务是让师范生叙述历史教学对于自身成长和发展产生的影响，其目的是让"历史教育的价值功能"这一问题与师范生的自身体验和经历产生意义的联结，同时，笔者也会补充一些典型的教学现象和观点，以引起师范生对于"我在从事着一门什么样的职业""我在为什么而教"等问题的深层思考。如出示一位中学教师所收到新年贺卡，上面的内容是：

> 亲爱的老师：
>
> 　　您好！真抱歉，当我给您寄这张贺卡时，我才突然发现，您花费了那么大的心血教给我的那些历史知识，我已经将他遗忘在早晨长跑的跑道上了，淹没在拥挤嘈杂的餐厅里了，丢失在周末联欢的舞会上了……真不好意思，现在，您辛辛苦苦教给我的历史，我已经全部把它交还给您了！①

之后，设计如下问题：假如你是这位历史教师，当你收到这样的贺卡

---

① 齐健：《初中历史新课程教学法》，开明出版社，2003，第1页。

后，你会有何感受？你将如何思考自身工作的价值和意义？通过这一问题情景的创设，学生自然从自身的经验体会出发，开始思考历史教育功能价值问题。

（二）相互碰撞，深化引领

在有了一定的思考以后，还会设计一些讨论的题目或有趣的活动，以帮助师范生进一步进行思维的碰撞与认识的深化。如继续出示这样一则材料：

> 亲爱的老师，我是一名纳粹集中营中的幸存者，我亲眼看到了人类不应当见到的情况：毒气室由学有专长的工程师建造；儿童被学识渊博的医生毒死；幼儿被训练有素的护士杀害；妇女和婴儿被受到过高中或大学教育的士兵枪杀。看到这一切，我疑惑了：教育究竟是为了什么？我的请求是：请你帮助学生成长成为具有人性的人。你们的努力绝不应当被用于创造学识渊博的怪物、多才多艺的变态狂、受过高等教育的屠夫。只有在使我们的孩子具有人性的情况下，读写算的能力才有其价值。①

纳粹集中营幸存者的发问是对历史教育功能最本质的发问。通过对这一问题的思考，可以将师范生对历史教育功能的认识引向更深入的思考。

除此之外，笔者还会将历代名家对历史教育功能的认识进行系统介绍，组织学生观看教育电影《春风化雨》（又名《死亡诗社》）。通过对观看这一电影感受的分享，进一步加深学生对教育本质的理解，进而再通过作业的方式，强化他们深入思考：历史教育本质是什么？历史教育最核心的功能是什么？之后，还会给师范生留这样的作业："论历史教育的魅力""我们为什么而教""我骄傲我是历史教师""我的历史教育信念"等。实践证明，作业的撰写与点评分享，也是进一步提升师范生的职业信念、强化其对历史教育学科本质的整体理解和价值功能认知的有效手段。

---

① 齐健：《初中历史新课程教学法》，开明出版社，2003，第42~43页。

（三）导言设计，实践内化

笔者认为，教育信念是教育认知的高级形态，如果要达到信念层次，必须达到笃信笃行的程度。而要达到这一程度，仅仅靠课堂建立起学生的历史教育功能的认知与个体化思考是远远不够的，还需要在后续的课程中通过一系列的实践进一步内化和强化他们对这一核心问题的理解与认同，从而达到自觉践行的状态与程度。为此，笔者在后续的课程中又设计了一个实践性课程，即以小组合作的方式进行一次初一历史导言课的设计与试讲活动。其学情的假设是：学生对历史虽然有所接触，但是还没有真正接触过历史课程。导言课的教学目标是：不仅要介绍历史课是一门什么样的课，还要充分利用心理学中的"首因效应"，让学生从第一节课就喜欢历史课，喜欢历史教师。

应该说，这个实践作业的练习并不轻松，具有一定的难度。因为学生只有对"历史"这门课到底是一门什么样的课程以及实现哪些育人功能有比较清晰的认知，才能选择好和组织好教学，同时还需要深入浅出，以灵活生动的方式方法给学生讲解出来。因此，这个实践环节的设计，不仅可以进一步内化和强化师范生对学科教育功能的认知，同时也可以提升和检验师范生的综合实践能力，可谓"一箭双雕"。令人欣慰的是，在小组合作学习的互助下，同学们集思广益，相互碰撞，有效化解了教学中的不少难题，收到了不错的实践效果。

四　聚焦"深层行动指令"的成效与收获

通过对师范生的持续的深层行动指令的建构与强化，在不知不觉中，师范生对历史教师这样职业身份的认同和对历史教育价值功能的认识与理解发生了潜移默化的变化，强化了作为中学历史教师的意义感和价值感以及对历史学科的认同。如卢锁霞同学在作业中写道：

> 我没有真正面对中学生去讲过历史，但我们没必要纠结于该不该教历史了，必须教！而且应该比数学、英语、语文老师更轻松的心态

才对，他们面对高考的压力更大、分数的压迫更强，我们要放轻松让学生高兴学习才对，即使高中文科生面临高考的文综压力，那压力和其他学科也是一样的，并无特别。历史学科的地位并不尴尬，相反意义重大，历史老师不必悲观也不必发愁，只要想好怎么教好就行了，不要怀疑历史学科存在的价值！

王西贝同学写道：在我看来，历史学科具有其独特的魅力，它给学生带来的丰富想象和人文熏陶都是其他学科所不能给予的，甚至其他文史类学科，也难以与历史学科比肩。历史学科由于其教授内容的特殊性和广泛性，在诸多人文学科中最能体现出对学生施予的人文关怀。

正是因为强化了师范生对于历史学科以及对自身职业的价值认同，因而自然提升了如何尽快提高自身素养的使命感和勇敢面对未来困难和挑战的勇气。

王静同学写道：现在的我，依然有许多需要学习和完善的地方，虽然明白自己身上还有很多的不足和欠缺，距离理想之师还有很大的距离，但我相信，终究有一天，我会成为我的学生心目中的理想之师！

张惠同学说：当写下"如果我成为一名历史老师"这个题目的瞬间，我仿佛已经成为一名真正的老师了，身上多了一份责任感与神圣的使命感。

徐冉同学说：诚然，我当初对专业的选择多少有些随意、盲从，只把教师当作安身立命的一份工作而已，但在这一段的学习接触中，我越发感受到历史的厚重和教育的生动。它潜移默化地影响着我，并成为我生活中不可或缺的一部分，这种逐渐形成的使命感告诉我不要停下自己的脚步，要有信念、有信心去坚守它，教育是需要全身心投入的，它是心与心的交流，思想与思想的碰撞，时代的发展、教育的改革也对历史教师提出了越来越高的要求，我会不断地学习并反思，从而进步，从而成长，从而成为一名名副其实的历史教师。

总之，对师范生历史教育信念持续的强化和打造，引发了他们对自身职业价值的深度思考和职业认同，强化了他们从事历史教学的尊严感和意义感，并为他们今后顺利走上工作岗位、建立起职业自信、正确选择职业行为方向、进行有效教学决策奠定了坚实基础。

历史教育专业硕士教师技能的困境与重构

何　瑛*

为了培养本科生的应用技能，师范院校开设了"三字一话"、课程与教学论、教育学原理、教育心理学等传统教学法课程，继后又开设了计算机运用等课程，欲以之辅助教学。但是，对教育专业硕士却忽略了这种最基本的训练，历史教育专业硕士亦如此。作为一线教学的教师，近年来我们越来越多地收集到从职场反馈回来的、令人不安的信息——不少历史教育专业硕士因为教学技能的缘故受拒于中学校门。究其原因，并非其专业知识掌握得不好，而恰恰输在了他们不重视，甚或是不屑于下功夫的应用技能上。思考再三，便有了这篇论文。

一　传统教学手段欲罢不能

在传统的教学技能中"三字一话"（粉笔字、钢笔字、毛笔字、普通话）一直占据着重要地位，时至今日，在历史教育专业硕士的培养中仍然起着切实有效的作用。面对快节奏、富资讯的信息时代和普遍将多媒体辅助手段用于教学的同时，我们仍需要告诉同学们："三字一话"依然十分重要。

硬笔是基础，且用得最多。然而笔者竟遗憾地发现，如今很多大学生

---

* 何瑛，重庆师范大学历史与社会学院副教授。

乃至研究生硬笔字仍与中学生相差无几，且该现象近年来竟有增无减。这直接影响到他们的人际交往与就业。究其原因，应与计算机的普及和我们对该方面的引导不力相关。实际上，用计算机打字虽然日渐成为书面交流的重要方式，但在大多数场合我们仍无法离开硬笔。硬笔字不仅是我们日常交流必不可少的工具，更是本人外在形象的展示，文如其人，字也如其人。同时，我们还得直面这样的尴尬：一些能娴熟操作计算机的同学，手书作业中的文字总是缺画少点。或许正是电脑程序的精确，使我们的学生失去了自我纠错的机会，导致他们对文字识别的准确性开始退化，对文字的把握也变得似是而非。历史学是文科，文字——特别是古文字，学生是少不了要经常接触的，因此建议同学们在掌握好计算机技术的同时，还要认真练好钢笔字，而历史课堂上的笔记无疑是学习知识和练习书法两全其美的好机会，同时作为老师，在日常作业、论文布置时亦应多要求学生动手写。

在绝大多数地方（尤其是广大农村）我们的教师仍将常年面对黑板，[①]因而粉笔字格外重要。粉笔字是课堂上师生间交流思想、传道解惑十分重要的媒介，其水平的优劣对教学质量的影响是很大的。"无论如何作为教师想要避免不写板书或不通过板书影响教学，似乎都是不可能的。"[②] 因为板书形式的优劣，直接关系到表达内容的好坏，糟糕的板书可使信息的传递大打折扣；而漂亮的板书不仅流畅地传递了信息，而且带来书法艺术的附加价值。遗憾的是，我们大部分历史教育专业硕士仅仅是在临近教学实习前才匆匆地拿起粉笔，其结果可想而知。因此，在历史教育专业硕士入校的第一学期，我们就发给他们每人一块小黑板，并向他们强调练好"三字"对于未来教师的重要意义。且不论广大农村多媒体教学远未实现，就是在城市学校，采用板书的方法教授历史，在逻辑思维和逐级展示上往往优于多媒体。特别是对于跨专业学习的历史教育专业硕士，专职书法教师的指导与小黑板应伴随其两年的学习生活，如此方能收到显著的效果。

时至今日，毛笔字在教学上的意义虽然不及过去，但仍不失为历史教育专业硕士修身养性、培养艺术情操的很好途径。书法对于个人性情的陶

---

① 调查表明目前在广大农村中小学，多媒体应用状况堪忧，或政府部门投入不足，或学校领导、教师认识不足，或教师技能不够，等等，因此传统教学仍然占主导地位。

② 赵伶俐：《课堂教学技术与艺术》，西南师范大学出版社，1993，第137页。

冶远不是敲键盘所能替代的，我们对毛笔字训练最看重的应是其过程，它使人静下来观字，从古今书法名帖中去体会传统文化与艺术的博大精深；它能使人静下来观心，扫去与年轻并存的浮躁，逐步培育起自己的从容与坚持。事实上，当我们的一些学生力图用键盘敲字的规范掩饰自己手书章法的混乱时，他们也正在失去一个提高自我修养的良机。为此，我们可以考虑给历史教育专业硕士布置每周一练的毛笔书法作业，抄写与文史相关的内容，用蝇头小楷培养他们的细心和认真、磨炼他们的耐心和韧劲，去掉学习历史最忌讳的浮躁。

师范学院对普通话的训练，历来十分重视。但是历史教育专业硕士中有不少来自非师范院校，因此他们的普通话往往很成问题。为了纠偏，近些年我们努力不少，但对来自边远地区的学生而言，效果并不十分显著。究其原因，固然与他们的学习时间短（仅仅两年）、我们的语言教学投入不够相关，但鼓励甚至规定同学们在公众场合及日常生活中必须讲普通话显然更为重要。首先要让同学们大胆地开口，不必顾忌别人的嘲笑；其次是对普通话语境的营造，有了"共话"的氛围，障碍也就少了，提高便会快些。作为老师，我们很难要求学生的普通话如播音员那样字正腔圆，但可以尽量纠正他们浓重的地方腔和习惯用语，使之能流畅表达，尤其要告知同学们规范的语言是准确表达历史内容和进行讨论的前提。讲普通话贵在坚持，据已往的经验，每个同学在课前 5 分钟的轮流公众演讲，对其普通话的提高效果颇佳。此外，还要多给学生一些诸如发声技巧、合理用嗓、保护声带等常识的指导，在教学实习中，我们的同学常常"试讲"没几天声音就沙哑了。

采用传统的教学方法，其局限性也是显而易见的。首先是缺乏形象的直观性，特别是在表现历史事件和需要对具体事物进行形象描述时常显得力不从心；其次是不便表达大容量信息，这在大师而言还不算太难，但对于缺乏经验的学生就十分不易了。它需要梳理、整合、逻辑排序、畅快表达等系列技巧的综合运用。例如，在历史教学中对地图描绘、事件进程、人物表情、地貌气候等的表现，以图画的方式直观表达不但可以实现形象化、趣味化，还会加深同学印象。这种困境在城市学校可以依靠多媒体予以弥补，但是在广大农村和边远地区就往往成了难以逾越的障碍。鉴于此，我们的历史教育专业硕士就需要学点"简笔画"。所谓简笔画就是用概括、简练的线条勾画出事物的状貌，它具有作画时间短、学习容易、表达生动形象、可视性强等优点。将简笔画引入教学，不仅利于教师将抽象的概念具象化，更利于学生理解问题、提高学习兴趣和调节课堂气氛。

为历史教育专业硕士开设"教学演讲学"十分重要。事实上，学术功底深厚并不等于流畅表达，课上不好的学生常常是由于他们没经过专门的教学方法训练，比如毕业于综合性大学的历史学同学常常就是如此。同样的，会说普通话也不能与会演讲画等号，演讲需要把传授知识、形象描述、思想教育与审美教育四大职能有机地结合在一起。

我们认为，传统的教学技能在教学手段日渐多元化的今天，不仅未失去其原有的功用，相反还能与多媒体教学相辅相成、并驾齐驱。在有条件的地方（相对发达地区）使用多媒体无疑极有利于课程教学，其多元化的表达方式不仅能够弥补传统技术表达语言的不足，更能极大地充实我们的教学内容。而在更为广阔的欠发达地区，传统的教学技能仍然是不可或缺的。对历史教育专业硕士而言，在资讯膨胀、表达方式多元化的今天，我们既要打下牢固的传统教学技能基础，也需掌握现代多媒体辅助教学手段。

二 多媒体辅助授课亦喜亦忧

由于对"多媒体"（multimedia）一词至今没有权威定义，人们便将之理解为多种媒体的综合。多媒体主要是计算机和视频技术的结合，多媒体系统即是产生、传递和交互处理数值、文本、颜色、图形、图像、视频、音乐、语音等多种媒体的多功能电子系统。随着教学改革的不断深入，现代多媒体技术以其迷人的风采进入了课堂并成为辅助教学的重要手段。"由于计算机具有交互特性而且具有快速存取和自动处理等功能，不仅能呈现教学信息还能接受学生的回答并进行判断，进而能对学生进行学习指导。"[1] 使用多媒体辅助历史教学的好处是不言而喻的，分别从教与学两方面试述如下。

---

① 张学敏：《课堂教学技能》，西南师范大学出版社，2000，第 277 页。

　　就教师而言，其优势至少体现在以下四方面。首先，多媒体技术图文并茂、形象鲜活，动态的演示、光源的诱导和精彩的画面更易于吸引学生的注意力，从而使课堂教学有可能变得十分精彩，使教学目的和内容能顺利地完成。其次，它使教学环节变得更具可控性，有助于准确地把握教学时间与节奏；电脑操作使教案更新变得十分方便，免去纸质讲稿修补后的不协调。再次，它便利课堂内外教学信息的传递与收集。其中包括作业、讨论的布置，教学意见的反馈以及教学效果分析等。最后，利于低碳教学。使用电子课件具有节约纸张、便于保存、利于携带的优势，老师也不再为厚厚的讲义夹所累。同时，大大降低了教师授课时的体力消耗。

　　多媒体辅助教学对提高学生的学习效能表现明显。一是可激发学生的学习爱好。多媒体的使用能以其图文并茂、声像俱全、"寓教于乐"的形式，满足学生求新、求奇的本能，使之愿意主动接受课程内容。二是使学生容易理解教学内容。由于多媒体能使学生的感官得到全方位刺激，使之有亲临其境的感受，进而加深他们对课程的理解。三是便于学生积极参与教学过程。多媒体教学系统所提供的互动平台，能够给学生以自我展示的空间，展演他们的思考与探索，从而培养学生的动手能力与创新能力。事实证明，在历史教学中，诸如历史进程、内容之比较，尤其是历史事件的叙述，多媒体具有强大的表现力。

　　但在多媒体辅助教学的实践中，确也有些不尽如人意的地方。主要体现在如下三方面。一则多媒体"喧宾夺主"强占了教师的主导地位。由于"第三者"大屏幕的插入，改变了过去师生间直接对话的传统模式，在一定程度上割裂了师生之间的情感交流；同时，大屏幕加高光吸引了学生的眼球，使学生下意识地忽略处于暗处的老师，他们被边缘化了。二则部分教师对多媒体使用不当。他们仅将屏幕当作"电子黑板"展示他们的讲义，使学生在看屏幕抄讲义时，把教师"晾"在了一边。三则一些教师多媒体课件制作水平不高，表现之一是形式呆板、乏味、缺少吸引力，使学生兴味索然；表现之二是形式花俏，却由于基本教学技能和经验短缺，不能恰到好处地贯彻教学思路。

　　鉴于多媒体使用上的优势和缺陷，我们认为就历史教育专业硕士而言，如何扬长避短、将多媒体使用与传统教学技能相结合是必须探讨的问题。为此，笔者建议如下：首先，要学会利用多媒体但不简单依赖多媒体，要有现代和传统教学的两手准备，这样在任何情况下都能够把控局面，才不会因为缺少相关设备或临时停电而手忙脚乱；其次，要明白，多媒体仅仅是一种表达教学内容的手段，最根本的仍然是我们对教材的正确理解和准确表达，不了解这一点，不管我们的表现方式多么先进，课件的内容仍然可能会以其昏昏使人昭昭。

概言之，多媒体辅助教学极大地弥补了传统教学手段在信息量、直观性、多样化等方面的欠缺，为教学双方均带来许多方便。但多媒体辅助教学也存在局限与认识上的误区，还需有一个深化认识与磨合的过程。历史教育专业硕士应该明白，多媒体课件的使用并不意味着对传统教学技能的颠覆，相反，两者都需要互补，以克服其各自存在和可能产生的弊端。而最要紧的始终是自己对历史课程内容的正确把握和有效表达的思考，而教学手段则是对它的实践。

三 教材教法课程与时俱进

历史教育专业硕士主要是未来的中学历史教师，教学法类课程是他们的必修课。有它垫底，他们才能在中教领域里棋高一着。然而在具体实施"中学教材教法"等课程的教学时，准教师们却又不得不面临如下尴尬。

尴尬之一，历史教育专业硕士的手里缺少一套中学的历史专业教科书。我们通常在学生教学实习之前才开设"中学教材教法"及相关课程，任课教师不辞辛劳地力图把相关原理讲懂、讲透，且不厌其烦地教导学生如何分析教材，如何把握、处理好教学环节。然而，学生在上课时，手中却常常没有一本可用作分析、讨论的中学教材。往往是直到实习前夕，他们才人手一册地弄到实习需要的中学历史课本，接下来他们不得不在匆忙中分析教材、写教案，慌慌张张走上讲台，情急之中难免出错。

问题出在学校没有对历史教育专业硕士人手一套（因为版本不同，往往还需要几套）中学历史教材及教师用书的要求，或许是担心此举可能加重学生的负担，同时学校也难以承担全部的教育类专业硕士中学教材及参考书费用，并且近几年中学教材不仅版本多，更新也快。

尴尬之二，高校教学法教师对频繁更替中教版本的困惑。近年来，不同地方的中学历史教材不仅版本各不相同，且结构变化较大，课程标准更在不断地摸索。由大学专家与中学教研员共同制定中学历史课程标准，这一搭配的合理性由师范大学与中学间人才培养互为因果的关系所决定。但把握问题的难度则在于，如何科学地进行中学阶段历史教材内容的编写。大学教育更重理性、辩证性和创造性思考，讲究通过学术争鸣来求得真理；而中学教材则重在铺就理论基石，以既定的、被绝大多数人认可的东西为内容，讲求脉络清晰、结构确定。可是在我们制定的某些标准中，却不经意地忽略了这一基本准则，将中学实施研究性教学简单理解为向大学看齐，把中学应有的点线结合、循序渐进的教学内容，改变为点点结合的跳跃式、深入讲解，结果是既失落了串起珍珠的主线，又对重要事件少了必需的背景介绍。而历史这门学科尤其讲究事件前后的关联性，最终将原本应由中学阶段铺垫的一些基础内容交给了大学。

究其问题的根结，可能与急于求成的人才培养思路相关，中学教育的"拔苗助长"，使大学教育成了"亡羊补牢"，重新链接与梳理知识结构既耗费时间，也让教学法教师在指导历史教育专业硕士教学技能时不知所措。

尽管我们也注意到中学历史新课标在教学改革上的力度，也感受到对素质教育越来越大的呼声，但迄今为止最重要的，仍是"高考上线率"，因为这与学生的切身利益，与学校、教师的名誉、地位乃至收入都密切相关，并且这一切已较大影响了我们对课程与教学水平的评价。专家指出："'应试教育'的课程与教学评价主要是为了选拔少数尖子，淘汰绝大多数。这样，评价无形之中变为一种甄别过程。在这一过程中，只有少数学生能够获得鼓励，体验成功的快乐，大多数学生成了失败者。"[1]

针对以上诸状况，笔者的建议如下。第一，在制定新一轮历史课程标准时，广泛征求高校及中教一线教师的意见；对于历史教育专业硕士教学法课程，有计划地走出去请进来，组织学生去中学听课，请中学教师进大学课堂，也请先期实习的同学介绍经验，并早早地开始试讲的环节。第

---

① 钟启泉、汪霞、王文静：《课程与教学论》，华东师范大学出版社，2008，第285页。

二，实现中学历史教材品种的相对集中，其版本间的差距不能过大，并注意基本步调的统一。这样不仅有利于中学生历史课程的学习与参加高考，也便于历史教育专业硕士对中学历史教材及教学方法的熟悉与掌握。第三，逐步增加高考命题的灵活性，以对学生的综合考查为主导，既看基础又重个性，在关注考生答案正确与否的同时，也关注其解决问题的思路与方法。让考试内容与结论"动态"化，让考核的形式多样化，使成为中学生学习的有益过程而不是它的目的。

综上所述，作为历史教育专业硕士，无论其是否来自师范专业，除基本专业知识外，教育技能都必须好好掌握，"工欲善其事，必先利其器"讲的就是这个道理。因为作为未来教师，其素质特点不仅需要"对教育教学的过程和学生心理发展过程具有深刻而全面的认识，而且还意味着要掌握高超的教育艺术和从事教育教学工作的实用技能"[1]。笔者认为，我们实施多年的传统教师技能，在新形势下并未丧失其重要功能，但它也亟须与现代教学技术接轨；同时，对历史教育专业硕士的教育理念，亦应重在教育实践，在专业知识和教学技能上与中学教育紧密结合，并逐步实现分阶段共同培养的思路。时至今日，历史教育专业硕士教师技能的培养存在诸多困境，但也正是这些困境的存在，才促使我们去思考并努力地重新构建。

---

[1]　张燕镜：《师范教育学》，福建教育出版社，1995，第 227 页。

引导高中历史教师明晰并
践行主要使命的探索

戴加平*

1997 年夏，笔者离开执教十二年的嘉兴一中讲坛，踏上嘉兴市高中历史教研员岗位。三个月后，笔者在《浙江教育报》发表专题特写《你向何处去——中学历史学科的现状与前景透视》，以此作为对历史教学工作的小结和对未来教研工作努力方向的期许。时光飞度，至今年，笔者已在教研员岗位上工作整整十八年，不但长期思考高中历史教育的主要功能和高中历史教师的主要使命等问题，更是一直在致力于促成历史教师明晰并践行主要使命的路径探索，以期达成一名历史教研员应当完成的使命。

一 高中历史教师的主要使命

关于高中历史教师的使命，自然是见仁见智，苏寿桐主编的《中国著名特级教师教学思想录·中学历史卷》和齐健、赵亚夫所著的《历史教育价值论》对笔者在这方面的思考有重要影响，笔者在此不赘述各家见解，只说出自己的基本认识："传递民族精神"是高中历史教师固有并应继续担当的重要使命；"培育公民意识"是高中历史教师新的且极具挑战性的重要使命。

---

* 戴加平，浙江嘉兴教育学院正高级教师。

（一）"传递民族精神"是高中历史教师固有的并应继续担当的重要使命

民族精神是一个民族自立于世界的精神长城。对此，中共十六大报告言简旨深：要"坚持弘扬与培养民族精神。民族精神是一个民族赖以生存和发展的精神支撑"。事实上，"在中华民族的历史上，有'天下兴亡，匹夫有责'，'先天下之忧而忧，后天下之乐而乐'的忧国忧民传统；有'富贵不能淫，贫贱不能移，威武不能屈'，'人生自古谁无死，留取丹心照汗青'的坚持人格独立、坚持气节的传统；有大敌当前，共赴国难，抵御外侮的反侵略传统；有'砍头不要紧，只要主义真'的坚持真理的传统；等等"。中华民族的这些精神已渗透在普通民众的日常言行中，渗透在以《史记》为渊薮的二十四史中，渗透在数千年文明发展史中，是中华民族坚不可摧的精神长城。

"民族精神"又是一个内涵极其丰富、不断发展和提炼的历史概念。中共十六大报告指出，"在五千多年的发展中，中华民族形成了以爱国主义为核心的团结统一、爱好和平、勤劳勇敢、自强不息的伟大民族精神"；也有学者认为"中华民族精神的内涵是多元共存的、动态的理论形态，其中爱国主义精神、自强不息精神、厚德载物精神和民为邦本精神则是学者们的理论共识"。还有"中华民族精神最突出的内容"调查数据表明，"有近六成的人选择的是'追求真理'"。总之，对民族精神的内容与核心，人们的认识或有差异，但都指向了一个民族在历史长河中所表现出来的富有生命力的优秀思想、高尚品格和坚定志向。

众所周知，传递民族精神是世界各国历史教育的主要任务，因此可以视为一个超越时空的命题。"历史"首先是全体"当代人"所必须面对的生存环境，没有哪一个人能离开历史而生存于现实之中；"历史"又是一个民族的集体记忆，没有这样的记忆，任何民族都将失去自己的灵魂，失去前行的精神根基，这恐怕正是几乎每个民族都有史诗的重要原因。正是因为如此，虽有曲折与反复，从总体上看，近代以来的美英等世界发达国家无不重视历史教育；而那些试图灭绝他国、奴役其他民族的邪恶势力，又无不在历史教育的内容篡改上下功夫，这就是龚自珍所说的"灭人之国，必先去其史；……绝人之材，湮塞人之教，必先去其史"。从这个角度看，已存在数千年的历史学科的独特价值就在这里，历史教育的根应当扎在这里。对此，中华人民共和国教育部制订的《普通高中历史课程标准（实验）》的要求极为明确："通过高中历史课程的学习，能使学生……继承优秀的文化遗产，弘扬民族精神。"因此，每一位高中历史教师应当清楚：完成民族精神的传递是自己逃无可逃的固有使命。

（二）"培育公民意识"是高中历史教师新的且极具挑战性的重要使命

家国一体的古代中国有夫权、族权和君权，有三纲五常，没有自治的城市，没有基于自然法的法治传统，因此只有臣民，没有自由民，更没有公民，"公民意识"也就无从谈起。

自鸦片战争以来，一代代中国人为了国家独立、民族解放和人民幸福持续奋斗，中国社会也在洋务运动、维新变法、辛亥革命等一波波近代化运动中由传统向现代逐步转型。不过，历史已经证明，这种转型极为艰难且至今尚未完成。皇帝倒了，臣民犹在；器物现代化了，科学民主尚在路上。蓦然回首，国人终于发现，没有具备"独立之思想""自由之精神"的公民群体的推进和支撑，现代社会绝难建成。放眼更宏大的时空，当代文明程度较高的世界各国，无不是依靠着素质良好的公民，才克服了自身发展中曾经遭遇的政治、经济与外交等领域的种种难题走到了今天。关于公民与国家发展的关系，马丁·路德·金曾作过极为精当的论述："一个国家的前途，不取决于它的国库之殷实，不取决于它的城堡之坚固，也不取决于它的公共设施之华丽，而在于它的公民的文明素养。"

公民群体当然不会从天而降，一是靠民主生活的实践养成，二是靠公民教育。关于公民教育的深远意义，赵亚夫说得相当清晰："有没有公民教育，有怎样的公民教育，以及公民教育发展到了何种水平，决定了学校教育的现代性水平，国家的民主化水平。"

令人欣喜的是，在当下中国，从党和政府到教育界人士，对公民教育的意义与迫切性有了越来越清醒的认识。胡锦涛在十七大政治报告关于发展社会主义民主政治的论述中，鲜明地提出了"加强公民意识教育，树立社会主义法治、自由平等、公平正义的理念"这一历史任务；中共中央、国务院于 2010 年 7 月颁布实施的《国家中长期教育改革和发展规划纲要（2010—2020 年）》，明确将"加强公民意识教育，树立社会主义民主法治、自由平等、公平正义理念，培养社会主义合格公民"列为基础教育重要任务。赵亚夫指出，当今世界"各国普遍把历史教育作为公民教育主渠道。""现代历史教育的首要功能是支撑学校公民教育系统，并在其中发挥重要作用。因此，历史教育的使命，也都围绕着公民教育的任务。"叶小兵等在对"中学历史教育目标的国际比较及其发展趋势"中指出的第一个趋势就是各国"从各自的价值观出发，强调公民素质教育"。余伟民也认为"公民教育功能"是 21 世纪"历史教育功能开发的三个重点"之一。由此可见，培育高中学生的"公民意识"理所当然是历史教师应当自觉承担并高度重视的新使命。实际上，这种使命已在《普通高中历史课程标准（实验）》中得到明确："普通高中历史课程必须全面实现其教育功能，在提高现代公民的人文素养方面发挥重要作用。"

需要指出的是，对"公民意识"的内涵，学界目前还未有定论，一般认为它"是公民个体对自身在本国中所处的法律地位、政治地位的现实感受和应有认知，……它集中体现了公民对于国家以及各种政治、社会问题的态度、情感、价值观……公民意识的内容应至少包括四部分：主体意识；权利意识；责任意识；法治意识"。余伟民指出，"公民意识首先是对自己所属的民族国家的认同，其核心是爱国主义；同时，公民意识还包括对世界整体性的认识，以及对本国与外部世界相互关系的认识"。①

知不易，行更难。要完成"培育公民意识"这个新使命是一项极具挑战性的工作。这首先是因为教育永远无法脱离社会环境的制约。当代中国的土壤毕竟有着浓厚的传统因子，依宪治国虽成共识，但基于自由的公民社会远未形成，相关的法律制度尚待完善，真正践行可谓道阻且长。其次是因为高中历史教师自身的局限。不能想象，一群心灵跪着的教师能培养出一代站立着的公民。要涵养高中学生的公民意识，教师自身就应当是一

---

① 余伟民：《培养高素质人才必须重视历史教育——论历史教育"边缘化"的社会根源可提升历史教育地位的途径》，《探索与争鸣》2003 年第 11 期。

个健全的公民，教师必须将"独立之精神，自由之思想"渗入自己的生命之中。目前，高中历史教师要成为公民群体尚需时日。

二 高中历史教师在社会发展中的地位

目前，社会各界对高中历史教师在社会发展中的重要地位尚缺乏足够认识，这并不奇怪。让人心忧的是，不少高中历史教师也对自身在社会发展中可能产生的影响力缺乏自觉认识，因此常常以"无能为力"为托词，在教学岗位上无所作为甚至是随波逐流。如此心态，自然难以承担起本应当努力完成的主要使命。

关于人在社会发展中的地位，学者们早就有深刻的分析。人首先是历史的产物。绝大多数普通人，在现实的社会生活中，通常是以随波逐流、服从命运为其基本的选择。即使是名人，如果没有加入一个有凝聚力和明确前行方向的团队，作为单个的人通常也是软弱无力而无法摆脱命运的摆布。著名科学家普朗克就曾叹息，"纳粹像一阵狂风横扫整个国家，我们束手无策，只能像风中之树般听凭摆布"。当时的爱因斯坦也只能是选择离开，而难以留在德国与纳粹抗争。在当下中国，随遇而安仍然是大多数普通人的选择，包括教师群体。这恐怕正是素质教育口号高喊多年应试教育依然大行其道的重要原因。

然而，人又是历史的创造者。一部人类文明史已反复证明，生存在同一个社会环境中，总会有少数人或主动或被动地挺身而出，成为"英雄"并对本国本民族甚至是人类产生或大或小、或短暂或久远的影响。以纳粹德国为例，当以普朗克为代表的大批科学家匍匐在纳粹势力面前时，爱因斯坦以"用脚投票"的方式作出了自己的选择；当时勇敢地站出来的还有年轻的舒和兄妹："我们不再沉默。我们是你们的恻厉良心……纳粹这样的暴政没有理由在我们这个美丽的星球上存在。已经有许多人为了这个暴政而死，现在应当有人为了反抗这个暴政而死了！"舒和兄妹很快就被纳粹当局逮捕并处决，然而，他们成为德意志民族的良知，成为德意志天空中的巨星。中华民族的星空中也不乏类似巨星，如屈原、谭嗣同、顾准、张志新，但我们对他们的宣传远远不够。对这种"英雄"现象，茨威格作过极有温度的阐述："事实上，心地纯洁的人们所做的努力，不会被认为是无效或无结果的，道德上任何能量的花费，也不会在巨大的空间消失而不留下影响……我们人类真正的英雄，不是那些通过屠刀下的尸体才达到昙花一现统治的人们，而是那些没有抵抗力量、被优胜者的暴力压倒的人们……"

作为历史教师，只有上述认识是不够的，还应对教育的价值有理性认识。关于这方面，笔者无意展开论述，但两个人的话因为意味深长而值得每一位历史教师永远牢记。一位是普鲁士元帅毛奇："普鲁士的胜利早就在小学教师的讲台上决定了。"另一位是蔡元培："教育者，非为已往，非为现在，而专为将来。"两位身份殊异之人言简意赅地说出了同一个真理：教育是一项事关国家、民族未来之大事。准确地说，教育一方面事关重大，另一方面又很难"变现"，所以古人才说"十年树木，百年树人"。由此我们可以理解国民政府为何在抗日战争极为艰难的环境下，仍然尽力向教育投入资金，仍然尽力让一批学子留在学校而不是让他们上前线！应当说，本轮课程改革的推动者对教育的价值有着较为清醒的认识，《普通高中课程方案》明确指出，"普通高中教育是面向大众的、与九年义务教育相衔接的基础教育，是为全面提高国民素质、为每位学生的终身发展奠定基础的教育"。含义很清晰：教育是在为学生的未来发展、为国家的未来发展奠基。

总之，能否正确认识人在社会发展中的地位，能否正确认识教育对一个国家、一个民族的价值，对中学历史教师而言具有特殊意义。记得著名特级教师丁丙炎曾指出"教师当然不是万能的，他要受到社会条件和本身条件的制约。但教师又绝不是无所作为的，他有着塑造灵魂的潜移默化的功能"。诚然，无论在哪一个国家，无论是哪一个时代，"英雄"毕竟是少数，但温家宝所说的"一个民族有一些关注天空的人，他们才有希望"确是人类历史发展的重要规律。作为高中历史教师，理应对自身的主要使命有自觉体认，对自己在社会发展中的地位有理性认识：共和国的未来，中华民族的未来，需要一代具有自由、民主、法治观念的公民，中小学教育的终极目标应当是培养适应国家与民族未来之需要的公民。高中历史教育或许影响不了现实中国，但一定影响着未来中国；高中历史老师或许影响不了当下社会，但一定在影响着课堂，影响着一批批学生，进而影响着未来社会。所以，历史教师应当将成为中华民族中关注天空的群体作为自身的责任与荣光。

三　引领高中历史教师践行主要使命的路径

明晰高中历史教师的主要使命和在社会发展中的地位，只是笔者工作的起点。更关键的问题是，如何将笔者的这种认识内化为嘉兴市大多数高中历史教师的认识并努力地践行使命。基于对国内外相关研究成果的学习与借鉴，经过长期的探索，笔者逐步形成了"多管齐下，知行合一"的涵养思路，并形成了五条具体路径。

路径之一：悉心培育有利于高中历史教师践行使命的小环境。

存在决定意识。普通中学历史教师要有怎样强大的内心定力才能不随波逐流而有所创造呢？笔者一直致力于嘉兴市高中历史教育小环境的悉心培育，以利于历史老师潜心教书育人。如何培育，主要从以下三个方面努力。

一是确立优秀教师的标杆并据此选拔人才。优秀教师的标杆作用众所周知。笔者一直坚持将"德才兼备，以德为先"作为优秀教师的基本标杆，将"尊重教育规律、努力践行使命"和"善于合作、乐意奉献"作为优秀教师的两项外显内容，并据此选拔人才。感谢嘉兴市教育局在职称评审、名师与学科带头人评选等工作中对高中历史学科建设的理解与支持，使笔者得以一直坚持这样的标准。这些年来，嘉兴高中历史教师中已形成良好信念：只要愿意踏实努力，在教书育人方面取得实绩，就一定会有脱颖而出的机会！事实上，嘉兴市确已涌现了一批使命感强、专业水平高、真正关注学生心灵世界的优秀教师。

二是发挥好优秀教师的引领作用。优秀教师的作用当然主要表现为在课堂教学中的坚守及实绩，但笔者也极为注意创造适当的机会，让优秀教师展示对历史教育的理解、所作的努力过程及已具备的专业能力，以此引导嘉兴市高中历史教师对自身使命的认识和实践。如让他们担任各类培训班导师，在指导年轻学员的过程中发挥自己的影响力；组织年轻教师对名教师进行访谈，在双向互动的过程中耳濡目染地感受导师的为人、学识与思想；有计划地安排优秀教师基于自身的教育人生作专题讲座，这类讲座因为融主讲人的生活细节、情感故事与教育思考于一体，受到参训教师的普遍欢迎。

三是倡导并推动有温度的读书活动。基于自身的教育人生体验，笔者深知"灵魂也需要食物"，因此对"有温度"的阅读情有独钟，长期倡导并努力推动。我们会选择一些能"温暖心灵"的著作发给教师，如《教育照亮未来：民国八大教育家经典文选》（杨斌编）、《不跪着教书》（吴非著）、《思痛录》（韦君宜著）等，希望通过与大师的对话、与世界的交流，让阅读者感受思想的温度，汲取智慧，获得力量。为了促成深度阅读，我们要求阅读要与课堂教学、微型讲座、论文撰写相结合，并组织读书交流活动。这样的阅读有助于教师们涵养海纳百川的气度，拓展察看宏大时空的视野，为教师们认识使命并乐意践行奠基。

路径之二：在各类教学研究和师训工作中渗入践行使命的意识。

创设小环境当然重要，更为重要的是目标如一、持之以恒地将使命意识及践行之道渗入日常的教研和师训工作中。这条路径特别重要，因为它直接面对全体历史老师，直接明确了老师们应当朝那个方向走。这些年来，我们在做好具体的专业研究与业务培训的同时，一直极为重视这项工作，并特别关注抓住以下机会。

一是课堂教学培训及教学实践。课堂教学是历史教师履行使命的主阵地，新课程改革的重要内容之一就是实现三维目标的统一，课堂教学培训及教学实践理应将这一要求落到实处。在各类培训中，笔者都高度重视三维目标的耦合与落实问题。如在2009年2月24日，嘉兴市一位优秀年轻教师在高二研讨活动中开了《在历史情境中感悟历史——以〈走向二战的德国〉为例》一课，探讨如何引导学生"置身于历史发展的环境中去观察历史，从而把握历史人物的思想、情感、动机等，并理解其思想发展变化"。为此，这位老师引入了不少当事人的口述材料并做了精心设计，让学生感受到当时的大多数德国人为何会支持纳粹，从而对这段历史有了"同情之理解"。然而，如果"回到现场"的结果只是让学生感到人是历史的产物，没有体悟到人还是历史的创造者，这样的理念是不是有问题呢？在点评中，笔者既充分肯定这位教师达成了引导学生"在历史情境中感悟历史"这一预设的教学目标，又坦率指出这次是开了"半节好课"。知易行难。能否还是以此为主题，在一节课中完整地实现教学目标、从而补上另外"半节好课"呢？3月5日，笔者"下水"上研究课，并请包括这位年轻教师在内的一批同人"围观"。在这节课中，我让普朗克、舒和兄妹相继登上历史舞台，呈现了真实历史的另一面。此课对引导全市历史老师在课堂中重视价值观目标产生了较大影响。

二是年轻教师特别是新入职教师的培训。虽然有不少新教师是带着职业理想走上历史教学讲坛的，但对历史教育的使命有清晰认识的并不多，能真正践行的就更少了。对此，笔者会尽快地进行以新教师为特定对象的听课调研，在熟悉他们的过程中向他们渗透笔者的理念。在此基础上，再组织年轻教师专场培训活动，安排优秀的年轻教师现身说法，谈对历史教育教学工作的认识，谈成长中的喜悦与烦恼、成就与困难。这些优秀教师就是新教师身边的伙伴。他们几乎每天都在同甘共苦地一起行走，亲切可见，可以比较，也可以追赶。这种榜样的力量更为直接、更具亲和力与激励性，更易为新老师所接受。同样，优秀年轻老师也会在这个过程中进行反思，受到激励，从而获取继续前行的力量。

三是历史教学专业研究的成果。亲身上"下水课"的次数毕竟有限，专题讲座的机会也要尽量留给嘉兴市一线教师，于是写听课手记或论文，利用工作网站或历史教学专业期刊发表自己在历史教学方面的研究成果，成为助推嘉兴市历史教师践行使命的重要方式。这方面，《促进有效交流的问题设计之探讨》和《好课三要素：故事 学法 灵魂——"一节好的历史课"标准之我见》等论文都起了这种作用，更为典型的是《高中历史价值观教育取向之我见——以对 1946~1949 年国共内战的认识为例》一文。当时，对国共内战这一教学内容如何处理，教师们在《历史教学》上各抒己见。笔者觉得价值观问题事关重大，而这一教学内容的处理又极为典型，作为一名教研员要敢于并善于担当，把思考说出来供老师们参考。此文被加了"编者按"后推出，产生了较大影响，不少教师表示赞同，还有教师据此设计了教学方案施教。后来，主编任世江还在其专著中指出，"面对现在的学生应该怎样解释这场前辈之间的战争？……浙江特级教师戴加平的《高中历史价值观教育取向之我见——以对 1946-1949 年国共内战的认识为例》，颇有见地，可供参考。"

路径之三：打造一个有使命感有凝聚力的专业核心团队。

自担任教研员以来，笔者一直非常重视有使命感有凝聚力的教师专业核心团队建设。因为如果没有这样一个核心团队，靠一己之力，力量与智慧均极为有限而注定无法走远。在深化高中历史新课程实验过程中，在历史教育面临较多的问题与困难的时刻，尤其需要这样一支能鼓舞和支持广大老师思考与行动的引领力量。笔者主要从以下三个方面努力。

首先是组建一个规模适当、结构合理的研修团队。"规模适当"是指控制好团队的人数，一般以二十人左右为宜，每个小组以 4~5 人为宜。这样的规模，无论是分散还是集中，都较为方便。"结构合理"，既是指团队成员在专业能力、教龄等方面要有合理梯次，也指成员的学校分布、性别比例要合理，还是指研修小组内的人员搭配要实现优势互补。总之，是要有助于每位团队成员发挥自身优势，并在这一过程中逐步形成合力。

其次，要持续地关注每位团队成员"职业情操"涵养和"专业能力"提升。职业情操与专业能力是一个优秀教师不可或缺的两个方面，因此要坚持按"德才兼备、以德为先"的原则选拔核心团队成员，并在实际的研修过程中持续地关心团队成员在这两个领域的具体表现，特别是在职业情操方面，如能否甘为人梯，善于合作，能否坚持教育理想，按教育规律教书育人，等等，使整个团队能逐步进入德才兼备、知行合一的良性运行状态。

最后，要实现个人研修、小组研修与集中研修三个层次的良性互动。个人研修是最基础的方式，要求每位成员按时完成团队布置的研修任务，借此逐步养成自主研修的良好习惯；小组研修在三个层次中处于桥梁地位，在导师的指导下定期举行研修活动，给研修成员提供互相学习和切磋的机会；集中研修意在通过全体成员交流与展示，提供思想碰撞和发现其他成员长处的机会，这种发现有助于强化每位成员"学习是我生命的内在需要"的意识，这种意识的确立将对教师的终身发展产生深远影响。

打造一个有使命感、有凝聚力的专业核心团队并不容易，同样不容易的是维护好这个团队。共同价值观和彼此信任的保持是两大关键性因素。这需要教研员一方面能敢于担当，始终不渝地坚持正确的价值观，并通过学习、讨论与实践等活动来强化共同价值观；另一方面是不但要有识人、容人和用人的胆识与雅量，更需要心底无私的品格和悉心依靠和帮助每一位团队成员的情怀。目前，嘉兴团队是浙江省高中历史学科中最具专业影响力的优秀团队，其中包括正高级教师 1 名（全省高中历史教师中目前只有 1 人），省特级教师 3 名（浙江省特级教师评选数量控制在中小学教师总数的 1.5‰ 以内，嘉兴市高中在职特级教师共 24 名），省教坛新秀 6 名（2011 年以来我市高中九大学科共产生 14 名，其中历史学科 4 名），市名教师 8 名（嘉兴市高中九大学科名教师共 59 名）。

路径之四：倡导有利于育人的历史教学模式。

课堂是教师完成职业使命的主要舞台。众所周知，升学率至今仍是普通高中的生命线，也是评价教师的关键指标。要助推历史教师完成教学使命，教研员不能只是坐而论道，也不能只是带着教师游荡在教育边缘地带，而应当深入课堂，帮助更多的高中历史教师通过有效的教学，达成三维目标的统一，即达成教书育人目标的统一。

笔者和团队成员一直致力于探索有助于达成三维目标的教学模式。2003 年，以《"以史导论"教学模式为载体　推进探究式学习与历史课堂教学的整合》的发表为标志，"以史导论"教学模式正式形成。这一模式要求历史教师围绕帮助学生塑造优秀人格这一根本任务设计教学，从而在客观上要求历史教师必须明确为什么而教，要求历史教师涵养好职业使命感。近年来，这一模式随着高中历史新课程实验的推进得到发展。2013 年，《教学月刊》又以专访的形式，在"名师"专栏中再次具体地介绍了这一教学模式，同期还发表了笔者根据这一模式设计的教学案例《以史导论，引导学生理解历史的多面性》。

经过多年努力，嘉兴市绝大多数历史教师已了解了"以史导论"教学模式，不少年轻教师更是自觉地在教学中尝试着运用这种模式。至于优质课比赛或是教学展示课，采用这一模式的教师就更多。笔者相信，选用这一模式组织课堂教学，有助于促进执教者对自身使命的持续思考，有助于历史教师将所学所思知行合一地渗透到教学实践中去。

路径之五：积极开发有利于实现高中历史教育功能的课程资源。

充分运用好教科书，在课堂教学中努力达成三维目标的耦合，是历史教师完成使命的主要途径。引导他们参与甚至是主持编写以提升人文素养为目标的校本选修课程（地方课程），则是一条新的有效途径。几年前，笔者有意识地强化了这项工作，采用项目驱动的方式，培养核心团队成员们的课程开发能力。

从 2012 年秋起，浙江省深化高中新课程实验，重大变化之一就是较大数量地缩减必修课程，增加选修课程。我们与机遇幸会！笔者组织嘉兴市部分优秀教师分别参加了《浙江历史名人》和《人在历史中的地位》两门地方课程的研发工作。前者由浙江省教育厅推荐，浙江教育资源网发布，作为"高中选修课网络课程建设"中的精品课程供全省高中历史教师选用；后者由浙江文艺出版社正式出版，供本市各校历史教师选用，这一选修教材得到了朱汉国、马世力等教授的高度肯定。这两门课程的主体内容都是历史人物。如果说"英雄人物的传记是少年进行自我教育的百科全书"，那么读懂这些历史人物的过程同样是编写者自我教育的过程。编写者要进行大量的阅读与深度思考，要与伟大先人对话，要与合作同伴交流。这样的过程既有学习，又有思考，还有实践，因此是极好的人文素养和使命感提升过程。当然，如果执教者用心，这些选修课程的开设，也会有助于提升执教者的使命感。

目前，嘉兴市已有不少优秀历史教师独立主持或合作开发了较为规范的校本选修课程，如《中学生应该知道的史学名家·名著》《身边历史探秘》《光荣与梦想——秀州中学百年历史启示录》等。这些课程在实施过程中，都受到了学生的欢迎。这不但显示了这些教师已初步具备了开发充满人文色彩的选修课程的能力，也在某种程度上表明他们拥有较为优秀的职业使命感，这正是笔者多年来所热切期望的。

毋庸置疑，即使有了明确的前行方向与具体路径，真要和历史教师们一起践行自己的主要使命，仍然需要抱"不贪近功，不求速效"的信念，继续付出艰辛努力。因为，教育本来就是以"百年"计的！既然历史教师注定会影响到学生的未来，进而影响到中国甚至是世界的未来，那么笔者就是"守土有责"，理应继续朝着这个方向踏实行走。

西部高师院校历史教师教育
改革的问题、原因与对策

杨小敏　刘亚芳*

高等师范院校是培养未来教师的重要阵地和希望，西部高师院校尤其对培养和提高西部基础教育师资力量责任重大，历史教师教育概莫能外。有关高校历史专业教学问题的研究成果不少，[①] 本文仅欲结合甘肃天水师范学院实践对西部高师院校历史教师教育的问题、原因及对策进行探讨。

一　问题：与中学教育及改革基本零"接轨"

教师教育是基础教育的工作母机，基础教育课改的实施必然反作用于教师教育系统，对其提出新的、更多的要求。[②] 相较于中学历史教育改革发展的高歌猛进，西部高校的历史教学改革明显冷清、滞后，无以完

---

* 杨小敏，甘肃天水师范学院历史文化学院教授、副院长。本文为天水师范学院教学研究项目"提升大学历史课程教学质量与服务地方基础教育对策研究（项目号：SYJY2015Y27）"阶段性成果之一。

① 由于成果丰硕，篇幅所限，恕不一一列举，概述如下。从已有研究成果看，地方高师院校历史专业教学中存在的问题大同小异，有关解决问题的途径，有的从改革的紧迫性方面谈，有的从制度建设和制度保障方面谈；有的从加强教学实践环节方面谈，有的从职业技能的训练方面谈；有的从教学方法的改进谈，有的从考试方法方面谈；有些人从课程体系建设方面谈，有些人从教材重组方面谈；有些人谈某种学习方式，有些人从生源的不同状况和特点谈；也有人从适应中学课改的需求方面谈。总的来讲，谈得都很具体，都有一定的可操作性和可借鉴的方面，但总让人意犹未尽之感。

② 叶泽斌：《高师院校发展与基础教育课程改革互动关系探讨》，《课程·教材·教法》2006年第2期。

414

成基础教育改革的新要求。以我校为例，尽管我校历史学专业制定的人才培养目标明文写道："培养具有较为扎实的历史学基本理论、基础知识和基本技能、良好的人文素养和语言表达能力，具有现代教育观念和教学基本能力，能够适应中学课程改革需求，进行中学历史教学和教研等方面工作的合格教师。"但在真正的落实上还存在很多问题，具体表现在如下几点。

第一，大多数西部高师院校历史专业教师不了解中学历史课教学改革、不熟悉新课标。新一轮课改注重教学方法和学习方法的转变，倡导学生自主学习、合作学习和探究式学习。这就要求大学历史教师不仅要转变教学方式，而且要引导学生转变学习方式，进而提高未来历史教师课程实施能力。然而很多教师上课习惯以讲授为主，习惯满堂灌。习惯从学生身上找问题，将学生不认真听讲归结为扩招导致的学生素质差。事实上，扩招带来的学生文化课基础差的现象的确存在，但这不是学生不爱听课的主要因素。这与高校教师教学理念落后、教学手段和方法单一有关，更与高校教师对中学新课改不了解有极大关系。如《普通高中历史课程标准（实验）》（以下简写为《标准》）中对课程性质诠释为："培养和提高学生的历史意识、文化素质和人文素养，促进学生全面发展。"在课程基本理念上要求"使学生增强历史意识，汲取历史智慧，开阔视野，了解中国和世界的发展大势，增强历史洞察力和历史使命感"；"倡导学生主动学习，充分发挥学生的主体性、积极性与参与性，培养探究历史问题的能力和实事求是的科学态度，提高创新意识和实践能力"；"课程的设计与实施要有利于教师教学理念的更新，有利于教学方式的转变，倡导灵活运用多样化的教学手段和方法，为学生的自主学习创造必要的前提"。在课程目标上要求做到以下三方面。知识与能力方面，"通过对历史事实的分析、综合、比较、归纳、概括等认知活动，培养学生历史思维和解决问题的能力"。过程与方法方面，要"努力做到论从史出、史论结合；注重探究学习，善于从不同的角度发现问题，积极探索解决问题的方法；养成独立思考的学习习惯，学会同他人，尤其是具有不同见解的人合作学习和交流"。情感态度与价值观方面，使学生"加深对历史上以人为本、善待生命、关注人类命运的人文主义精神的理解。努力追求真善美的人生境界。确立积极进取的人生态度，塑造健全的人格，培养坚强的意志和团结合作的精神"。① 但这些中学教育改革的理念和要求，大学历史教师基本不知道。

《标准》要求历史教学过程本质上是教师和学生两个主体不断互动的过程。在此过程中，历史教师的教学艺术在于如何使学生主动学习，如何使学生独立思考，探究问题最终达到学生全面发展。此外，新课改下高中教材采用了模块化专题式的模式。课程分必修课和选修课，编写体例中外古今贯通。这一切都要求教师更新教学理念，转变教学方式，运用多样化的教学手段和方法。教师必须适应学生的要求，促成学生学习目标的实现。而不是以往的以教师为中心，教师教什么，学生学什么。然而，由于高校教师不了解新课改新标准的变化，观念陈旧，依然以"我"为中心，上课以"我"为出发点，让学生被动地接受"知识"。课堂气氛死气沉沉，学生探究问题的能力得不到提升，更谈不上什么创新。

第二，西部高师院校历史专业教师不了解高考历史试题的变化。虽然，大学生都是通过高考才进入各高校的，但在完全仰赖"应试"教育"翻身"的西部，大多大学历史教师连高考的动态也不知道。他们不关注新课改，也不关心高考的变化，全然不顾在新课改要求下高考试题发生的重大变化——注重对学生能力的考查。实际上，不论是全国的历史高考题还是地方的历史高考题，这一点体现得非常充分。比如，有人对2015年高考（新课标全国Ⅰ卷）文综历史试题选择题进行分析后指出，这些题体现了新课改后文综历史命题是用教材教，而不是教教材的教材观和依据教材，但又不拘泥于教材的出题观。② 再比如，2015年高考文综（北京卷）历史试题第37题历史语境中的语言和文化是道材料分析题，这道题对学生的分析、判断、归纳、综合能力进行了全面考查，很好地体现了新课改的思路。从全国卷和北京卷题目均可以看出，新课改下对高中教师和学生的能力要求提高了，尤其是对学生分析判断问题能力和综合概述、语言表达

---

① 中华人民共和国教育部制订《普通高中历史课程标准（实验）》，人民出版社，2003，第1~5页。

② 《2015年全国卷1文综历史选择题评析》，百度文库，http://wenku.baidu.com/view/901fa184f12d2af90342e669.html，2015年6月1日阅。

能力的要求。中学生不可能再仅仅靠死记硬背获取高分，未来的中学历史教师必须改变高考应对策略。同理，对于培养中学历史教师的大学教师来说，不了解高考及新课程改革的变化，即使想培养出合格乃至优秀的中学"应试"型教师都是不可能的。

第三，西部高师院校历史专业教师对学生历史知识及思维创新能力的认知评价不足。由于大学教师不了解中学历史教学和改革现状，不了解中学生的心理状况，不了解中学生获取历史知识的途径和以往有很大变化，故对大学生认知和思维习惯、能力估计不足，总觉得学生历史知识欠缺，因此对大学生仍然以灌输基础知识为主要教学内容，而对探究历史真相、引导学生认识历史的丰富性、复杂性方面重视不够，不能引起学生学习历史的欲望，实际上对学生思维创新能力没有发掘，而是埋没和扼杀，以致他们培养出来的未来教师也是如此"贻患"至未来的中学生。

第四，西部高师院校教学实践资源和平台欠缺，教师教学实践指导不足。大学生毕业走出校门成为一名合格的中学教师，在此之前的大学要给他提供训练的机会和场所。事实上，西部师范院校教师在学生的教学实践这点上的指导是远远不够的。这既有教师认识不到位、重视不够的问题，也有学校组织不到位的问题。师范院校总是把学生的教学实践完全寄托在为时不短的中小学实习点上，殊不知，实际情况是很多中小学校并不重视和欢迎大学实习生，有的给实习生安排非专业课程进行实习，有的给实习生很少的几次上讲台实践的机会，甚至不给。这种实习很难真正实现锻炼学生及提升教学能力的目的。

第五，西部高师院校历史专业教师对教科书的认识不到位。多年前，叶小兵教授曾批评中学教育："在中学教学实际中，常常会看到很多'唯教科书'的情况……教师和学生的一切活动，都死死围绕着历史教科书转：教师向学生介绍、讲述历史，其实是在介绍、讲述历史教科书……教师对学生学习历史的要求，主要是要求学生掌握历史教科书……历史教师在教学中的主导作用，无形中就被历史教科书的主导而取代了……当教师被教科书牵着鼻子走时，学生更是要顺从于教科书了。学生学习历史的过程，几乎成了诵读、摘录、背诵、复述及至默写教科书文字的过程……而历史教科书之外的事理则完全不必去探究。"①
实际，多年以前和多年以后的今天，西部高校的历史专业教师又何尝不是
如此。在这些大学中，将教科书当教材，甚至要将其从头"念"至尾的大
有人在。这也是一些教师总抱怨教科书厚、内容多、课时少、不够用的
原因。

上述问题存在的症结就是西部高师院校历史学专业的教学没有很
好地与中学的历史课程教学改革衔接起来，或者说零"接轨"，即中间
有断层。直接后果就是高校培养出来的毕业生到中学历史教学岗位上
不能尽快适应和胜任工作，当然，反过来也影响到了大学与中学的联
合培养和中学用人单位对地方高校学生培养能力和教学质量的质疑与
不满。

二　原因：办学定位出现偏差和高校生存压力大

上述种种零"接轨"或不衔接现象，追溯其原因可归结为以下几个
方面。

（一）西部高师院校办学定位不准确

目前很多地方高校目标定为高、大、全，盲目追求综合化、研究型、
国际化，向重点高校看齐。这样导致的后果，一是按学术型人才方向进行
中学历史教师教育，而且目前站在讲台上的绝大多数高校历史教师都曾经
是按学术性人才培养目标培养教育的，注重专业基础和知识的系统性。这
些人到高校任教后，自然而然就把接受的那一套教学方法照搬应用在学生
身上，一年一年、一届一届，始终如此。

二是高校教师评价机制重科研和理论、轻教学和实践。检验一所大学
水平的关键在于所培养人才的质量，而影响人才培养质量的直接因素便是
教学，教学是高校的立校之本。由于定位出问题，这些大学的政策导向明
显不利于教师教育的改革与发展。如许多高校把科研与教师的物质利益和

---

① 叶小兵：《对历史教科书作用的反思》，《中学历史教学参考》1996年第5期。

职称评定挂钩，特别是在职称评定中科研甚至成为职称晋升与否的关键。这种现象不仅抽走了教师投入教学方面的精力，教师本心也不愿意"浪费"精力去搞教学方法、教学内容的改革。一些教师自以为居于学术的庙堂，却对中国基础教育发展状况如井底之蛙。对中学教改的程度和教改的方向不清楚、不掌握，对新课改后中学教材的内容、体系、结构不了解，对中学生的认知能力欠评估，对高考试题的变化没感觉。除了个别担任教法课的教师以外，其他教师无一例外地将探讨教学改革、撰写教研论文放在次要的甚至可有可无的位置。政策导向不力也使高校内部对本身的教学改革喊得响，落实力度不够，对教学研究、教研论文重视不够，缺乏扶持和激励机制。

（二）西部高师院校面临更大生存压力

众所周知，中国的大学教育经过几十年的发展，已经从精英教育转向了大众化教育。由于办学历史、办学规模、经费投入、专业设置、师资力量、科研能力、招生就业等方面的差异，重点高校和地方院校在高等教育发展进程中各自扮演的角色应该越来越清晰。但重点高校的优势越来越明显，而地方院校的处境越来越艰难。西部高校既在实力方面无法与重点高校竞争，又在生源方面要与同类院校抗衡。西部高师院校面临生存压力更大，除了上述不利因素以外，与同类院校相比，它还处于地域劣势之外的生源和就业等生存困境。因此，西部高师院校面临如此大的生存压力，难免在"费力不讨好""名利难双收"的教师教育上"兴趣"不大。

（三）教师自身的惰性和认识局限性

西部先天的地域环境影响和生存压力制约，致使当地高校的办学定位和激励、晋升政策导向出现偏差，从而给西部大学历史专业教师自身带来惰性和认识上的局限性，因此，高校教师难免对教改的意愿不强，紧迫性不够，得过且过。

综上，大学发展的整体大形势和西部特有的生存压力及其下的历史专业教师形成三位一体的恶性循环，共同导致西部高师院校历史教师教育教学改革的滞后。

三　对策：转变定位求发展，校地合作促共赢

（一）认清形势，转变意识

西部高师院校要发展，就要认清形势，准确定位，走有自己特色的道路，将培养合格的中学教师看成自己安身立命的方向。为此，为了适应中学课改、培养合格的中学教师，西部大学的历史教学必须进行改革。

首先，真正认识到大学历史教学改革的重要性；认识到它和学校的发展存亡密切相关，认识到大学教学改革是和培养合格的中学历史教师联系在一起的。前已述及，随着中国高等教育的发展，目前西部地方院校的生存空间越来越小，压力越来越大，地方院校之间在生源方面的竞争将会越来越激烈。生源争夺战背后是学校的教学质量、学校的声誉、学生的就业率和用人单位对人才的评价。如果大学不能培养出用人单位满意的中学教师，用人单位对大学的声誉评判就不会高，进而会影响到学校的社会声誉，影响到生源。而要改变这种状况，大学必须适应中学新课改，培养出能够与中学历史教学对接的大学生，这就需要大学教育行政管理人员做出正确的形势判断，改变自身定位，尽快建立并实施针对西部地区富有特色的教师教育培养模式和机制，改变大学教师的培养和激励机制等一系列适合自身定位和发展的顶层设计。

其次，大学历史教师也要转变意识，不能固守在自己的象牙塔内，不能再按照老样子去培养所有的人才，去灌输历史知识，去教教科书。不要以为中学历史教育、中学课改与自己无关。具体在日常教学实践中要调整观念，关注教改，将精力放在教学上，撰写学术论文提高教学质量的同时，更应积极探索教师教育教学改革的具体措施和有效途径。要迎头赶上，奋起直追，不能再落后于中学课改，应大胆尝试，重组教材。破除教教材的传统思想，真正做到用教材教。当然在教改中，要吸取教训，善于总结，避免中学课改中出现的形式主义的弊病。

（二）走进中学了解需求，校地合作促共赢

西部高师院校历史教学要改变，就要接地气，走出校门到基层，了解

中学历史教学现状，了解中学需要什么样的历史教师，然后对症下药进行教学改革。为此，大学教师要放下身段，和中学建立长期互动、合作机制，熟悉中学课改，了解中学历史教学实践。了解中学对人才的要求状况，做到有的放矢。其方法主要有以下三点。

首先，深入中学，通过参与中学历史教研活动、与中学教师交流等方式了解中学历史课改的方向，了解高考试题的变化，了解中学历史教师的需要和现状。或者到课堂上去，通过听课，观察学生，了解中学生的学习心理。如 2015 年 8 月中旬，甘肃天水师范学院历史学专业部分教师参与了秦安县初中历史教师短期集训。其间，我们与中学教师进行了广泛的交流。在授课中及时了解被培训教师的需求，调整授课内容。这是甘肃天水师范学院历史专业教师第一次到基层，我们了解到了很多以前完全不了解的情况。①历史新课标颁布十多年了，但秦安县很大一部分初中历史教师对新课标不熟悉，遑论按照其要求开展历史课程教学了。②尽管同属秦安县，但县城和农村、农村和偏远乡村在师资力量、教学硬件设施上差距很大。③学校领导普遍不重视历史课，学生不爱上历史课，应付历史课，因为历史课在中考中只占 50 分，而其他语、数、外等课程则是 100 分。④大多数初中历史课任课教师是非专业出身，比如本次参加培训的 47 人，只有 8 人是历史专业毕业的教师，其他学生物、数学、政治，样样都有。这些教师的专业素养自然会弱一些，很难适应新课标的要求标准。⑤历史教师身份尴尬，信心不足，底气不足，上课敬业精神不够。由于学校领导不重视、学生不重视，任课教师得不到应有的尊重，所以他们自己也对上历史课激情不够，投入不够，认为应付上完课就可以了，把学生哄住就可以了。会考升学考试时就让学生死记硬背就可以了。⑥教师使用现代教育技术的条件和能力差别也很大。条件差的学校、年纪大的教师使用率不高，水平不够。⑦教师反思初中历史教学现状不乐观时，普遍从客观原因方面反思多，主观原因方面反思少，很少有人会意识到从教师自己的身上去反思，意识到教师自身方面的问题也是学生不爱上历史课的一个重要因素。⑧教教材的现象普遍存在。很多教师不熟悉新课标，还没有转变陈旧的教学观念，"教教材"而不是"用教材教"。⑨通过请市级重点中学初中历史教师上示范课，我们更看到了教师在教学方面巨大的差距。通过和秦安县初中历史教师的直接接触，甘肃天水师范学院教师收获很大，明确了大学历史教学改革的方向，真正知道了自己在历史教学方面缺什么，该怎样来适应社会需求。

其次，为中学提供历史专业和学术支持。有些地方尤其是边远地方的教育状况和教学水平落后，教师专业素养差，需要培训和多次讲座加以提高，这是我们的责任和义务。在上述的培训中，我们根据中学的要求为受训教师讲授了《历史教学中的乡土情结：以秦安历史文化为例》《初中历史新课标与高效课堂》《历史故事在初中历史教学中独特的魅力》《史地不分家：初中历史教学中的地理思维》《历史课程资源的开发与利用》《初中历史课件制作技巧》等针对性很强的内容。培训受到了秦安县初中历史教师的高度认可和好评，收到了很好的效果，也提高了大学教师的信心和责任感、荣誉感。下一步我们准备以高端备课形式为中学历史教师提供日常学术和专业帮助。

再次，大学不定期地请优秀的中学一线教师到大学来上示范课、搞讲座，介绍中学课改、中学历史教学方面的情况，让大学教师的教学和中学对教师的需求很好地衔接起来。比如，上述培训中，还请市重点学校初中教师上了初中历史示范课，我们大学教师从示范课看到了什么是一节好的中学历史课和好的历史教师。

（三）准确认识、把握大学生的现状和未来

如果我们不了解中学课改，不熟悉中学教科书，不了解高考现状，不了解中学生认知水平在互联网时代的大幅度提升，我们就不能对中学生获取知识的能力和水平有准确把握。然而，当我们对上述情况都有一定了解的时候，我们就会发现以往低估了中学生。其实经过中学课改的训练和高考洗礼的大学生在分析、判断和综合能力方面已经有了很大的提升，大学教师不应该再放心不下，而是要放开手脚，在培养学生的创新思维方面下功夫。关于这方面，王棣先生有成功的经验。王先生通过开放性教学与学生的自主性学习，鼓励学生多向探索、善疑求异，营造宽松的教学环境，引导学生参与双向互动式教学等方法培养学生学习历史、探索历史的兴趣，取得了较好的效果。①

（四）必须下大力气探索未来教师的教育教学实践环节

在校期间搞好未来教师的教学实践是不可或缺的环节，为此，大学教育行政管理必须将高校教师在校内的教学指导尤其是教育见习、教育实习纳入教学计划，计算课时量，给予一定的报酬，建立相应的奖惩机制，提高高师院校教师对教师教育的重视程度。大学教师更要确立教学实践人人有责的观念，积极承担教师教育的课程及相关实践环节的指导，参与与中学的合作与共建。提高未来教师的教育质量和水平，使他们能顺利走上讲台，胜任教师职责。

总之，西部高师院校的历史教师教育教学改革任重而道远。

---

① 王棣：《创新性教学的探索与实践——从大学历史专业教学的视角进行分析》，《高教探索》2000 年第 1 期。

青海民族地区历史教师专业教学能力提升研究

袁亚丽[*]

学界关于历史课程改革的研究，就课程本身的相关问题（如教学设计、教学的有效性、课程资源开发、历史教育价值等）讨论较多[①]，有关中学历史教师专业教学能力等问题的研究则相对薄弱，而有关民族地区历史教师现状及专业化发展等问题学界还没有专文论述。随着历史新课程改革的进行，国家对中学历史教师的培训以"国培""省培""专家讲座""自行研修""网上课程"等多种方式进行。然而，由于长期以来教育发展不平衡这一现实的客观存在，西部地区——尤其是民族地区（如青海省）课程改革实施情况不容乐观。青海省地域辽阔，地理环境复杂多样，有适合农业发展的河湟谷地，有适合半农半牧业发展的中部盆地，更有适合纯牧业发展的广阔草原，并且多民族杂居相处（汉族、藏族、回族、土族、蒙古族、撒拉族及东乡族）。地理及人文环境的特殊性，各民族经济形态、生产生活方式及文化习俗、宗教信仰的不同，各地基础教育呈现出多样性和特殊性，在农牧交错和广大牧区的民族地区历史课程改革也表现出与全国其他地区不相一致的地方。笔者通过对青海民族地区中学历史教师现状调查发现：青海民族地区中学历史教师师资队伍结构、专业知识储备不足、历史专业教学能力较弱等问题突出，如何有效提升青

---

* 袁亚丽，青海师范大学人文学院副教授。
① 何成刚：《历史教学设计》，华东师范大学出版社，2009；黄牧航：《高中历史学业评价体系研究》，长春出版社，2011；齐健：《历史教育价值论》，高等教育出版社，2003。

海民族地区中学历史教师专业教学能力等问题则是目前课程改革亟待解决的关键所在。

一 青海民族地区历史教师专业教学能力现状分析

现代教师专业教学能力主要包括专业意识与理念、专业内容、专业技能和自我发展意识四个方面。在民族地区，面对不同语言、不同层次、不同宗教信仰和不同文化背景的学生，历史教师应当如何实施课程，历史教师专业教学能力有效提升的途径是什么，双语历史教师应如何完善史学知识，等等是解决历史教师专业发展的核心问题。通过调查发现：青海民族地区中学历史教师队伍结构、专业意识和专业理念、教师教育理论知识、历史专业知识的储备等方面存在诸多问题，主要表现如下。

（一）对基础教育课程改革关注不够

理念是行动的指南，教学改革关键的转变就在于教师教学观念的转变。教师的专业意识和理念反映在教师对教育、教学、学生以及学习等的基本看法上，是教师价值观的一个方面，影响着教师从业的各个方面。而在历史教师培训、讲座及调查问卷中发现，对于"为什么要进行基础教育课程改革""基础教育课程改革的核心理念""未来历史教师的专业发展""历史课程改革的现状及发展趋势"等相关问题，90%的牧区历史教师回答"不知道，没听说过"，调查还发现，牧区教师就想要现成的课例，至于教育理论、教学理念方面的讲座和培训大多数老师表现得心不在焉。对于"您对参加的各类培训的看法是什么？您希望参加什么样的培训？"等问题，90%的教师回答："希望培训少一点理论多一点实践，我希望能参加校际教学交流类的培训"；对于"您认为哪些因素制约着教师的专业化发展？"这个问题95%的教师回答："教师课业负担过于沉重，没有时间进行学习"；对于"历史教学设计与教案有区别吗？理由是什么？"这个问题86%的教师回答："没有太大的区别，只是换了一个说法而已"；等等。

（二）教育学、教育心理学知识匮乏

教育学理论知识匮乏。访谈中，对"教育理论的书籍你读过哪几本？"这个问题，87%的教师回答："除了教育学课程外，自己没有涉猎过其他教育理论的书籍，当历史教师，教育教学理论知识没多大用处，又不是教育系的"；对"你知道的中外著名教育家及其主要观点？"这个问题，15%的教师回答知道杜威，10%的回答知道布鲁纳，3%的回答知道加涅，5%的回答知道加德纳；至于"建构主义理论、多元智能理论及教学设计理论及教师专业发展理论"等教育理论，大部分教师表示"不知道，没听说过"；对"新课程倡导的师生关系是怎样的？""当代教学理论流派有哪些？""教育研究及其方法是什么？"等问题，85%的历史教师的回答是："不知道"。至于中学生的心理需求、中学生的个体心理差异、中学生学习心理及有关理论、中学生学习动机与兴趣、中学生历史学习心理、教师心理等教育心理学知识，90%的牧区教师感觉自己不具备这方面的知识。

总之，教育理论储备不足，加上民族地区历史教师教育心理学、历史教育心理学知识匮乏，导致其在教学中不能很好地把握和实现教学的自主性，不能恰如其分地适应新课程的需求。

（三）对历史课程内容的驾驭和解读能力不强

青海民族地区历史教师仍然停留在"教教材"的层面上，历史课标和新教材认识和解读能力较差。课程改革进行了十几年，75%的教师甚至不知道历史课标，与教育发达省份相比，差距较大。如贵南县初级民族中学共有9位历史教师，历史课堂教学中只是让学生背书，认为全部背会就能考好，结果在海南州中考中，贵南县中历史课平均成绩只有11.47分，还停留在对历史知识仅仅是"识记"的层面上，离历史课程改革倡导的"让学生理解和感悟历史"的理念相去甚远，在对这9位历史老师的课堂诊断中发现，其中7位历史教师存在历史知识解读错误的现象，有6名老师甚至不清楚基本历史分期、基本的历史线索和时代特征，历史教师在教学中仍然普遍处在"画下来，背会"的教学阶段，在全省初中双语历史教师培训中发现：大部分教师史学观念滞后，缺乏在新的历史视角和宽泛的历史视野下，对历史教材进行深入分析和研究的意识与能力。因而，对历史教材结构、框架都不甚了解，对现有教材上的知识不能准确理解，更谈不上重新整合知识。课标研究不够，教材解读能力较弱，《历史课程标准》提出的"从不同的角度揭示人类历史发展的基本过程"，"体现多样性，多视角、多层次、多类型、多形式地为学生学习历史提供更多的选择空间"的理念，就不可能落实到历史课堂之中。

（四）历史认知的储备严重不足

接受调查的大部分教师仍然停留在对某一具体历史事件的解释层面上，如鸦片战争、五四运动、甲午战争、义和团运动等，教学内容的选择过于陈旧、没有新意。如黄南州培训的 20 名历史教师，在完成教学设计时，选政治史设计的较多，对经济史、思想史、文化科技史、社会生活史的内容感觉很陌生，不能很好地驾驭；选中国古代史内容的占 95%，而对中国近现代、世界史的内容选择较少；对"近代社会生活的变迁、古希腊罗马民主政治"等新课程新增内容更是无人涉猎，基本历史概念、年代及历史现象解读错误较多，有的甚至连基本的时序都没搞清楚，这说明其历史认知具有明显缺陷。

（五）双语历史教师史料解读、应运能力较差

据调查，青海民族地区 95% 的历史教师是藏族，如贵南县民族中学 9 名历史教师全部为藏族，共和县民族中学 2 名历史教师均为藏族，环湖中学 7 名历史教师藏族 5 人，2013 年黄南州历史教师 20 人培训班中，藏族 19 人、汉族 1 人。2015 年民族地区初中历史教师 40 人培训班中，藏族 32 人、蒙古族 2 人、回族 2 人、汉族 4 人，藏族占到 80%。

对于藏族来讲，汉语本身就是第二外语，大部分藏族老师会日常的汉语，但是教学中授课对象是藏族学生，汉语水平极其有限，需要历史教师把历史专业知识转化成藏语，然后传授给学生，这对很多非历史专业出身的藏族教师来讲，本身就是一个不小的挑战，而面对"史料教学""历史问题教学"等教学方式，不少藏族教师运用起来更是困难重重。教学中，要经过两次语言的转换才能传递给学生基本的历史知识，许多老师由于史

料解读能力较差、错误很多，连教材上呈现的基本史料解读都非常困难，更不可能去拓展和选取新的史料用于教学。

（六）多媒体现代化教学技能不掌握

近年来，由于国家对民族地区教育投资力度的持续加大，农牧区基础教育硬件设施逐步配套到位，如海南州共和县 16 个乡共有 19 所中小学，网络覆盖率百分之百，多媒体教学设备都是最现代化的触摸式白板，可以说从校舍的修建、体育馆及运动场塑胶跑道的铺设，多媒体教学设备的配置及网络覆盖率均已全面落实。目前最大的问题是 95% 的牧区历史教师不知道有关历史教学的专业网站，不会制作历史多媒体课件，不会网上查找教学资料，多媒体现代化教学技能较差，极大地影响了历史课程的实施和教学效果，这成为制约民族地区基础教育发展的重要因素之一。

二　民族地区历史教师专业教学能力欠缺原因分析

（一）牧区历史教师学历、学力不达标现象严重

表 1　2015 年双语历史教师培训专业及学历统计（42 人）

42 人	民族				专业				学历		
	藏族	汉族	回族	蒙古族	历史	藏语文	旅游管理	其他专业	硕士	本科	大专
	33	5	2	2	11	21	2	8	1	38	3
百分比（％）	78.6	11.9	4.8	4.8	26.2	50	4.8	19.1	2.4	90.5	7.1

从民族构成来看：42 人中藏族最多，33 人，占 78.6%，汉族 5 人，占 11.9%，回族 2 人，占 4.8%，蒙古族 2 人，占 4.8%，教师为本民族优势在于便于和学生沟通和交流，理解本民族的文化习俗及生活习惯，理解学生的基本心理和价值观，应该是民族地区教育发展的优势资源。从专业结

构来看，历史专业毕业 11 人，只占 26.2%，藏语文专业毕业的最多，21人，占到 50%，其他专业共 10 人，占 23.9%。从学历结构来看，高学历层面较少，硕士只有 1 人，占 2.4%，远远低于全国其他省份，本科学历最多，38 人，占到 90.5%，大专学历 3 人，占 7.1%，仅就学历结构来看，基本可以达标了，但关键问题是民族地区的历史教师非专业化教学现象较为严重，专业受训不够导致其历史知识体系不完整，会严重影响到教师对历史知识的理解和把握。

即便是历史专业毕业的教师，学历是达标了，但是普遍学力水平不高，很难驾驭新教材、领会课标的精神。在培训中要求专业出身的历史教师完成说课及微课设计时，许多教师甚至以逃课的方式来躲避。

（二）民族地区历史教师历史专业认知储备远远不够

由于大部分牧区历史教师不是历史专业毕业，因此，历史知识的储备远远不够。历史教科书建立了以政治史、经济史和思想文化史等模块为框架，历史专题为单元，贯通古今、中外混合的历史知识体系，把中国历史和世界历史的叙述紧密结合，充分发挥中外历史合编的优越性。但是由于历史知识的储备不足，尤其是经济史、思想文化史及科技史的知识严重匮乏，如调查的贵南县民族中学，初中三个年级共有历史教师9 人，其中本科毕业者为 6 人，大专毕业者 2 人，中专毕业者 1 人。关键是其中没有一人是历史专业学历，大多来自藏语文专业现转岗从事历史教学，黄南州培训的 20 名历史教师没有一人毕业于历史专业，故历史教师专业受训远远不够，缺乏历史感，在听课中发现，多年从事历史教学的老教师，连中国历史的分期都模糊不清，对许多基本的历史概念都解释错误，大部分牧区教师仍然在按照教材的标题讲时间、地点、人物、经过、结果，根本没有教学设计的理念，甚至连照本宣科都做不到，更谈不上"理解历史、感悟历史"了。培训中教师们都希望给他们解读每本教材上具体的历史知识，而不是有关新课程的基本理论和有关教学方法的转变，教师亟须补充的是历史专业基础知识，如招收的牧区特岗教育硕士，回答"为什么来读教育硕士？"这个问题时，85%的回答是："为了系统补充历史专业知识。"牧区教师对高中历史必修Ⅱ（经济文明史）、必修Ⅲ（思想、文化、科技文明史）教材的处理显得力不从心，自身专业知识结构不完整，无法驾驭新课程历史教材、无法适应新课程历史教学对教师专业教学能力的基本要求，就更谈不上在未来的教学中能够很好地引导学生去学习和探究。

（三）外出学习、培训的机会较少，适应度不强

国家投入大量财力、人力用于中小学新课程的培训，但调查发现，87%的教师从未参加过任何形式的学习、培训，甚至连有关新课程的讲座都没有听过一场，对有关新课程改革的基本理念从未听说过。即便是外出参加过国培、省培的教师，普遍感觉培训的内容不符合自己的实际水平，如贵南县民族中学9位历史教师有2人外出（上海、北京）参加过国培计划，当访谈到培训效果时，回答是："老师讲得听不懂，离我们的实际水平相差太远了，根本够不着，我需要的是教材上的每一课怎么讲清楚。"这也是大部分外出培训的教师共同的感受，觉得太高太理想，和青海民族地区的实际教育水平和学生情况相差太远，无操作和实施的可能性。

（四）双语教师专业发展水平低，汉语能力差

牧区从事历史教学的老师大部分为双语教学，教师和学生手中只有藏文版历史教科书，没有藏文版的教辅和其他课程资源，学生因汉语水平极其有限，需要教师将汉语历史知识转化为藏语，然后去完成课堂教学，新课程提倡的"史料教学"在牧区显得更加不切实际，教师要将古文转化为白话然后再转化成藏语，由于许多教师汉语水平也极其有限，古文功底很差，对史料的解读更是难上加难。另外，因教辅基本上是汉语版的，学生很少能够看到藏语版历史练习题，所有练习和巩固全部来自藏文版的历史教科书，对检测及巩固已学过的历史知识非常不利。要想让学生多做练习，教师就需要花大量时间和精力首先把汉语版历史练习题或测试题逐字逐句翻译成藏语，自己去复印，然后发给学生，教师们普遍反映日常教学中根本没有时间持续性的去做，久而久之也只能是教教材、背教材的教学模式了。

三 提升牧区历史教师专业教学能力的有效途径

（一）树立教师专业意识和理念，以适应基础教育课程改革对师资的要求

20 世纪 80 年代以来，国外现代教育理念逐渐渗透于我国新课改之中，促动了我国历史课程的变革化，实现了观念的更迭、理念的更新、模式的改进，呈现出一种此起彼伏、多元并存的历史轨迹和现实格局，"一定的理念支配着一定的行动，只有深刻理解当代教育理念的内涵才能从根本上解决问题"。我国当下的基础教育改革，如果不能实现观念和理论的更新和发展，不仅很难将教育改革进行下去，而且更难实现真正的教育发展和进步。人的一切实践活动都是建立在心理需求的基础之上的，教育活动也不例外。只有研究学生心理活动，才能为教育目标的确定提供心理学依据，才能为不同教学目标的达成提供具体的教学措施。而作为未来的教师如果不了解学习者的心理需求，就无法恰如其分地进行教学设计。因此，未来教师必须掌握充分的教育心理学知识。

高中历史课程标准提出"新课程要深入领会尊重历史，追求真实，增强历史意识，汲取历史智慧，关注学生生活，多角度、多层次、多类型、多形式地为学生学习历史提供更多的选择空间"等要求，在新课程改革推动下，历史课程教学理念可确定为感悟历史、体验历史、魅力历史、风采历史，回归本原，让学生享受历史课，只有掌握了这些先进的教学理念，才能让教师教学实践层面富有坚实性和创造性，才能适应基础教育课程改革对师资培养的要求。

（二）民族地区历史教师专业素养提升

基础教育课程改革对历史教师提出了严峻的挑战。朱汉国教授指出："历史教师要想很好地完成教学目标，培养学生正确的历史价值观，就必须重视历史知识的储备，了解新课改、新课标的动向，熟悉新课标的要求及核心知识，并熟悉教学策略。"历史教师只有具备丰富的历史学知识，才有能力完成新课程要求的教材分析、教学设计及现代化教育技术与历史

学科的有效整合等，才能在未来的历史教学中创造、开发新的课程资源，才能为未来历史教师专业发展奠定基础。

牧区历史教师要研修史学理论，要具备多元化的知识结构。作为历史教师，除了储备丰富的历史知识以外，还要加深对中国通史和世界通史的学习。要加强历史专题和断代史、国别史的专业知识，如可补充中国经济思想史、中国文化制度史、世界文明史、科学史等的知识；要研修史学理论，如当代史学的主要趋势、中国史学史、西方史学史；阅读一些历史书籍，如斯宾格勒的《西方的没落》、柯林伍德的《历史的观念》、克罗齐的《历史学的理论和历史》。通过阅读，了解和把握史学理论、史观与史学方法等内容，关注历史教育的主流价值，合理取舍与有效利用一些史学理论，用于指导自己的历史教学，要了解历史学最新研究成果，关注历史研究的前沿动态，在新史观引领下进行教学设计，逐步积累、慢慢成长为"研究型"的历史教师。

高中专题史教材着力体现了包含历史学在内的人文社会科学的综合化趋势，教材内容呈现"复合型"知识体系。这就要求历史教师除了要精通中国通史、世界通史的基本史实和课标所涉及的主要专题史、地区史、国别史、断代史和史学理论知识，同时要具备广博的知识面。教师还要掌握相关学科、交叉学科的基础知识，具备广博的文化知识，才能驾驭历史新课程。

（三）增加地方师范院校招收双语（藏汉）师范生数量，为藏区培养合格双语历史教师

针对藏区教师专业结构性缺编严重问题，青海师范大学历史系已于2014年9月招收"民考民"历史专业本科38名学生，今后还需要继续加大培养双语历史教师的力度，为青海藏区基础教育输送合格的双语历史教师。面对非专业化历史教学，国家应支持青海省内高校加强藏区急需专业和师范专业建设，大力加强教师队伍建设，依托青海师范大学等省内外高校建立藏区教师培养培训基地，积极探索实施省内双语师范生免费培养计划，定向培养双语教师和紧缺学科教师等一系列重大发展计划。

（四）制订符合民族地区双语历史教师的国培、省培计划，切实提高培训质量

国家投入大量人力、财力进行的国培，应从民族地区的实际出发，立足于提高农牧区历史教师的将民族地区双语历史教师的国培、省培计划落到实处，聘请了解民族地区教育实际的专家及一线教师，切实提升民族地区历史教师培训的力度和效度。

（五）加强中学历史教材及教辅的双语翻译工作

双语教学翻译工作有待加强。许多教师手中除了一本翻译的藏文历史课本外，没有任何藏语教辅或藏语练习题，大大限制了学生接触历史学习的资源，让历史教师手中有大量的藏语历史试题，才能使学生多接触到历史知识，开阔视野。

总之，我国新形势下的基础教育已经进入一个全新的发展阶段，在国家提出"以人为本"基本精神指导下，开始人才培养模式的根本转型，这对历史教师提出了严峻的挑战，迫切要求他们提高自身素质，以适应教育教学改革的发展趋势，将教育理念从传统的"教书"转变为新时代的"育人"，民族地区历史教师要根据本民族地区的特殊性，增加历史课的民族认同感和自信力不断提高自身业务水平，不断补充、完善自己的专业知识，树立终身学习的理念，才能为实施历史课程、创新历史课程奠定基础。

变化的课程改革，不变的教师主导

陈温柔 *

教育就是一个人的成长，教育应该着眼于人的终极发展，我们要送给学生的，不是过重的包袱，而是必要的盘缠，漫长的人生之路要靠学生自己行走。首先是教师自己，然后使学生也做到：有强烈的"自我实现"动机，保持浓烈、持久的兴趣爱好，能够学会一些驾驭自己的方法，而这些，正是对历史这样一个人文学科所应该的，而且也能做到的。我们不能简单地把学生对时间、人物、事件经过等一些知识性东西的掌握，对一些结论性观点的牢记，对一些解题技巧的操作运用，奉为评价历史课效率高低的圭臬，而把学生的情感、审美能力、人文素养等排除在历史课堂的范围之外。历史学习应将历史知识作为现实生活、工作的经验支持，应把学习知识的出发点和归宿都定位在学生未来的需求上。只有让学生养成主动探究历史知识，关注社会、人生，珍惜生命价值的习惯，那才是有效的教学。

目前，课程改革如火如荼地进行，但是它不是淡化知识和技能，而只是扩大知识和技能的掌握途径，在师生的双向配合和学生的主动探求中使学生获得知识、技能和过程的愉悦，必须说明的是，强调学生的主体性不是意味着教师主导作用的弱化，相反，如何去应对课改之后课堂的多样性，需要教师具有更高的主导能力，难度加大，如果执迷于学生的主体性中而教师却无作为，效率低下是必然的。

---

* 陈温柔，厦门双十中学高级教师。

本文所要探讨的是在不断变化的课程改革中，如何发挥教师的主导作用。

一　用讲述法与问题设置法充实课堂教学，仍是课改后多数教师的选择

这种教学方法，除继承传统的教学原则如因材施教、循序渐进和教学相长等，还将在教学改革的实践中已发展出来的具有创新意义的教学原则也充实到课堂教学中，如启发性原则、主体性原则、德智统一原则、民主性原则等。这些都需要老师起非常重要的主导作用。

比如讲述法。聂幼犁教授做客历史课程网时说，"老师的'讲'，本身无可厚非，在现在课程内容这么多的情况下，讲述法不失是一种基本的方法。关键是你讲什么，怎么讲？讲到什么程度？有的放矢地讲、饶有兴趣地讲、富有智慧地讲、充满情感地讲，讲得学生愿意听、听得进、想得明、悟得透是很好的啊！"南京师范大学的杨启亮教授也是旗帜鲜明地主张——"讲！凭什么不讲?!"

又如问题设置法。不论是传统教学还是课改后的教学，通过问题串来解决从基础知识到分析、解决问题的方法，从历史情景的体验到对历史规律的探索，从认知的提升到情感的交流，都有其无法取代的作用。在新课程的背景下，这个方法更有必要发扬光大。但是有必要讲究技巧，使之更加有效。

（1）问题必须有阶梯性。教师将所要展示的内容设计为环环相扣，前后连贯，形同"阶梯"的问题组，让学生登上我们的"阶梯"去寻根究底，直至问题完全解决。比如，讲授"美国独立战争的原因"，可以作如下启发：发生战争必然有矛盾，这个社会矛盾是什么？——引导学生总结"北美资本主义的发展受到英国殖民统治的严重阻碍"——这体现了什么社会发展规律性？（生产力和生产关系的辩证关系）——所以它是决定战争发生的原因，也就是这对矛盾的存在和发展，使战争必然发生，早晚都要发生。那么，谁能预见战争将在什么时期发生呢？——引导学生分析将在 18 世纪六七十年代。因为这一时期，北美人民反英斗争不断高涨，表明

战争的时机成熟了。如果再精确些，战争到底会在什么时间发生？——启发学生：将在 1773 年 12 月之后不久。因为这时发生的波士顿倾茶事件成为战争的导火线，使战争一触即发。实践表明，通过以上问题的程序，不仅可以激发学生求知的欲望，而且可以使学生掌握解决此类问题的一般方法。一是如何寻找根本原因——战争必然发生。二是何时发生要看时机何时成熟。三是战争最后只需要一根导火线。同时，也向学生揭示了历史发展的必然性和偶然性的辩证关系原理。这样，学生不仅可以掌握这一问题，还可以做到触类旁通。

（2）可以经常使用比较式问题。比较是历史思维的一种重要方式，它又分为求同和求异两种形式，求同是找出历史发展的普遍性，求异是找出历史发展的特殊性。培养比较能力是为了达到深化认识和把握历史发展规律的目的。比如，"第二次鸦片战争是第一次鸦片战争的继续和扩大"，日本明治维新与中国维新变法，等等。

（3）恰到好处地运用材料来设置问题。展示文字、图表或实物材料，即时即景发问，可深可浅，在学生头脑中产生强信号刺激，使之专注投入，积极思维，有利于培养学生的直觉思维能力。

（4）寻找历史与现实的结合点。尊重学生已有的知识经验和感受，要把学生生活中鲜活的事实和情景呈现给他们。比如，讲到五四运动与中国共产党的诞生时，可以问："每年 5 月 4 日是青年节，你们知道为什么要设这个节日吗？"然后告诉学生："是为了纪念五四运动。那么，为什么要纪念五四运动？五四运动是怎样爆发的？为什么会爆发？它有什么重要意义？"

（5）问题的设置不一定要按照习惯的思维顺序，可以适当使用逆向提问的方法。在传统历史教学中，对于历史事件的教学，习惯于按照原因（包括背景、条件等）、经过（包括时间、人物、地点、性质等）、结果（包括意义、影响、启示等）的三段式教学法，并认为是水到渠成，线索清楚，此即"顺向教学法"。而有时如果把这种教学顺序倒一倒，效果会更好，此即"逆向教学法"。逆向教学是一种启发智力的方式，它虽有悖于通常人们的习惯，但正是这一特点，使得许多靠顺向不能解决或是难以解决的问题便迎刃而解，正如数学证明中的反证法；在逆向的参与下，过程可以大大简化，效率可以成倍提高，并进一步深化对问题的认识，提高学生学习的兴趣。更重要的是它能更好地服务于学习历史的目的。比如对鸦片战争背景的分析。师问："中国近代史的开端是什么？"这个问题学生实在太熟悉。接着追问："为什么把鸦片战争作为中国近代史的开端？"对这个问题，基础好的同学也能马上回答。学生可以归纳出：因为鸦片战争使"中国的社会性质、社会主要矛盾、革命任务"发生了变化。此时，教师便可板书归纳鸦片战争的影响，这样的设计思路基本上是按照"结果—背景—经过"把课本上第一节和第二节关于"鸦片战争"的教学内容整体进行了逆向整合，此时是按正常顺序，目的是让学生了解整章知识结构。又比如对党的八大的分析。打破先学习"中共八大"的顺序，而是先让学生用中央电视台"实话实说"栏目的形式再现那一段历史，然后认识中共八大的正确性。合理运用逆向教学法不但有助于优化课堂教学结构、提高教学效率、突破重难点、深化对教学内容的认识，更重要的是它能很好地培养学生的"逆向思维"能力、探究式的学习方式，更好地做到历史学习中的"论从史出"，深刻理解历史知识的内在联系，从而提高历史思维能力。

（6）问题设置法既可以用于一节课的开头，也可以用于中间的过渡，还可以用于结尾。比如，分析太平天国起义作为农民起义的局限性，可以在讲解之前先提出以下问题："有资料明证：洪秀全从 1853 年 3 月进入天京到 1864 年 6 月身亡，从未迈出过宫城一步，只有一次是坐 64 人抬的大轿去看望生病的东王杨秀清。请问这说明了什么问题呢？"

（7）因材施教，针对不同的学生提不同的问题。新的课程标准极力主张以人为本、以学生为本，对不同发展特点的学生都要给以同样的关怀与肯定。美国哈佛大学教授霍华德·加德纳的研究表明：人的智力活动包含了言语智能、逻辑—数学智能、空间智能、肌体—动觉智能、音乐智能、人际智能、内省智能及自然观察智能等八种。因此，教学活动中，教师要充分利用有利于发展学生多种智能、提高学生综合能力的教学资源——基础知识、课文中的图表、多媒体教学平台及与基础知识点相连的课外知识等，针对不同学生的个体特点，有目的分层次地发展多种智力。既要发展学生的显性智力，还要发展学生的隐性智力（即学生某一薄弱方面）。如：

让逻辑—数学智能较明显的学生归纳课文中的基础知识，构建知识结构网络，并引导他们从不同的思维角度分析历史知识间的内在联系；让有语言天赋的学生朗读课文或表述对某一问题的看法；让空间智能因素发展较好的学生提取图表信息；让有人际智能因素倾向的学生组织课内学习延伸到课外的一些活动；让音乐智能较高的学生唱歌、演奏乐曲或解释其中的核心意义；让肌体—动觉智能较好的学生扮演课文中的历史人物；让电脑爱好者搜集与课堂教学紧密联系的补充材料，拓展学生思维；等等①。

二　对整节课的节奏的把握就是教师所应当承担的任务

在教学中保持一定的教学节奏，使学生能借助教师的某种暗示来记住、理解某些知识并形成相应的价值观。张文质先生说："教学是一种慢的艺术。"② 课堂节奏应像夸美纽斯所讲的那样，"自然并不性急，它只慢慢前进"。③ 因此，善于让学生"自然生长"应成为教师的一种教学艺术和机智，而不能一味地用现代教育技术对学生进行狂轰滥炸，否则，结果必与初衷相背。教师应当有话则长，无话则短，课堂不应是教师卖弄的课堂；学生适当地参与、探究肯定是必要的，也是教改所极力提倡的，但这其中的"度"，也就是课堂的节奏，就是教师应当仔细研究的。45 分钟的教学，要使学生始终保持饱满的热情，确实不易。研究表明，经过 10~20 分钟的注意起伏，便会导致注意力随意地离开客体。

教师讲课时每隔 10~15 分钟使学生转换一下不同种类的活动，这样有助于学生注意力的稳定。所以，一节课，讲多少、讨论多少、课件展示多少；在什么时间展示；什么时候出现习题，都是需要教师研究的。节奏的把握还体现在，如何像一个指挥家一样，使我们的课堂既有自然生成的美，又在我们的有效控制下。对教学而言，交往意味着对话，意味着参与，意味着相互建构，它不仅是一种教学活动方式，更是弥漫、充盈于师

---

① 〔捷〕霍华德·加德纳（Howard Gardner）：《多元智能新视野》，沈致隆译，中国人民大学出版社，2012。
② 张文质：《教育是慢的艺术——张文质教育讲演录》，华东师范大学出版社，2008。
③ 〔捷〕夸美纽斯：《大教学论》，傅任敢译，教育科学出版社，1999。

生之间的一种教育情境和精神氛围。对学生而言，交往意味着心态的开放，主体性的显现，个性的彰显，创造性的解放。对教师而言，交往意味着上课不是传授知识，而是一起分享理解；上课不是无谓的牺牲和时光的耗费，而是生命活动、专业成长和自我实现的过程。交往还意味着教师角色定位的转换：教师由教学中的主角转向"平等中的首席"，从传统的知识传授者转向现代的学生发展的促进者。可以说，创设基于师生交往的互动、互惠的教学关系，也是本次教学改革的一项重要任务。课堂教学不应当是一个封闭系统，也不应拘泥于预先设定的固定不变的程式。预设的目标在实施过程中需要开放地纳入直接经验、弹性灵活的成分以及始料未及的体验，要鼓励师生互动中的即兴创造，超越目标预定的要求。但是，教学过程是有一定的教学任务的，并且对于历史的理解、见解也是有一定的底线的，所以，课堂教学也需要控制。"人们无法预料教学所产生的成果的全部范围。没有预料不到的成果，教学也就不成为一种艺术了。"（布鲁姆）过程的开放也许会影响某些课时的教学进度或教学任务，但是，我们要用发展的眼光来看这个问题，首先，课堂教学改革，这是一个否定之否定的过程，是一个从有序到无序再到有序的过程；其次，某一节课的教学任务的完成与否并不影响学生的整体发展，课堂教学最重要的是培养学生的自主学习能力和创新素质，这是学生发展进而也是教学发展的根本后劲。正如余文森教授所言，"从生命的高度来看，每一节课都是不可重复的激情与智慧综合生成过程"。①

三 情感交流的过程，教师的主导作用更是不容忽视的

捷克教育家夸美纽斯说："凡在知识上有进展而在道德上没有进展的人，那不是进步而是退步。"②《普通高中历史课程标准（实验）》明确指出："通过历史必修课，培养学生健康的情感和高尚的情操，弘扬民族精神，进一步提高人文素养，形成正确的世界观、人生观和价值观。"而价

---

① 余文森：《教学是课程实施的基本途径——新一轮课程教学改革应确立的几个基本观念》，北京大学出版社，2009。

② 〔捷〕夸美纽斯：《大教学论》，傅任敢译，人民教育出版社，1957，第55页。

值观和理性是比较高位的概念，要通过具体的史实及其解释、评价来体现。按一般的学习规律来看，先要有教师的示范，再有学生的感悟，到一定程度后再作理性的反思，抽象出它的普遍和概念表达方式，然后才可能产生有效的模仿、迁移、练习。教师首先要"做一个有思想的历史教师"，其次，才能使课堂成为智慧的、有感情的课堂，不仅使老师发挥聪明才智，重要的是让学生表现出聪明才智；不仅教师自己感动，也使学生感动。如在讲授司马迁、范缜、李时珍、曹雪芹、林则徐等历史人物相关的内容时，教师可以通过运用现代教育技术或充满激情地把司马迁忍辱负重写就史学巨篇《史记》，范缜为坚持真理、不畏权贵著《神灭论》，李时珍脚踏实地、埋头苦干，二十七个春秋完成《本草纲目》，曹雪芹在贫病饥寒交加中创作文学巨著《红楼梦》，等等坚强的意志，邓世昌以身殉国、林觉民流血牺牲等为国家和民族而英勇献身的崇高情怀，以及林则徐"海纳百川有容乃大，壁立千仞无欲则刚"的人格魅力，等等，生动、形象、直观地展示在学生面前，使学生受到潜移默化的影响，从而形成坚强的意志，养成高贵的品质，树立以民族、国家的繁荣富强为己任的远大理想。

四 转变学生学习方式，需要教师的有效引导

从教育心理学角度讲，学生的学习方式有接受和发现两种。在接受学习中，学习内容是以定论的形式直接呈现出来的，学生进行学习的心理机制或途径是同化，学生是知识的接受者。在发现学习中，学习内容是以问题形式间接呈现出来的，学生进行学习的心理机制或途径是顺应，学生是知识的发现者。两种学习方式都有其存在的价值，彼此也是相辅相成的关系。

传统学习方式过分突出和强调接受和掌握，冷落和贬低发现和探究，从而在实践中导致了对学生认识过程的极端处理，使学生学习书本知识变成仅仅是直接接受书本知识（死记硬背书本知识即为典型），学生学习成了纯粹被动地接受、记忆的过程。这种学习窒息人的思维和智力，摧残人的学习兴趣和热情。它不仅不能促进学生发展，反而成为学生发展的阻力。

新课程改革要求改变学生的学习方式，积极倡导参与式、探究性学习，培养学生运用历史唯物主义的基本观点和方法及分析问题、解决问题的能力。因此，教学活动中，教师要采取多种教学手段，激发学生主动参与学习的内驱动力及始终保持浓厚的学习热情；要引导学生善于把知识转化为智力和能力。

余文森教授称之为"平等的首席"①。教师的主导作用，体现在引导学生阅读课本，思考、讨论相关问题，弄清"问题"产生的原因及其影响，构建知识网络；明确要求学生运用历史唯物主义的基本观点和方法，注意宏观、微观相结合以及把是否适应生产力发展、是否适应社会发展潮流作为衡量的标准；对社会热点或与人民生活密切相关的问题，教师可引导学生通过自主探究、自主解决问题，提高学生社会实践能力和思辨能力；为学生搭建展示探究成果平台，使学生通过展示成果享受成功的喜悦和体会自身成长发展带来的悄然转变；等等。

广东博罗中学周建定老师在历史课程网"广东历史教育博客"上发布了"秦始皇的困惑"教学案例，是一个非常好的尝试，告诉我们教师可以这样有效地引导学生。

（1）提醒学生史论结合，不要说空话，更力戒说那些先入为主想当然的话。

（2）提供学生历史评价的方法。

方法一：老师要引导学生注意讨论的思维的逻辑。

例如，修长城有无必要，当时是否有其他可能更好的选择，长城起到了什么样的作用，只有先把这些问题讨论清楚，后面的讨论才有基础。

方法二：在修长城的功过讨论中，我们可以引导学生考虑这样一些问题。

①在修长城这一历史事件的评价中，秦始皇的立场和秦朝民众的立场会有怎样的差异？

②在以上评价中，秦朝全体民众的立场和具体民众个人的立场会有怎样的差异？

---

① 余文森：《有效教学十讲》，华东师范大学出版社，2009。

③后人立场与当时当事人立场又会有何差异？

④以上各种立场上的差异会对修长城这一历史事件的评价发生怎样的影响？尤其是在具体史料的运用及最终的结论上发生怎样的影响？

方法三：引导学生不做简单的肯定或否定。

对肯定派的引导：秦始皇修长城在当时有其合理性与紧迫性，这种合理性与紧迫性绝非今人可以理解。此外，教师还可以补充近年来史学界研究的最新成果：秦的北方边境自然环境非常恶劣，尤其是发生频率非常高的"风暴"，对当地的农业生产带来很大不便。

批评秦始皇修长城的观点中，"劳民"是一个出现最为频繁的字眼。但是值得我们注意的是，在古代生产力发展非常落后的情况下，修建一个巨大的有着积极意义的工程，要做到不"劳民"是不可能的。不过，许多批评者指责秦始皇时修建长城导致牺牲数十万乃至上百万人民的生命，就有点随意了。

方法四：老师不要做讨论的看客，应该适时平等地谈谈自己的看法，或者作些引导性的设问，比如想想在国外以及今天的中国有没有修建像长城这么大的公共工程？他们有没有引起人民的强烈反对？如果没有，是怎么做的？学生们很快想到了田纳西水利工程，想到三峡工程，思维顿时被打开了。

老师可以适时适量给学生补充一些课外知识，包括一些其他学科的理论知识，如"民主、科学的行政决策程序"。

（3）引导学生树立正确的价值观。

学生对修长城的态度可能有两种：如果是对修长城持总体否定态度的话，那么可能学生就接受了"个体生命高于一切"的历史价值观，从而抱有某种平民立场；持总体肯定态度的话，学生就可能接受了"国家前途与利益高于一切"的历史价值观，从而抱有某种国家至上立场。

无论最终引向哪一种，都不是作为公民教育一部分的中学历史教育所应做的。作为教育者，我们该问自己：我们的培养目标是雅典的公民还是斯巴达的臣民？我们是该让孩子们理解和掌握一种思想的方法还是给他们树立一根道德的标杆？德育应当是智育的自然延伸还是简单的感情共鸣？如果是前者的话，在秦始皇修长城这一问题的讨论中，究竟学生是持肯定的态度还是否定的态度就不重要了。重要的是学生应当形成这样的价值观。

①多元的观点是可以接受的。

②残暴与专制永远要遭到谴责。

③以广大民众的利益为主要的判断标准。

④权力层应当周全谨慎。

⑤应当有民主、科学的行政决策程序。

而教师在做以上引导的时候，如果同时利用课件和网络，展示人类其他重大工程如金字塔、三峡进行对比；展示秦朝的人口、财力、国力的数据；展示史学名人的评论；展示现代民主程序；等等，将起到如虎添翼的效果，证明无论课程改革与否，教师与学生进行深入的情感交流是非常必要而且可行的。

随着课程改革不断往前推进，我们的中学历史课堂已经不是昔日的课堂，无论是观念、手段还是内容，都必须而且已经有了巨大的转变，更具全球性、开放性和交互性。但是，不管如何改革，我们应当坚持不变的是，充分发挥课堂教学中教师的主导作用，使历史课堂成为生动的课堂、快乐的课堂、深刻的课堂，成为我们共同享受的课堂。

名师工作室：引领教学研究的新模式

——以唐秦历史名师工作室为例

朱　煜*

"教学是一门专业""教师即研究者"等源自国外的教育理念，随着我国新课改的推进正为越来越多的人所接受。作为一线教师，不能仅是一个"实践操作工"，而应把"研究"看成专业活动的一个组成部分。历史课程对养成公民的人文素养具有不可替代的重要作用，如何提高历史教学的有效性，历史课堂改革的重心何在，如何用史料为学生搭建触摸历史的桥梁，等等，这些都需要开展教学研究。问题是，目前真正参与教学研究的历史教师为数不多。比如，经常在《历史教学》等杂志发表文章的作者似乎总是些"老面孔"，至于像王雄、汪瀛、沈为慧、胡军哲等老师能够出版自己著作的更是凤毛麟角。有编辑曾感叹："现在中学历史教师的整体素质并不高，只会按教科书去教的不在少数"；"很多年轻的中学历史教师不会写文章，平时不写，到评职称的时候才想到动笔，自然是手生"；"杂志收到的稿件，有很大一部分是选题不当、语句不通、没有逻辑的"。如何助推、引领中学历史教师的教学研究？诚然，《历史教学》杂志等专业媒体，无疑是指引教学研究的高端平台，不过现实情形是，很多教师平时不看杂志，主动阅读的为数甚少。由此笔者认为，源于国外工作坊理念而于近年在我国各地涌现的名师工作室，在引领教学研究方面大有用武之地。

名师是一个约定俗成的称呼，通常指在某一教学领域、在一定区域内

＊　朱煜，扬州大学社会发展学院教授。

具有一定知名度和影响力的教师。他们具备先进的教学理念和高超的实践能力，并且拥有特级教师、学科带头人、骨干教师、教学专家等称号。名师工作室是新课改向纵深推进的产物，已逐渐成为促进教学研究、培养优秀教师的一种新模式。

一　阅读：助推教学研究的"孵化器"

　　具备一定的专业素养是开展教学研究的前提和基础，阅读则是提升教师专业素养的必由之路。一位著名的教育学者说过："勤于学习，充实自我，这是成为一名优秀教师的基础"，"不读《论语》、不读陶行知、不读杜威、不读苏霍姆林斯基，恐怕很难成为教育家"。作为历史教师，还应具备广博的历史学科专业知识。正如顾颉刚所言："假如教员本身素养不足，那么即使懂得教学法也是没用的。"无数历史名师的成长道路也说明了这一点。名师工作室要建设成为一个"学习共同体"，引领身边的教师特别是年轻教师参与教学研究，首先就要为成员搭建一个读书交流的平台，用阅读铺垫其成长的知识通道。

　　唐秦历史名师工作室是由江苏吴江高级中学的历史特级教师唐琴领衔的教学研究团队。它成立于 2009 年，之所以命名为"唐秦历史名师工作室"，据主持人说，"唐""秦"二字，一应教育局"以领衔人姓名冠名"之要求，二因团队成员均为历史教师之缘故（秦、唐乃中国历史上强大、繁荣的朝代）。现在工作室的成员 13 人，分别来自吴江高级中学、震泽中学、吴江中学、盛泽中学、汾湖高级中学等多所当地的高中，其中既有区学科带头人、教学能手，又有才工作三四年的年轻教师。工作室从 2011 年起出版《问史》半年刊，设有卷首语、前沿、视点、风采、动态、考向、课堂、课题、步履、读书、论衡等栏目，主要刊登工作室成员及吴江各高中历史教师的教学研究成果。

　　唐秦工作室建立后，主持人意识到：历史课程不同于其他课程的特点之一，就是课程内容丰富且随着时代发展而不断更新，课程的丰富性、时代性、多样性、探究性特点明显。这就要求教师须不断学习，充实提高。鉴此，工作室开展了"共读丰厚学养、学术引领课堂"的主题教研，通过阅读，积养学识，并融会于课堂教学中。2012 年初，工作室为每位成员购买了蒋廷黻的《中国近代史》、樊树志的《国史十六讲》、郭廷以的《中国近代史纲》等书。为了让活动有个良好的开端，进而使整个阅读、研讨能顺利推进，主持人要求各位成员在寒假期间先读完蒋廷黻的《中国近代史》，在研读的过程中，反观教材，思考如何把读书成果转化为课程资源，在该书基础上作适当延伸，涉猎其他史学著作，并且各自设计一节课，开学后开课研讨。这样做的目的，是希望通过阅读史学家的著作不仅能提高教师的学养，而且引导教师运用史学成果来研究课堂教学。

阅读开阔了唐秦工作室教师们的学术视野，许多人头脑中一些根深蒂固的观念、认识受到很大冲击甚至被悄悄地"颠覆"。比如，原来大家备课、做教学设计时，首先考虑的是这节课的重点和难点在那里，而通过阅读以及阅读后"头脑风暴"式集体研讨的洗礼，老师们认识到首先应认真分析本学科对于学生而言的独特发展价值，要避免囿于教材的知识框架，要关注学界的新成果，甄别新观点，主动地充实、丰富课程内容，真正发挥学术引领课堂的作用。2012 年 4 月，工作室举行基于阅读蒋廷黻《中国近代史》之后的"同课异构"教研活动，通过教学设计展现开课教师对蒋廷黻《中国近代史》的独特理解，以及在教学内容、教学方法上如何借鉴史学家的研究成果，并将之转化为有效的课程资源。陈长春老师和吴伟刚老师以《中国近代化的探索》为题，依托蒋廷黻的《中国近代史》，同课异构，展示学养。陈老师将整节课分成近代化的含义、近代化的表现、近代化的阻碍因素及启示三大部分。其中主体内容是近代化的表现。它围绕经济篇——三次工业化浪潮、政治篇——三大救国方案、思想篇——五次思想解放潮流三个维度，以史料研习为载体，通过问题设计、合作探究展开课堂教学。吴老师则从蒋廷黻的"世纪之问"（按：指蒋氏在其书开篇提出的问题——"中国人能近代化吗？"）入手，注重以史观为统领，从近代化视角着眼，启发学生重构认知，使历史学习具有了新的时代活力。课后的说课、评课环节，两位老师结合自己的读书体会，详细介绍了自己的设计思路。听课老师普遍认为，这两节同课异构的课，由于有读书的铺垫，课堂有所突破，教者对这节课该"教什么"有了深入的思考。随后，工作室成员在唐老师的主持下，进行了"读书·课堂·成长"主题研讨，大家结合前一阶段的分散开课谈设计思路、教后体悟和读书体会。

结合唐秦工作室的阅读活动，笔者认为，第一，工作室要有外部专家的学术引领和指导。外部专家包括历史学专家、历史教育研究专家以及教研机构的教研员等。因为，工作室的成员包括主持人都是一线教师，限于中学的条件，特别是繁重的教学任务，使他们的学识、视野受到不同程度的局限，因此外部专家的有效引导是很有必要的。唐秦工作室在 2011 年冬邀请时任《历史教学》杂志主编的任世江、《中学历史教学参考》杂志主编任鹏杰等历史教育专家来吴江作专业指导，任世江还撰写了《读书与教学》的短文，向工作室老师推荐了重要的史学论著。第二，主持人要通过"任务驱动"方式促进成员共同学习。比如指导每位成员根据现有"台阶"，研制个性化的近期目标和年度计划，有计划地带动阅读与教学研究；确定阅读书目并利用座谈、主题研讨等活动交流彼此的阅读感悟，探讨更加有效的教学设计。第三，要将阅读与教学结合起来，将读书的成效显性化，即避免单纯地为读书而读书，而是引导老师在教学实践中学会运用读书成果。如阅读后开展同课异构、微课研究、教学观摩、专题研讨、网络研讨等研讨活动就是将阅读成果显性化的有效途径。

二　课题：催生教学研究的"助推器"

名师工作室应依托课题来引领教学研究，解决教学中存在的许多亟待破解的难题。事实上，随着新课改的实施和向纵深推进，教师总会遇到一些具体的难题，必须借鉴"他人的经验"或进行比较持久的"追踪""设计"。这样，就将日常的教学"难题"转化为"课题"，在后续的教学中"想方设法"去解决它，难题才有可能最终获得解决。

唐秦工作室建立后，立足于高中历史教学的实际现状，积极引导成员将教学中存在的问题转化为课题，在课题研究中探寻解决之道。2013 年初，他们鉴于新课改高中历史课程体现时代性，注重反映史学研究新成果的特点，开始探索如何建构基于时代性价值的学术性课堂问题，并以"基于时代性价值取向的高中历史学术性课堂建构的实践研究"为题申报江苏省教育科学规划项目。在课题的论证、准备阶段，工作室从研究现状、价值论证和可行性分析等方面进行了深入思考，并举行专题研讨，推敲课题名称，完善研究要点，梳理研究思路，并决定强化课题的过程管理，定期召开研究例会，适时请专家指导。在此阶段，他们咨询了学科专家意见，并邀请任世江以及王雄、殷俊等教授级教学名师指导；参加了教科研部门组织的课题申报培训和现场指导，完成了课题申报。

2013 年 3 月课题申报后，工作室进行了一些前期性工作。如广泛的文献检索，编印《文献汇编》；成立以学科带头人为主的核心组，明确分工，落实任务；组织"历史微课堂中的虚与实""新高考与历史教学""史料运用的价值指向"等主题研讨；开展基于课例的实践研究，积累课例，等等。

同年 11 月课题获准立项后，工作室开始了实施阶段的工作。这些工作包括以下内容。①分解课题，将课题分为八个子课题，组成子课题工作小组，形成细化的研究方案。②落实分工，日常研究基地设在吴江高中，工作室负责日常管理、研究协调，定期召开研究例会，举办相关活动，部署研究任务，推进实施进程；子课题的负责人由工作室中的各校学科带头人担任，子课题成员均有明确的分工。③开题论证，2014 年 3 月，举行了开题论证会。由大学教授、杂志编辑、特级教师组成的专家团队从不同角度、多个层面对课题进行了分析论证，提出了改进的建议。④项目推进，工作室先后召开课题推进会、中期研讨会。在推进会上，课题组负责人要求各位成员近期完成的工作包括：开展一堂课题研讨课，撰写一份课堂教学案例，写一篇研究论文。在中期研讨会上，确定了课题成果的组稿、统稿事宜；建立了研究简报的轮值轮编制度；启动相关校本教材的编写工作；交流"微课例设计"的进展，细化了撰写要求和完成时间；核心成员对提交论文的老师进行个别辅导，规范课题成果的呈现方式。

课题研究激活了一线老师的研究潜力，也提高了他们的研究水平。仅2013 年，工作室成员就在《中学历史教学参考》《中学历史教学》《教学与管理》《教学月刊》《江苏教育报》《考试报》等报刊发表教学研究文章

27 篇，唐琴的一篇文章还被收入陈仲丹教授主编的《特级教师教学思想录（中学历史卷）》一书。2014 年 12 月，子课题"历史科高考命题学术性趋向对中学历史学术性课堂的导向研究"和"基于'时代性'和'学术性'融通视域下的高中历史课堂教学策略研究"的 6 篇文章被《中学历史教学参考》杂志刊用。

唐秦工作室的课题研究给我们颇多启发。第一，教学研究课题应该是来自教学实践的应用性题目。日本著名教育学家佐藤学说过，"教学的研究原本就是'实践性研究'，其主体是教师。教学研究的目的在于改进教学，其内容在于实践性问题的解决"。就是说，作为一线教师的教学研究，未必需要严格的理论检验与效果测定，而主要研究有效的教学措施，并借此更自觉地改进教学，追求更完满的效果。因此，在确定选题的过程中，名师工作室要带领老师努力从教学实践、阅读期刊、同行交流等渠道把握研究动态，发现教学难题，积累研究素材。第二，教学研究课题成果应该强调"教"与"研"的结合，要能更好地服务自身的教学实践。换言之，它是一种实践性成果，表现形式不局限于论文一种，更多的是教学研究课例。如工作室杨春华老师曾开设课题研究课《回望抗战——材料、故事和细节交集的抗战史》，杨老师以人教版高中历史必修 1 第 16 课《抗日战争》为例，研究抗日战争的史实和真相如何呈现，在以往的历史教学中是否尚有未尽的意涵，如何从中体悟历史的意义。该课尝试换一个新的教学思路，透过一幅油画《南京大屠杀》，揭橥"图像证史"的价值，摸索历史教学的"另一种"可能的呈现方式，同时引领学生从生命、人性、文明的"新文化观"视野，加深对抗战史的理解，拓展历史教育的视界。这种研究课为课题积累了生动的课例素材，也符合教学研究成果重在改善课堂教学的初衷。

三　研课：引领教学研究的"加速器"

名师工作室引领教学研究，要聚焦课堂，研究课堂，以课堂为载体，积极引导成员发现教学中的问题，依托典型课例，探索解决问题的方法和路径。

　　唐秦工作室成立后，以研讨课堂为主要形式，开展名师示范、磨课研讨、同课异构、微课设计等一系列研究课堂的活动，努力使工作室成为一线教师"研究的平台""成长的阶梯"。

　　为了充分发挥研课的示范、引领、辐射作用，唐秦工作室采取"整合活动""分散教研""集中观摩"的方式。所谓"整合活动"，是将工作室成员的研究课与市内外相关教研活动相结合。2012年春，按照计划安排，工作室有9位成员要开研究课；所有课的设计要凸显"学术引领"主旨，重构课程内容，研究实施方法。作为活动组织者，工作室主持人觉得，如将这些课与市内外的相关教研活动整合起来，不仅可以较高质量地达成开课的目的，更重要的是可以借助多样化的平台，把工作室成员对教学的思考与实践推介出去，接受专家、同行的点评和建议。基于此，季芳老师的课被整合到苏州市"名师高徒"教学展示活动中，季建成老师的课被整合到吴江学科中心的活动中，杨春华老师的课被整合到苏州市名师共同体的活动中。如季芳开设的《第二次工业革命》一课，以"创新是历史前进的不竭动力"为教学立意，突出"由机器变革走向近代化"主线，援引了近10种学术专著的材料，将学术成果与课程教材进行合理对接，使教学知识变得生动、直观、形象，为学生认识历史提供了多元视角。所谓"分散教研"，是指工作室成员各自在所在学校开展校内课堂观察。为了使分散教研不流于形式走过场，工作室作了补充规定：开课者要在开课前两天将教学设计发到工作室的QQ群；各校教研组以"学术引领"作为课堂观察的视点，并将该视点作为评课的重点；开课者对设计理念、课堂实践和观察评议作课例研究，于集中观摩时交流。所谓"集中观摩"，是指工作室于全市统一的学科教研时间举行集中观摩研究课的活动。如前文提及的陈长春和吴伟刚两位以《中国近代化的探索》为题的同课异构研究课就是集中观摩活动。

　　研课活动的开展，对工作室老师的触动很大，使他们在课程实施方面的认识有了较大的变化。例如，高中历史课如何摘选、组织、运用史料；如何让基于史料的历史课更好地服务于课程标准的实施，并最终指向学生的发展。工作室曾于2012年11月邀请特级教师沈为慧上了一堂《国共十年对峙》的示范课，旨在通过实践来探讨相关问题。课后，工作室围绕

"基于史料的历史教学的价值取向"这一主题开展了交流研讨，教师们大都认识到史料的呈现与运用不能仅视为教学的"环节"或者"流程"的点缀。不仅如此，一些教师还对史料教学有了较深刻的思考。如杨春华认为，"历史教学的任务即在于最大限度地帮助学生把琐碎的史料连缀起来"，"还原成一个个鲜活生动的故事，在历史时空中形成一个个立体的历史图像，把我们原来陌生的'他者'的故事建构成为'我们'——学习者可以理解的熟悉的历史"。张建秋提出，要注意"谨慎摘选原始史料，不能断章取义"，"随意剪裁原始史料的后果必然是导致学生产生错误的历史判断"。陈春娟从学生的视角切入，认为"呈现史料的量要适度"，"以多媒体幻灯片数量来说，如果超过了二三十张，就有可能忽视了学生的接受度"；"从时间上看，史料的展示、分析、讲解、作答，一般也不宜超过课堂时间的四分之一"。这是其一。其二，"呈现史料的意要深度"。即是说，"教师对选取的史料应根据学生的实际学情给予适当的指导"，"精心设计一些富有启发性、能揭示本质和规律性的问题"，"注重课本内容与史料的有机结合"，"真正实现其历史思维能力向纵深推进的教学目标"。从这些听课观感可见，教师们的研课是颇有收益的。

在研课方面，笔者认为，第一，要突出主题，即要明确研课的重点、焦点是什么，而不能流于泛泛的一般性开课、评课。如唐秦工作室曾以"构建学术性课堂""基于史料的历史教学""历史微课中的虚与实""有效课堂"等为研讨的主题，植根于具体的课例来互动教研、改造课堂。第二，要善于通过典型课例引导成员进行分析，将问题解决与课例研讨结合起来。如唐秦工作室将陈长春、吴伟刚老师执教的《中国近代化的探索》同课异构研讨以及周丽芳、王光宇老师执教的《辛亥革命》《空前严重的资本主义世界经济危机》两节"微课"研讨作为典型课例，引发了教师们的热烈讨论与教学反思。第三，要开发与利用网络研课平台，为每位工作室成员建立"个人空间"，将现场研课与网络研课、线上研课与线下实践相结合。

美国学者丹尼尔·坦纳（Daniel Tanner）和劳雷尔·坦纳（Laurel Tanner）在他们的书中写道："教师应该是一个'有思想的、敏锐的教育学者'"，但是"历史中得来的一个教训是，让教师处于没有帮助、没有资源的状态并不能促进其专业化"。笔者欣赏这样的观点，问题是如何帮助教师成长、实现真正意义上的专业化呢？笔者认为，关键需要积极引导教师都来参与对课堂教学"临床知识"或者说"实践性知识"的研究，使学校成为一个"学习共同体"；而且要突破过去教研"只限于一些教学技巧和教学经验陈述"的瓶颈，"把历史学学术研究与教学问题研究结合起来"。这样看来，在名师引领和专家帮助下的名师工作室模式不失为推动教师开展教学研究的一种有效的新模式。

图书在版编目（CIP）数据

21世纪全球历史教育的发展与挑战 / 李帆，马卫东，
郑林主编. -- 北京：社会科学文献出版社，2018.6
ISBN 978-7-5201-2455-3

Ⅰ.①2… Ⅱ.①李… ②马… ③郑… Ⅲ.①历史教
学-教学研究-文集 Ⅳ.①K-42

中国版本图书馆 CIP 数据核字（2018）第 053412 号

21世纪全球历史教育的发展与挑战

主　　编 / 李　帆　马卫东　郑　林

出 版 人 / 谢寿光
项目统筹 / 赵怀英
责任编辑 / 赵怀英　王玉敏

出　　版 / 社会科学文献出版社·独立编辑工作室（010）59366446
　　　　　　地址：北京市北三环中路甲29号院华龙大厦　邮编：100029
　　　　　　网址：www.ssap.com.cn
发　　行 / 市场营销中心（010）59367081　59367018
印　　装 / 三河市尚艺印装有限公司

规　　格 / 开　本：787mm×1092mm　1/16
　　　　　　印　张：28.75　字　数：450千字
版　　次 / 2018年6月第1版　2018年6月第1次印刷
书　　号 / ISBN 978-7-5201-2455-3
定　　价 / 149.00元